汽车维修模块化系列培训教材

汽车电器与电子设备

QICHE DIANQI YU DIANZI SHEBEI

主　编　关志伟　徐胜云

内 容 提 要

本书全面、系统地讲述了汽车电器与电子设备的结构、原理与检测诊断方法，具体内容包括蓄电池、交流发电机及调节器、起动机、点火系统、照明与信号系统、仪表与报警系统、辅助电气系统、汽车电路分析基础、汽车电路的识图、汽车主要电气系统电路分析、典型车系电路分析。

本书在传统的电器设备基础上重点讲述电子设备，对于过时的知识省略不讲。对于汽车电路部分，采用有分有合，有具体实例，有归纳总结，并与实际工作结合起来的方法，教读者如何去运用。

图书在版编目（CIP）数据

汽车电器与电子设备/关志伟，徐胜云主编．—北京：人民交通出版社，2009.11

ISBN 978-7-114-08013-5

Ⅰ.汽… Ⅱ.关… Ⅲ.①汽车-电器设备②汽车-电子设备 Ⅳ.U463.6

中国版本图书馆 CIP 数据核字（2009）第 176601 号

书　　名：汽车电器与电子设备
著 作 者：关志伟　徐胜云
责任编辑：闫东坡　谢　元　钟　伟
出版发行：人民交通出版社
地　　址：(100011) 北京市朝阳区安定门外外馆斜街 3 号
网　　址：http://www.ccpress.com.cn
销售电话：(010) 59757973
总 经 销：人民交通出版社发行部
经　　销：各地新华书店
印　　刷：北京鑫正大印刷有限公司
开　　本：787 × 1092　1/16
印　　张：14
字　　数：328 千
版　　次：2010 年 1 月 第 1 版
印　　次：2013 年 7 月 第 2 次印刷
书　　号：ISBN 978-7-114-08013-5
印　　数：3001 – 6000 册
定　　价：24.00 元

前　言

随着汽车技术的发展,《汽车电器与电子设备》成为汽车技术人员必须掌握的一门专业基础课。

按照本系列规划教材的要求,本教材力求做到内容充实、通俗易懂、由浅入深。另外,本教材构思上着重体现新知识、新技术,并强调理论与实践紧密结合。在系统性、完整性的基础上,根据实用性、知识性、技术性来决定教材各章节所占的篇幅。

蓄电池、交流发电机及调节器、起动机、点火系统、照明与信号系统、仪表与报警系统、辅助电气系统等电器设备已不是原来传统意义上的电器设备了,电子控制技术在汽车电器设备中已成主角。因此在传统的电器设备基础上强调电子设备是本书的一大特点,对于过时的知识省略不讲,对难度较大的部分,采用由简入繁,强调抓规律和抓重点的方式讲述。本书的另一大特点是在运用上下大工夫,尤其是汽车电路部分,有分有合,有具体实例,有归纳总结,并与实际工作结合起来,教读者如何去运用,强调方法。

在本教材学习中,希望读者以电源系统(蓄电池、交流发电机及调节器)、起动机、点火系统、汽车电路部分为重点,前后结合学习、抓规律,从基础车型开始具体研究运用。建议按照48课时理论课程、16学时实训组织教学。

本书由关志伟、徐胜云任主编。徐胜云编写第一、二、三、四、九、十章;关志伟编写第五章;于成涛编写第六章;陈翔编写第七章;宫唤春、陈翔编写第八章。

在本书编写过程中,得到许多专家及同行的支持,并参阅许多相关专业书籍与资料,在此表示感谢。

在本书的编写过程中,由于作者水平有限,难免有谬误之处,恳请读者指正。

编　者

目　录

第一章 蓄 电 池

学习目标

- 掌握蓄电池的功用、结构、工作原理；
- 了解铅酸蓄电池的分类、型号；
- 掌握蓄电池的充、放电特性及充电方法；
- 掌握蓄电池的容量以及影响容量的因素；
- 掌握蓄电池的正确使用及日常维护方法；
- 掌握蓄电池常见故障成因及处理方法。

电能可由多种形式的能量转化得来，其中把化学能转换成电能的装置叫化学电池，简称电池。电池有原电池和蓄电池之分。放电后不能用充电的方式使内部活性物质再生的电池，叫原电池，也称为一次性电池；放电后可以用充电的方式使内部活性物质再生，把电能储存为化学能，需要放电时再次把化学能转换为电能的电池，叫蓄电池，也称为二次电池。

铅酸蓄电池（图1-1）是蓄电池的一种，主要特点是采用稀硫酸做电解液，分别用二氧化铅和绒状铅作为电池的正极和负极的一种酸性蓄电池。

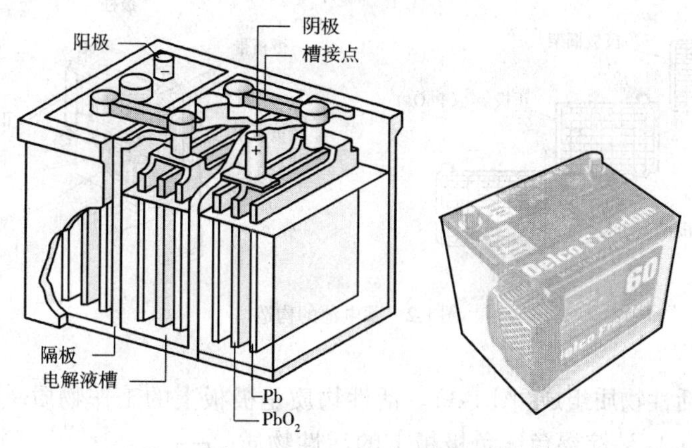

图1-1 铅酸蓄电池

目前燃料汽车上使用的蓄电池主要有两大类：铅酸蓄电池（以下简称铅蓄电池）和镍碱蓄电池。另外，为了提高燃料汽车排放要求和缓解能源危机的冲击，各国正在不断探索和研制电动汽车，其主要的动力源为新型高能蓄电池。

铅蓄电池由于结构简单、价格便宜、内阻小、可以短时间供给起动机强大的起动电流而被广泛采用。起动用铅酸蓄电池又可分：普通型、干荷电型（A）、湿荷电型（H）和免维护型（MF）等。

蓄电池在汽车上与发电机并联,它的主要作用如下:

(1)它可在发动机起动期间,向起动机、点火系统、电子燃油喷射和其他电器设备供电。起动发动机时,蓄电池必须在短时间内(5~10s)给起动机提供强大的起动电流(汽油机为200~600A,柴油机有的高达1000A)。

(2)当发动机没有运转或处于低速或怠速时,蓄电池可向整车用电设备供电。

(3)当用电设备同时接入较多,发电机超载时,蓄电池可以在有限的时间内协助发电机共同向用电设备供电。

(4)当蓄电池存电不足,而发电机负载又较少时,可将发电机的电能转变为化学能储存起来,即充电。

(5)蓄电池可以稳定整车电气系统的电压。蓄电池相当于一个较大的电容器,可吸收发电机的瞬时过电压,保护电子元件不被损坏,延长其使用寿命。

第一节　铅酸蓄电池的构造、型号与工作原理

现在汽车中普遍采用的蓄电池是由3只或6只单格电池串联而成,每只单格电池的电压为2V,串联后蓄电池电压为6V或12V。目前汽油车均选用12V蓄电池,柴油车电源设计成为24V,用2只12V蓄电池串联而成。

一、铅酸蓄电池的构造

蓄电池主要由正负极板、隔板、电解液、外壳、联条、接线柱等部件组成,如图1-2所示。

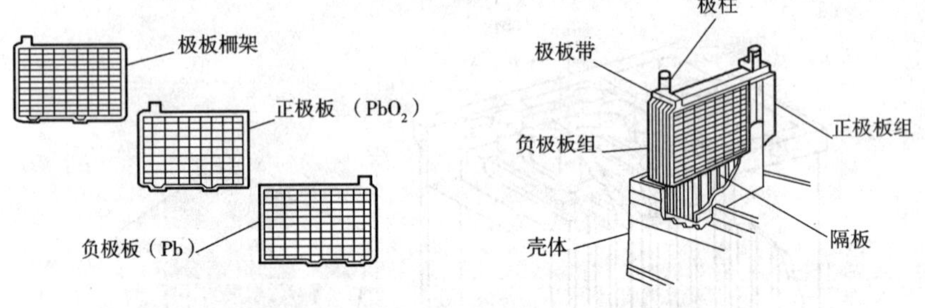

图1-2　蓄电池的构造

1. 极板

极板由栅架、活性物质组成(图1-3)。活性物质是极板上的工作物质。正极板的活性物质为二氧化铅(PbO_2),呈棕褐色。负极板上的活性物质为海绵状纯铅,呈深灰色。活性物质都做成膏状涂敷在有一定机械强度的栅架上,制成正负极板。由于正极板活性物质容易脱落,所以把正极板做的比负极板厚。

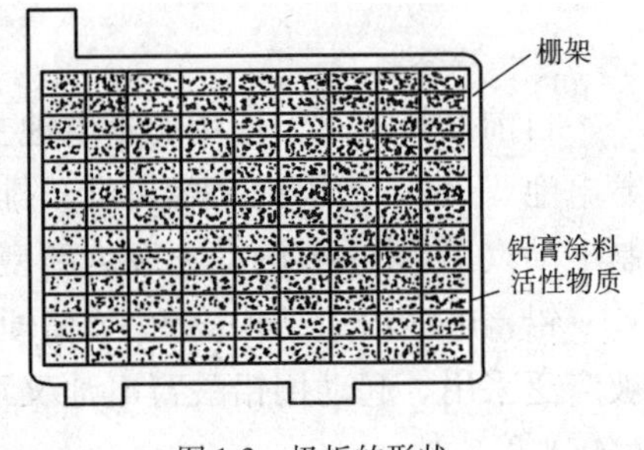

图1-3　极板的形状

栅架的作用为支撑活性物质和传导电流、使电流均匀分布。栅架的材料一般采用铅锑合金,免维护电池采用铅钙合金。

将正负极板各1片浸入电解液中,就可获得2V的

电动势。为了增大蓄电池容量,通常把多片正负极板分别并联,用横板焊接成正负极板组,构成1个单格蓄电池,1个蓄电池通常由1个或几个单格电池串联而成。

2. 隔板

电池用隔板是由微孔橡胶、颜料玻璃纤维等材料制成的,它的主要作用:防止正、负极板短路;使电解液中正负离子顺利通过;阻缓正负极板活性物质的脱落;防止正、负极板因振动而损坏。因此隔板应有孔率高、孔径小、耐酸、不分泌有害杂质、有一定强度、在电解液中电阻小、化学稳定性好等特点。

3. 电解液

电解液是蓄电池的重要组成部分,它的作用是传导电流和参加电化学反应。电解液是由浓硫酸和净化水(去离子水)配制而成的,电解液的纯度和密度对电池容量和寿命有重要影响。汽车用铅酸蓄电池采用电解液密度为1.280±0.005g/cm^3(25℃)的稀硫酸。

4. 外壳

外壳是用来盛装电解液和极板组,使铅蓄电池构成一个整体的。外壳材料有硬橡胶和塑料两种。

5. 联条

联条的作用是将单格电池串联起来,提高整个蓄电池的端电压。它一般由铅锑合金制成,有外露式和内藏式两种。

6. 接线柱

一个普通铅酸蓄电池首尾两极板组的横板上焊有接线柱。1个为正接线柱,旁边标有“+”或“p”记号;另1个为负极接线柱,旁边标有“-”或“N”记号,有的用不同颜色表示。

二、蓄电池的型号

根据我国机械工业部JB 2599—1985《起动型铅蓄电池》规定,蓄电池的型号编制和含义由5个部分组成:

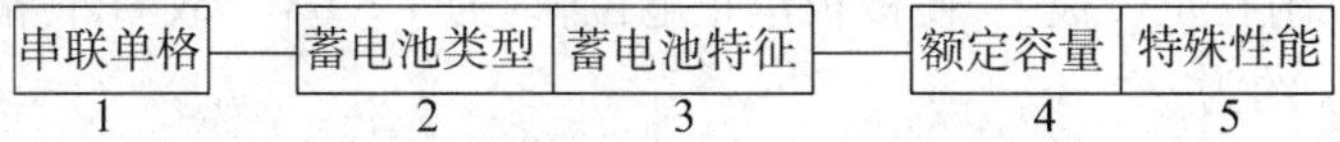

“1”表示串联单格数,用阿拉伯数字表示。如:“6”表示有6个单格、12V的蓄电池。

“2”表示蓄电池类型,用汉语拼音的第一个字母表示,如“Q”为起动型。

“3”表示蓄电池特征,蓄电池的特征为附加说明,在同类用途的产品中具有某种特征需要在型号中加以区别时采用,特征也以汉语拼音字母表示(表1-1),如“A”表示干荷电式电极板。如果产品同时具有2种特征,原则上按表1-1的顺序将2个代号并列标示。而干封蓄电池一般略去不写。

铅酸蓄电池特征代号 表1-1

特征代号	蓄电池特征	特征代号	蓄电池特征	特征代号	蓄电池特征
A	干荷电	J	胶体电解液	D	带液式
H	湿荷电	M	密闭式	Y	液密式
W	免维护	B	半密闭式	Q	气密式
S	少维护	F	防酸式	I	激活式

“4”表示 20h 放电率额定容量,用阿拉伯数字表示,单位为 A·h。

“5”表示特殊性能,用汉语拼音第一个字母表示,如 *G* 表示薄型极板,高起动率;*S* 表示塑料外壳;*D* 表示低温起动性能好。

例如:东风 EQ140 汽车用 6-Q-105 起动型蓄电池,即是由 6 个单格电池串联,额定电压为 12V,额定容量为 105A·h 的干荷电起动型蓄电池。解放 CA141 汽车用 6-QA-100 型蓄电池,即由 6 个单格电池串联,额定电压为 12V,额定容量为 100A·h 的干荷电起动型蓄电池。

三、蓄电池的工作原理

蓄电池的充电过程和放电过程是一种可逆的化学反应,充、放电过程中蓄电池内的导电是靠正、负离子的反向运动来实现的,如图 1-4 所示。以二氧化铅为活性材料组成的正电极与以海绵铅为活性材料组成的负电极插入硫酸电解液中,可产生 2.1V 左右的电压。

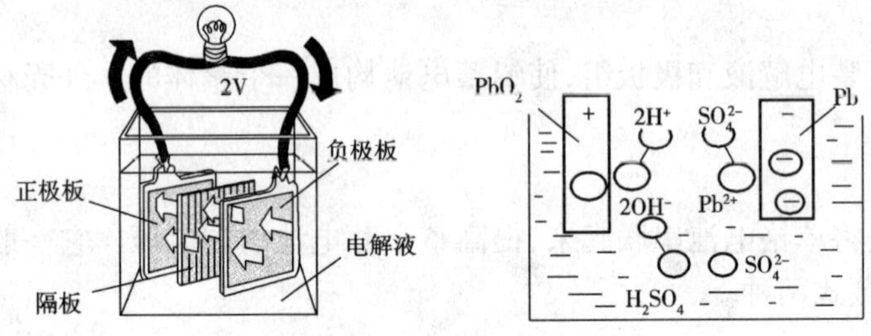

图 1-4 蓄电池的工作原理

1. 放电过程

当极板浸入电解液时,在负极板,有少量铅溶入电解液生成 Pb^{2+},从而在负极板上留下两个电子 2e,使负极板带负电,此时负极板具有 0.1V 的负电位。

在正极板处,少量 PbO_2 溶入电解液,与水反应生成 $Pb(OH)_4$ 再分离成四价铅离子和氢氧根离子。

一部分 Pb^{4+} 沉附在正极板上,使极板呈正电位,约为 +2.0V。故当外路未接通时,蓄电池的静止电动势 E_0 约为:

$$E_0 = [2.0 - (-0.1)]\,V = 2.1V$$

若接通外电路,在电动势的作用下,使电路产生电流 I_f,在正极板处 Pb^{4+} 和负极板来的电子结合,生成二价铅离子 Pb^{2+},Pb^{2+} 再与电解液中的 SO_4^{2-} 结合,生成 $PbSO_4$ 而沉附在正极板上,使得正极板电位降低,则正极板上的总反应式为:

$$PbO_2 + Pb + 2H_2SO_4 \longrightarrow 2PbSO_4 + 2H_2O$$

在负极板处 Pb^{2+} 与 SO_4^{2-} 结合,生成 $PbSO_4$ 而沉附在负极板上。正极板上的总反应式为:

$$Pb + H_2SO_4 \longrightarrow PbSO_4 + 2H^+ + 2e$$

如果外电路不中断,正、负极板上的 PbO_2 和 Pb 将不断地转化为 $PbSO_4$。电解液中的 H_2SO_4 将不断地减小,而 H_2O 不断地增多,电解液相对密度下降。理论上讲,放电过程将进行到极板上的活性物质全部变为 $PbSO_4$ 为止。但由于电解液不能渗透到活性物质的最内层中去,在使用中,所谓放电完了的蓄电池,也只有 20%~30% 的活性物质变成了 $PbSO_4$。

故采用薄型板，增加多孔率，有助于提高活性物质的利用率。

2. 充电过程

充电时，蓄电池接直流电源，因直流电源端电压高于蓄电池电动势，故电流从正极流入，负极流出。这时，正、负极板发生的反应与放电过程相反。

正极板处有少量 $PbSO_4$ 溶于电解液变成 Pb^{2+} 和 SO_4^{2-}，Pb^{2+} 在电源力作用下失去2个电子变成 Pb^{4+}，它又和电解液中 OH^- 结合，生成 $Pb(OH)_4$，$Pb(OH)_4$ 又分解成 PbO_2 和 H_2O，PbO_2 沉附在正极板上，而 SO_4^{2-} 与电解液中的 H^+ 结合成 H_2SO_4，则正极板上总反应为：

$$PbSO_4 - 2e + 2H_2O + SO_4^- \longrightarrow PbO_2 + 2H_2SO_4$$

负极板上有少量 $PbSO_4$ 溶入电解液中，变成 Pb^{2+} 和 SO_4^{2-}，Pb^{2+} 在电源作用下获得2个电子变成Pb，沉附在负极板上，SO_4^{2-} 则和电解液中 H^+ 结合生成 H_2SO_4，因此负极板上总反应为：

$$PbSO_4 + 2e + 2H^+ \longrightarrow Pb + H_2SO_4$$

可见充电过程中消耗了水，生成了硫酸，故充电时电解液的相对密度是上升的，而放电时电解液相对密度是下降的。

蓄电池在充、放电过程中，总的反应如下（图1-5、图1-6）：

$$\underset{\text{正极板}}{PbO_2} + \underset{\text{负极板}}{Pb} + \underset{\text{电解液}}{2H_2SO_4} \underset{\text{充电}}{\overset{\text{放电}}{\rightleftharpoons}} \underset{\text{正极板}}{PbSO_4} + \underset{\text{负极板}}{PbSO_4} + \underset{\text{电解液}}{2H_2O}$$

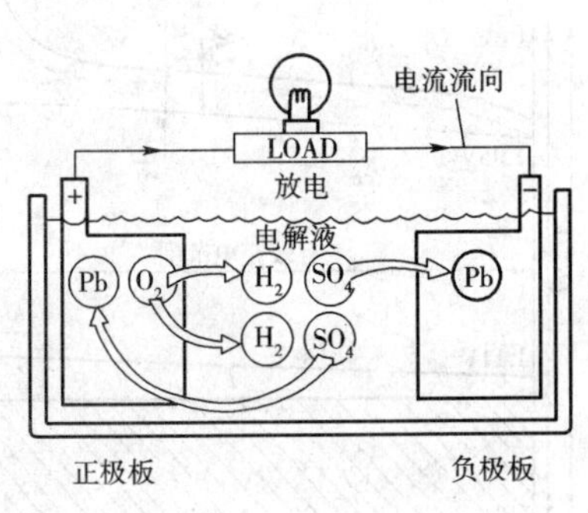

图1-5 放电时，蓄电池发生的化学反应

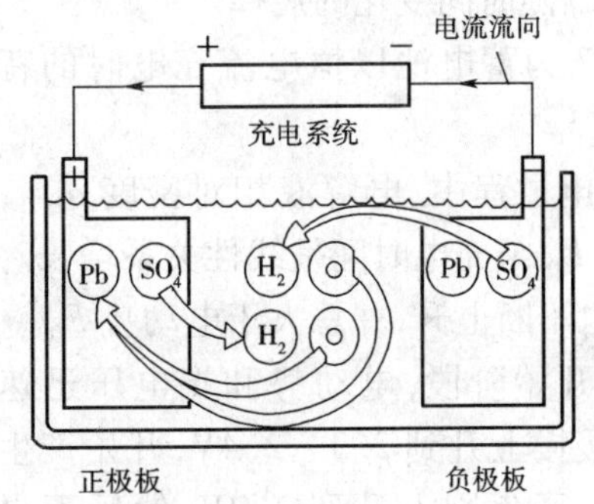

图1-6 充电时，蓄电池发生的化学反应

第二节 蓄电池的工作特性

蓄电池的工作特性主要包括静止电动势、内阻、充放电特性和容量等。

一、静止电动势和内阻

在静止状态下（是指不充电和不放电的情况），蓄电池正、负极板的电位差（即开路电压）称为蓄电池的静止电动势 E_0，其大小取决于电解液的相对密度和温度。在相对密度为1.050～1.300范围内，单格电池的静止电动势 E_0 可用如下经验公式来近似计算：

$$E_0 = 0.84 + \rho_{25℃} \tag{1-1}$$

式中，$\rho_{25℃}$ 为电解液在25℃时的相对密度。

实测所得电解液相对密度应按下式换算成25℃时的相对密度：

$$\rho_{25℃}=\rho_t+\beta(t-15) \tag{1-2}$$

式中：ρ_t——实际测得的相对密度；

t——实际测得的温度，℃；

β——相对密度温度系数，$\beta=0.00075$，即电解液温度升高 1℃，相对密度下降 0.00075。

蓄电池电解液的相对密度在充电时增高，放电时降低，一般在 1.12～1.38 之间波动，因此蓄电池的静止电动势也相应的在 1.97～2.15V 之间变化。

蓄电池的内阻包括极板、隔板、电解液、铅质联条等的内阻。充电后，极板电阻变小；放电后，由于生成的 $PbSO_4$ 增多，极板电阻增大。隔板电阻阻值因所用材料不同而不同，木质隔板电阻比其他隔板电阻大。

电解液的电阻随相对密度、温度而变化，电阻随温度的降低而增大。另外，当相对密度为 1.2（15℃），因电解液离解最好，电阻最小。总之，蓄电池的内阻比较小，能获得较大的输出电流，满足起动的需要。

二、充电特性

蓄电池的充电特性是指在恒流充电过程中，蓄电池的端电压 U_C、电动势 E 和电解液相对密度 $\rho_{25℃}$ 随时间变化的规律。

图 1-7 为蓄电池以恒电流充电时的特性曲线。

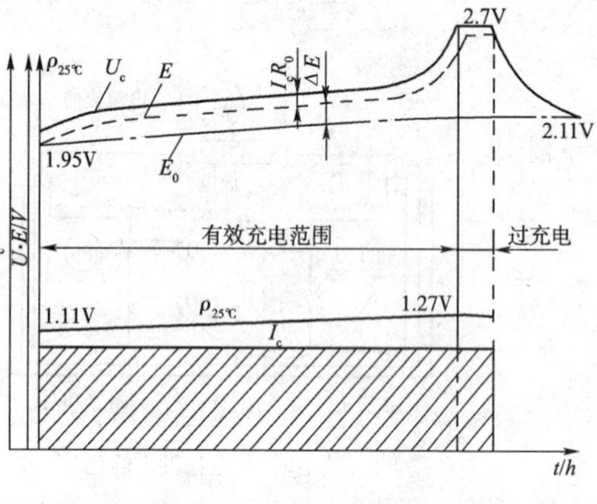

图 1-7 蓄电池的充电特性曲线

I_c-充电电流；U_c-充电端电压；E-电动势；E_0-静止电动势；R_0-内阻；t-充电时间；ΔE-电位差；$\rho_{25℃}$-电解液在 25℃ 时的相对密度

在充电过程中，电解液相对密度 $\rho_{25℃}$，静止动电势 E_0 与充电时间呈线性关系增长。端电压 U_c 也不断上升，并总大于电动势 E_0。

充电开始阶段，电动势和端电压迅速上升，然后缓慢上升到 2.3～2.4V，开始产生气泡，接着电压急剧上升到 2.7V，然后不再上升，电解液呈现“沸腾”状态，这就是充电终了。如果此时切断电流，电压将迅速降低到静止电动势 E_0 的数值。

端电压 U_c 如此变化的原因是：刚开始充电时，在极板孔隙表层中，首先形成硫酸，使孔隙中电解液相对密度增大，U_c 和 E_0 迅速上升，当继续充电至孔隙中产生硫酸的速度和向外扩散速度达到平衡时，U_c 和 E_0 随着整个容器内电解液相对密度缓慢上升。当端电压达到 2.3～2.4V 时，极板上能够参加变化的活性物质几乎全部恢复为 PbO_2 和 Pb，若继续通电，便使电解液中水分解，产生 H_2 和 O_2，以气泡形式放出，形成“沸腾”现象。因为氢离子在极板与电子的结合不是瞬时的，而是缓慢的，于是在靠近负极板处积存大量的 H^+，使溶液和极板产生附加电位差（0.33V），因而端电压急剧升高到 2.7V 左右，此时应切断电路，停止充电，否则不但不能增加蓄电池的电量，反而会损坏极板。

由此可知，蓄电池充电终了的特征是：

(1)蓄电池内产生大量气泡,形成"沸腾"现象;

(2)电解液相对密度、端电压上升到最大值,且2~3h内不再增加。

三、放电特性

蓄电池的放电特性是指在恒流放电过程中,蓄电池的端电压 U_f、电动势 E 和电解液相对密度 $\rho_{25℃}$ 随时间而变化的规律,图1-8为蓄电池以恒电流放电时的放电特性曲线。

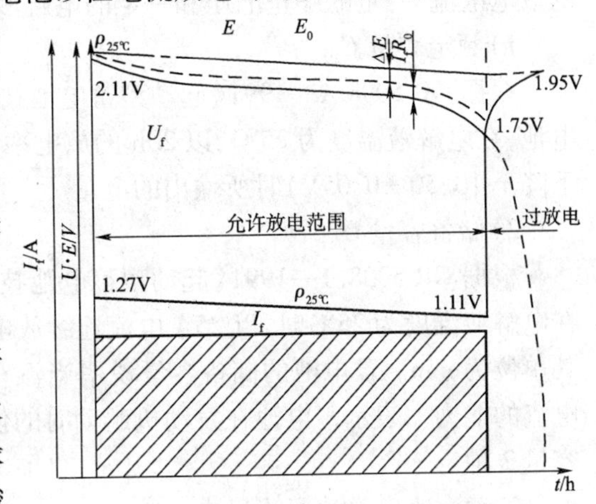

图1-8　蓄电池的放电特性

I_f-放电电流;U_f-放电端电压;E-电动势;E_0-静止电动势;R_0-内阻;t-放电时间;ΔE-电位差;$\rho_{25℃}$-电解液在25℃时的相对密度

放电过程中,电流恒定,单位时间内所消耗的硫酸量是一定的,所以电解液的相对密度 $\rho_{25℃}$ 沿直线下降,一般 $\rho_{25℃}$ 每下降0.028~0.030,则蓄电池放电约为额定容量的25%。因静止电动势 E_0 与 $\rho_{25℃}$ 成正比,所以 E_0 也是沿直线下降。

放电过程中,因为蓄电池内阻上有压降,所以端电压 U_f 总是小于电动势 E,放电刚开始时,端电压 U_f 从2.1V迅速下降,这是因极板孔隙中硫酸迅速消耗,相对密度降低的缘故。当渗透到极板孔隙的硫酸和消耗的硫酸达到平衡时,端电压将随着整个容器电解液的相对密度降低先缓慢下降到1.85V,接着迅速下降到1.75V,此时应停止放电。若继续放电,端电压将急剧下降,损坏极板,这是因为放电接近终了时,极板的活性物质大部分已转变为 $PbSO_4$ 而积聚在孔隙中,将孔隙堵塞,容器中电解液渗入极板内层比较困难,使极板孔隙中电解液相对密度迅速下降,从而使端电压急剧下降。蓄电池放电终了的特征是:

(1)电解液相对密度降低到最小许可值(约1.11);

(2)单格电池的端电压降至放电终止电压值1.75V。

容许的放电终止电压与放电电流强度有关,放电电流强度越大,则放完电的时间越短,而容许的放电终止电压越低,见表1-2。

放电电流与终止电压　　表1-2

放电电流(A)	0.05 C_{20}	0.1 C_{20}	0.25 C_{20}	C_{20}	3 C_{20}
连续放电时间	20h	10h	3h	30min	5min
单格电池终止电压(V)	1.75	1.70	1.65	1.55	1.5

注:表中 C_{20} 为蓄电池的额定容量。

四、蓄电池的容量及影响因素

1. 蓄电池的容量

蓄电池的容量是指在放电允许的范围内蓄电池输出的电量。它标志蓄电池对外供电的能力,即:

$$C = I_f t_f \tag{1-3}$$

式中：C——蓄电池容量，A·h；

I_f——放电电流，A；

t_f——放电时间，h。

蓄电池的容量与放电电流大小、电解液的温度有关，因此，蓄电池的标称容量是在一定的放电电流、一定的终止电压和一定的电解液温度下确定的。标称容量有2种：

1）额定容量 C_{20}

根据GB 5008.1—1991《起动型蓄电池技术条件》规定，额定容量是指完全充足电的蓄电池，在电解液温度为25℃，以20h的放电率放电至单格电压为1.75V（12V蓄电池端电压下降至10.50±0.05V）时所输出的电量。

2）储备容量 C_m

根据GB 5008.1—1991《起动型蓄电池技术条件》规定，C_m 是指完全充足电的蓄电池，在电解液温度为25℃时，以25A电流连续放电到单格电池电压降至1.75V所持续的时间，其单位为min。蓄电池的储备容量说明当汽车充电系统失效时，蓄电池尚能持续提供25A电流的能力。表示蓄电池在发动机起动时的供电能力，一般有常温启起动容量和低温起动容量2种。

2. 蓄电池容量的影响因素

影响蓄电池容量的因素主要有：放电电流、电解液温度、电解液相对密度和极板构造等。

1）放电电流

放电电流越大，则极板表面活性物质的孔隙很快被生成的 $PbSO_4$ 所堵塞，使极板内层的活性物质不能参加化学反应，故蓄电池容量减小。蓄电池放电电流对蓄电池容量的影响如图1-9a）所示。

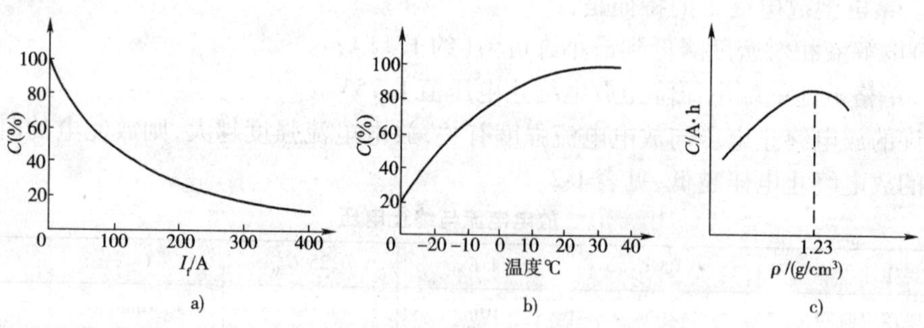

图1-9　不同因素对蓄电池容量的影响

a）放电电流；b）电解液温度；c）电解液相对密度

2）电解液的温度

温度降低则容量减小，这是因为温度降低后，电解液的黏度增加，渗入极板内部困难；同时电解液内阻增大，蓄电池端电压下降，所以容量减小。蓄电池电解液温度对蓄电池容量的影响如图1-9b）所示。

3)电解液的相对密度

适当增加电解液的相对密度,可以提高蓄电池的电动势和容量,但相对密度增大又将导致黏度和内阻增大,反而使容量减小。蓄电池电解液相对密度对蓄电池容量的影响如图1-9c)所示。

4)极板的构造

极板有效面积越大,片数越多,极板越薄,蓄电池的容量也越大。

第三节 新型蓄电池

普通的铅酸蓄电池也称为干封蓄电池,此种蓄电池启用时需加电解液再经初充电后才能使用。随着蓄电池结构、工艺和材料等方面的改进,使其使用性能、维护性能等均有所提高。因此,产生了多种新型蓄电池。

1.干荷电铅蓄电池

干荷电铅酸蓄电池与普通干封式电池的区别是:极板组在干燥状态下能够长期保存在制造过程中所得到的电荷,在规定的保存期内(两年)如需使用,只要灌入符合规定相对密度的电解液,搁置30min,调整液面高度至规定值,不需初充电,即可使用。因此,它使用方便,是应急的理想电源,已成为近年来发展的方向。

干荷电铅蓄电池之所以具有干荷电性能,主要在于负极板的制造工艺与普通蓄电池不同。正极板的活性物质(PbO_2)化学活性比较稳定,其荷电性能可以较长期的保持。而负极板上的活性物质铅(Pb),由于表面积大,化学活性高,容易氧化,所以在负极板的铅膏中加入松香、油酸、硬脂酸等防氧化剂,并且在化成过程中有一次深放电循环,使活性物质达到深化。化成后的负极板,先用清水冲洗后,再放入防氧化剂溶液(硼酸、水杨酸混合液)中进行浸渍处理,让负极板表面生成一层保护膜,并采用特殊干燥工艺(干燥罐中充入惰性气体),这样即可制成干荷电极板。

对储存期超过2年的干荷电铅蓄电池,因极板上有部分氧化,使用前应进行补充充电。

2.湿荷电蓄电池

存放期极板呈湿润状态而保持其荷电性的蓄电池,称之为湿荷电蓄电池。湿荷电蓄电池与干荷电蓄电池相比,其工艺过程稍有些不同,存放保持荷电的时间也要短一些。湿荷电蓄电池在存放期(约6个月)内,加注标准密度的电解液至规定的高度即可使用,首次放电量可达到额定容量的80%。存放期在一年左右的湿荷电蓄电池加注电解液后立即放电,可放出额定容量的50%。湿荷电蓄电池使用前对其进行补充充电,就可以达到额定的容量。湿荷电蓄电池适宜于无需长期存放的场合。

3.胶体电解质铅蓄电池

在胶体电解质蓄电池中,电解质将经过净化的硅酸钠溶液和硫酸水溶液混合后,凝结成稠厚的胶状物质,故而得名。

胶体电解质铅蓄电池的主要优点是:电解质呈胶体状,不流动,无溅出,使用时只需加蒸馏水,不需要调整和测量相对密度值;使用、维护、保管、运输都比较安全和方便;同时,可保护极板活性物质不易脱落;寿命比一般铅蓄电池长20%以上。其缺点是:内阻较大,起动容量较小,自放电程度较高。

4. 免维护蓄电池

免维护蓄电池(也叫 MF 蓄电池),在合理使用过程中不需添加蒸馏水,如短途车可行驶 8 万 km,长途车可行驶 40 ~48 万 km,不需进行维护,可用 3.5 ~4 年不必加水;同时电桩腐蚀轻,自行放电少;另外,在车上或储存时不需要补充充电。

免维护蓄电池的结构特点:

(1)极板栅架采用铅钙合金或低锑合金,因而减少了析气量、耗水量和自行放电。

(2)用袋式聚乙烯隔板将极板包住,既减小了极板上活性物质的脱落,又防止了极板短路。

(3)在气孔盖的内部设置了一个氧化铝过滤器,既可以使 H_2 和 O_2 顺利溢出,又可防止水蒸气和 H_2SO_4 气体散失,故减小了电解液的消耗。

(4)单格电池间的连接条采用穿壁式贯通连接,可减小内阻。

(5)采用聚丙烯塑料外壳,底部无筋条,降低了极板的高度,增加了上部的容积,使电解液的储存增多。

总之,免维护蓄电池在使用中不需加水,具有放电少、寿命长、起动性能好、接线柱腐蚀小等优点。

免维护蓄电池,内装液体比重计,在蓄电池壳的顶部安装着试验指示灯。试验指示灯能够提供蓄电池测试目的的直观信息,但不能用来确定蓄电池是好还是坏,是充电还是放电。如果试验指示灯是“绿点”,说明充电充足,经得起测试。如果指示灯是“黑点”,说明蓄电池充电不足,蓄电池应继续充电,直到变成“绿点”为止。

如果试验指示灯出现“黄色光”时,说明电解液低于试验指示灯的底部,充电过量,蓄电池壳断裂以及蓄电池过度倾斜或损坏。当蓄电池指示灯出现“黄色灯光”时,不应充电,测试或跳跃起动蓄电池,应该更换蓄电池。

不同免维护蓄电池,其试验指示灯颜色指示含义不同,具体情况请参阅使用说明书。

5. 碱性蓄电池

碱性蓄电池与酸性蓄电池相比,具有寿命长、维护简便、腐蚀性小、极板机械强度高等优点,但价格高、内阻大,故未能广泛用于汽车上。

碱性蓄电池按极板活性材料不同,可分为镉镍蓄电池、铁镍蓄电池和银锌蓄电池等。下面以镉镍蓄电池为例,说明其工作原理。

镉镍蓄电池正极为氢氧化镍,负极为镉,电解液为氢氧化钾或氢氧化钠溶液,隔板的材料是橡胶或塑料。外壳用优质钢板制成,或耐寒 ABS 树脂制成。

两极的化学反应是可逆的,其化学反应式为:

$$2Ni(OH)_3 + 2KOH + Cd \xrightarrow{\text{放电}} 2Ni(OH)_2 + 2KOH + Cd(OH)_2$$

电解液 KOH 只用作电流的传导,在充、放电过程中,其浓度几乎不变,因而不能根据电解液相对密度的高低来判断其充、放电程度,只能从电压的变化进行判断。镉镍蓄电池单格电压为 1.2V,因此 6V 蓄电池由 5 个单格组成,12V 蓄电池由 9 个单格组成。与相同特性的铅蓄电池相比,镉镍蓄电池重量轻 35%、体积小 30%、价格高 3 ~5 倍,但使用寿命要长 4 ~6 倍。

新型蓄电池很多,这里不再一一列举。

第四节　铅酸蓄电池的使用维护

一、蓄电池的使用与检查

1. 蓄电池使用时的注意事项

(1)蓄电池电解液为腐蚀性物质,注意不要溅到眼睛、皮肤和衣服上。溅上酸液后务必立即用清水彻底冲洗,必要时就医诊治。

(2)蓄电池被短路时,蓄电池的温度急剧升高,并且可能爆裂。因此操作时,切勿因工具使用不当导致蓄电池短路。

(3)为防止短路,在对所有电器设备进行操作之前,应先取下连接蓄电池负极的电缆。另外,在更换灯泡时,须先将相应的灯光开关关闭。

(4)从汽车电路上拆卸蓄电池时,首先应拆卸蓄电池的负极电缆,然后再拆卸正极电缆。

(5)发动机运转时,不准拆下蓄电池;蓄电池与整车电路断开后,切不可再起动发动机,否则会损坏电器设备(电子元件)。

(6)重新连接蓄电池时,首先连接正极电缆,然后连接负极电缆。任何时候均勿接反电缆极性,否则可能烧坏电缆,引发火灾。

2. 蓄电池电解液液面高度的检查

在正常工作状态下,蓄电池基本不用维护。但在外部气温很高的情况下建议经常检查电解液的液面高度。液面应始终位于蓄电池侧面上的"MIN"(最低)和"MAX"(最高)两标志之间。

当电解液的液面下降到"MIN"标志之下时,必须加注蒸馏水,直到液面达到"MAX"标志为止。

3. 电解液相对密度的检查

(1)用密度计检测电解液的相对密度。

(2)由密度计读出相对密度,读数时应读液面的中部对应刻度。

(3)蓄电池电解液相对密度的规定值如下:常温下,全充电状态电解液相对密度为1.28;半充电状态电解液相对密度为1.20;放电状态电解液的相对密度为1.12。

4. 电解液温度的测量

由于电解液的密度会随温度而发生变化,当电解液温度每升高1℃时,密度降低0.0007g/cm^3。电解液温度每降低1℃时,密度升高0.0007g/cm^3。所以测定值必须换算成标准温度20℃时的值。

二、充电方式(以常用12V蓄电池为例)

对新的蓄电池使用前进行充电的方式称做初充电。正常使用的蓄电池也需根据情况作

补充充电。为保持蓄电池的一定容量和寿命,还要间歇性的过充电。

1. 初充电

初充电过程一般分为2个阶段:

第一阶段以额定容量的电流充电,充电至电解液中放出气泡,端电压为14.4V为止,该阶段大约需25~35h。

第二阶段以额定容量1/30的电流充电,一直充电至电解液急剧放出气泡(沸腾状态),电解液密度与端电压连续3h不变为止。

全部充电时间大约为45~65h。

若充电时电解液温度升高至40℃时,宜将充电电流减半,若此时继续升温可及时停止充电,将温度降到30℃以下时再继续充电。

初充电完毕后,应调整液面高度,即补充蒸馏水。

新蓄电池第一次充电后,可以额定容量1/20的电流放电至端电压10.5V,然后再补充充电。如容量仍低于额定容量的90%,重新做1次充、放电循环。

2. 补充充电

出现下述现象时应随时充电:

(1)电解液相对密度低于1.20;

(2)冬季放电超过25%,夏季放电超过50%;

(3)端电压低于10.5V;

(4)灯光暗,起动无力。

补充充电分2个阶段进行:

第一阶段以额定容量1/10的电流充电,使端电压达到14.4V。当电解液放出气泡时,再以额定容量1/20的电流进行第二阶段充电,直至电压达到15~16V。一般需13~16h。

3. 间歇性过充电

每隔3个月左右应对蓄电池进行1次间歇性过充电。这样可防止其内阻增大、容量降低。

补充充电电流将蓄电池充足后,间歇1h,再以平时充电电流1/2过充电,直至电解液“沸腾”。

4. 充电方法

通常充电的种类有定流充电、恒压充电和快速脉冲充电3种。

1)定流充电

在充电过程中,保持充电电流恒定的充电方法称为定流充电。

补充电的蓄电池是串联起来,接到直流电源上。它适用于新蓄电池的初充电、补充充电以及去硫充电,如图1-10所示。

在充电过程中,随着蓄电池电动势的提高,要保持充电电流的恒定,必须逐渐提高充电电压,当端电压达到14.4V(出现气泡)时,宜将充电电流减半,直至蓄电池完全充足。

2)定压充电

在充电过程中,使充电电压保持恒定的充电方法称为定压充电。

被充电的蓄电池是并联在电源上。它适用于对蓄电池的普通充电,在汽车修理厂中广泛采用。开始充电时,充电电流很大,以后随着蓄电池电动势的增高而逐渐减小,充电截止时充电电流可自动降低到零,如图1-11所示。

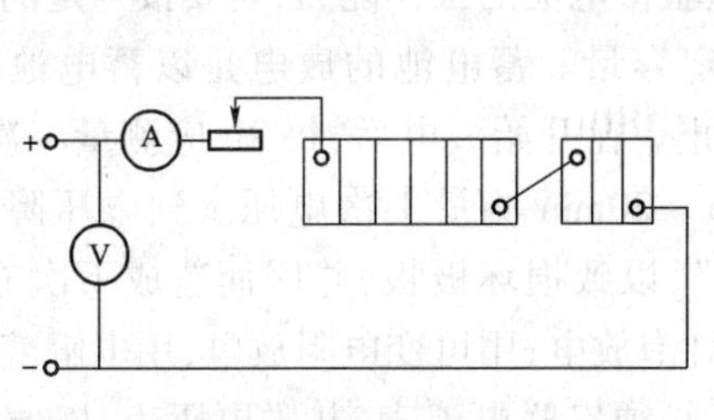

图1-10 定流充电

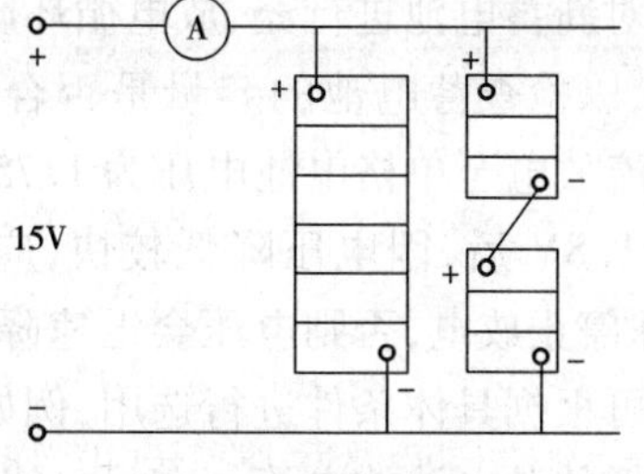

图1-11 定压充电

同时,在开始充电后4~5h内蓄电池可获得本身容量的90%以上。

这种方法可使充电时间大为缩短,但初充电流较大,易损坏蓄电池。

3)快速脉冲充电

快速脉冲充电是采用大电流脉冲充电和短时间放电的间歇式充电方法对电池进行充电,主要用于补充充电。

快速脉冲充电原理是在蓄电池温度处于允许限度(50℃)内,将大部分电量充入蓄电池。采用容量足够大的充电设备,对12V蓄电池使用30~40A电流,约在1~1.5h内完成快速充电作业。快速充电后,仍需以小电流或正常充电电流进行后期充电。

对于未经使用的新蓄电池与液面高度不正确,各单格电解液密度不同,电解液混浊并带褐色,存放时间过久,极板硫化,充电数分钟后电解液呈浅褐色,各单格端电压差超过0.2V的蓄电池,不宜采用快速充电。

5. *蓄电池负荷状态最低电压*

当蓄电池放电电流为110A时,当时间持续5~10h时,其最低电压应不低于9.6V。

6. *检测电解液密度(见表1-3)*

电 解 液 密 度 表1-3

温带充电	密度(g/cm^3)	热带充电	密度(g/cm^3)
放电	1.08	放电	1.12
半充电	1.20	半充电	1.14
完全充电	1.28	完全充电	1.23

三、新蓄电池启用之前注意事项

新蓄电池在启用之前,极板表面会有一定程度的氧化。放的时间越长,氧化越严重。加入电解液后,会出现急剧升温现象,在充电时会表现出较大的电阻,使充电困难。因此,启用新电池应做到:加注电解液后,应静放6h左右,待电解液完全浸透极板,温度下降至35℃以下,再接通电源进行充电,充电电流要严格控制在规定范围内。如果在充电过程中,升温过高,超过45℃时,可减少充电电流或停止充电。进行1~2次充、放电循环,使其达到额定容量为止。

四、对蓄电池进行放电

为了对新蓄电池进行充、放电循环以及检验蓄电池的工作能力，需要按一定的放电规定进行放电，以检查蓄电池的容量是否合乎额定容量。蓄电池的放电是以蓄电池额定容量1/20的电流放电至单格电池电压为1.75V为止。在开始放电后，每2h应测量一次电压，到电压降至1.8V后，因电压降低较快，应每15～20min测量1次电压。到电压降至1.75V时，应立即停止放电，否则电压会迅速降到“0”，以致损坏极板，并因而造成下次充电困难。放电方法可根据具体条件进行选用，例如：用灯泡放电，用可变电阻放电，用电解液放电以及用电压较低的蓄电池放电等。在放电线路中，必须串联电流表，并联电压表，以便及时观察电压值，不失时机地停止放电。

五、识别汽车蓄电池的正负极接线柱

(1)看颜色标志：涂红漆为“＋”极，涂绿色为“－”极。

(2)看极柱粗细：粗极柱为正极，细者为负极。

(3)看极柱表面的硬度：用起子在极柱表面轻轻划过，较坚硬的为“＋”极，反之为“－”极。

(4)看厂牌区别：靠厂牌一侧的极柱为“＋”，不靠厂牌一侧为“－”极柱。

(5)看极柱本身的颜色：极柱表面呈棕黑色的为“＋”极，浅灰色的为“－”极。

(6)看联条的颜色：每个蓄电池总成都是由3个或6个单格电池串联而成的。这个单格电池的“＋”极接另一个单格电池的“－”极，之间用铅联条相接。经过一段时间使用后，联条的两端出现颜色差异。呈棕黑色的那端为“＋”极；呈浅灰色的那端为“－”极。

(7)用直流电压表测量。将直流电压表的“＋”、“－”两接线柱分别接至蓄电池的两极桩上，如指针转向正确，则接“＋”的极桩为蓄电池的正极；接“－”的极桩为蓄电池的负极。

(8)将接蓄电池极桩的2根导线浸在稀硫酸溶液中（或盐水、碱水中），注意不要接触，这时在两个线头周围都有气泡产生，而产生气泡较多的为负极。

(9)利用马铃薯识别：将接蓄电池极桩的两根导线磨光露出铜线插入马铃薯内（两导线不能接触），导线周围变成绿色的为正极。

六、铅酸蓄电池的维护

铅酸蓄电池维护与保管的好坏，不仅直接影响蓄电池的质量和寿命，还影响起动设备安全用电和工作任务的完成。因此，蓄电池的维护、保管是蓄电池使用人员及销售人员的一项重要工作。

铅酸蓄电池的维护分日常维护和定期维护。日常维护是指平时日常工作中的维护，这是蓄电池维护工作的最基本且最有效的一项工作。定期维护是针对蓄电池的不同情况，在充电站进行一定项目的维护，只有在日常维护工作做好的基础上，结合定期维护，才能把蓄电池的维护工作做好。

1. 日常维护

(1)经常保持蓄电池表面的清洁。发现表面有灰尘和硫酸时,应及时擦拭,擦拭时可先用沾有苏打水的抹布擦拭一遍,然后用清水冲洗干净;经常用蒸馏水清洗排气栓,保持排气栓通气良好。

(2)按照规定进行蓄电池的充电、放电和补充充电工作。充电过程中,电解液的温度不得超过45℃,严防过量充电;放电过程中,严禁大电流放电和过量放电;充、放电过程中,应开动通风装置排除酸雾,使室内空气较为新鲜,以减少酸性分子对人员和设备的侵蚀。

(3)发现故障应及时排除;蓄电池充电间应经常保持清洁、干燥、空气流通、光线充足。应用湿拖把擦净地面,在清洁、绝缘较好的情况下,可以在地面洒水,保持室内的湿度,以减少电池中水分的蒸发;做好各种充、放电的记录工作。

2. 定期维护

(1)起动蓄电池后每半个月应认真地检查联条、极柱及输出接线的接触情况和牢固程度,彻底清除金属部位(如接线端子)的氧化物和锈蚀,更换金属部位的凡士林油。

(2)及时检查和排除蓄电池的故障;对蓄电池测量用的仪表(如密度计、温度计、电压表、电流表)进行检查和校验,以免由于仪表不准确导致蓄电池维护工作的质量受到影响。

(3)根据气候季节的变化,按说明书的要求,调整电解液密度(也称换季);电池失水时,应及时补充纯水,防止因极板露出液面而氧化和利用率降低,切勿补充电解液。

(4)电池在使用过程中应调整好充电电器的电压(13.8~14.4V),防止过充电。

第五节 蓄电池常见的故障诊断及维修

蓄电池常见的外部故障有:壳体破损,电解液泄漏,电极极柱松动、腐蚀等。常见内部故障有:极板短路,活性物质脱落,极板硫化,自行放电等。

一、极板短路

1. 现象

(1)充电时电压始终保持低值电压;

(2)充电末期冒泡较少或冒泡过晚;

(3)充电时电解液温度急剧上升,温度高;

(4)充电时电解液密度不上升或无变化;

(5)放电时,电压降至终止电压时间过早;

(6)开路端电压很低。

2. 原因和分析

(1)蓄电池内沉淀物太多,碰到极板下缘宜造成极板短路;

(2)其他导电物落入蓄电池内或两极板之间,使正、负极板短路;

(3)极板上活性物质脱落,隔板受损;

(4)极板拱曲,隔板受损,正、负极板短路;

(5)电解液比重高,隔板损坏;

(6)极板上生长着“结晶钉”,形成导电的“小桥”,穿越隔板,造成正、负极板短路。

3. 处理方法

(1)清洗沉淀物;

(2)去除导电物;

(3)更换极板及隔板。

二、极板硫化

蓄电池在正常的使用情况下,正极板上的活性物质大部分都变为松软的硫酸铅的小结晶均匀分布在极板中,在充电时,可方便地还原为二氧化铅和海绵状铅。若蓄电池长期充电不足或大电流放电后长时间搁置,不立即充电或处于半放电状态,则会在极板上逐渐生成一层白色的粗晶粒的硫酸铅,这种结晶导电性差,体积大,堵塞极板的微孔,妨碍电解液的渗透作用,增加蓄电池内阻。其在正常充电时很难溶解还原,容易导致电容量、起动性能和充电性能下降,这种现象称为“硫酸铅硬化”,简称“硫化”。

1. 现象

(1)蓄电池容量降低;

(2)电解液密度下降,低于正常值;

(3)刚充电及充电完毕时,电压过高;

(4)放电时电压下降速率快;

(5)充电时过早冒泡;

(6)充电时电解液温升超过45℃;

(7)硫酸铅结晶颗粒大,难以还原二氧化铅及海绵状铅。

2. 原因和分析

(1)初充电不足或初充电中断;

(2)放电后长期放置不用;

(3)长期充电不足或未及时充电;

(4)经常过量放电;

(5)电解液密度超标或随意加硫酸;

(6)液面低落,极板长期外露;

(7)电解液不纯。

3. 处理的方法

(1)往复全充电、全放电循环,使活性物质复原;

(2)以去硫充电的方法消除;

(3)放电勿超过规定的电流;

(4)电解液密度勿超过规定值;

(5)补充电解液至规定的液面高度。

三、活性物质脱落

蓄电池极板上的活性物质脱落主要指正极板上的 PbO_2 的脱落，这是蓄电池早期失效的主要原因之一。

正极板活性物质脱落主要是由大电流过放电所致。

负极板活性物质脱落是由大电流过充电所致。过充电会引起水的电解，产生大量的氢气和氧气。当氢气从负极板的孔隙内向外冲出时，会使活性物质脱落。

1. 现象

(1)电解液内发现沉淀，充电时有褐色物质自底部上升，电解液混浊不清；

(2)蓄电池容量下降；

(3)蓄电池受到剧烈振动。

2. 原因和分析

(1)蓄电池使用的寿命已达到期限；

(2)制造过程中，由于材料和加工工艺存在缺陷导致沉淀物成块脱落；

(3)沉淀物呈黏糊状，属电解液不纯，充电时，电解液密度过高或温度过高，致使极板被腐蚀。

(4)充、放电频率过高或过充电、过放电；

(5)放电时，外电路负载发生短路。

3. 处理的方法

(1)沉淀物少量时，可以清除沉淀物后继续使用；

(2)沉淀物过多时，报废或索赔。

四、自行放电

随放置时间的延长，铅蓄电池在无外接负载的情况下，电容量自动减少的现象，称作自行放电。

捷达轿车蓄电池的栅架由铅低锑和铅钙锡合金浇铸而成。每月自放电率为 6% ~8%(25℃)，所以，蓄电池固有自放电属正常现象。若每昼夜自行放电超过 2%，属非正常自放电。

1. 现象

(1)短时间内，电解液密度急剧下降；

(2)充电后不久，蓄电池容量下降，不能驱动起动机工作。

2. 原因和分析

(1)栅架中含有锑，不仅会形成局部电池，自行放电，而且会使负极板的氢电位下降，加速海绵状铅的自动溶解，产生自放电。

(2)电解液中含杂质，这些杂质在蓄电池内形成局部小电池，从而使蓄电池自行放电。

(3)蓄电池上污垢多，如泥土、水都是含有导电的离子，若接触到电解液，均会产生自放电。

(4)蓄电池长期不用，硫酸液下沉，下部密度较上部大，极板上、下部形成电位差，也会造成自放电。

3. 处理方法

自放电严重的蓄电池，可将它完全放电或过度放电，使极板上的杂质进入电解液，然后将电解液倾出，用蒸馏水将蓄电池清洗干净，再灌入新的电解液重新充电。

五、正极板断格、腐蚀

1. 现象

正极板与极耳连接处断裂，该单格蓄电池电压下降。

2. 原因和分析

充电时，电解液呈棕褐色，正极板栅架处于阳极极化，使栅架从表面开始逐渐变为 PbO_2，造成断裂。

3. 处理的方法

充电时不宜过度充电，不能采用高于制造厂推荐的电解液密度的硫酸。

六、正极板拱曲

1. 现象

正极板拱曲。

2. 原因和分析

充电电流过大、过放电、极板各处电流分布不均匀，都会造成极板拱曲。

3. 处理的方法

(1)检查电解液中是否有杂质，有杂质时清除并更换电解液；

(2)避免过充电。

七、外壳裂损、变形与封口胶破裂

1. 现象

(1)外壳裂、变形、电解液泄漏；

(2)封口胶裂，电解液泄漏。

2. 原因和分析

(1)由于安装蓄电池时，螺栓紧固过紧或过松，在车行驶中，遇强烈振动，外壳会开裂；

(2)蓄电池发热，气体压力过大或电解液冰冻膨胀使外壳破裂或封口胶裂。

3. 处理的方法

封口胶开裂可重新修补。

蓄电池检查流程图如图 1-12 所示，蓄电池漏电检查流程图如图 1-13 所示。

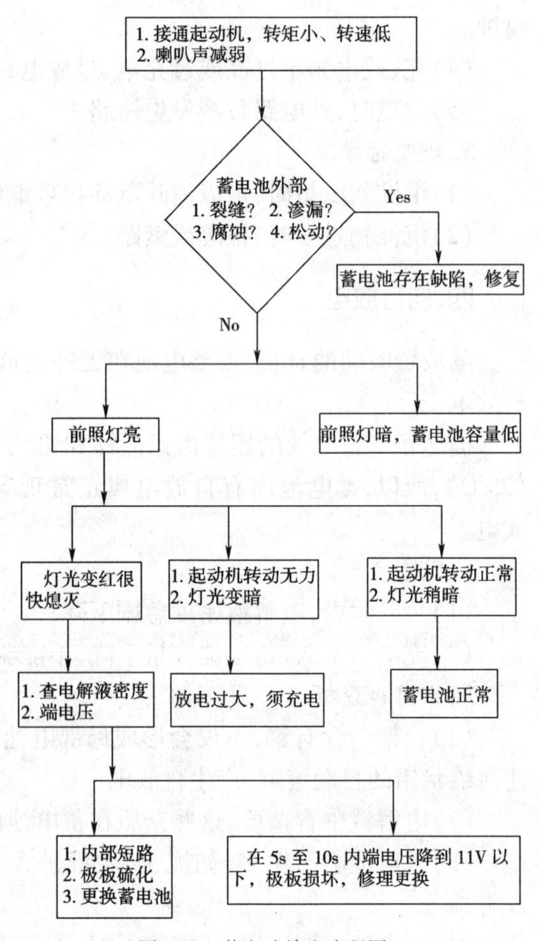

图 1-12　蓄电池检查流程图

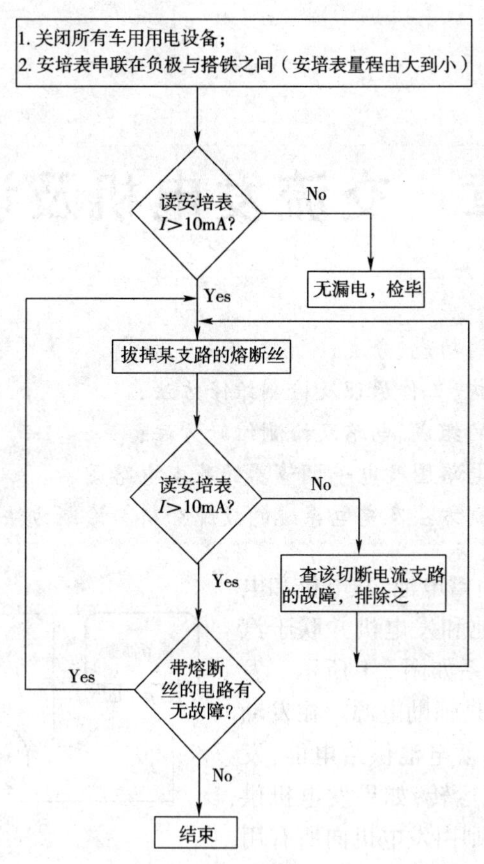

图 1-13 蓄电池漏电检查流程图

1. 车用蓄电池有哪些功能？
2. 分析铅酸蓄电池的构造及各部分的作用。
3. 试述蓄电池的充电特性与放电特性。了解这些特性有什么指导意义。
4. 蓄电池充电有哪些种类？各用在什么情况下？
5. 如何进行蓄电池的初充电和补充充电？
6. 什么叫蓄电池的容量？如何表示？哪些使用因素对蓄电池容量有影响？
7. 简述蓄电池的常见故障及其原因。
8. 何谓免维护蓄电池？它的结构有何特点？
9. 如何正确使用与维护蓄电池？如何识别汽车蓄电池的正负极接线柱？

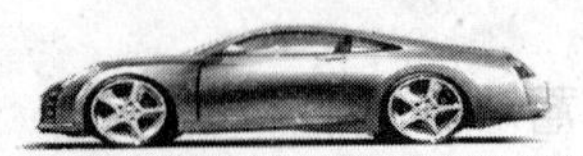

第二章　交流发电机及调节器

学习目标

- 了解交流发电机的功能、分类；
- 掌握发电机的结构、工作原理及检测维修方法；
- 掌握汽车充电系的组成、电路及检测维修方法；
- 会看交流发电机电路图及电子调节器的基本电路图；
- 掌握调节器的检测方法及充电系统的故障分析与诊断方法。

汽车电源系统主要由蓄电池、发电机和电压调节器等组成。蓄电池和发电机并联于汽车电路之中，汽车电源关系如图2-1所示。发电机是主要电源，蓄电池是辅助电源。在发动机停转或起动时，汽车由蓄电池供给电能；发动机起动后，带动发电机运转，如果发电机供电能力能满足用电需要，则由发电机向所有用电设备供电；否则，由发电机和蓄电池共同供电；发电机供电过剩时，向蓄电池充电。

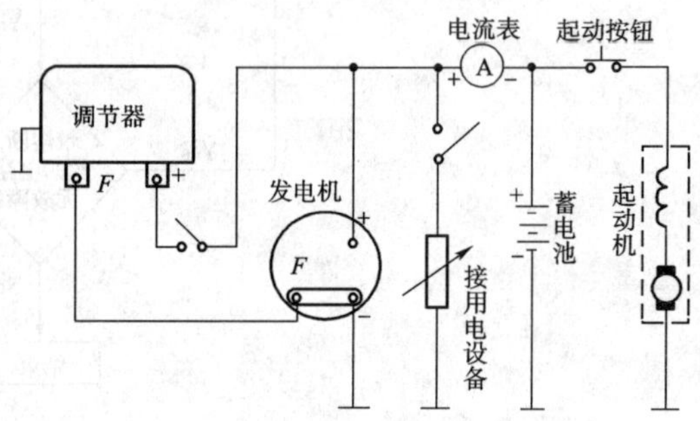

图2-1　整车用电设备与电源并联连接

第一节　交流发电机的功用和分类

一、发电机的功用

发电机是汽车的主要电源，其功用是在发动机正常运转时（怠速以上），向所有用电设备（起动机除外）供电，同时向蓄电池充电。

二、发电机的分类

汽车用发电机可分为直流发电机和交流发电机。因交流发电机在许多方面优于直流发电机，所以目前所有汽车均采用交流发电机，直流发电机已被淘汰。交流发电机按照不同的分类方法分为以下几类：

1. 按总体结构分5类

（1）普通交流发电机：无特殊装置，无特殊功能的汽车交流发电机，称为普通交流发电机。如东风EQ1090型载货汽车用JF132N型交流发电机。

（2）整体式交流发电机：即内装电子调节器的交流发电机。如一汽捷达、上海桑塔纳轿车用 JFZ1913Z 型 14V 90A 发电机。

(3)带泵交流发电机:即和汽车制动系统中所用的真空助力泵安装在一起的发电机,如 JFZB292 发电机。

(4)无刷交流发电机:即没有电刷和集电环(滑环)的交流发电机。如 JFW1913 发电机。

(5)永磁交流发电机(磁极为永磁铁制成的发电机)。

2. 按整流器结构不同分类

(1)六管交流发电机:即整流器由 6 只整流二极管组成,三相桥式全波整流电路的交流发电机。如解放 CA1091 型载货汽车用 JF1518 交流发电机。

(2)八管交流发电机:即整流器总成由 8 只二极管组成的交流发电机。如天津夏利 TJ7100 型微型轿车用 JFZ1542 型 14V 45A 型交流发电机。

(3)九管交流发电机:即整流器总成由 9 只二极管组成的交流发电机。如斯太尔(STEYR)汽车用 JFZ2518A 型 28V 27A 交流发电机和猎豹(PAJERO)汽车 4G64 型发动机用 14V 75A 交流发电机。

(4)十一管交流发电机:即整流器总成由 11 只二极管组成的交流发电机。如一汽捷达、上海桑塔纳轿车用 JFZ1813Z 型 14V 90A 交流发电机。

3. 磁场线圈搭铁型式分类

(1)内搭铁型交流发电机:即发电机磁场线圈的一端与发电机壳体连接的交流发电机。如东风 EQ1090 型载货汽车用 JF132N 型交流发电机。

(2)外搭铁型交流发电机:即磁场线圈的一端经调节器后搭铁的交流发电机。如捷达、桑塔纳轿车用 JFZ1913Z 型 14V 90A 发电机、解放 CA1091 型载货汽车用 JF1522A 型交流发电机、东风 EQ2102 型越野汽车用 JFW2621 型 28V45A 整体式发电机等。

目前,大多数汽车都采用外搭铁型交流发电机。

三、交流发电机的型号

根据中华人民共和国汽车行业标准 QC/T 73—1993《汽车电器设备产品型号编制方法》的规定,汽车交流发电机型号组成如下:

1. 产品代号

产品代号用中文字母表示。例:JF 表示普通交流发电机;JFZ 表示整体式(调节器内置)交流发电机;JFB 表示带泵的交流发电机;JFW 表示无刷交流发电机。

2. 电压等级代号

电压等级代号用一位阿拉伯数字表示。例:1 表示 12V 系统;2 表示 24V 系统;6 表示 6V 系统。

3. 电流等级代号

电流等级代号,用一位阿拉伯数字表示。

4. 设计序号

设计序号用 1 ~ 2 位阿拉伯数字表示,表示产品设计的先后顺序。

5. 变形代号

交流发电机以调整臂位置作为变形代号。从驱动端看，调整臂在左边用 Z 表示；调整臂在右端用 Y 表示；调整臂在中间不加标记。

注：进口发电机不符合上述标准。

第二节　交流发电机的构造

汽车用交流发电机主要由转子、定子、整流器及前后端盖等组成，如图 2-2 所示。

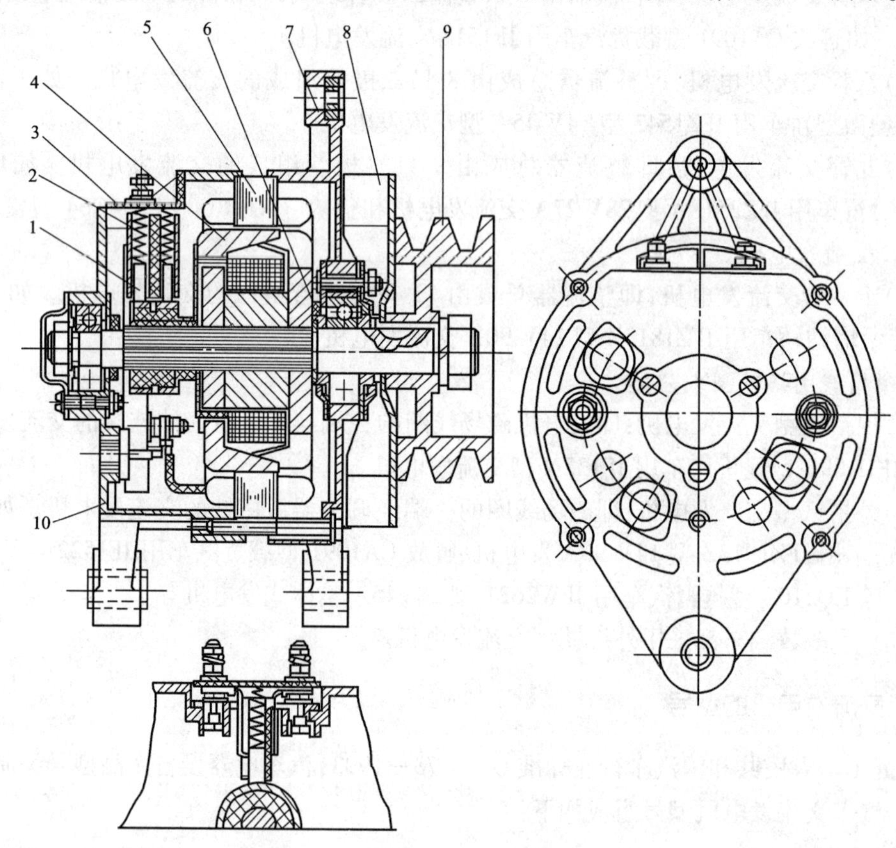

图 2-2　JF132 型交流发电机结构图

1-电刷；2-电刷弹簧；3-盖板；4-转子总成；5-定子总成；6-定位圈；7-前端盖；8-风扇；9-带轮；10-后端盖

一、6 管交流发电机的结构

1. 转子

转子的作用是产生旋转磁场。转子由爪极、磁轭、磁场绕组、集电环、转子轴组成，如图 2-3 所示。

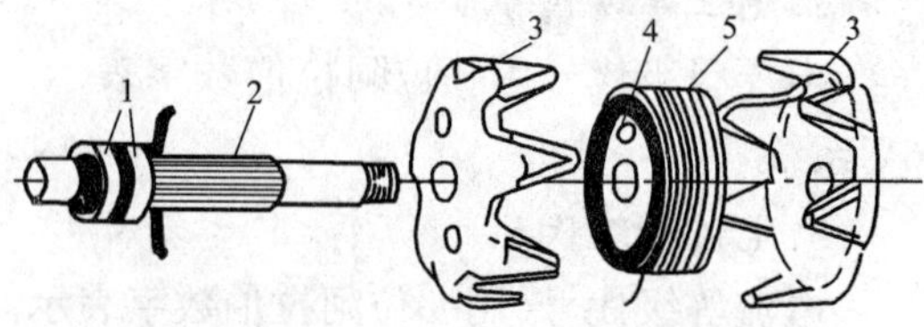

图 2-3　发电机转子的分解图

1-集电环；2-转子轴；3-爪极；4-磁轭；5-磁场绕组

转子轴上压装着 2 块爪极，2 块爪极各有 6 个鸟嘴形磁极，爪极空腔内装有磁场绕组

(转子线圈)和磁轭。集电环由2个彼此绝缘的铜环组成,集电环压装在转子轴上并与轴绝缘,2个集电环分别与磁场绕组的两端相连。当两集电环通入直流电时(通过电刷),磁场绕组中就有电流通过,并产生轴向磁通,使一块爪极被磁化为N极,另一块被磁化为S极,从而形成6对相互交错的磁极。当转子转动时,就形成了旋转的磁场。

2. 定子

定子的作用是产生交流电。

定子由定子铁芯和定子绕组组成。定子铁芯由内圈带槽的硅钢片叠成,定子绕组的导线就嵌放在铁芯的槽中,如图2-4所示。

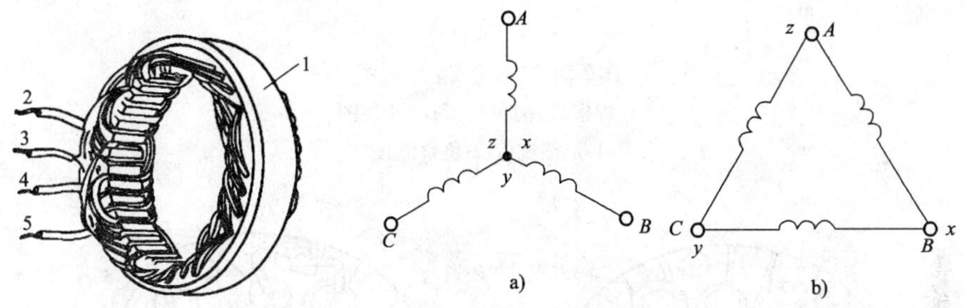

图2-4 定子总成结构与三相绕组连接方法

a)Y形接法;b)△形接法

1-定子铁芯;2、3、4、5-定子绕组引线端

三相电枢绕组的连接方法有星形接法(亦称Y形接法)和三角形接法(亦称△形接法)2种,如图2-4所示。Y形接法即将三相绕组的3个末端 x、y、z 连接在一起,将三相绕组的首端 A、B、C 作为交流发电机的交流输出端。△形接法是将每相绕组的首端和另一绕组的末端依次相连接,因而有3个接点,这3个接点即为交流发电机的交流输出端。车用交流发电机大多采用Y形接法,只有少数大功率交流发电机采用△形接法。

3. 整流器

交流发电机整流器的作用是将定子绕组的三相交流电转变为直流电。6管交流发电机的整流器是由6只硅整流二极管组成三相全波桥式整流电路,6只整流管分别压装(或焊装)在2块板上。

1)汽车用硅整流二极管特点

(1)工作电流大,正向平均电流50A,浪涌电流600A;

(2)反向电压高,反向重复峰值电压270V,反向不重复峰值电压300V;

(3)只有一根引线,并且有的二极管引出线是正极,有的二极管引出线是负极,引出线为正极的管子叫正极管,引出线为负极的管子叫负极管,所以说整流二极管有正二极管和负二极管之分。

2)整流管的安装

将正极管安装在一块铝制散热板上,称为正整流板;将负极管安装另一块铝制散热板上,称为负整流板,也可用发电机后盖代替负整流板,如图2-5所示。

在正整流板上有一个输出接线柱B(发电机的输出端)。负整流板上直接搭铁。负整流板上一定和壳体相连接。整流板的形状各异,有马蹄形、长方形、半圆形等见图2-6。

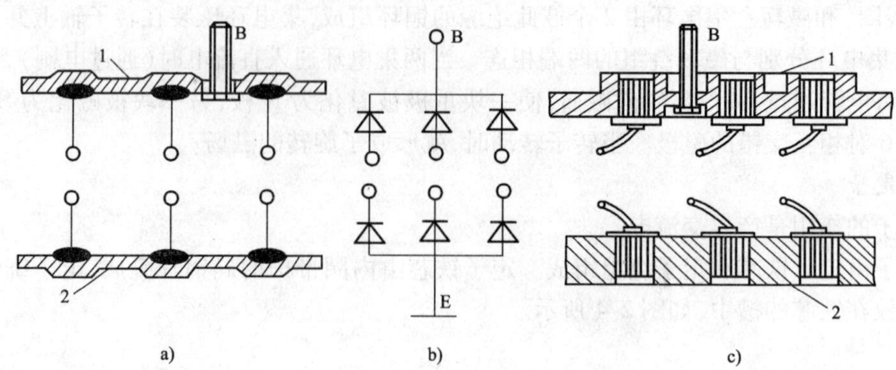

图 2-5　二极管安装示意图

a)焊接式;b)电路图;c)压装图

1-正整流板;2-负整流板

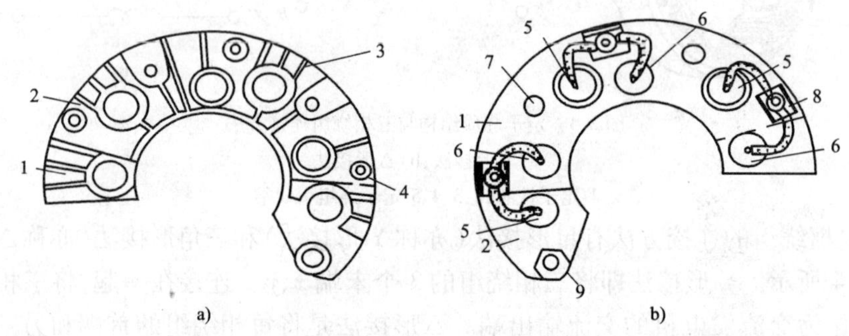

图 2-6　JF1522A 型交流发电机整流器总成

a)整流板;b)整流器总成

1-负整流板;2-正整流板;3-散热片;4-连接螺栓;5-正极管;6-负极管;7-安装孔;8-绝缘垫;9-电枢接柱安装孔

4. 端盖

端盖一般分两部分(前端盖和后端盖),起固定转子、定子、整流器和电刷组件的作用。端盖一般用铝合金铸造,一是因为可有效的防止漏磁,二是因为铝合金散热性能好。

后端盖上装有电刷组件,由电刷、电刷架和电刷弹簧组成。电刷的作用是将电源通过集电环引入磁场绕组。电刷装在电刷架的孔内,借电刷弹簧的压力与转子总成上的滑环保持接触,用于给转子绕组提供励磁电流。电刷架由酚醛玻璃纤维塑料模压制成或用玻璃纤维增强尼龙制成,安装在发电机的后端盖上。电刷架有两种形式,一种是外装式,从发电机的外部拆下电刷弹簧盖板即可拆下电刷;另一种是内装式,需拆开发电机后才能拆下电刷。电刷通过弹簧与转子轴上的集电环保持接触,如图 2-7 所示。

磁场绕组(2 只电刷)和发电机的连接不同,从而使发电机分为内搭铁型和外搭铁型两种。

(1)内搭铁型发电机:磁场绕组负电刷直接搭铁的发电机(和壳体直接相连),如图 2-8a)所示。

(2)外搭铁型发电机:磁场绕组的 2 只电刷都和壳体绝缘的发电机,如图 2-8b)所示。

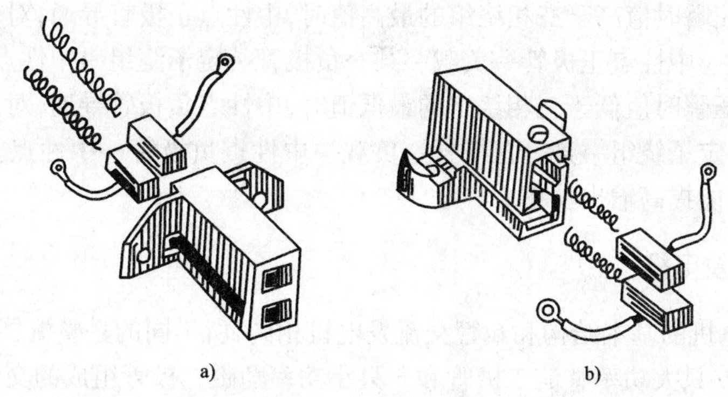

图 2-7　发电机电刷组件

a) 外装式；b) 内装式

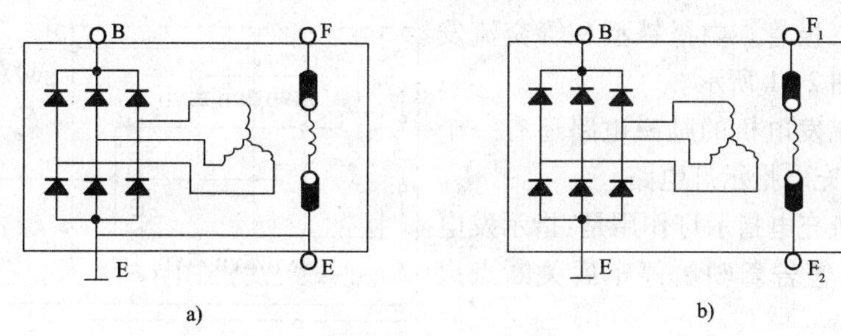

图 2-8　交流发电机的搭铁型式

a) 内搭铁型发电机；b) 外搭铁型发电机

二、8 管交流发电机

8 管交流发电机（如夏利车用）和 6 管交流发电机的基本结构是相同的。所不同的是整流器有 8 只硅整流二极管，其中 6 只组成三相全波桥式整流电路，还有 2 只是中性点二极管，1 只正极管接在中性点和正极之间，1 只负极管接在中性点和负极之间，对中性点电压进行全波整流（图 2-9）。试验表明：加装中性点二极管的交流发电机在结构不变的情况下，可以提高发电机的功率 10% ~15%。

交流发电机中性点电压为 3 次谐波。随着发电机转速的提高，中性点 3 次谐波电压也升高，如图 2-10 所示。

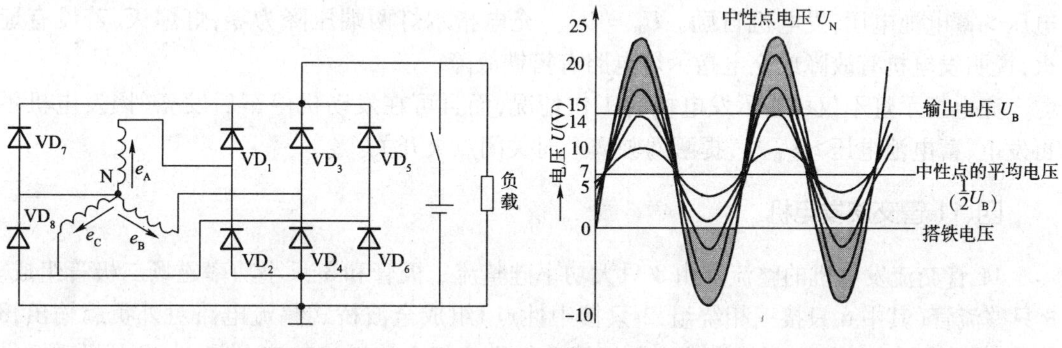

图 2-9　8 管交流发电机电路图

图 2-10　不同转速时中性点电压波形

当中性点电压瞬时值高于三相绕组的最高值时,中性点正极管导通,对外输出电流。电流回路为:中性点→中性点正极管→负载→某一负极管→定子绕组→中性点。

当中性点电压瞬时值低于三相绕组的最低值时,中性点负极管导通,对外输出电流。电流回路:中性点→定子绕组→某一正极管→负载→中性点负极管→中性点。因中性点参与了对外输出,所以能提高输出功率。

三、9 管交流发电机

9 管交流发电机的基本结构和 6 管交流发电机相同,所不同的是整流器。9 管交流发电机的整流器是由 6 只大功率整流二极管和 3 只小功率励磁二极管组成的交流发电机。其中 6 只大功率整流二极管组成三相全波桥式整流电路,对外负载供电。3 只小功率二极管与 3 只大功率负极管也组成三相全波桥式整流电路专门为发电机磁场供电。所以称 3 只小功率二极管为励磁二极管。内搭铁型 9 管交流发电机电路图如图 2-11 所示。

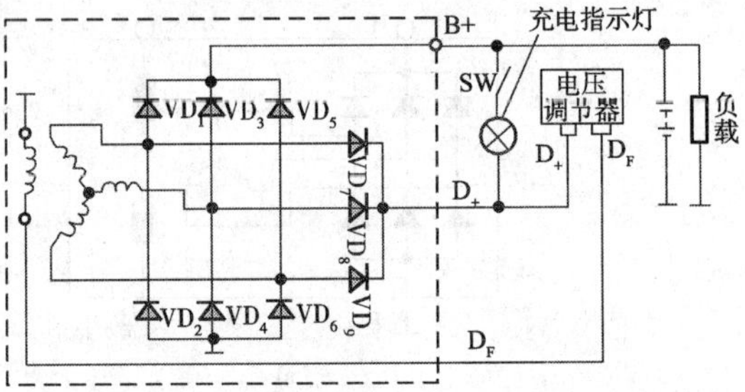

图 2-11　内搭铁型 9 管交流发电机电路图

该 9 管交流发电机的励磁电路还有一个功能,就是控制充电指示灯电路。

交流发电机充电指示灯作用是:指示发电机是否有故障;警告驾驶员停车后关断点火开关。

充电指示灯的工作原理:

当点火开关接通时,发电机未发电,由蓄电池供给磁场电流。此时充电指示灯亮,表示蓄电池放电,发电机他励。

当发动机起动后,转速升高到怠速及其以上时,发电机应能正常发电并对外输出,此时,磁场电流由发电机供给,发电机自励发电。若没有熄灭,说明发电机不发电或充电指示灯电路有故障。

图 2-11 中充电指示灯的工作情况如下:

在发动机起动期间,发电机电压 U_{D+} < 蓄电池电压时,整流二极管截止,发电机不能对外输出,由蓄电池供给磁场电流。路径为:蓄电池 + →点火开关→充电指示灯→调节器→磁场绕组→搭铁→蓄电池。充电指示灯亮。

当发动机转速升高到怠速及其以上时,发电机应能正常发电并对外输出,此时,发电机电压 > 蓄电池电压,发电机自励。$U_B = U_{D+}$,充电指示灯两端压降为零,灯熄灭,若没有熄灭,说明发电机有故障或充电指示灯电路有搭铁故障。

充电指示灯不仅可指示发电机的工作情况,而且可在发动机停车后发亮(因发电机不再发电,蓄电池电压 > U_{D+}),提醒驾驶人及时关闭点火开关。

四、11 管交流发电机

11 管交流发电机的整流器由 8 只大功率硅整流二极管和 3 只小功率磁场二极管组成。8 只整流管(其中 6 只接三相绕组,2 只接中性点)组成全波桥式整流电路对外负载输出,3 只小功率磁场二极管与 3 只大功率负极管也组成三相全波桥式整流电路,为发电机磁场供电和控制充电指示灯电路。例如桑塔纳车用发电机,如图 2-12 所示。

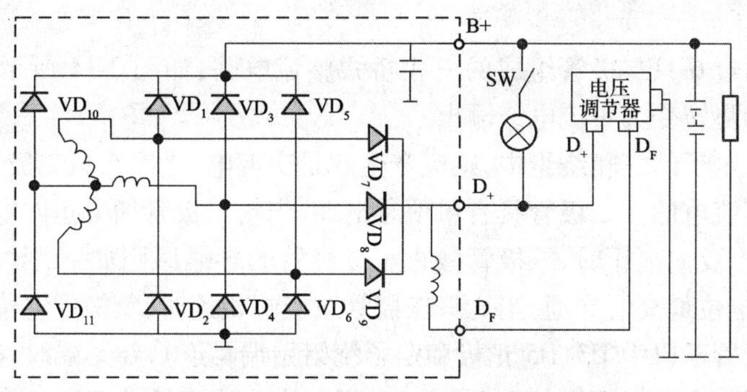

图 2-12　11 管交流发电机电路图

第三节　交流发电机的工作原理

一、发电原理

交流发电机的工作原理如图 2-13 所示。发电机的转子为磁极,磁极绕组通过电刷和集电环引入直流电而产生磁场;发电机的定子为电枢,三相电枢绕组按一定的规律分布在定子的槽中,彼此相差 120°电角度。三相绕组的末端连在一起,形成星形连结。

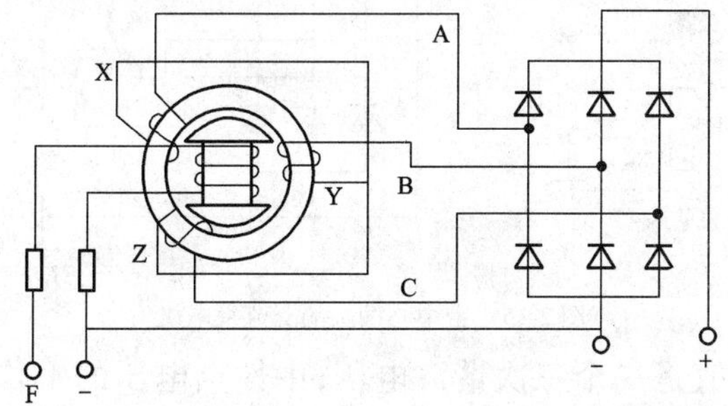

图 2-13　交流发电机工作原理

当转子旋转时,定子绕组与磁力线之间产生相对运动,在三相绕组中产生频率相同、幅值相等、相位相差 120°电角度的三相正弦交流电动势,其波形如图 2-14 所示。

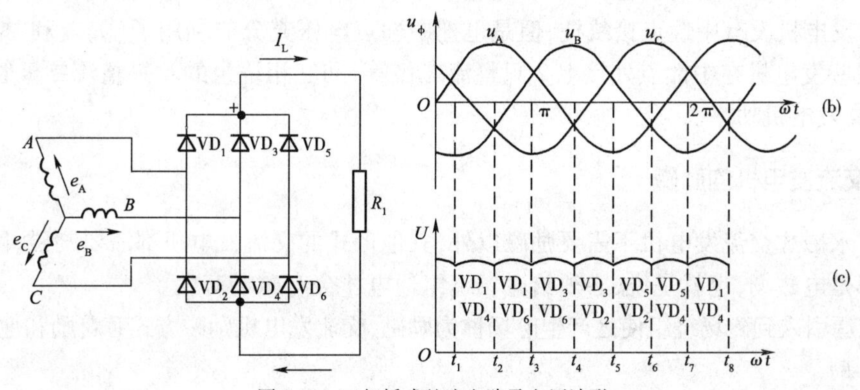

图 2-14　三相桥式整流电路及电压波形

二、整流原理

交流发电机通过6只二极管组成的三相桥式整流电路,如图2-14所示,将电枢绕组产生的三相交流电动势转变为直流电流输出。

在交流发电机定子的三相绕组中,感应产生的是交流电,是靠6只二极管组成的三相桥式整流电路变为直流电的。二极管具有单项导电性,当给二极管加上正向电压时,二极管导通;当给二极管加上反向电压时,二极管截止。二极管的导通原则如下:当3只二极管负极端相连时,正极端电位最高者导通;当3只二极管正极端相连时,负极端电位最低者导通。

对于3个正极管子(D1、D3、D5正极和定子绕组始端相连),在某瞬时,电压最高一相的正极管导通。对于3个负极管子(D2、D4、D6负极和定子绕组始端相联),在某瞬时,电压最低一相的负极管导通。但同时导通的管子总是两个,正、负管子各一个。

三相桥式整流电路中二极管的依次循环导通,使得负载RL两端得到一个比较平稳的脉动直流电压。

有的发电机具有中性点接线柱(图2-15)是从三相绕组的中性点引出来的,标记为"N"。输出电压为U_N,称为中性点电压。

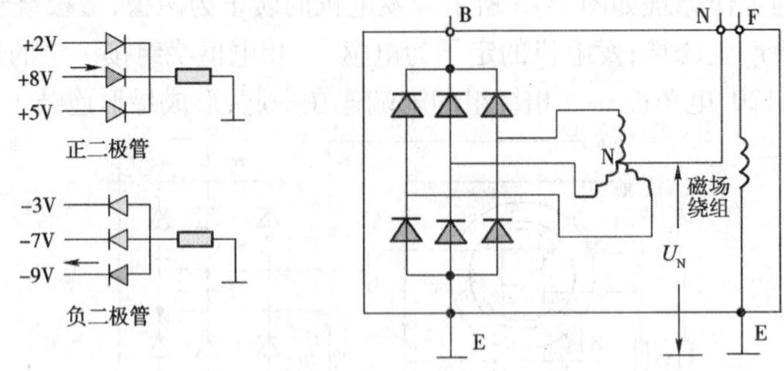

图2-15　带中心抽头的交流发电机

中性点电压的瞬时值是一个三次谐波电压,中性点电压的平均值为发电机输出电压(平均值)的一半,即:

$$U_N = U_B/2$$

带有中性点接线柱的发电机可用中性点电压来控制各种用途的继电器。

有的发电机没有中性点接线柱,但是也把中性点电压充分的利用了(如夏利、桑塔纳发电机),这些发电机在中性点处接上2只整流二极管,和三相绕组的6只整流二极管一道输出,可提高发电机功率。

三、交流发电机的励磁

除了永磁式交流发电机不需要励磁以外,其他形式的交流发电机都需要励磁,因为它们的磁场都是电磁场,也就是说,必须给磁场绕组通电才会有磁场产生。

将电源引入到磁场绕组使之产生磁场称为励磁,交流发电机励磁方式有自励和他励两种。

1. 他励

在发电机转速较低时(发动机未达到怠速转速),自身不能发电,需要蓄电池供给发电机励磁绕组电流,使励磁绕组产生磁场来发电。这种由蓄电池供给磁场电流发电的方式称为他励发电。

2. 自励

随着转速的提高,发电机的电动势逐渐升高并能对外输出,一般在发动机怠速时发电机就能对外供电了,当发电机能对外供电时,就可以把自身发的电供给磁场绕组生磁发电,这种供给磁场电流的方式称为自励。

由于在发动机转速低时交流发电机不能自励发电,所以低速时采取他励发电;当发动机达到正常怠速转速时,发电机的输出电压一般高出蓄电池电压 1 ~ 2V 以便对蓄电池充电,此时,由发电机自励发电。

交流发电机的励磁电路如图 2-16 所示。

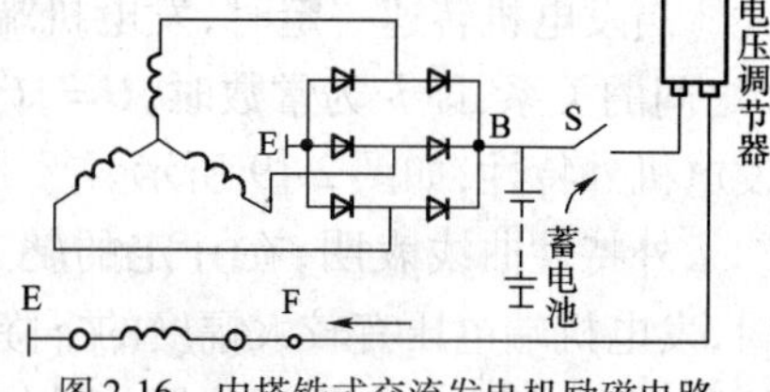

图 2-16　内搭铁式交流发电机励磁电路

第四节　交流发电机的工作特性

交流发电机的工作特性是指发电机经整流后输出的直流电压 U、电流 I 和转速 n 之关系,包括空载特性、输出特性和外特性。

1. 空载特性

当发电机空载运行时,发电机端电压 U 和转速 n 之间的关系,即负载电流 $I=0$ 时 $f(n)$ 的函数关系,称为发电机的空载特性,如图 2-17 所示。

空载特性可以判断发电机充电性能的好坏。从曲线的上升速率和达到蓄电池电压的转速高低可判断发电机的性能是否良好。

2. 输出特性

当发电机电压一定时,输出电流与发电机转速之间的关系,称为发电机的输出特性,如图 2-18 所示。

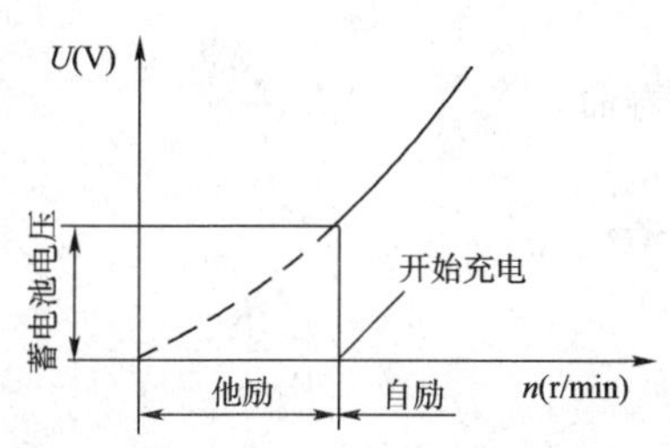

图 2-17　交流发电机空载特性曲线

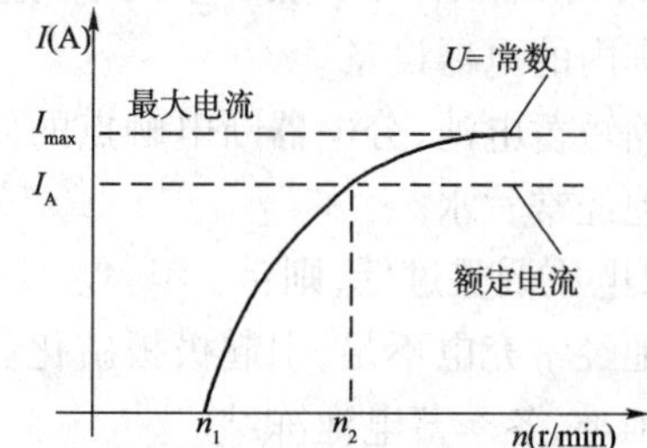

图 2-18　交流发电机的输出特性曲线

输出特性曲线表明,端电压保持不变(12V 发电机保持 14V, 24V 发电机保持 28V),当 $n>n_1$ 时,其输出电流随着转速增加而逐渐增大。当 $n<n_1$ 时,因发电机端电压低于额定值,发电机不能向外输送电流,汽车电器只能由蓄电池供电,所以 n_1 称为空载转速,它通常作为选择发电机与发动机传动比的依据。

发电机达到额定功率时的转速称为额定转速 n_2,这时发电机的负载电流为额定电流 I_A。转速 n_2 是判断发电机性能的重要指标。

当发电机转速达到一定值后,发电机的输出电流几乎不再继续增加,具有限制输出电流

的能力。这是由于随着定子线圈中感应电动势的增加,定子线圈的阻抗也随转速的升高而增加,同时定子电流增加时,电枢反应的增强也使感应电动势下降。由于上述原因,使发电机转速达到一定值后,其输出电流几乎不变,即具有限定输出电流的作用,故交流发电机不需设置限流器。

3. 外特性

当发电机转速一定时,发电机端电压 U 与输出电流 I 之间的关系,即 n 为常数时,$U=f(I)$ 的函数关系,称为发电机外特性,如图 2-19 所示。

外特性曲线表明,在一定的转速下,输出电流增加时,发电机端电压有较大幅度的下降。因此,要使输出电压稳定,必须配备电压调节器。另外,在发电机高速运转时,如果突然失去负载,端电压会急剧升高,电器设备中的电子元件将有击穿的危险。

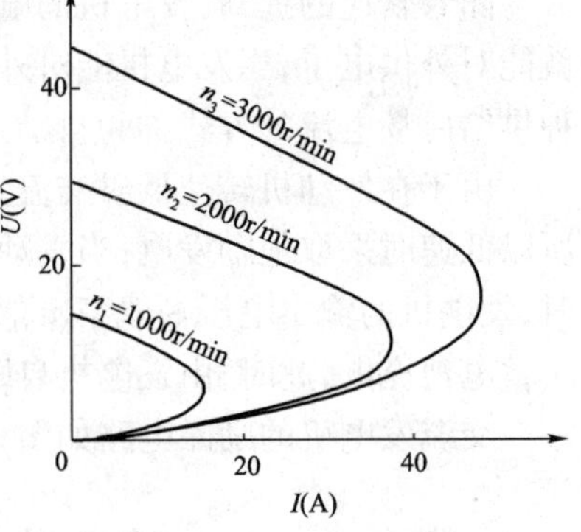

图 2-19　交流发电机的外特性曲线

第五节　交流发电机的电压调节器

由于交流发电机的转子是由发动机通过皮带驱动旋转的,且发动机和交流发电机的速比为 1.7~3,因此交流发电机转子的转速变化范围非常大,这样将引起发电机的输出电压发生较大变化,无法满足汽车用电设备的工作要求。为了满足用电设备恒定电压的要求,交流发电机必须配用电压调节器。

电压调节器是把发电机输出电压控制在规定范围内的装置,其作用是在发电机转速变化时,自动控制发电机电压保持恒定。

调节器工作不正常会有下列后果:

(1)如果调节器工作不正常,电压调整过高,则:

①烧毁车内的电器设备。

②大大缩短蓄电池、分电器断电触点的使用寿命。

③蓄电池经常亏水。

(2)如果电压调整过低,则:

①蓄电池经常充电不足,引起极板硫化。

②起动困难,冬季蓄电池冻结。

一、电压调节器的分类

1. 交流发电机电压调节器按工作原理可分为:

1)触点式电压调节器(机械式电压调节器)

触点式电压调节器应用较早,这种调节器触点振动频率慢,存在机械惯性和电磁惯性,电压调节精度低,触点易产生火花,对无线电干扰大,可靠性差,寿命短,现已被淘汰。

2)晶体管调节器

随着半导体技术的发展,在东风、解放及多种中低档车型中,现已广泛采用晶体管调节器。其优点是:三极管的开关频率高,且不产生火花,调节精度高,还具有重量轻、体积小、寿命长、可靠性高、电波干扰小等优点。

3)集成电路调节器

集成电路调节器除具有晶体管调节器的优点外,还具有体积小,安装于发电机的内部(又称内装式调节器),减少了外接线,并且冷却效果得到了改善,现广泛应用于桑塔纳、奥迪等多种轿车车型上。

4)电脑控制调节器

电脑控制调节器是现在轿车采用的一种新型调节器,由电负载检测仪测量系统总负载后,向发电机电脑发送信号,然后由发动机电脑控制发电机电压调节器,适时地接通和断开磁场电路,即能可靠地保证电气系统正常工作,使蓄电池充足充电,又能减轻发动机负荷,提高燃料经济性。如上海别克、广州本田等轿车发电机上使用了这种调节器。

2. 电子调节器按所匹配的交流发电机搭铁型式可分为:

1)内搭铁型调节器

适合于与内搭铁型交流发电机所匹配的电子调节器称为内搭铁型调节器。

2)外搭铁型调节器

适合于与外搭铁型交流发电机所匹配的电子调节器称为外搭铁型调节器。

在使用过程中,对于晶体管调节器,最好使用汽车说明书中指定的调节器,如果采用其他型号替代,除标称电压等规定参数与原调节器相同外,代用调节器必须与原调节器的搭铁形式相同,否则,发电机可能由于励磁电路不通而不能正常工作。对于集成电路调节器,是专用的,不能替代的。

二、电压调节器的调压原理

交流发电机所产生的感应电动势与转子转速和磁极磁通成正比。交流发电机电压调节器的调压原理是:当发电机转速升高时,调节器通过减小发电机励磁电流 I_f 来减小磁通 Φ,使发电机的输出电压 U_B 保持不变;当发电机的转速降低时,调节器通过增大发电机的励磁电流 I_f 来增加磁通 Φ,使发电机的输出电压 U_B 保持不变。

触点式电压调节器通过触点开闭,接通和断开磁场电路,来改变磁场电流 I_f 大小;晶体管调节器、集成电路调节器等利用大功率三极管的导通和截止,接通和断开磁场电路,来改变磁场电流 I_f 大小。

(一)触点振荡式电压调节器(图 2-20)

触点振荡式电压调节器简称为触点式电压调节器,是一种机械式电压调节器,它包括单级触点式电压调节器、双级触点式电压调节器和具有充电继电器的触点式电压调节器等多种形式。其基本原理都是以发电机的转速为基础,通过改变触点的开闭时间,改变励磁电流,维持发电机电压的恒定。由于触点振荡式电压调节器存在体积大、触点易烧蚀、机械惯性大、被调电压起伏幅度大等缺点,已逐步被晶体管和集成电路电子电压调节器所取代。

(二)电子调节器结构与工作原理

电子调节器有多种型式,其电路各不相同,但一般采用整体封装型式,不可拆卸,不能维修,只能整体更换。

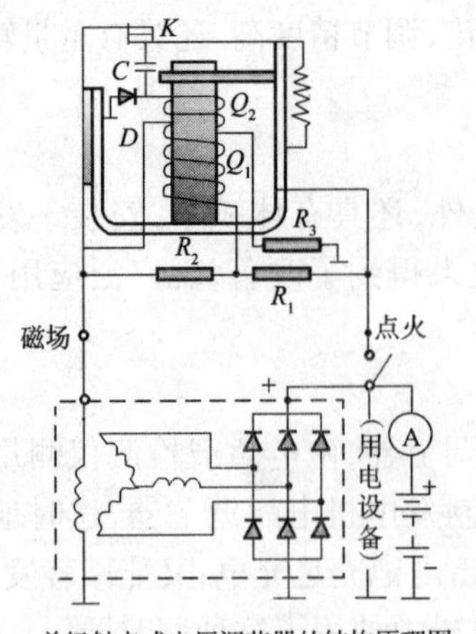

单级触点式电压调节器的结构原理图

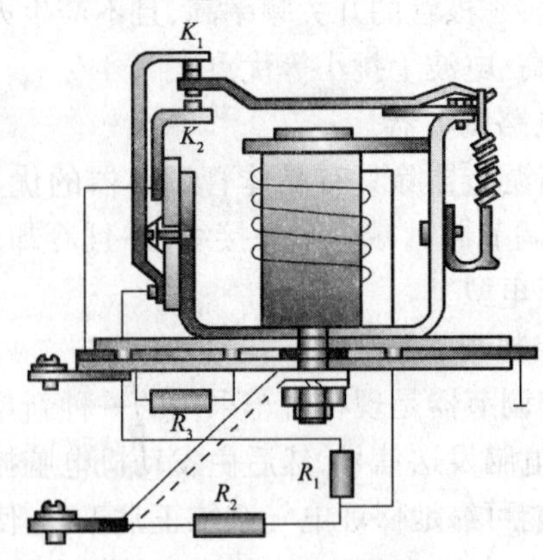

双级触点式电压调节器节器结构图

图 2-20　触点振荡式电压调节器原理图

这里向大家介绍电子调节器的基本电路，虽然实际电路要复杂得多，但工作原理可用基本电路工作原理去理解。

1. 外搭铁型电子调节器的基本电路

晶体管调节器又称为电子调节器，外搭铁型电子调节器的基本电路（图 2-21）：基本电路是由 3 只电阻 R_1、R_2、R_3，2 只三极管 VT_1、VT_2，1 只稳压二极管 VS 和 1 只二极管 VD 组成。

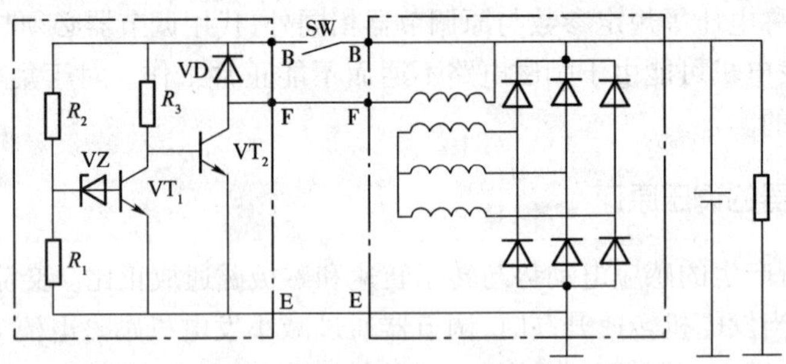

图 2-21　外搭铁型电子调节器的基本电路

1）相关元件作用

（1）电阻 R_3 既是 VT_1 的分压电阻，又是 VT_2 的负载电阻；

（2）电阻 R_1 和 R_2 组成 1 个分压器，分压器 R_1、R_2 两端的电压为发电机电压 U_B，R_1 上得分压为；

（3）VT_2 是大功率三极管（NPN 型），和发电机的磁场绕组串联，起开关作用，用来接通与切断发电机的励磁电路；

（4）VT_1 是小功率三极管（NPN 型），用来放大控制信号；

（5）VD 是续流二极管；磁场绕组由接通转为断开状态时（F 端为 +，B 端为 -），经二极管 VD 构成放电回路，防止三极管 VT_2 被击穿损坏；

（6）稳压管 VS 是感受元件，串联在 VT_1 的基极电路中，并通过 VT_1 的发射结并联于分压电阻 R_1 的两端，以感受发电机的输出电压；

（7）U_{R_1} 电压加在稳压管 VS 上，R_1 的阻值是这样确定的，当发电机输出电压 U_B 达到规定的调整值时（如桑塔纳为 13.5 ~ 14.0SV），U_{R_1} 电压正好等于稳压管 VS 的反向击穿电压。

2）工作原理

（1）点火开关 SW 刚接通时，发动机不转，发电机不发电，蓄电池电压加在分压器 R_1、R_2 上，此时因 U_{R_1} 较低不能使稳压管 VS 的反向击穿，VT_1 截止，VT_1 截止使得 VT_2 导通，发电机磁场电路接通，此时由蓄电池供给磁场电流。随着发动机的起动，发电机转速升高，发电机他励发电，电压上升。

磁场绕组电路为：

蓄电池正极→磁场绕组→调节器 F 接柱→三极管 VT_2→调节器 E 接柱→搭铁→蓄电池负极。

（2）当发电机电压升高到大于蓄电池电压时，发电机自励发电并开始对外蓄电池充电，如果此时发电机输出电压 U_B < 调节器调节上限 U_{B_2}，VT_1 继续截止，VT_2 继续导通，但此时的磁场电流由发电机供给，发电机电压随转速升高而升高。

磁场绕组电路为：

发电机正极→磁场绕组→调节器 F 接柱→三极管 VT_2→调节器 E→搭铁→发电机负极。

（3）当发电机电压升高到等于调节上限 U_{B_2} 时，调节器对电压的调节开始。此时 VS 导通，VT_1 导通，VT_2 截止，发电机磁场电路被切断，由于磁场被断路，磁通下降，发电机输出电压下降。

（4）当发电机电压下降到等于调节下限 U_{B_1} 时，VS 截止，VT_1 截止，VT_2 重新导通，磁场电路重新被接通，发电机电压上升。周而复始，发电机输出电压 U_B 被控制在一定范围内，这就是外搭铁型电子调节器的工作原理。

配装电子调节器的发电机的输出电压上限 U_2 和下限 U_1 的差值很小，所以发电机的输出电压波动非常小，再加上电容的滤波，所以发电机的输出电压很稳定。

2. 内搭铁式电子调节器基本电路（图 2-22）

搭铁型电子调节器基本电路的特点是晶体管 VT_1、VT_2，采用 PNP 型，发电机的励磁绕组连接在 VT2 的集电极和搭铁端之间，与外搭铁型电路显著不同，电路工作原理和结构与外搭铁型电子调节器类似。

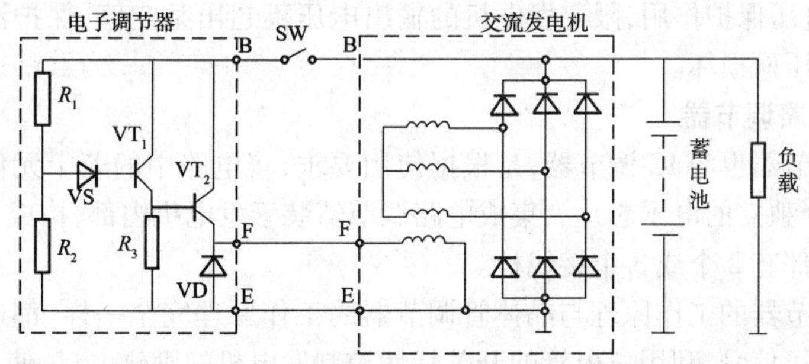

图 2-22　内搭铁式电子调节器基本电路

JFT106 型调节器属于外搭铁式晶体管调节器，调节电压为 13.8 ~ 14.6V，可与 14V 功率为 750W 外搭铁式九管式交流发电机配套，也可与 14V 功率小于 1000W 的外搭铁式 6 管交流发电机配套。

图 2-23a)为解放 CA1092 型汽车用 JFT106 型晶体管调节器外形图,该调节器有"+"、"F"和"-"3 个接线柱,其中"+"接线柱与发电机的"F_1"接线柱相接,"F"接线柱与发电机的"F_2"接线柱相接,"-"接线柱搭铁。图 2-23b)为 JFT106 型晶体管调节器工作原理图。

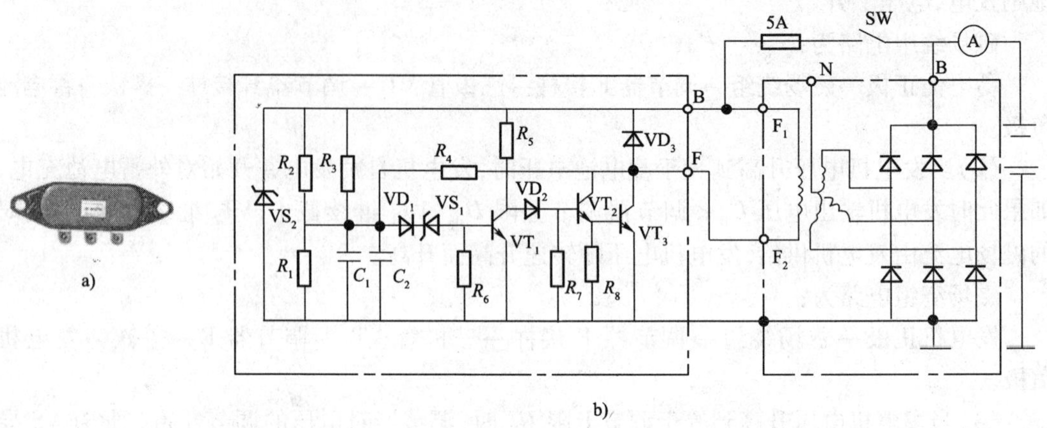

图 2-23 JFT106 型晶体管调节器

JFT106 型晶体管调节器元件功用说明:

(1)VT_2、VT_3 接成复合管,目的是提高放大倍数,其作用与前述基本电路中的 VT2 相同;

(2)VT_1、VD_3、R_5 的作用与前述基本电路相同;

(3)R_6、R_7、R_8 是偏流电阻;

(4)R_4 是正反馈电阻,起提高三极管开关速度,提高三极管寿命的作用;

(5)R_1、R_2、R_3 组成分压器,R_3 是调整电阻。

(6)C_1、C_2 是降频电容,起降低三极管开关频率,提高三极管寿命的作用;

(7)VD_1 是 VS_1 的温度补偿管;

(8)VD_2 是分压二极管,防止 VT_2、VT_3 的误导通;

(9)VS_2 起过压保护作用,限定发电机的输出电压不超出某定值,保护汽车上的用电设备不因瞬时过电压而损坏。

(三)集成电路调节器

集成电路调节器也叫 IC 调节器,是根据使用要求,将电路中的若干元件集成在同一基片上,制成的 1 个独立的电子芯片。集成电路调节器装于发电机内部,构成了整体式交流发电机。发电机外部有 2 个或 3 个接线柱。

集成电路调节器的工作原理与晶体管调节器的工作原理完全一样,都通过稳压管感应发电机的输出电压信号,利用三极管的开关特性控制发电机的励磁电流,使发电机的输出电压保持恒定。

天津夏利轿车发电机为整体式交流发电机,调节器为内装式外搭铁型,该发电机使用的集成电路调节器外形图,如图 2-24 所示。

该调节器有 6 个接线端子,F、P、E,3 个端子用螺钉直接和发电机连接,B 端子用螺母固定在发电机的输出端子“B”上,IG、L 两个端子用金属线引到调节器的外部接线插座上。

图 2-25 为夏利轿车调节器电路连接图。

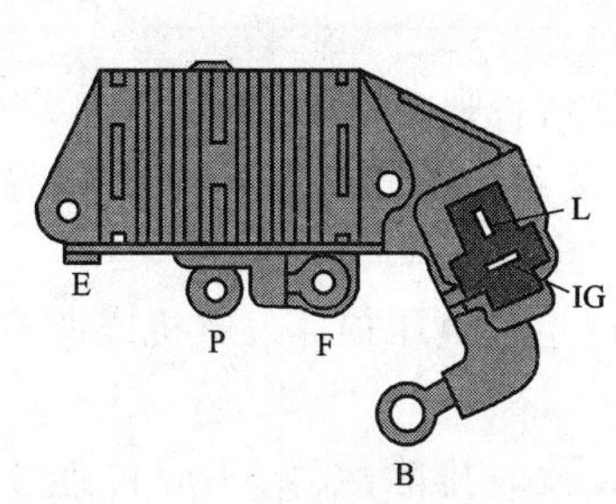

图 2-24　天津夏利轿车发电机使用的集成电路调节器外形

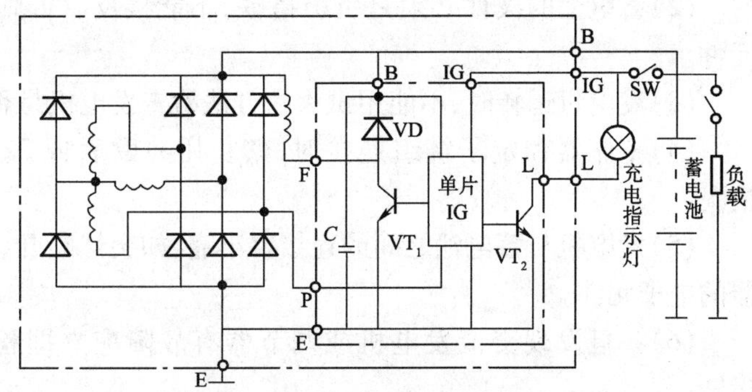

图 2-25　天津夏利轿车调节器电路连接图

(1)磁场电流控制:VT_2 是大功率三极管,和磁场串联,由集成片 IC 控制 VT_2 的导通和截止,从而控制磁场电路通断,使发电机电压得到控制。

(2)充电指示灯:充电指示灯串接在 VT_1 集电极上,VT_1 导通充电指示灯亮,VT_1 截止充电指示灯熄灭。在集成片 IC 中有控制 VT_1 导通和截止的电路,控制信号由 p 点提供,p 点提供的是发电机单相电压的交流信号,其信号幅值大小可反映发电机输出电压高低。

当发电机输出电压低于蓄电池电压时,IC 中的控制电路使 VT_1 导通,充电指示灯亮,当发电机输出电压高于蓄电池电压时,IC 中的控制电路使 VT_1 截止,充电指示熄灭。

(四)发动机电脑控制的调节器

广州本田雅阁轿车直列 4 缸发动机配用的发电机调节器电路图,如图 2-26 所示,发电机整流器为 8 管。调节器为内装式外搭铁型,由发动机电脑控制。

在汽车电路中有一个负载检测仪,检测电路中总电流负载大小,送信号到电脑。调节器 C 接线端子送发电机电压信号到电脑,电脑根据这两个信号判断磁场电路应该接通还是断开,输出控制信号到 FR 端子,驱动调节器的控制电路,适时地接通和断开磁场绕组电路,以此控制发电机的输出电压。

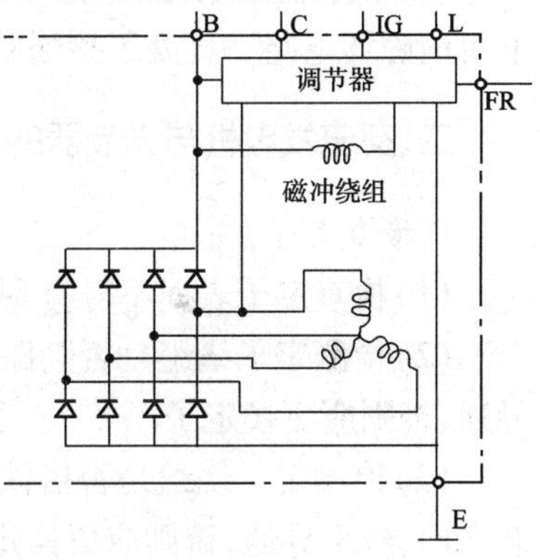

图 2-26　广州本田雅阁轿车发电机调节器电路图

C-FR 接电脑;L-接充电指示灯;IG-接点火开关;B-发电机输出接柱

第六节　交流发电机与调节器的使用和维护

一、交流发电机与调节器的使用注意事项

交流发电机与调节器的结构简单,维护方便,若正确使用,不仅故障少而且寿命长;若使用不当,则会很快损坏。因此在使用和维护中应注意以下几点:

(1)要定期对发电机进行维护。维护时不必拆开前后端盖,仅需拆下防护罩便可更换电刷等易损件,并对整流元件、电容、调节器等零部件进行检查和必要的测试。

(2)蓄电池的极性必须是负极搭铁,不能接反。否则,会烧坏发电机或调节器的电子元件。

(3)发电机运转时,不能用试火的方法检查发电机是否发电,否则会烧坏二极管。

(4)整流器和定子绕组连接时,禁止用兆欧表或220V交流电源检查发电机的绝缘情况。

(5)发电机与蓄电池之间的连接要牢靠,如突然断开,会产生过电压损坏发电机或调节器的电子元件。

(6)一旦发现交流发电机或调节器有故障应立即检修,及时排除故障,不应再连续运转。

(7)为交流发电机配用调节器时,交流发电机的电压等级必须与调节器电压等级相同,交流发电机的搭铁类型必须与调节器搭铁类型相同,调节器的功率不得小于发电机的功率,否则系统不能正常工作。

(8)线路连接必须正确,目前各种车型调节器的安装位置及接线方式各不相同,故接线时要特别注意。

(9)调节器必须受点火开关控制,发电机停止转动时,应将点火开关断开,否则会使发电机的磁场电路一直处于接通状态,不但会烧坏磁场线圈,而且会造成蓄电池亏电。

二、交流发电机与调节器的维修

1. 检查定子

(1)检查定子表面不得有刮痕,导线表面不得有碰伤、绝缘漆剥落现象。

(2)检测定子绕组是否断路。如图2-27所示,用欧姆表 $R\times1$ 挡检查绕组引线之间,应导通,否则应更换定子。

(3)检测定子绕组是否搭铁。如图2-28所示,用欧姆表 $R\times1$ 挡检查绕组引线和定子铁芯之间,应不导通,否则应更换定子。

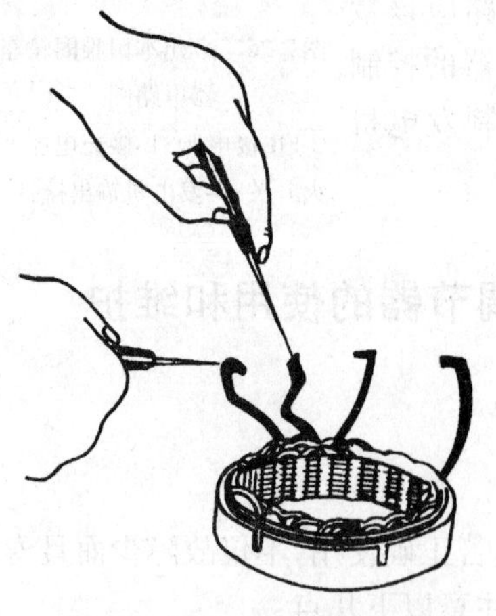

图2-27　检测定子绕组断路故障

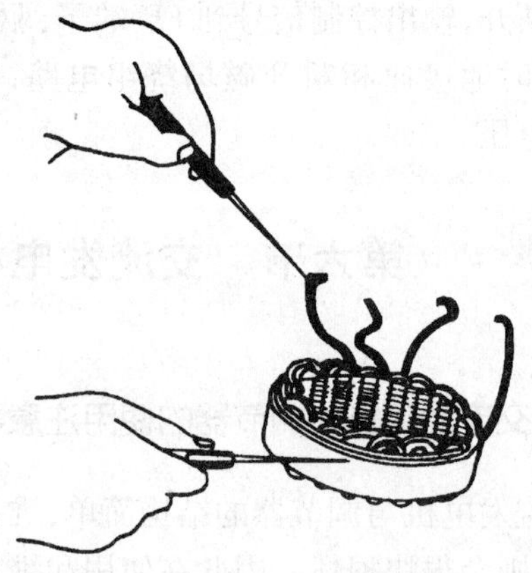

图2-28　检测定子绕组搭铁故障

2. 检查转子

(1)转子表面不得有刮痕,否则表明轴承松旷,应更换前后轴承。集电环表面应光洁平整,两集电环之间的槽内不得有油污和异物。

(2)转子绕组是否搭铁。如图2-29所示,用万用表检查集电环与转子之间的电阻,其数值应为∞,否则有搭铁故障。对于有故障的转子应更换,有条件的可对集电环或线圈进行修理。

(3)检查转子绕组是否断路及短路。如图2-30所示,用万用表检查两集电环之间的电阻,其数值应为3～4Ω。大于此值,表明有断路故障;小于3Ω时,说明有短路故障。

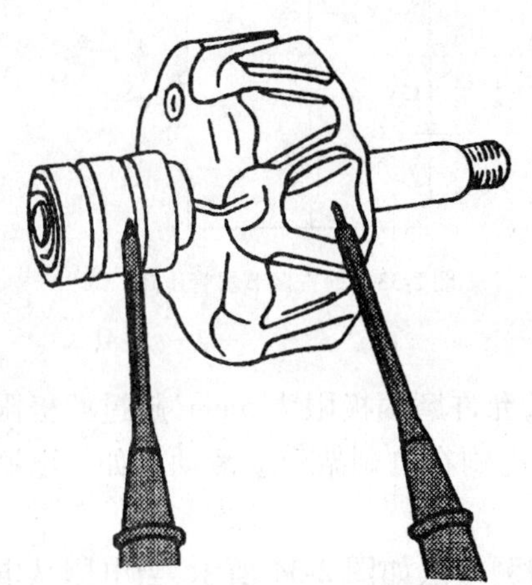

图2-29　检测磁场绕组搭铁故障

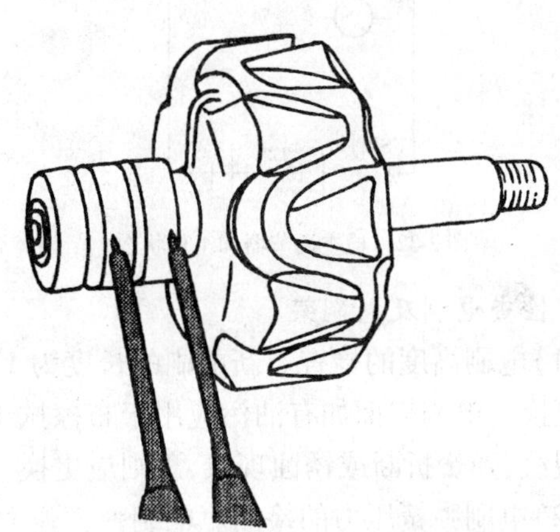

图2-30　检测磁场绕组断路短路故障

(4)转子轴与集电环的检修。转子轴的径向圆跳动可用百分表检测,如图2-31所示,其径向圆跳动不得超过0.01mm,否则应予以校正。集电环表面如烧蚀严重或失圆,可用车床进行修整,其最大偏摆量应不超过0.05mm,最后用细砂布抛光并吹净粉屑。

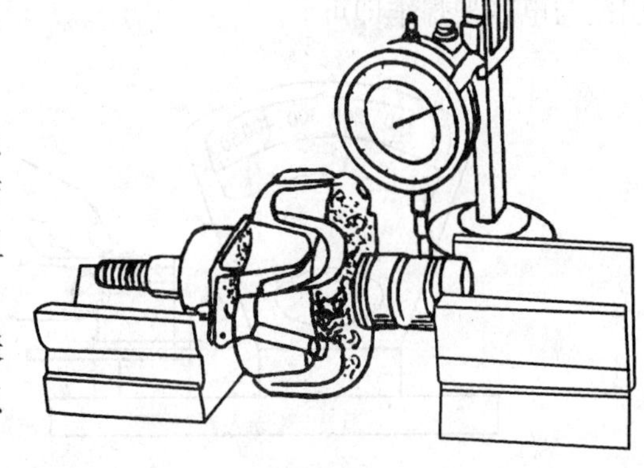

图2-31　检测转子轴的径向圆跳动

3. 检查二极管

(1)检查二极管正向电阻:将万用表的负表笔接二极管底板上的粗螺栓,正表笔依次与定子绕组相的各结合点相接,每次测量的电阻值均应为50～80Ω。

(2)检查二极管反向电阻:将万用表正表笔接散热架(负极),负表笔依次与各结合点相接,每次测量的电阻值均须为50～80Ω。

(3)检查励磁二极管:将万用表负表笔接二极管底板上的细螺栓,正表笔依次接各结合点,每次测量的电阻值均须为50～80Ω。

以上各测量值若与标准不符,必须更换二极管底板。

4. 检查调节器

(1)调节器的工作状态的检查。调节器的好坏可用蓄电池或直流电源与直流试灯来检

查。如图 2-32 所示，连接 12V 的蓄电池和直流试灯时，试灯应亮；接 16～18V 电压时，试灯应不亮，否则应更换调节器。

（2）调节器电压降的检测。调节器的电压降的检测电路如图 2-33 所示。接通开关 SW，调节可变电阻 R 使电流表（A）的读数为 4A 时，电压表的读数应不大于 1.5V。

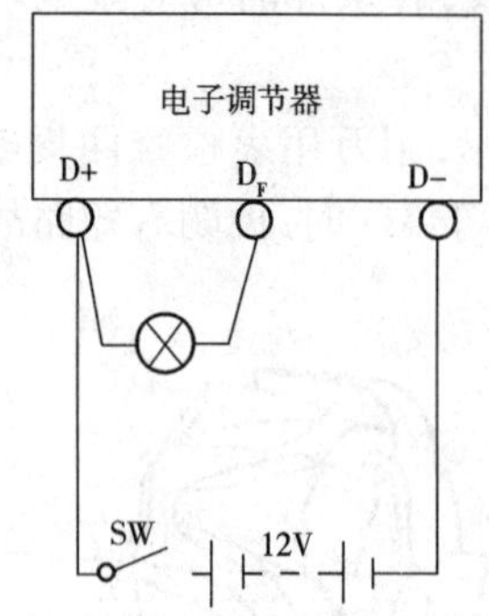

图 2-32　检查调节器和工作状态

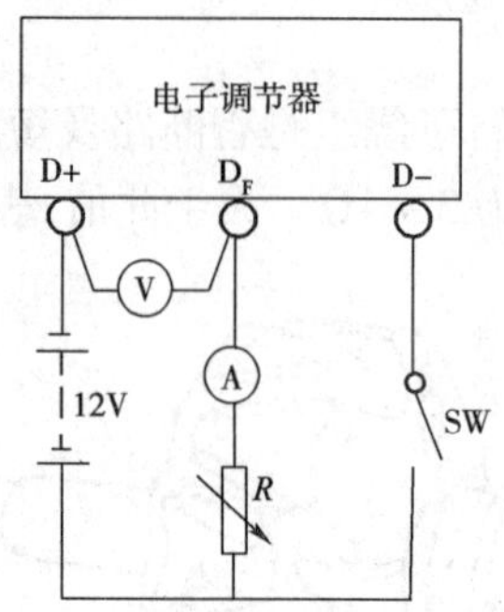

图 2-33　检查调节器管压降

5. 检查电刷及电刷架

（1）电刷高度的检查。新电刷的长度为 13mm，允许磨损极限为 5mm，超过此极限值时应予更换。电刷表面如有油污应用于布擦拭干净，电刷在电刷架内应滑动自如。电刷架不得有裂纹、弹簧折断或锈蚀现象，否则应更换。

（2）电刷弹簧压力的检测。电刷弹簧弹力的检测方法如图 2-34 所示，当电刷从电刷架中露出长度为 2mm 时，天平秤上指示的读数即为电刷弹簧压力，其值应为 2～3N，弹簧弹力过小时，应更换新电刷。

（3）电刷的更换。更换电刷可按图 2-35 所示进行，先将电刷弹簧和新电刷装入电刷架内，然后用钳子夹住电刷引线，使电刷露出高度符合规定数值（13mm），再用电烙铁将电刷引线与电刷架焊牢即可。

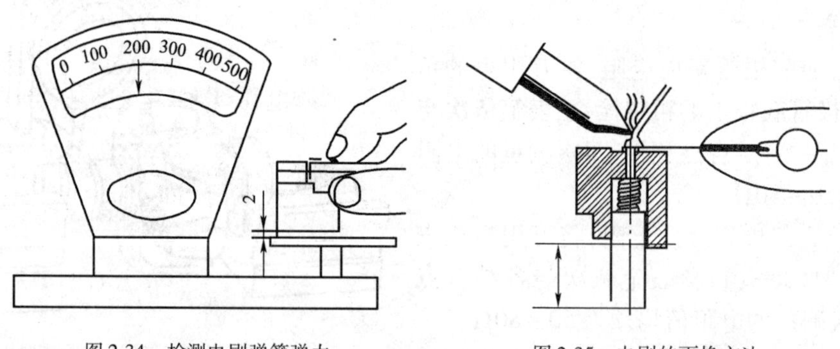

图 2-34　检测电刷弹簧弹力

图 2-35　电刷的更换方法

6. 其他部件的检修

发电机壳体不得有裂纹，若轴承内缺油应更换轴承，不宜加油后继续使用。V 形带槽内不能有毛刺，以免损伤 V 形带。V 形带轴孔与轴的配合过盈量为 0.01～0.04mm，若松旷应加工修复。转子轴承的轴向和径向间隙不得大于 0.20mm，否则应更换。

三、发电机装复与试验

发电机可按分解的相反顺序装复，V形带紧固螺母的拧紧力矩为35N·m。

发电机装复后应进行发电试验。试验接线方法如图2-36所示。试验时应先用蓄电池对发电机进行励磁，其方法是当发电机转速提高时，闭合一下开关S1，然后再打开。将发电机转速逐渐提高，当电压表的读数达到12.4～14.5V时，发电机的转速应不大于1050r/min，如读数不符合要求，应检查调节器或发电机。

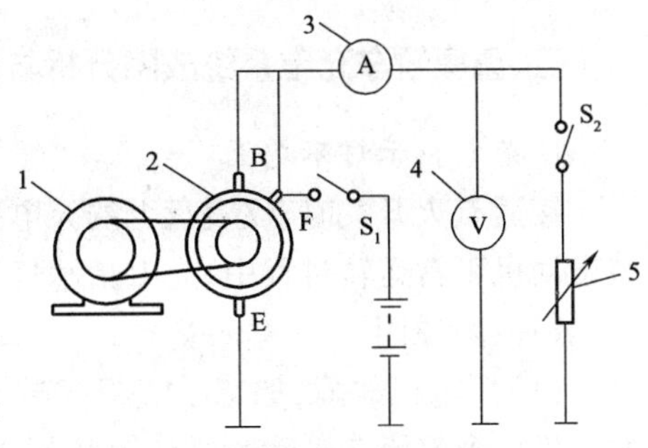

图2-36 发电机空载试验

1-可调速电机；2-发电机；3-电流表；4-电压表；5-可变电阻

第七节 典型充电系统的故障分析与诊断

本节以富康轿车为例，进行充电系统的故障分析与诊断。

一、发电机的电路原理

富康轿车发电机的电路原理如图2-37所示。

发电机定子绕组为三角形接法，由D_1、D_3、D_5和D_2、D_4、D_6组成的三相桥式整流电路将定子绕组产生的三相交流电整流成直流电向用电设备和蓄电池输入；而D_7、D_8、D_9与D_2、D_4、D_6组成的三相桥式整流电路则用于向发电机磁场绕组提供励磁电流，并作为控制电压用于控制充电指示灯工作。

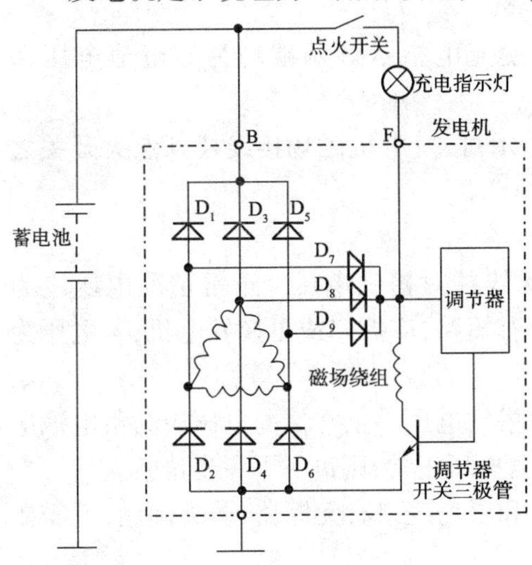

图2-37 发电机的电路原理

调节器的输入端引入发电机，调节器中的大功率开关三极管串联在发电机励磁回路中，当发电机不发电或电压低时，此三极管导通，发电机励磁回路通路。当发电机正常工作时，调节器根据发电机的输入电压使其开关三极管不断地在导通和截止之间切换，用于控制发电机的励磁电流，使其电压在设定的上下限波动，保持其平均电压稳定在规定值。

在接通点火开关未起动发动机时，调节器输入端为蓄电池电压，此电压低于调节器的调定电压，调节器的大功率开关三极管导通，从蓄电池正极经点火开关、充电指示灯、发电机磁场绕组、三极管至搭铁形成通路，充电指示灯亮起。当发动机发动后，发电机的电压达到或高于蓄电池电压时，充电指示灯两端电压相等，充电指示灯灭，指示发电机已正常发电。

二、富康轿车充电系统故障分析与诊断

1. 充电指示灯不熄灭

接通点火开关时，仪表盘上的充电指示灯亮，但发动机起动后，充电指示灯不熄灭，或是在发动机正常运转过程中，充电指示灯亮起，这说明充电系统出现了不充电故障。

1)故障原因

(1)发电机故障，如定子绕组或磁场绕组有短路、断路或搭铁，磁场绕组有短路或搭铁，发电机多个整流二极管断路或短路等造成发电机不发电。

(2)调节器故障，调节器内部电子元件有短路而使大功率开关三极管不能饱和导通或不导通，造成发电机不发电或电压很低，而调节器内部的短路则使充电指示灯亮起。

(3)发电机皮带松弛，由于皮带打滑，发电机不转或转速过低而不发电。

2)故障诊断

首先检查发电机皮带有无打滑，若正常，则应拆检发电机及调节器。

2. 充电指示灯不亮

接通点火开关直到发动机正常运转时，充电指示灯始终不亮。

1)故障原因

(1)发电机电刷与滑环之间接触不良或发电机磁场绕组有断路，使发电机无励磁磁场而不发电，同时充电指示灯也因其搭铁不良而不亮。

(2)调节器内部电子元件损坏而使三极管不导通或三极管本身断路，也使发电机无励磁电流而不发电，同时充电指示灯因搭铁不良而不亮。

(3)发电机内整流二极管(D_1、D_3、D_5)短路，使充电指示灯两端均为蓄电池电压而不亮。

(4)充电指示灯电路有断路，如熔断丝、充电指示灯、发电机磁场接线柱到点火开关之间的线路连接等有问题。

2)故障诊断

(1)在不接通点火开关时，检测发电机磁场接线柱对搭铁电压。正常情况电压应为0V。若有蓄电池电压，则说明发电机内整流二极管有短路，应拆修或更换发电机；若电压为0V，则进行下一步诊断。

(2)接通点火开关后再测发电机磁场接线柱对搭铁电压。正常情况电压应为蓄电池电压。若电压仍然为0V，则需检查充电指示灯电路；若电压正常，则进行下一步诊断。

(3)拆检发电机的电刷与滑环的接触是否良好和磁场绕组有无断路，若无问题，就需要检修或更换调节器。

3. 充电指示灯正常，但感觉发电机不对蓄电池充电或充电不良

接通点火开关时充电指示灯能亮，发动机起动后和运转时充电指示灯也能熄灭，但蓄电池很快出现亏电现象。

1)故障原因

(1)发电机发电不良，发电机定子绕组有短路；断路、搭铁，发电机磁场绕组有短路、搭铁，整流二极管断路或短路，发电机电刷与滑环接触不良等而造成发电机发电不良，使发电

机经常处于不充电或充电电流过小状态。

(2)调节器调节电压过低或内部电路有故障而造成发电机不充电或充电电流过小。

(3)发电机,至蓄电池的充电线路接触不良。

(4)蓄电池极板严重硫化。

(5)蓄电池有自放电故障或线路和开关中有漏电之处。

2)故障诊断

(1)用万用表直流电压档检查发电机定子接线柱对搭铁电压。正常情况电压应为蓄电池电压。若电压为0V,则说明发电机定子接线柱至蓄电池之间的线路有断路,应对其进行检修;若电压正常,则进行下一步检查。

(2)启动发动机,使发动机中速运转,在充电指示灯熄灭时,检测发电机定子接线柱对搭铁电压。如果电压仍为蓄电池电压,则需测试、检修或更换发电机与调节器;若电压有所升高,则进行下一步检查。

(3)在发动机中速以上运转时,检测发电机的输出电流和端电压,如图2-38所示。若电压在发动机转速升高时能达到13.8～14.5V,且电流表指示有较大的充电电流,则说明发电机及调节器正常,蓄电池很快亏电的原因可能是蓄电池本身的故障或汽车电器设备和线路有漏电故障,应对其进行检查;若电压能迅速达到13.8～14.5V,但无充电电流或充电电流很小,则应检查发电机定子接线柱至蓄电池之间的充电线路连接有无接触不良处。若无,则可能是蓄电池极板硫化严重。

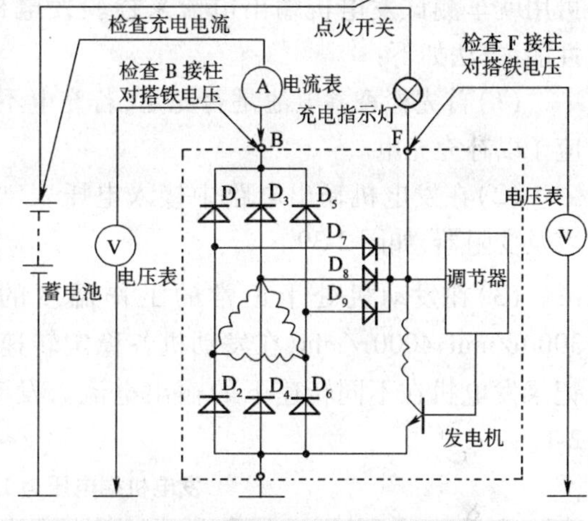

图2-38　检查发电机及充电线路故障

4.充电指示灯正常,但感觉发电机电压过高

充电指示灯能正常亮起和熄灭,但汽车灯泡很容易烧坏,且易出现蓄电池温度过高、电解液消耗过快等现象,这说明发电机电压过高或失控而导致充电电流过大。

1)故障原因

发电机充电电流过大一般是调节器调节电压过高或调节器失效造成的。

2)故障诊断

确认灯泡易烧、蓄电池温度高和电解液消耗过快有无其他异常原因,若无,则应拆解发电机,更换调节器。

5.充电指示灯时明时暗

在发动机稳定运转时,充电指示灯时明时晴,这说明发电机电压波动很大并导致充电电流不稳定。

1)故障原因

(1)发电机电刷与滑环接触不良。

(2)发电机电压调节器不良。

(3)发电机外接线路连接或内部线路有连接松动而接触不良。

2)故障诊断

用一前照灯灯泡直接接在发电机定子接线柱与搭铁之间,并使发动机中速稳定运转,若灯泡仍明暗闪烁,则说明发电机内部线路、电刷与滑环接触或电压调节器有不良,需拆检发电机;若灯泡亮度稳定,则有可能是充电线路连接有松动之处,应予以检修。

三、发电机与调节器的性能检查

1. 检查发电机发电性能

整体式发电机不能像普通发电机那样可通过空载试验和满载试验来检验发电机的性能。可用就车测试发电机输出电流来检验发电机的性能,方法如下:

(1)首先检查蓄电池是否充足,若充电不足,应予以补充充电。

(2)在发电机输出电路中接入电压表、电流表及变阻器,如图2-39。

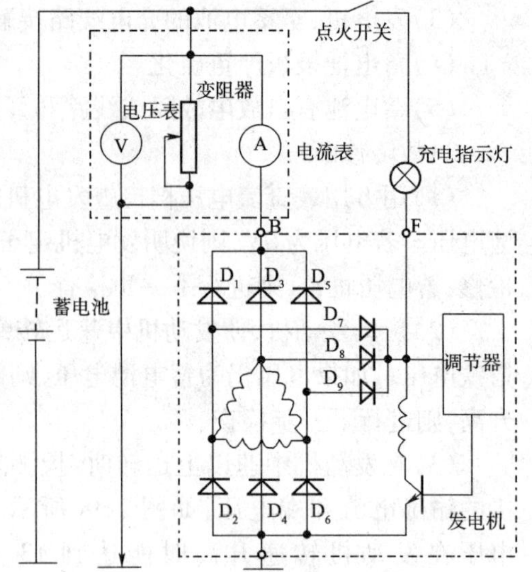

图2-39 检查发电机与调节器的性能

(3)在发动机处于正常的工作温度的情况下,使发动机转速稳定在2000r/min、3000r/min、4000r/min,在发动机各稳定转速下,调节变阻器,使发电机端电压为13.5V,记录发电机在不同转速下的输出电流。发动机各稳定转速下的发电机输出电流应见表2-1。

发电机端电压为13.5V时的电流输出 表2-1

发动机转速($r \cdot min^{-1}$)	电流级别	2000	3000	4000
发电机端电压(V)	—	13.5	13.5	13.5
发电机输出电流(A)	8级	49	62	68
	9级	62	76	83

如果测量的发电机输出电流达不到表2-1所规定的值,则说明发电机性能不良,需检修或更换发电机。

2. 调节器性能检查

当怀疑充电系统有充电电流过大故障时,通过如下方法确定调节器是否有故障。

(1)按图2-39所示连接电压表和变阻器。

(2)将变阻器调至断开位置($R=\infty$),并断开所有的用电设备。

(3)在蓄电池充足电且发动机达正常工作温度的情况下,使发动机的转速稳定在5000r/min,看电压表指示的电压。如果电压超过14.7V,则说明调节器性能不良或完全损坏,应予更换。

1. 交流发电机主要组成部件有哪些？其作用如何？
2. 简述交流发电机整流原理？
3. 简述交流发电机的输出特性、空载特性的外特性？
4. 如何判断交流发电机的搭铁类型？
5. 如何正确使用交流发电机及调节器？
6. 试述晶体管电压调节器基本电路的工作原理？
7. 什么是不充电？如何诊断与排除？
8. 充电系的故障有哪些？举例说明诊断方法？
9. 调节器工作不正常会有何后果？

第三章　起　动　机

学习目标

- 了解起动机的工作原理和工作特性；
- 掌握起动机的组成和结构；
- 掌握几种单向离合器的构造和工作过程；
- 会看电磁操纵式起动机电路原理图；
- 掌握影响起动机功率的因素；
- 掌握起动机常见故障诊断方法。

使发动机从静止状态过渡到工作状态的全过程，叫发动机的起动。要使发动机由静止状态过渡到工作状态，必须用外力转动发动机的曲轴，使汽缸内吸入(或形成)可燃混合气并燃烧膨胀作功，工作循环才能自动进行。

1. 起动条件

(1)起动转矩：能够使曲轴旋转的最低转矩称为起动转矩，起动转矩必须克服压缩阻力和内摩擦阻力矩。起动阻力矩与发动机压缩比、温度、机油黏度等有关。

(2)起动转速：能使发动机起动的曲轴最低转速称为起动转速，在0～20℃时，汽油机的起动转速为30～40r/min，柴油机的起动转速为150～300r/min。

2. 起动方式

转动曲轴使发动机起动的方式很多，汽车发动机常用的有2种：

(1)人力起动：起动最为简单，只需将起动手摇柄端头的横销嵌入发动机曲轴前端的起动爪内，以人力转动曲轴。

(2)电动机起动：电动机起动是用电动机作为机械动力，当将电动机轴上的齿轮与发动机飞轮周缘的齿圈啮合时，动力就传到飞轮和曲轴，使之旋转。电动机本身又用蓄电池作为电源。

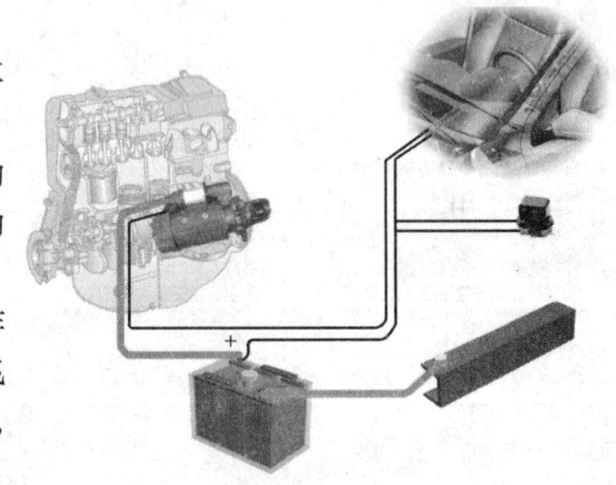

图3-1　起动机在发动机上的安装位置

起动机安装在汽车发动机飞轮壳前端的座孔上，如图3-1所示。

第一节　起动机的组成与型号

起动系统是将储存在蓄电池内的电能转换为机械能的，要实现这种转换，必须使用起动机。起动机的功用是由直流电动机产生动力，经传动机构带动发动机曲轴转动，从而实现发动机的起动。起动系统包括以下部件：蓄电池、点火开关（起动开关）、起动机总成、起动继电器等，如图 3-2 所示。

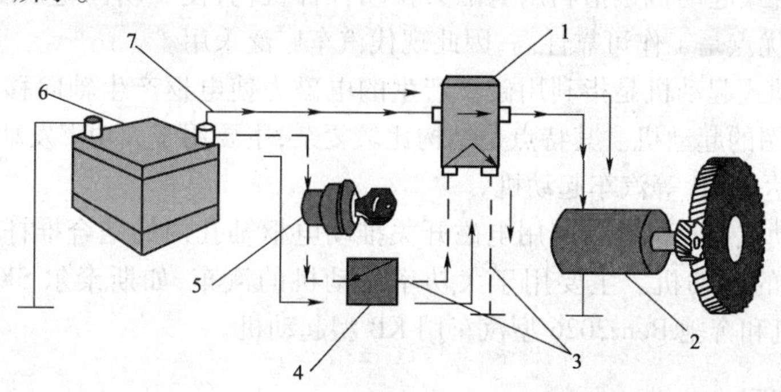

图 3-2　起动系统组成

1-电磁开关；2-起动机；3-控制电路；4-起动继电器；5-点火开关（起动开关）；6-蓄电池；7-起动机电路

一、起动机的组成

起动机一般由直流串励式电动机、传动装置（啮合机构）、控制装置 3 部分组成，如图 3-3 所示。

（1）直流串励式电动机。用于将蓄电池输入的电能转换为机械能，产生转矩。

（2）传动装置（啮合机构）。其作用是在发动机起动时，使起动机的驱动齿轮与飞轮齿圈啮合，将电动机的转矩传给发动机飞轮；在发动机起动后，使起动机与飞轮自动脱离。

（3）控制装置，即电磁开关等。其作用是接通或切断电动机与蓄电池之间的电路；对于某些汽油发动机，还兼有在起动时短路点火线圈附加电阻的作用。

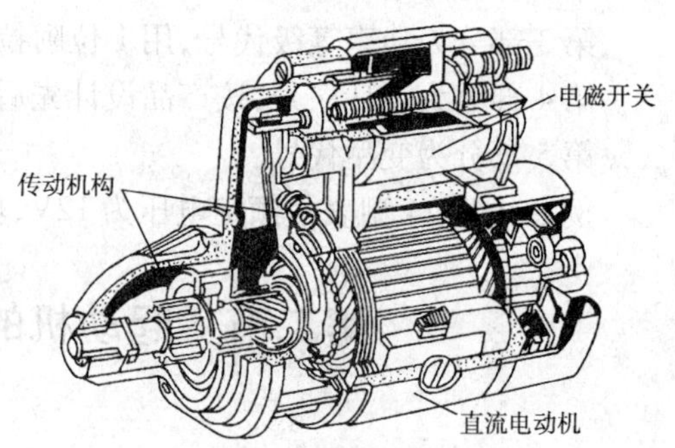

图 3-3　起动机的组成

二、起动机的种类

现代汽车普遍采用电磁控制式起动机。在起动机的组成中，电动机一般没有多大差别，而传动装置与控制装置差别较大，因此分类有所不同。

1. 按电动机磁场产生的方式分类

（1）起动机可分为励磁式起动机、永磁式起动机。励磁式起动机是通过向励磁绕组通电产生磁场。一直以来，汽车上的起动机普遍都采用直流串励式电动机，如桑塔纳轿车用 QD1225 型、东风 EQ2120 型汽车用 QD2623 型起动机。

（2）永磁式起动机是以永久磁铁作磁极产生磁场。由于磁极采用永磁材料，无需磁场绕组，因此电动机结构简化、体积小、质量轻。永磁式起动机是近年来出现的新型起动机，但目前在汽车上使用还比较少。

2. 按传动机构啮合方式分类

起动机可分为强制啮合式、电枢移动式和同轴齿轮移动式起动机。

(1)强制啮合式起动机是指利用电磁力拉动杠杆机构,使驱动齿轮强制啮入飞轮齿圈的起动机。主要优点是工作可靠性高,因此现代汽车广泛采用。

(2)电枢移动式起动机是指利用磁极产生的电磁力使电枢产生轴向移动,从而将驱动齿轮啮入飞轮齿圈的起动机。其特点是结构比较复杂,主要用于大功率发动机的汽车,如太脱拉 T138、斯柯达 706R 等汽车起动机。

(3)同轴移动式起动机是指利用电磁开关推动电枢轴孔内的啮合推杆移动,使驱动齿轮啮入飞轮齿圈的起动机。主要用于大功率发动机的汽车,如斯泰尔 SXZ190 型汽车用 QD2745 型起动机和奔驰 Benz2026 型汽车用 KB 型起动机。

三、起动机型号

根据中华人民共和国行业标准 QC/T 73—1993《汽车电气设备产品型号编制方法》规定,起动机型号由 5 部分组成。

第 1 部分为产品名称代号。起动机产品名称代号为:QD—起动机;QDJ—减速起动机;QDY—永磁起动机。

第 2 部分为电压等级代号,用 1 位阿拉伯数字表示,1—12V;2—24V;6—6V。

第 3 部分为功率等级代号,用 1 位阿拉伯数字表示。

第 4 部分为设计序号,按产品设计先后顺序,用阿拉伯数字表示。

第 5 部分为变型代号。

例如:QD124 型表示额定电压为 12V、功率 1 ~ 2kW、第 4 次设计的起动机。

第二节　起动机的工作原理和工作特性

一、直流电动机的工作原理

直流电动机是将蓄电池的电能转变为发动机起动所需机械能的设备,它是根据通电导体在磁场中受到电磁力的作用这一原理而设计的,其工作原理如图 3-4 所示。在 1 对静止的磁极 N 和 S 之间,装设 1 个可以绕 Z-Z 轴而转动的圆柱形铁芯,在它上面装有矩形的线圈 abcd。这个转动的部分通常叫做电枢。线圈的两端 a 和 d 分别接到叫做换向片的 2 个半圆形铜环 1 和 2 上。换向片 1 和 2 之间是彼此绝缘的,它们和电枢装在同一根轴上,可随电枢一起转动。A 和 B 是 2 个固定不动的碳质电刷,它们和换向片之间是滑动接触的。来自直流电源的电流就是通过电刷和换向片流到电枢的线圈里。

当电刷 A 和 B 分别与直流电源的正极和负极接通时,电流从电刷 A 流入,而从电刷 B 流出。这时线圈中的电流方向是从 a 流向 b,再从 c 流向 d。我们知道,载流导体在磁场中要受到电磁力,其方向由左手定则来判定。当电枢在如图 3-5a)所示的位置时,线圈 ab 边的电流从 a 流向 b,cd 边的电流从 c 流向 d。根据左手定则可以判断出,ab 边受力的方向是从右向左,而 cd 边受力的方向是从左向右。这样,在电枢上就产生了反时针方向的转矩,因此电枢将沿着反时针方向转动起来。

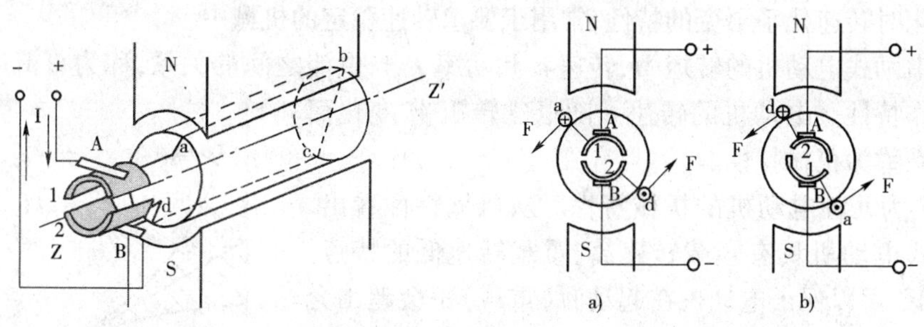

图 3-4　直流电动机的工作原理　　　　图 3-5　换向器在直流电机中的作用

当电枢转到使线圈的 ab 边从 N 极下面进入 S 极，而 cd 边从 S 极下面进入 N 极时，与线圈 a 端连接的换向片 1 跟电刷 B 接触，而与线圈 d 端连接的换向片 2 跟电刷 A 接触，如图 3-5b）所示。这样，线圈内的电流方向变为从 d 流向 c，再从 b 流向 a，从而保持在 N 极下面的导体中的电流方向不变。因此转矩的方向也不改变，电枢仍然按照原来的反时针方向继续旋转。由此可以看出，换向片和电刷在直流电机中起着转换电枢线圈中电流方向的作用。

为了增大电磁转矩和转动的平稳性，电动机都采用多组线圈和相应的换向片，同时用两对或数对磁极产生磁场。

二、起动机的工作特性

直流电动机按励磁方式可分为永磁式和电磁式 2 大类，电磁式按励磁绕组与电枢绕组的连接关系又可分他励式、并励式、串励式和复励式 4 种，如图 3-6 所示。

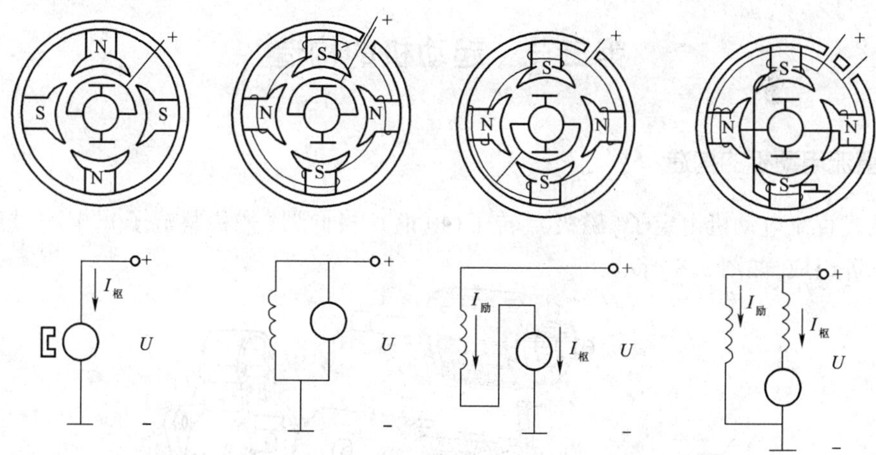

图 3-6　直流电动机励磁绕组与电枢绕组的连接关系

（1）他励式电动机构造比较复杂，一般用于对调速范围要求很宽的重型机床等设备中。

（2）并励式电动机在外加电压一定的情况下，励磁电流产生的磁通将保持恒定不变。起动转矩大，负载变动时转速比较稳定，转速调节方便，调速范围大。

（3）串励式电动机的转速随转矩的增加，呈显著下降的软特性，特别适用于起重设备。

（4）复励式电动机的电磁转矩变化速度较快，负载变化时能够有效克服电枢电流的冲击，比并励式电动机的性能优越，主要用于负载力矩有突然变化的场合。差复励式电动机具有负载变化时转速几乎不变的特性，常用于要求转速稳定的机械中。

直流串励式电动机的转矩 M、转速 n 和功率 P 与电流之间的关系，称为直流串励式电动机的工作特性。电动机的转速 n 随电磁转矩 M 变化而变化的关系称为机械特性。

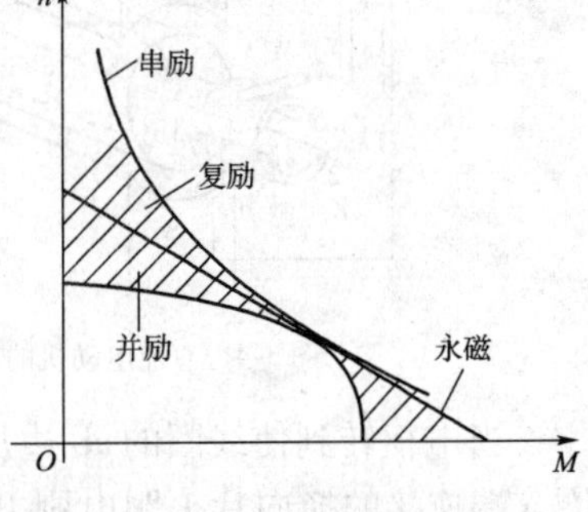

图 3-7　直流电动机机械特性比较

图 3-7 为几种电动机的机械特性。从机械特性看出，直流串励式电动机具有轻载转速高、重载转速低的特点。重载转速低，可以保证电动机在起动时（重载）不会超出允许的功率而烧毁，使起动安全可靠。这是起动机采用串励式直流电动机的一原因。但由于其轻载或空载时转速很高，容易造成"飞散"事故。因此，对于功率较大的串励式直流电动机，不允许在轻载或空载下长时间运行。

串励式直流电动机的励磁绕组与电枢绕组相串联，电枢电流等于励磁绕组电流，并与总电流相等。串励式电动机具有起动转矩大，轻载转速高，重载转速低，短时间内能输出最大功率等特点，具有较"软"的机械特性，因此特别适合应用于直接驱动式起动机。

复励式电动机的磁极上有两组励磁绕组，一组同电枢串联，另一组则同电枢并联。复励式电动机在空载运行的情况下与并励电动机相似，加了负载后，串励绕组的磁场将随负载的增加而加强，运行情况接近串励电动机。因此它的机械特性比并励式软，较串励式硬，被一些大功率起动机所采用。

第三节　起动机的构造

一、直流电动机的构造

电磁式直流电动机由定子（磁极）、转子（电枢）、换向器（俗称整流子）、电刷、机壳、轴承等构成等组成，如图 3-8 所示。

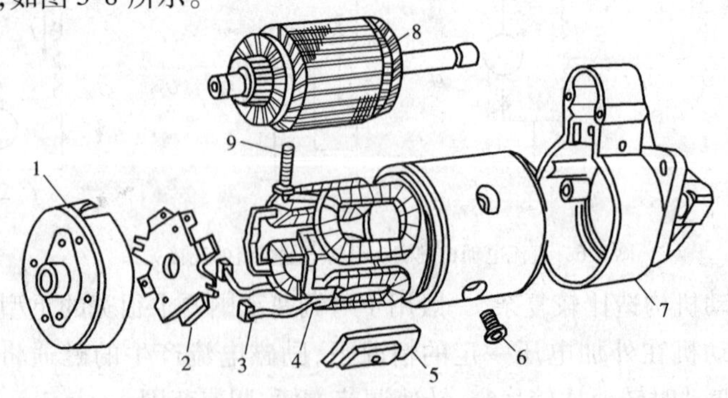

图 3-8　直流电动机结构

1-电刷端盖；2-电刷架；3-电刷；4-定子绕组；5-定子铁芯；6-埋头螺栓；7-驱动端盖；8-转子；9-接线柱

1. 定子总成

定子总成由励磁绕组、磁极(定子铁芯)和起动机壳体组成。定子铁芯和励磁绕组通过螺钉固定在圆筒形的起动机壳体上,4 个励磁绕组两两串联后再并联连接,如图 3-9 所示。

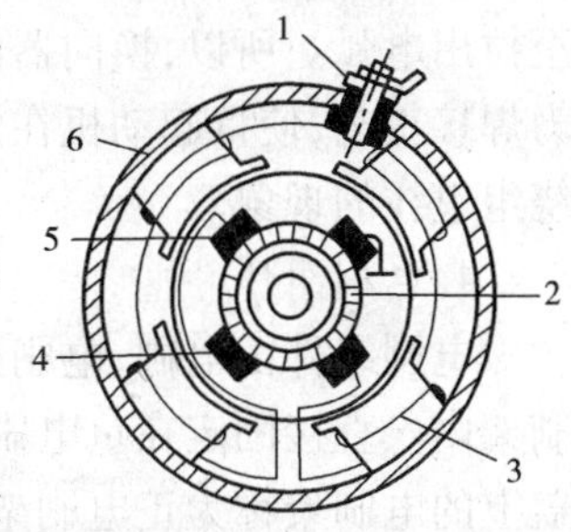

图 3-9 定子总成

1-接线柱;2-换向器;3-磁极与励磁绕组;4-负电刷;5-正电刷;6-壳体

2. 转子总成

如图 3-10 所示,转子总成主要由电枢轴、电枢绕组、铁芯和换向器等组成。

1)电枢铁芯

为减少涡流损耗和磁滞损耗,降低成本,电枢铁芯采用低碳硅钢片叠压式结构。铁芯通过花键固定在电枢轴上。铁芯的槽内装有粗大矩形断面铜制电枢绕组。为防止铜线短路,铜线上涂有绝缘漆。电枢槽中嵌有绝缘纸或者用熔槽绝缘法涂覆环氧树脂,以加强电枢绕组与铁芯之间的绝缘。

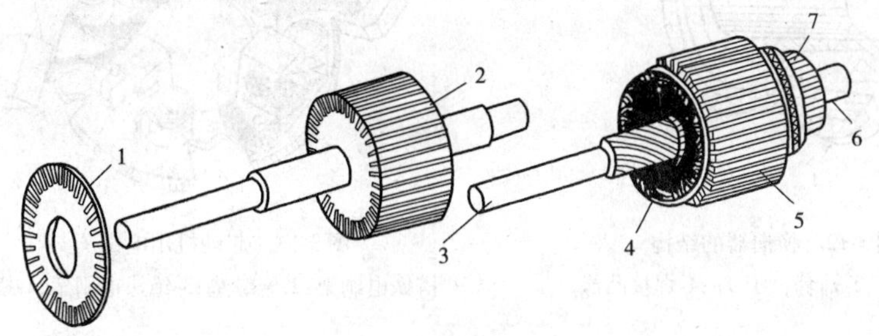

图 3-10 起动机转子

1-铁芯叠片;2-未绕绕组的铁芯转子;3-轴;4-绕组;5-铁芯;6-轴;7-换向器

2)电枢绕组

起动机的电枢绕组由许多线圈组成,每个线圈的 2 端分别与 2 个换向片相连,这样的线圈称为绕组元件。线圈安放在电枢槽内,槽内的线圈分上下两层叠置,所以每一线圈的一个边在槽的下半部,而它的另一边则放在槽的上半部,分别称为下圈边与上圈边。线圈与换向片以及绕组元件之间按照一定的规律连接起来,按绕组元件循环形成闭合回路。电枢绕组的各端均焊装在电枢前部的换向器上,通过换向器和电刷接触,将蓄电池电流引进来(由绕组元件组成的闭合回路即被正、负电刷分成若干对并联支路,并通过电刷与外电路连通)。

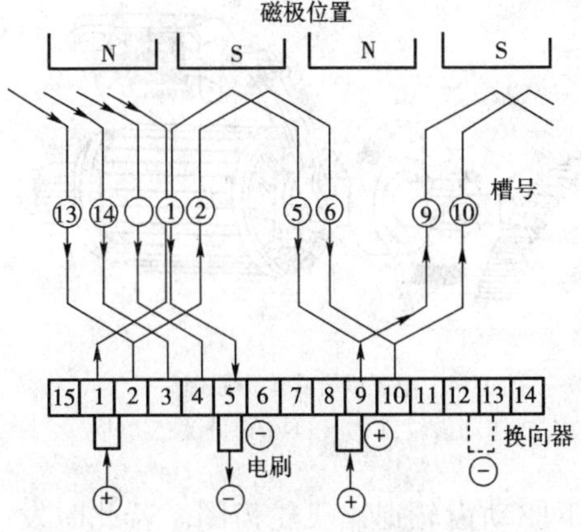

图 3-11 单波绕组嵌线法

捷达轿车起动机电枢绕组采用单波绕组。在单波绕组里,各个绕组元件彼此串联之后,一个绕组元件的起端与前一绕组元件的末端连接在一起,并接在同一换向片上,如图 3-11 所示。

3. 换向器

换向器的作用是向转动着的电枢绕组通入电流,并通过电刷将电枢绕组中产生的交流电转换为

直流电。换向器的结构如图 3-12 所示。

由于电刷在换向器外圆上高速滑动，会摩擦产生高热，并不时因接触不良产生电火花以至拉出电弧。所以，换向器的工作条件是苛刻的。换向器与电枢绕组线头之间采用电阻压力焊接工艺，使得起动机在低温起动时，不至于因工作时间过长发热、焊点脱焊，而造成电枢绕组甩线的现象。

4. 电刷组件

电刷组件由电刷、电刷架和电刷弹簧等组成。电刷架固定在电刷端盖上，电刷安放在电刷架内。直接固定在负电刷架中的电刷称为负电刷；用绝缘板将电刷架绝缘固定在电刷架盖上的电刷架称为正电刷架，安装在正电刷架内的电刷称为正电刷。电刷弹簧压在电刷上，其作用是保证电刷与整流子接触良好。电刷与刷架的组合如图 3-13 所示。

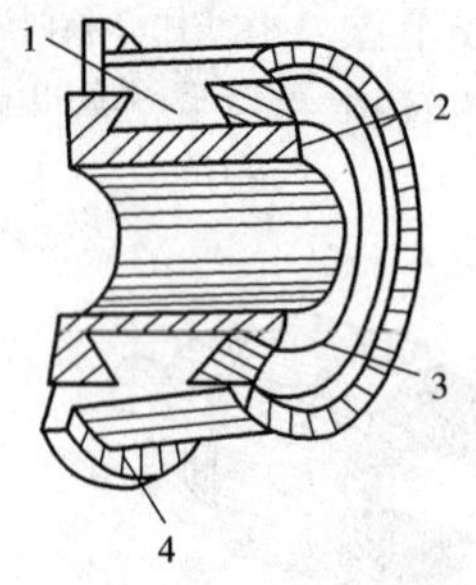

图 3-12　换向器的结构

1-整流片；2-轴套；3-压环；4-焊接凸缘

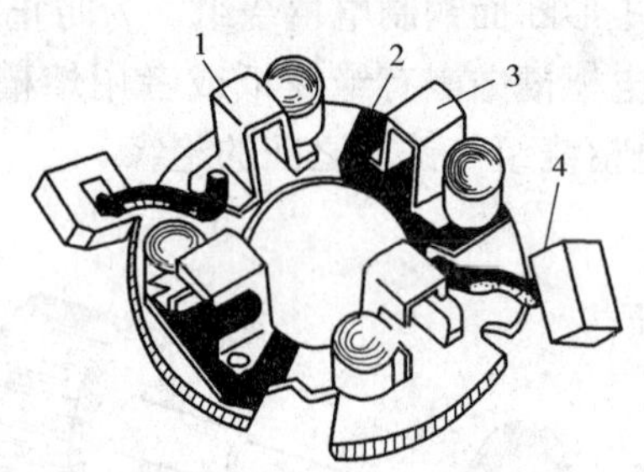

图 3-13　起动机用电刷及支架

1-搭铁电刷架；2-绝缘垫；3-绝缘电刷架；4-搭铁电刷

二、传动装置（啮合机构）

一般起动机的传动机构包括驱动齿轮和单向离合器。驱动齿轮与飞轮的啮合一般是靠拨叉强制拨动完成。减速起动机的传动机构还包括减速装置。

（一）驱动齿轮

1. 驱动齿轮与飞轮齿圈的啮合

目前汽车在驱动齿轮与飞轮齿圈的啮合方式上一般采用电磁啮合式，如图 3-14 所示。

通电后，电磁开关拉动拨叉推动驱动齿轮前进。当驱动齿轮的齿对准飞轮齿圈的槽时，驱动齿轮与飞轮齿圈顺利啮合；当驱动齿轮的齿对准飞轮齿圈的齿时，则发生顶齿。此时电磁开关推动铁芯继续前进，并拉动拨叉上的扭力弹簧使驱动齿轮对飞轮产生压力，电磁开关接通时电枢转动，驱动齿轮在转一角度后，其齿对准飞轮齿圈的槽时，因扭簧的压力将驱动齿轮压入飞轮。

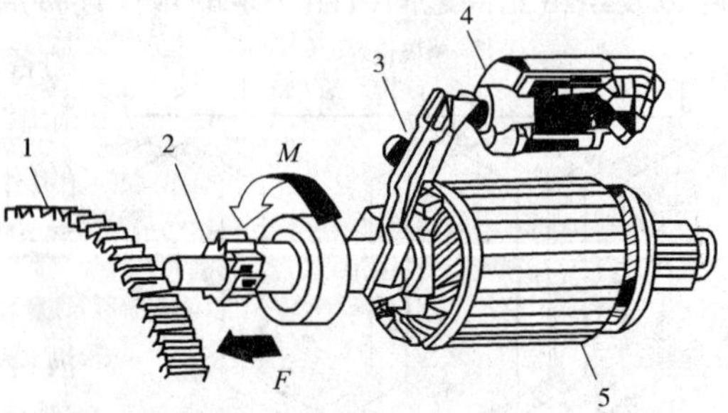

图 3-14　电磁啮合式工作原理

1-飞轮；2-驱动齿轮；3-拨叉；4-电磁开关；5-电枢

2. 驱动齿轮与飞轮齿圈脱开

发动机起动后电磁开关断开，在复位弹簧的作用下驱动齿轮退出飞轮齿圈。若此时发动机转速提高，驱动齿轮来不及退出，但在单向离合器的作用下，驱动齿轮随飞轮齿圈空转，不会发生发动机反拖起动机的现象。

（二）单向离合器

常见起动机单向离合器的结构主要有滚柱式、弹簧式和摩擦片式3种。

1.滚柱式单向离合器

滚柱式单向离合器的结构如图3-15、图3-16所示。

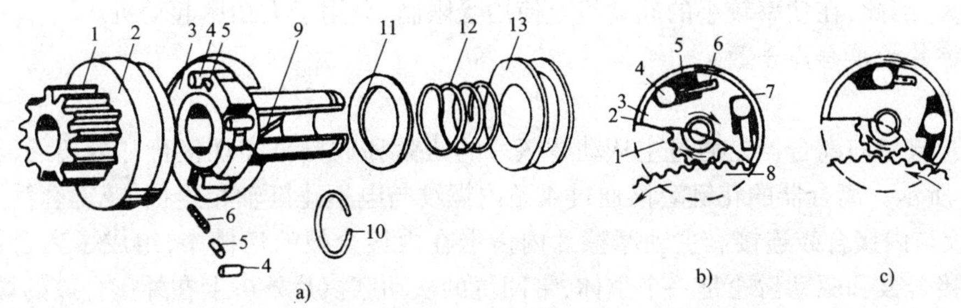

图3-15　滚柱式单向离合器

a）单向离合器构造；b）起动齿轮与飞轮齿圈接合；c）起动齿轮与飞轮齿圈脱离

1-起动齿轮；2-外座圈；3-十字块（内座圈）；4-滚柱；5-柱塞；6、12-弹簧；7-楔形槽；8-飞轮齿圈；9-内有螺旋槽的花键套筒；10-卡簧；11-挡圈；13-滑套（拔叉用）

起动时，起动机带动发动机旋转，滚柱被挤到楔形槽的窄端，并越挤越紧，使十字块与驱动小齿轮形成一体，电动机转矩便由此输出。发动机起动后，当飞轮转动线速度超越驱动小齿轮线速度时飞轮便带电枢旋转，此时滚柱被推到楔形槽宽端，出现了间隙。十字块和驱动小齿轮便开始打滑，于是齿轮空转，起到了保护电枢的作用。

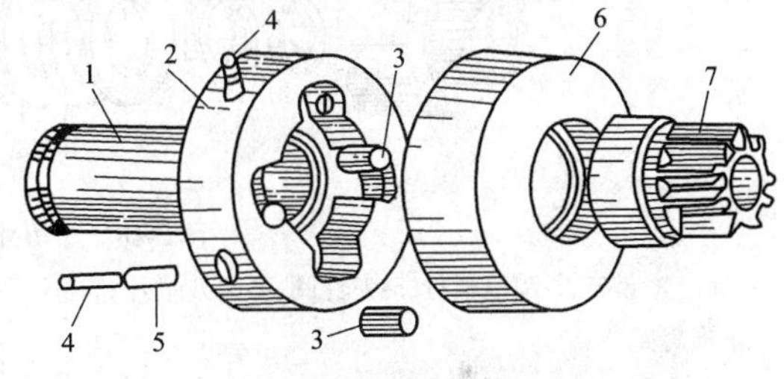

图3-16　滚柱式单向离合器

1-传动导管；2-外座圈；3-滚柱；4-弹簧；5-弹簧帽；6-外壳；7-驱动齿轮与内座圈

滚柱式单向离合器工作时属线接触传力，所以不能传递大转矩，一般用于小功率（2kW以下）的起动机上，否则滚柱易变形、卡死，造成单向离合器分离不彻底。由于它结构简单，目前广泛用于汽油发动机上。

2.弹簧式单向离合器

1）构造

弹簧式单向离合器是通过扭力弹簧的径向收缩和放松来实现接合和分离的，其结构如图3-17所示。驱动齿轮与花键套筒间采用浮动的圆弧定位键相连接。齿轮后端传力圆柱表面和花键套筒外圆柱面上包有扭力弹簧、扭力弹簧两端各有1/4圈内径较小，并分别箍紧在齿轮柄和套筒上。扭力弹簧外装有护套。

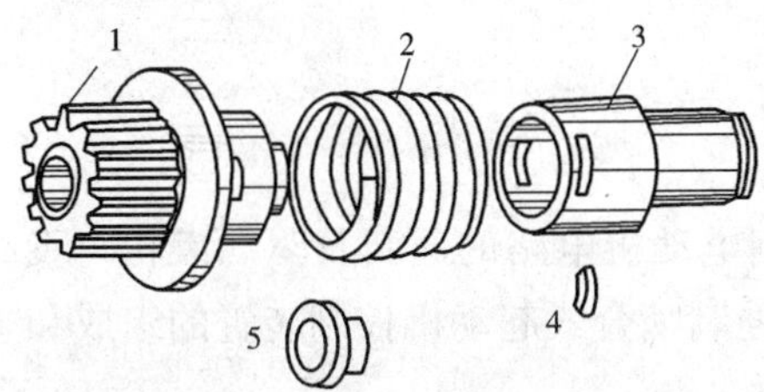

图3-17　弹簧式单向离合器

1-驱动齿轮；2-扭力弹簧；3-螺旋花键套筒；4-定位键；5-止推套筒

2）工作过程

当起动机带动发动机转动时，扭力弹簧按卷紧方向扭转，弹簧内径变小。扭力弹簧借助摩擦力将

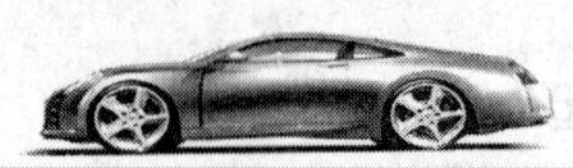

驱动齿轮柄和花键套筒紧抱成一体，把起动机转矩传给飞轮。发动机起动后，飞轮转动线速度超过起动机驱动齿轮线速度，飞轮便驱动起动机小齿轮，此时，扭力弹簧受力方向与上述情况相反，弹簧朝旋松方向扭转，内径增大，驱动齿轮与花键套筒分成两体而打滑，于是齿轮空转，而电枢不能跟着飞轮高速旋转。

弹簧式单向离合器具有结构简单、寿命长、成本低等特点。但因扭力弹簧圈数较多，轴向尺寸较大，因此，在功率较小的起动机上使用受限制，只用于大功率起动机。

3. 摩擦片式单向离合器

1）构造

摩擦片式单向离合器是通过主从动摩擦片的压紧和放松来实现接合和分离的，其结构如图 3-18 所示。离合器的花键套筒通过 4 条内螺纹与电枢花键轴相连接，花键套筒又通过 3 条外螺纹与内接合鼓连接。主动摩擦片内齿卡在内接合鼓的切槽中，组成了离合器主动部分。外接合鼓和驱动齿轮是一个整体，带凹坑的从动摩擦片外齿卡在外接合鼓的切槽中，形成了离合器的从动部分。主、从动摩擦片交错安装，并通过特殊螺母、弹性圈和压环限位，在压环和摩擦片间装有调整垫片。

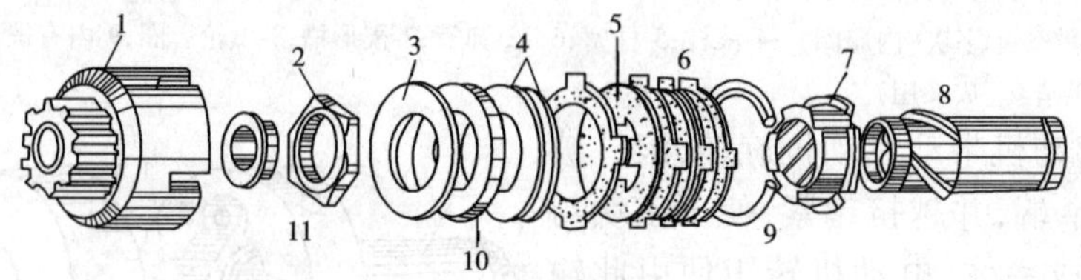

图 3-18　摩擦片式单向离合器

1-驱动齿轮套筒；2-调整螺母；3-弹性圈；4-调整垫片；5-主动片；6-从动片；7-内接合毂；8-螺旋花键套筒；9-卡簧；10-压环；11-止推套筒

2）工作过程

当起动机带动发动机曲轴旋转时，内接合毂沿花键套筒上的螺旋花键向飞轮方向旋进，将摩擦片压紧，把起动机转矩传给发动机。发动机起动后，当飞轮以较高转速带动驱动齿轮旋转时，内接合毂沿螺旋花键退出，摩擦片打滑，使齿轮空转而电枢不跟着飞轮高速旋转。当电机超载时，弹性圈在压环凸缘的压力作用下弯曲变形，当弯曲到内接合毂的左端顶住了弹性圈的中心部分时，即限制了内接合毂继续向左移动，离合器便开始打滑，从而避免因负荷过大烧坏电动机的危险。

摩擦片式单向离合器传递的最大转矩可通过增减调整垫片来调整。但结构较复杂，在较大功率起动机上应用比较广泛。

三、起动机控制装置

起动机控制装置也叫“操纵机构”，它的作用是控制电动机电路的通断及驱动齿轮与飞轮齿圈的啮合与分离。下面介绍广泛使用的电磁操纵强制啮合式起动机控制装置的组成和工作过程。

电磁操纵式起动机电路原理图如图 3-19 所示。控制装置由电磁开关、拨叉等组成。电磁开关由吸拉线圈、保持线圈、活动铁芯、固定铁芯、主开关接触盘及复位弹簧等组成。其中吸拉线圈与电动机串联,保持线圈与电动机并联。活动铁芯可驱动拨叉运动,又可推动接触盘推杆。

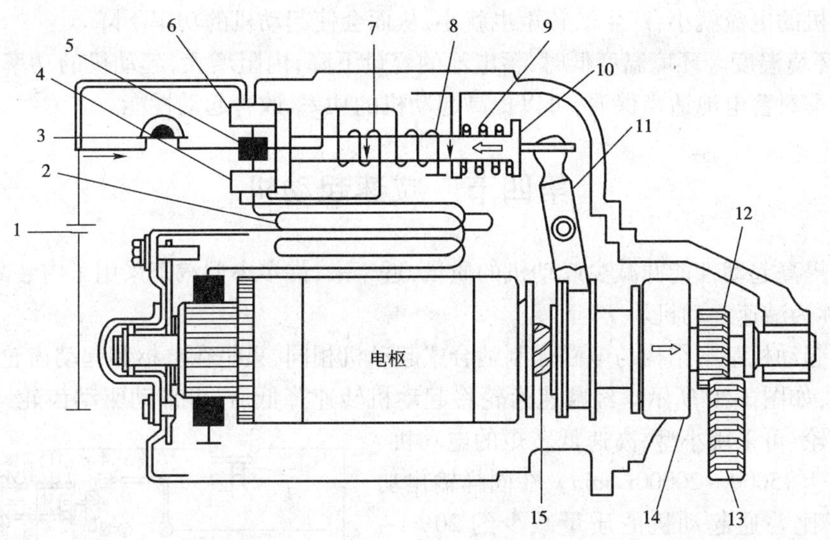

图 3-19　电磁操纵式起动机电路原理图

1-蓄电池;2-励磁线圈;3-起动开关;4-接起动机磁场;5-接点火开关;6-接蓄电池;7-吸拉线圈;8-保持线圈;9-复位弹簧;10-活动铁芯;11-拨叉;12-驱动齿轮;13-飞轮齿圈;14-离合器;15-螺纹花键

控制装置工作过程如下:

(1)起动机不工作时,驱动齿轮处于与飞轮齿圈脱开的啮合位置,此时电磁开关中的接触盘与各接触点分开。

(2)起动开关接通时,蓄电池经起动控制电路向起动机电磁开关通电,其电流回路为:

此时,吸拉线圈和保持线圈磁场方向相同。活动铁芯在电磁力作用下克服复位弹簧的弹力向内移动,压动推杆使起动机主开关接触盘与接触点靠近,与此同时带动拨叉将驱动小齿轮推向啮合;当驱动小齿轮与飞轮齿圈接近完全啮合时,接触盘已将接触点接通,起动机主电路接通,直流电动机产生强大转矩,通过接合状态的单向离合器传给发动机飞轮齿圈。主开关接通后,吸拉线圈被主开关短路,电流消失,活动铁芯在保持线圈电磁力作用下保持在吸合位置。此时辅助接线柱接通,将点火线圈附加电阻短路。

(3)发动机起动后,飞轮转动线速度超过了起动机驱动小齿轮的线速度,单向离合器打滑,避免了电枢绕组高速甩散的危险。

(4)松开起动开关时,起动控制电路断开,但电磁开关内吸拉线圈和保持线圈通过仍然闭合的主开关得到电流。

因吸拉线圈和保持线圈磁场方向相反,相互削弱,活动铁芯在复位弹簧作用下迅速复位,使驱动小齿轮脱开啮合,主开关断开,起动机停止工作,起动结束。

四、影响起动机功率的因素

(1)接触电阻和导线电阻。接触电阻包括导线与蓄电池极柱、起动机接线柱以及电动机内电刷与换向器等的接触电阻。接触电阻大、导线截面积小或过长,都会造成较大的电压

降而使起动机功率下降。

(2)蓄电池容量。蓄电池的容量小,其内阻较大,起动时加在电动机上的端电压就低,供给起动机的电流就小,产生的转矩也就小,从而会使起动机的功率下降。

(3)环境温度。环境温度低时,蓄电池的容量下降,内阻增大,起动机的功率下降明显。因此在冬季对蓄电池适当保温,可以提高起动机的功率,改善起动性能。

第四节　减速起动机

为了提高起动性能并减少起动机的质量,近年来,许多小型汽车采用了内装减速装置的起动机,称为减速起动机。

减速起动机基本结构与电磁强制啮合式起动机相同,只是在电枢和起动齿轮之间,装有减速齿轮,如图 3-20 所示。经减速齿轮将起动机转速降低后,再带动驱动齿轮。由于应用了减速齿轮,可采用小型、高速低转矩的电动机。其转速高达 15000 ~ 20000r/min。在同样输出功率条件下比普通起动机的质量减少约 20% ~ 40%,体积约减少1/2,转矩增高。这不仅提高了起动性能,而且也相对减轻了蓄电池的负担。

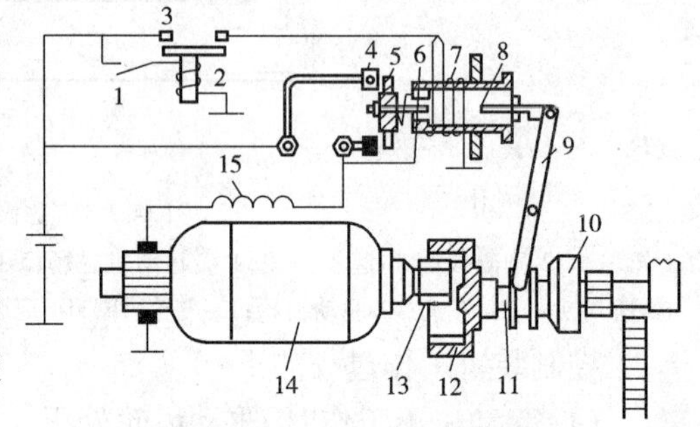

图 3-20　减速起动机

1-起动开关;2-起动继电器线圈;3-起动继电器触点;4-主触点;5-接触盘;6-吸拉线圈;7-保持线圈;8-活动铁芯;9-拨叉;10-单向离合器;11-螺旋花键轴;12-内啮合减速齿轮;13-主动齿轮;14-电枢;15-磁场绕组

在电枢轴端,有主动齿轮 13,与内齿圈 12 相啮合,内啮合齿轮与螺旋花键轴固连接,在螺旋花键轴上,套有滚柱式单向离合器 10。

当接通起动开关 1,蓄电池电流流过起动继电器线圈 2,起动继电器线圈产生吸力,使触点 3 闭合,接通了电磁开关中吸拉线圈 6 和保持线圈 7 的电路。

在两线圈电磁吸力的共同作用下,活动铁芯 8 被吸入。带动拨叉 9 将单向离合器 10 推出,使驱动齿轮与飞轮齿圈啮合。当驱动齿轮与飞轮完全啮合时,活动铁芯推动接触盘 5 将触点 4 接通,起动机主电路接通,电枢开始高速旋转。电枢的旋转,经主动齿轮 13,内啮合齿轮 12 减速,再经螺旋花键轮,传给单向离合器,最后经驱动齿轮传给飞轮,使发动机起动。以后的工作过程,与电磁啮合式起动机相同。

起动机的减速装置,常见的有 3 种形式:内啮合式、外啮合式和行星齿轮式,如图 3-21 所示。

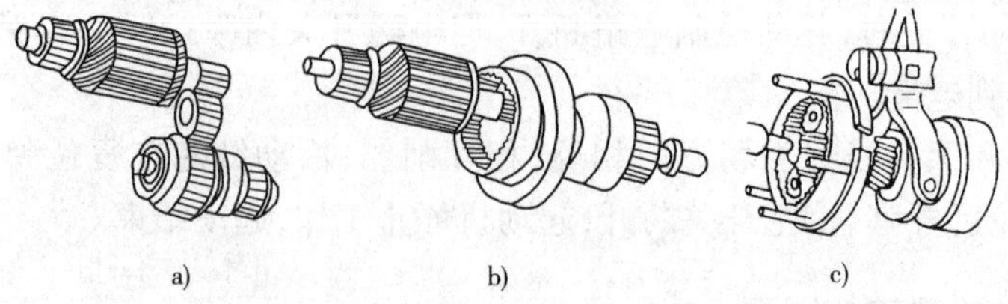

图 3-21　减速机构组合

a)外啮合式;b)内啮合式;c)行星齿轮式

部分桑塔纳、奥迪、北京切诺基等汽车采用了永磁减速起动机,既提高了起动机的性能,又简化了起动机的结构,北京切诺基 BJ2021 型吉普车 12VDW1.4 型永磁减速式起动机的原理简图如图 3-22 所示。

起动机中有 6 块永久磁极,用弹性保持片固定在机壳内。传动机构为滚柱式单向离合器,配以行星齿轮减速装置。其电枢轴齿轮为太阳轮,另有 3 个行星齿轮和 1 个固定内齿圈。太阳轮固装在电枢轴上与 3 个行星齿轮同时外啮合,3 个行星齿轮套装在 1 个圆盘上,行星齿轮可以灵活自转。圆盘与驱动齿轮轴制成一体。动齿轮轴一端,制有螺旋花键,与单向离合器传动套筒内螺旋花键配合。和行星齿轮啮合的内齿圈为铸塑件,其外缘有定位槽,嵌入在起动机后端盖上。

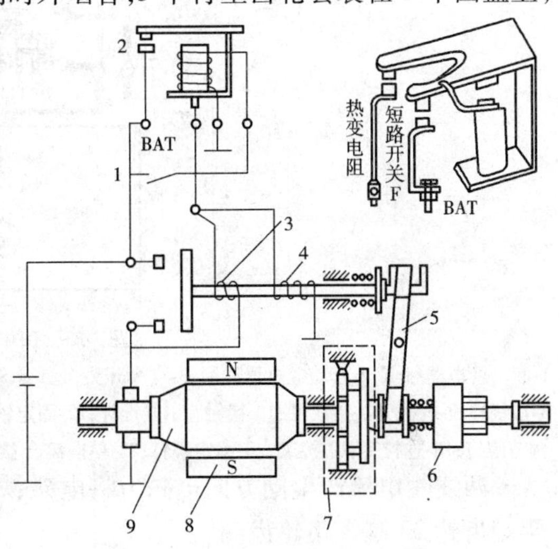

图 3-22 12VDW1.4 型永磁减速式起动机原理简图

1-点火开关;2-起动继电器;3-吸拉线圈;4-保持线圈;5-拨叉;6-滚柱式单向离合器;7-行星齿轮减速装置;8-永久磁极;9-电枢

起动继电器有 2 对触点,一对控制吸拉线圈和保持线圈的电路,另一对触点,在起动时,使点火线圈附加电阻短路,以增大初级电流,有利于起动。起动继电器的两对触点,均为常开触点。

起动机的起动过程与 QD124 型起动机基本相同,但电枢轴产生的转矩,经行星齿轮减速装置放大,再传给驱动齿轮。转矩传递路线:

电枢轴齿轮(太阳轮)→行星齿轮及支架→驱动齿轮轴→滚柱式单向离合器→驱动齿轮→飞轮。驱动发动机曲轴旋转。

第五节 典型起动系电路原理图及故障检修

一、典型起动机电路原理图

东风 EQ1090 汽车 QD124 型起动机就是一种起动继电器控制的强制啮合式起动机。传动机构采用滚柱式离合器,为提高转子轴的刚度加装了中间轴承支撑板,在控制电路中装有一个起动继电器,起动机由点火开关控制。起动系电路原理如图 3-23 所示,工作过程如下:

(1)起动时,将点火开关 3 旋至起动挡位,起动继电器线圈通电,电流由蓄电池正极经主接线柱 4、电流表、点火开关 3、起动继电器“点火开关”接线柱、线圈 2、搭铁流回蓄电池负极。起动继电器触点 1 闭合,接通电磁开关电路。电路为:蓄电池正极→接线柱 4 →起动继电器“电池”接线柱→触点 1 →起动继电器“起动机”接线柱→电磁开关接线柱 9 →然后分成两并联电路。

一路是:吸拉线圈 13 →接线柱 8 →导电片 7 →主接线柱 5 →起动机励磁场绕组→电枢绕组→搭铁→蓄电池负极。

另一路是:保持线圈 14 →搭铁→蓄电池负极。

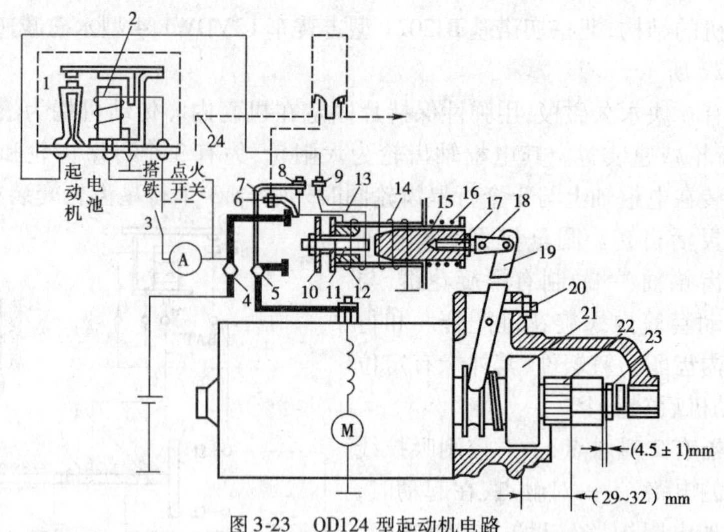

图 3-23　QD124 型起动机电路

1-起动继电器触点;2-起动继电器线圈;3-点火开关;4、5-起动机开关接线柱;6-点火线圈附加电阻短路接线柱;7-导电片;8-接线柱;9-电磁开关接线柱;10-接触盘;11-推杆;12-固定铁芯;13-吸拉线圈;14-保持线圈;15-活动铁芯;16-复位弹簧;17-调节螺钉;18-连接片;19-拨叉;20-固定螺钉;21-单向离合器;22-起动齿轮;23-限位螺钉;24-附加电阻(白线 1.7Ω)

两线圈电流产生同方向电磁力将电磁铁芯 15 吸入,拨叉 19 推动滚柱式离合器 21,使驱动齿轮 22 啮人飞轮齿圈。

当齿轮啮合约一半时,电磁铁芯 15 就推动推杆 11 向左移动,当到达极限位置时齿轮已全部啮合,接触盘 10 同时将辅助接线柱 6 和主接线柱 4、5 相继接通。于是启动机在短路附加电阻和吸拉线圈 13 的有利条件下产生起动转矩,将发动机起动。较大起动电流直接从蓄电池正极经主接线柱 4、接触盘 10、主接线柱 5、起动机、搭铁后流回蓄电池负极。吸拉线圈 13 短路后,齿轮的啮合靠保持线圈 14 产生的电磁力维持在工作位置。此时的保持电路为:蓄电池正极→主接线柱 4 →起动继电器“电池”接线柱→触点 1 →起动继电器的“起动机”接线柱→电磁开关接线柱 9 →保持线圈 14 →搭铁→蓄电池负极。

(2)发动机起动后,起动机单向离合器开始打滑,松开点火开关钥匙即自动转回到点火挡位,起动继电器线圈 2 断电,触点 1 跳开,使电磁开关 2 个线圈串联,吸拉线圈 13 流过反向电流,加速电磁力的消失。电路为:蓄电池正极→主接线柱 4 →接触盘 10 →主接线柱 5 →导电片 7 →接线柱 8 →吸拉线圈 13(电流反向)→接线柱 9 →保持线圈 14 →搭铁→蓄电池负极。由于电磁开关线圈电磁力迅速消失,电磁铁芯 15 和活动杆 11 在复位弹簧作用下返回。接触盘 10 先离开主接线柱 4、5,触头切断了起动机电源;点火线圈附加电阻也随即接人点火系。同时拔叉将离合器拨回,驱动齿轮便脱离了飞轮齿圈,起动机停止工作。

二、典型起动系故障检修

以上海奇瑞起动机为例进行说明。

上海奇瑞起动机采用行星齿轮减速驱动,额定输出功率 1.4kW(12V)。

点火开关置于“START”位置,线圈因有电而吸引铁芯。铁芯被吸引,连接到铁芯的杆就动作使起动机离合器合上。另一方面,被吸引的铁芯将电磁开关接通,使 B 端子与 M 端子导通,这时因电流流通而使起动机啮合。点火开关返回到“ON”的位置时,起动机离合器从齿圈脱开。小齿轮与电枢轴之间设有一个超速离合器,用于防止起动机损坏。

(一)解体拆卸步骤如图3-24所示

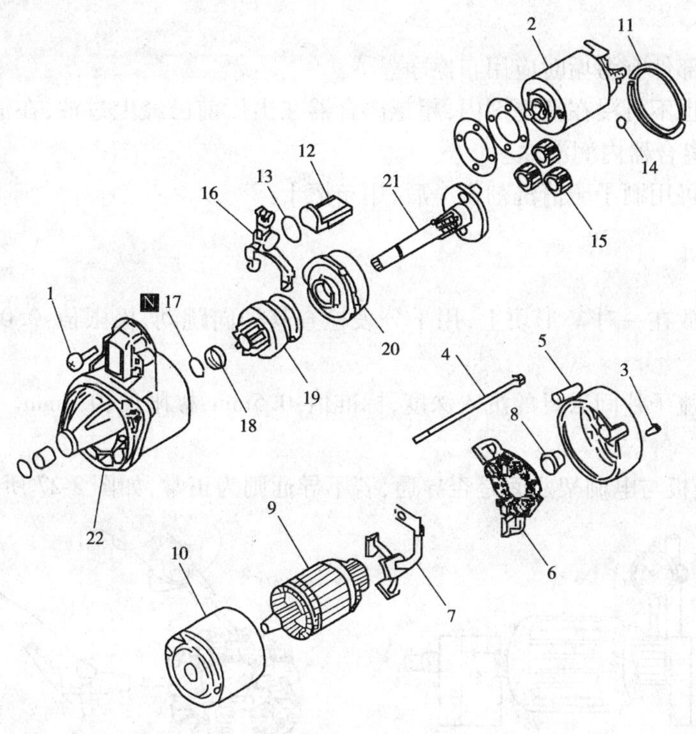

图3-24　拆卸步骤

1-螺钉;2-电磁阀;3-螺钉;4-螺钉;5-后支架;6-电刷支架;7-电刷;8-后轴承;9-转子;10-磁轭组件;11-垫圈A;12-垫圈B;13-板;14-球;15-行星齿轮;16-杆;17-卡簧;18-止动环;9-超越离合器;20-内齿轮;21-行星齿轮支架;22-前支架

(二)解体要领

1. 从电磁阀的M接线柱拆下励磁线圈引线(图3-25)

2. 转子和球的拆卸

拆卸转子时,不要将安装在轴承端部的球丢失。

3. 卡簧和止动环的拆卸

(1)利用适当的套管向超越离合器一侧推压止动环,使其脱离开卡簧。

(2)用卡簧钳拆下卡簧后,拆下止动环和超速离合器,如图3-26。

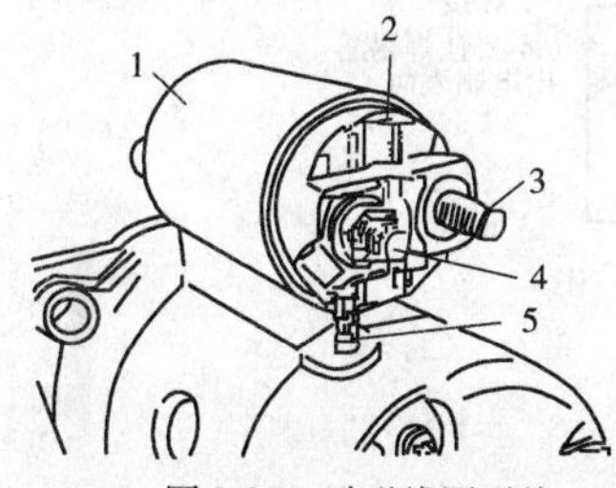

图3-25　励磁线圈引线

1-磁力开头;2-S接线柱;3-B接线柱;4-M接线柱;5-励磁线圈引线

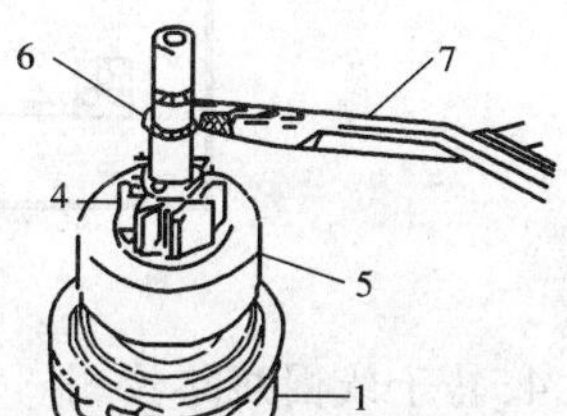

图3-26　卡簧和止动环的拆卸

1-转子;2-止动环;3-套管;4-小齿轮;5-超速离合器;6-卡簧;7-卡簧钳

(三)起动机零部件的清洗

(1)零部件不得放在清洗剂内清洗,将磁轭、励磁线圈组件或转子浸在清洗剂内会损坏其绝缘性。

(2)这些零部件有污垢时应用布擦净。

(3)驱动件也不可浸在清洗剂内,超越离合器在出厂前已经上过油,在清洗溶剂内清洗时,溶剂会洗掉离合器内润滑油。

(4)驱动件可用刷子蘸清洗剂刷净后,用布擦干。

(四)检查

1. 整流子

(1)将转子放在一对V形块上,用千分表检查其径向跳动,极限值:0.05mm,如图3-27所示。

(2)检查整流子片间云母的沉入深度,标准值:0.5mm,极限值:0.2mm。

2. 电刷架

检查电刷架板与电刷架之间是否导通,若不导通则为正常,如图3-27所示。

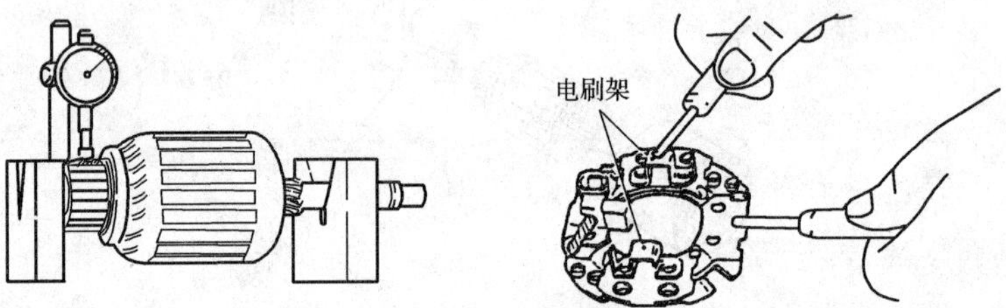

图3-27　转子、电刷架的检查

3. 电刷

(1)检查电刷与整流子接触面的粗糙度及电刷的长度。磨损极限标记,如图3-28所示。

(2)修正电刷接触面或更换新电刷时,可在整流子上缠绕砂纸进行修理。

(3)用钳子捏碎旧电刷时注意不要损伤软辫线。

(4)为使焊锡容易附着,应用砂纸磨净软辫线端。

(5)将软辫线插入新电刷孔内并焊上。确认没有焊锡露出电刷表面。

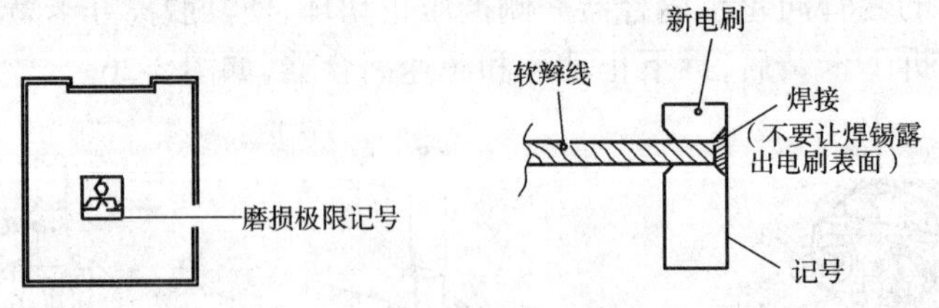

图3-28　电刷的标记

4. 转子线圈短路检测

(1)将转子放在线圈短路测试仪上。

(2)将薄铁片放在转子上方并保持其和转子中心轴平行,慢慢地转动转子,观察薄铁片。若铁片不被吸引,且没有振动,则转子为正常。

检查整流子的整流片与转子铁芯之间的绝缘情况。不导通即为正常。

检查各整流片间的导通情况。导通时即为正常,如图 3-29 所示。

注意:彻底清理转子表面后再做检测。

(五)组装须知

止动环和卡簧的安装

利用适当的工具,跨过卡簧,向卡簧方向拉止动环,如图 3-29 所示。

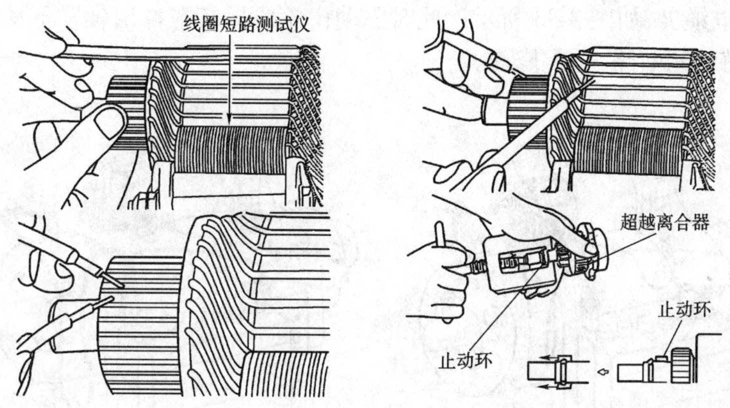

图 3-29　转子线圈短路检测、止动环和卡簧的安装

(六)起动机的性能试验

以桑塔纳 2000 系列轿车起动机为例。

1. 空载性能试验

修复后的起动机应对电磁开关和电动机进行性能试验。试验时,先将蓄电池充足电,每项试验应在 3~5s 内完成,以防线圈被烧坏。

起动机与蓄电池和电流表(量程为 0~100A 以上的直流电流表)连接的线路如图 3-30 所示。蓄电池正极与电流表正极连接,电流表负极与起动机“30”端子连接,蓄电池的负极与起动机外壳连接。

当用带夹电缆将“30”端子与“50”端子连接起来(图 3-31),此时驱动齿轮应向外伸出,起动机应平稳运转。当蓄电池电压大于或等于 11.5V 时,消耗电流应不超过 50A,用转速表测量电枢轴的转速应不低于 5000r/min。如电流大于 50A 或转速低于 5000r/min,说明起动机装配过紧或电枢绕组和磁场绕组有短路或搭铁故障;如电流和转速都低于标准值,说明电动机电路接触不良,如电刷与换向器接触不良或电刷弹簧弹力不足等。

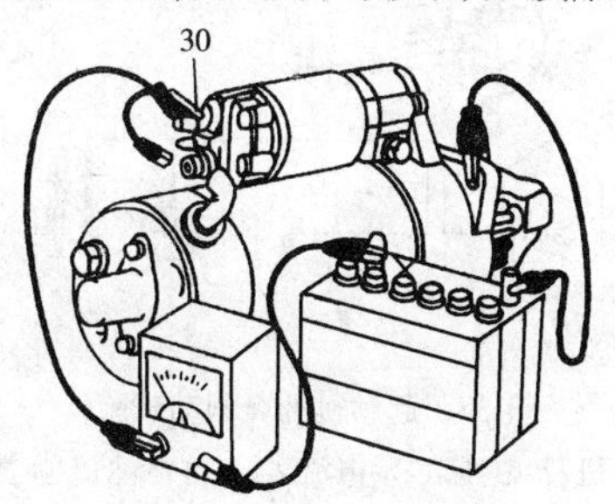

图 3-30　起动机的空载试验

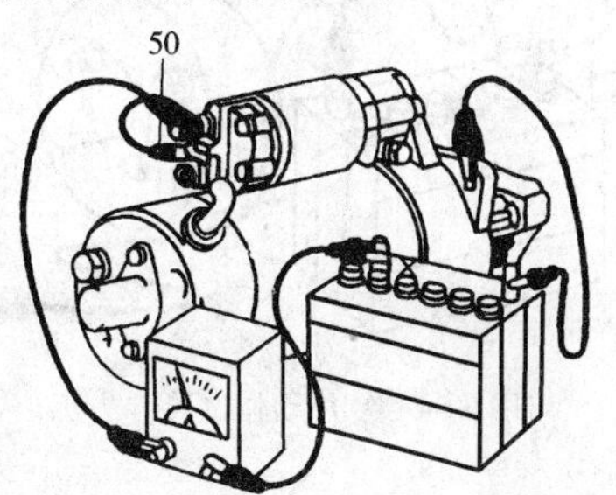

图 3-31　接通“50”端子进行试验

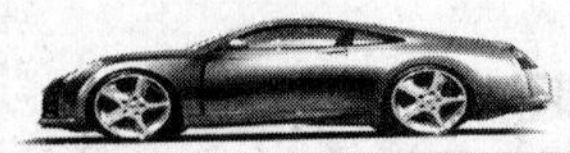

2. 电磁开关试验

(1)吸拉动作试验。将起动机固定到台虎钳上,拆下起动机端子“C”上的磁场绕组电缆引线端子,用带夹电缆将起动机“C”端子和电磁开关壳体与蓄电池负极连接,用带夹电缆将起动机“50”端子与蓄电池正极连接,如图3-32所示。此时驱动齿轮应向外移动。如驱动齿轮不动,说明电磁开关有故障,应予修理或更换。

(2)保持动作试验。在吸拉动作基础上,当驱动齿轮保持在伸出位置时,拆下电磁开关“C”端子上的电缆夹,如图3-33所示。此时驱动齿轮应保持在伸出位置不动。如驱动齿轮复位,说明保持线圈断路,应予修理。

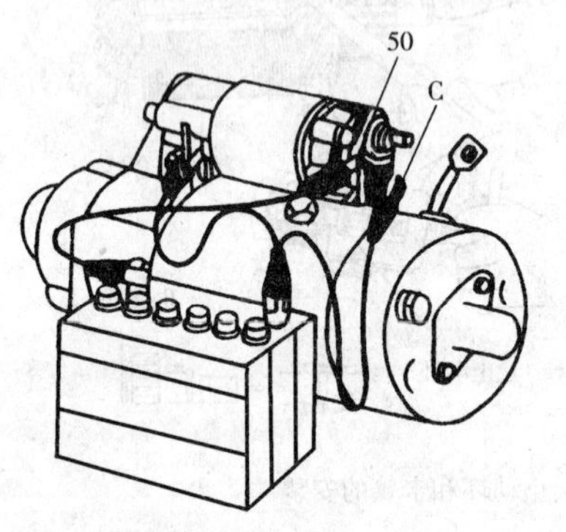

图3-32 吸拉动作试验线路

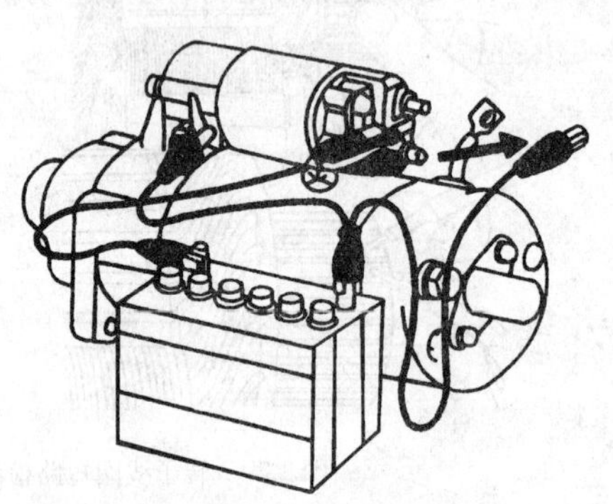

图3-33 保持动作试验方法

(3)复位动作试验。在保持动作的基础上,再拆下起动机壳体上的电缆夹,如图3-34所示,此时驱动齿轮应迅速复位。如驱动齿轮不能复位,说明复位弹簧失效,应更换弹簧或电磁开关总成。

3. 全制动试验

将起动机放在测矩台上,用弹簧秤5测出其发出的力矩,如图3-35所示。当制动电流小于480A时,输出最大力矩应不小于13N·m。

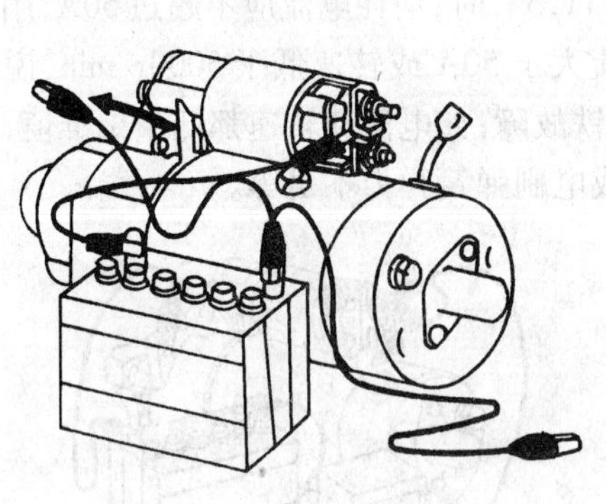

图3-34 复位动作试验方法

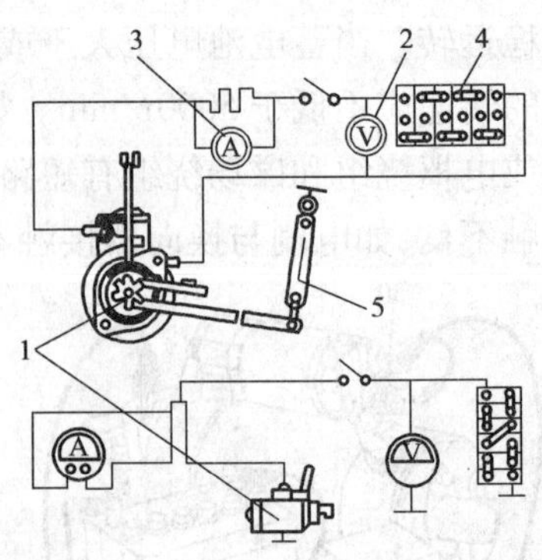

图3-35 起动机的全制动试验

1-起动机;2-电压表;3-电流表;4-蓄电池;5-弹簧秤

(七)起动机故障诊断

1)起动机不转

合上起动开关,起动机不转。

首先检查蓄电池至起动机之间的连接导线是否松脱,然后用螺丝刀短接起动机主电路开关。

(1)如果起动机转,则主电路开关有故障。

(2)如果起动机不转,短接时有强烈火花,即为起动机内部短路或绕组线圈严重搭铁。

(3)若短接时无火花或火花弱,则为起动机内部断路或接触不良。

2)起动机空转

(1)单向离合器严重打滑,不能传递转矩。

(2)驱动齿轮与飞轮啮合处,飞轮轮齿恰好断裂。

(3)调整不当或拨叉扭断,驱动齿轮不能啮入飞轮齿圈。

3)起动时有异响

(1)齿轮撞击声:主电路开关接通过早,小齿轮尚未啮入飞轮齿圈即已起动。

(2)电磁开关故障,保持线圈短路或断路。

4)起动机驱动齿轮不复位

(1)复位弹簧折断或失效。

(2)主开关触点烧结不能打开。

(3)飞轮齿环打坏,驱动齿轮被卡死。

(4)飞轮齿环与驱动齿轮压得过紧。

(5)传动拨叉弯曲变形,复位受阻。

5)起动机电枢扫膛

(1)电枢轴弯曲。

(2)起动机换向器引出导线甩出。

6)起动机运转无力

(1)蓄电池亏电或气温过低。

(2)起动机主电路连接导线接触不良,电刷与换向器接触不良。

(3)起动机电枢绕组部分短路或搭铁。

(4)单向离合器部分打滑,传递转矩小。

7)起动机烧坏

(1)每次起动时间过长,重复使用间隔时间过短。

(2)发动机装配过紧。运转阻力过大强行起动。

(3)换向器与电刷接触不良(失圆、电刷弹簧弹力差,换向器表面有氧化层),产生强烈火花烧坏。

(4)轴承磨损,电枢轴弯曲以及装配不良,运转时发生“扫膛”,绝缘层被破坏。

1. 起动机由哪些部分组成？名组成部分的作用是什么？
2. 起动机单向离合器的作用是什么？起动机单向离合器的种类有哪些？
3. 简述起动机的工作过程。
4. 何谓起动机的空载试验和全制动试验？
5. 起动机不转的故障是哪些原因引起的？怎样判断与排除？

第四章　点 火 系 统

学习目标

- 掌握点火系统的作用、组成与工作原理；
- 掌握分电器、点火线圈、火花塞等组件的作用与工作原理；
- 掌握磁感应式普通电子点火系统和霍尔式电子点火系统的组成与工作过程；
- 掌握微机控制点火系统的组成、分类和工作原理；
- 掌握点火系统的故障诊断方法。

第一节　点火系统概述

汽车发动机的工作循环是由进气、压缩、作功与排气 4 个行程组成。柴油发动机压缩行程末期，汽缸内压缩空气的温度已经超过柴油的燃点，从喷油嘴喷出的雾状柴油遇到热空气即可立即燃烧，因此无需设置点火装置。汽油的燃点较高，汽缸内的混合气依靠高压电火花点燃来燃烧。汽车点火系统是汽油发动机（包括天然气发动机、乙醇发动机等点燃式内燃机）的重要组成部分。

一、点火系统的作用

点火系统的作用：将电源的低电压变成高电压，再按照发动机点火顺序轮流送至各汽缸，点燃压缩混合气；并能适应发动机工况和使用条件的变化，自动调节点火时刻，实现可靠而准确的点火；还能在更换燃油或安装分电器时进行人工校准点火时刻。

二、点火系统分类

发动机点火系统，按其组成和产生高压电方式的不同可分为传统蓄电池点火系统、电子点火系统、微机控制点火系统和磁电机点火系统。

传统蓄电池点火系统，以蓄电池和发电机为电源，借点火线圈和断电器的作用，将电源提供的 6V、12V 或 24V 的低压直流电转变为高压电，再通过分电器分配到各缸火花塞，使火花塞两电极之间产生电火花，点燃可燃混合气。传统蓄电池点火系统由于存在产生的高压电电压比较低、高速时工作不可靠、使用过程中需经常检查和维护等缺点，逐渐被电子点火系统和微机控制点火系统所取代。

电子点火系统，以蓄电池和发电机为电源，借点火线圈和由半导体器件（晶体三极管）组成的点火控制器将电源提供的低压电转变为高压电，再通过分电器分配到各缸火花塞，使火花塞电极之间产生电火花，点燃可燃混合气。与传统蓄电池点火系统相比具有点火可靠、使用方便等优点,是目前国内外汽车上广泛采用的点火系统。

微机控制点火系统,与上述两种点火系统相同,也以蓄电池和发电机为电源,借点火线圈将电源的低压电转变为高压电,再由分电器将高压电分配到各缸火花塞,并由微机控制系统根据各种传感器提供的反映发动机工况的信息,发出点火控制信号,控制点火时刻,点燃可燃混合气。它还可以取消分电器,由微机控制系统直接将高压电分配给各缸。微机控制点火系统是目前最新型的点火系统,已广泛应用于各种中、高级轿车中。

磁电机点火系统,由磁电机本身直接产生高压电,不需另设低压电源。与传统蓄电池点火系统相比,磁电机点火系统在发动机中、高转速范围内,产生的高压电较高,工作可靠。但在发动机低转速时,产生的高压电较低,不利于发动机起动。因此磁电机点火系统多用于主要在高速、满负荷下工作的赛车发动机,以及某些不带蓄电池的摩托车发动机和大功率柴油机的发动机上。

三、发动机对点火系统的基本要求

点火系统应在发动机各种不同工况和使用条件下,保证可靠而准确地点燃混合气。为此,点火装置应满足下列 3 个基本要求。

1. 产生足以击穿火花塞间隙的高电压

汽车在行驶中,发动机在满载低速时需8～10kV的高电压,起动时需要 19kV;正常点火一般在 15kV 以上。为保证可靠点火,点火系统所能产生的最高电压必须总是高于火花塞的击穿电压。考虑各种不利因素的影响,通常对点火装置的点火能量设计为 30kV。

2. 火花应具有足够的能量

为使混合气点燃可靠,火花应具有一定的能量。发动机正常工作时,由于混合气压缩终了的温度已接近其自燃温度,因此所需的火花能量很小(1～5mJ)。传统点火系统能发出15～50mJ的火花能量,足以点燃混合气。但在发动机起动、怠速以及节气门突然急剧打开时需较高的火花能量。为了保证可靠点火,一般应保证有 50～80mJ 的点火能量,起动时应大于 100mJ 的火花能量。

3. 点火时刻应适应发动机的工况变化

不同发动机有不同的最佳点火提前角,而且同一发动机在不同工况和不同使用条件下的最佳点火提前角也不相同。影响最佳点火提前角的因素有:转速、负荷、汽油的辛烷值、混合气成分和进气压力等。为使发动机在把热能转换成机械能过程中输出最大功率,点火系统必须适应上述因素的变化,实现在不同工况下的最佳点火时刻。

发动机工作时,点火时刻对发动机的工作和性能有很大的影响。混合气燃烧有一定的速度,即从火花塞跳火到汽缸内的可燃混合气完全燃烧是需要一定时间的。虽然这段时间很短,不过千分之几秒,但是由于发动机的转速很高,在这样短的时间内曲轴却转过很大的角度。若恰好在活塞到达上止点时点火,混合气开始燃烧时,活塞已开始向下运动,使汽缸容积增大,燃烧压力降低,发动机功率下降。因此,应提前点火,即在活塞到达压缩行程上止点之前火花塞跳火,使燃烧室内的气体压力在活塞到达压缩行程上止点后 10°～12°时达到最大值。这样混合气燃烧时产生的热量,在作功行程中得到最有效的利用,可以提高发动机的功率。但是,若点火过早,则活塞还在向上止点移动时,汽缸内压力已达到很大数值,这时气体压力作用的方向与活塞运动的方向相反，在示功图上出现了套环，此时，发动机有效功减小，发动机功率也将下降。从点火时刻起到活塞到达压缩上止点，这段时间内曲轴转过的角度称为点火提前角。能使发动机获得最佳动力性、经济性和最佳排放性能的点火提前角，称为最佳点火提前角。发动机工作时，最佳点火提前角不是固定值，它随很多因素改变而改变。影响点火提前角的主要因素是发动机的转速和混合气的燃烧速度。混合气的燃烧速度又与混合气的成分、发动机的结构及其他（燃烧室的形状、压缩比等）一些因素有关。

四、点火系统的构成

为了满足发动机工作的需要，点火系统应该具备下列装置：

1. 点火电压发生装置

众所周知，对于交流电，改变电压高低的有效方式是利用变压器，而直流电则不同，但是汽车蓄电池提供的电压恰恰是直流电。如果将10V左右的直流电压变成发动机点火所需的15～20kV的点火电压，就必须有一套特殊的装置。这套装置就是点火电压发生装置。该装置通过开关的通断变化，将直流电转化为交流电，然后再利用增压变压器将电压提升到足够高的、发动机点火所需要的电压。

2. 点火电压的分配

为了满足多缸发动机各缸顺序工作的需要，将点火电压发生装置产生的高压按发动机工作顺序输送至各缸火花塞，实现顺序点火。

3. 点火时间控制装置

为了满足发动机工作循环的要求，在保证发动机正常燃烧的前提下，点火时间应该随着发动机工作状态的变化做相应的调整。使发动机的动力性、经济性和污染物排放指标，在各种转速、各种负荷条件下，都能够得到充分地发挥。

第二节 传统点火系统组成及原理

传统点火系统，是利用一组机械触点和点火线圈组成点火电压发生装置，利用分电器作为点火电压分配装置，利用离心式和真空式点火提前角调整装置作为点火时间控制装置。

一、传统点火系统组成

传统点火系统主要由电源、点火开关、点火线圈、分电器总成、电容器、火花塞、高压导线、阻尼电阻等组成，如图4-1所示。各装置在汽车上的布置如图4-2所示。

（1）电源：电源为蓄电池和发电机，供给点火系统所需电能，标称电压一般是12V。

（2）点火开关：点火开关的作用是接通或断开点火系统初级电路。

（3）点火线圈：点火线圈即变压器，其作用是将蓄电池12V的低压电变为15～20kV的高压电。

（4）分电器总成：分电器总成的作用是接通和切断初级电路，使点火线圈次级及时产生高压电；按发动机各汽缸的点火顺序送至火花塞；同时可调整点火时间。

（5）电容器：减小分电器总成中的断电器的火花，防止触点烧蚀，延长其使用寿命，同时加速点火线圈中磁通的变化速率，提高点火高电压。

(6)火花塞：其作用是将高压电引入燃烧室产生电火花，点燃混合气。

(7)高压导线：用以连接点火线圈至分电器中心电极和分电器分电极至各缸火花塞。

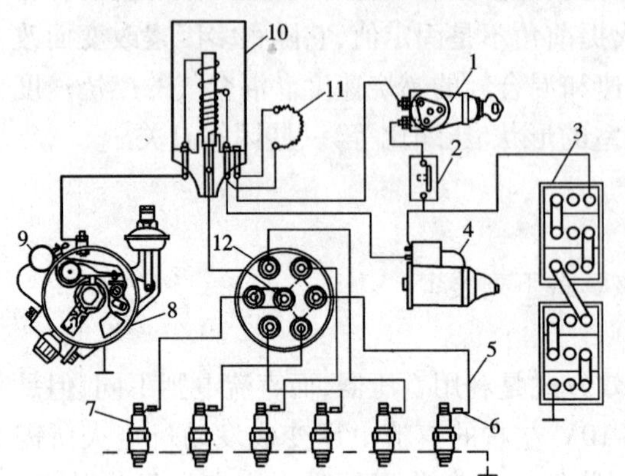

图 4-1　传统点火系统的组成

1-点火开关；2-电流表；3-蓄电池；4-起动机；5-高压导线；6-阻尼电阻；7-火花塞；8-断电器；9-电容器；10-点火线圈；11-附加电阻；12-分电器

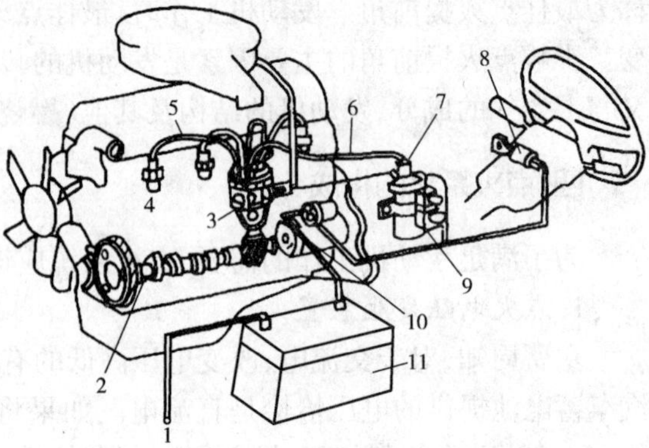

图 4-2　传统点火系统各装置在汽车上的布置

1-搭铁；2-凸轮轴；3-分电器；4-火花塞；5-分缸线；6-中央线；7-点火线圈；8-点火开关；9-附加电阻；10-起动机；11-蓄电池

二、传统点火系统的工作原理

在传统点火系统中，蓄电池或发电机供给 12V 低电压，经点火线圈和断电器转变为高电压，再经分电器分送到各缸火花塞，使火花塞电极间产生电火花。

发动机工作时，断电器轴连同凸轮一起在发动机凸轮轴的驱动下旋转。断电器凸轮转动时，断电器触点交替地闭合和打开，因此传统点火系统的工作原理可对触点闭合，初级电流增大；触点打开，次级绕组产生高压；火花塞电极间火花放电 3 个阶段进行分析。传统点火系统的工作原理如图 4-3 所示。

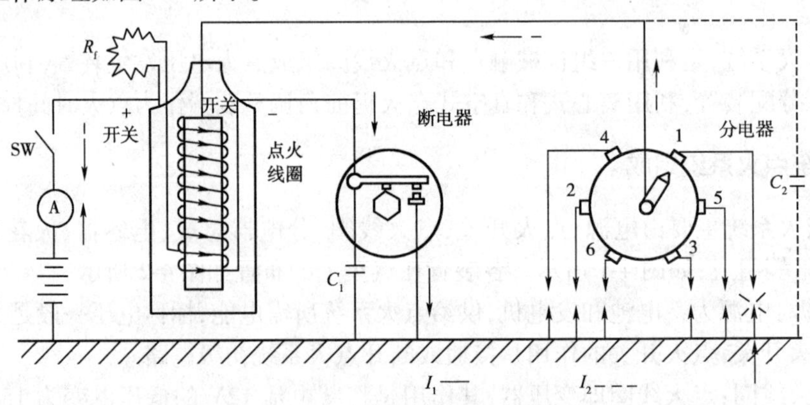

图 4-3　传统点火系统的工作原理

1. 触点闭合，初级电流增大的过程

点火系统的初级电路包括蓄电池、点火开关、附加电阻、点火线圈初级绕组、分电器的断电触点及电容器。当触点闭合时，初级绕组中有电流流过(初级电流 I_1 用实线表示)，电流

从蓄电池正极→点火开关 SW→点火线圈"+开关"接线柱→附加电阻→"开关"接线柱→点火线圈的初级绕组→"-"接线柱→断电器触点→搭铁→蓄电池负极。初级电路等效电路如图 4-4 所示。

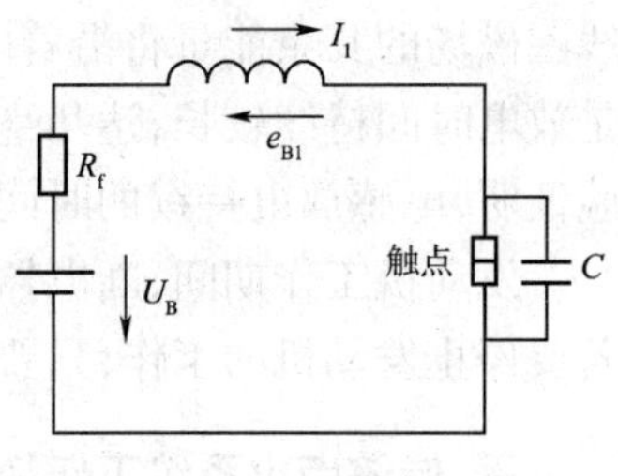

图 4-4　初级电路等效电路

触点闭合时，初级电流由蓄电池附加电阻 R_f 流过点火线圈初级绕组 N_1，初级电流按指数规律增长，并逐渐趋于极限值 U_B/R，初级电流波形如图 4-5a）所示。对汽车上的点火线圈而言，在触点闭合后约 20ms，初级电流就接近于其极限值。

初级电流增长时，不仅在初级绕组中产生自感电动势，还在次级绕组中也会感应出电动势，约为 1.5～2kV，不能击穿火花塞间隙，次级电压波形如图 4-5b）所示。

2. 触点打开，次级绕组产生高压的过程

触点闭合后，初级电流按指数规律增长，当闭合时间为 t_b、I_1 增长到 I_p 时，触点被凸轮顶开，I_p 称为初级断电电流。

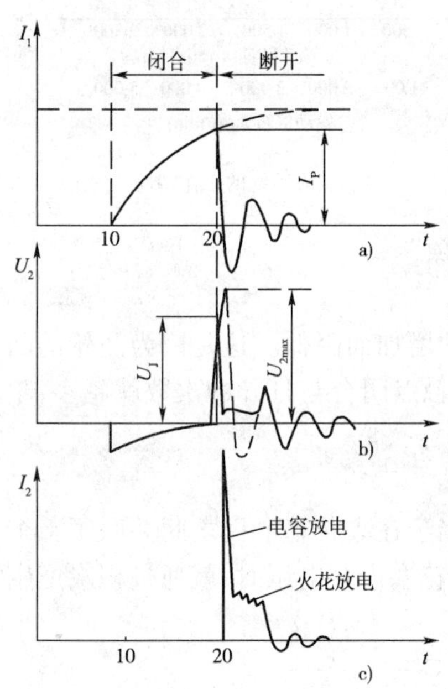

图 4-5　传统点火系统工作过程波形图
a）初级电流波形；b）次级电压波形；c）次级电流波形

触点打开后，初级电流 I_p 迅速降到零，磁通也随之迅速减少，如图 4-5a）所示。此时，在初级绕组和次级绕组中都产生感应电动势，初级绕组匝数少，产生 200～300V 的自感电势，次级绕组由于匝数多，产生高达 15～20kV 的互感电势 U_2，如图 4-5b）所示。

高压电流（I_2 用虚线箭头表示）的回路为：次级绕组→"开关"接线柱→附加电阻→"+开关"接线柱→点火开关→电流表→蓄电池→搭铁→火花塞侧电极、中心电极→分电器（旁电极、分火头）→点火线圈次级绕组。

触点打开后，初级电路由 L、R、C 组成振荡回路，产生衰减振荡。在次级绕组中的感应电动势也发生相应的变化。如果次级电压值不能击穿火花塞间隙，则 U_2 将按图 4-5b）中虚线变化，在几次振荡之后消失。如果 U_2 升到 U_j 时火花塞间隙被击穿，则电压的变化如图 4-5b）实线所示，U_j 称为击穿电压。

在次级绕组中，高压导线和发动机机体之间，次级绕组匝与匝之间，火花塞中心电极与侧电极之间均有一定的电容，称为分布电容，用 C_2 表示。实际上有热损失和磁损失。

3. 火花塞电极间火花放电过程

通常火花塞的击穿电压 U_j 总低于 U_{2max}，在这种情况下，当次级电压 U_2 达到 U_j 时，就使火花间隙击穿而形成火花，这时在次级电路中出现 I_2，次级电流波形如图 4-5c）所示。同时次级电压突然下降，如图 4-5b）所示。火花放电一般由电容放电和电感放电两部分组成。所谓电容放电是指火花间隙被击穿时，储存在 C_2 中的电场能迅速释放的过程，其特点是放电时间极短（1μs 左右），但放电电流很大，可达几十安培；跳火以后，火花间隙的电阻减小，线圈磁场的其余能量将沿着电离的火花间隙缓慢放电，形成电感放电，又称火花尾，其特点是放电时间持续较长，达几毫秒，但放电电流较小，约几十毫安，放电电压较低，约600V。实验证明，电感放电持续的时间越长，点火性能越好。

发动机工作期间，断电器凸轮每转1周（曲轴转两周），各缸按点火顺序轮流点火1次。若要停止发动机的工作，只要断开点火开关，切断初级电路即可。

三、传统点火系统工作特性

传统点火系统的工作特性如图4-6所示。

点火系统供给的点火能量与点火电压高低，直接影响发动机的性能，而影响次级点火电压的因素很多，下面着重论述使用条件对次级点火电压的影响。

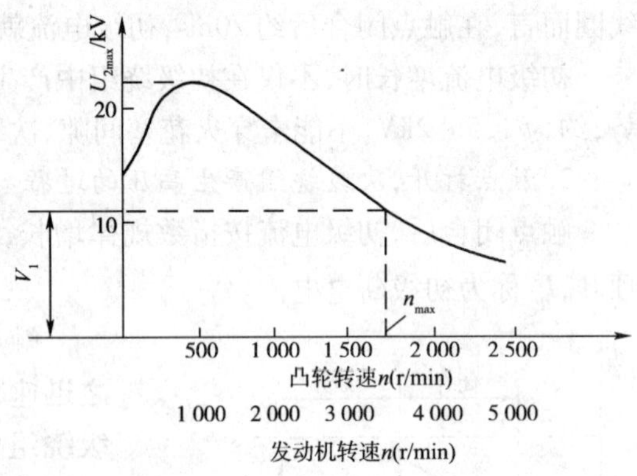

图4-6 传统点火系统的工作特性

1. 发动机转速的影响

次级点火电压随转速升高而降低的现象，是发动机高速时容易断火的原因。如果在图4-6中作一条相当于发动机最不利情况下所需击穿电压的水平虚线，则水平虚线与特性曲线的交点即为发动机的极限转速，超过此转速将不能保证可靠点火，即发生所谓"高速断火现象"。

2. 发动机汽缸数的影响

由前述可知，次级电压的最大值将随发动机汽缸数的增加而降低。这是因为凸轮的凸角数与汽缸数相同，发动机的汽缸数越多，凸轮每转1周触点闭合与打开的次数就越多，于是，触点闭合时间缩短，次级电压最大值U_{2max}下降。

3. 火花塞积炭的影响

如图4-7a）所示，当积炭存在于火花塞绝缘体时，相当于在火花塞电极之间并联了1个电阻R_j，使次级电路闭合，于是在次级电压还未上升到火花塞击穿电压时，就通过积炭产生漏电，使次级电压下降，造成点火困难。

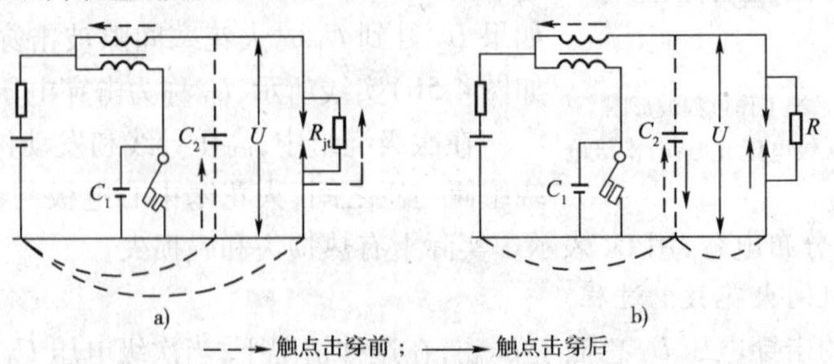

图4-7 火花塞积炭对次级电压的影响

a）积炭的影响；b）吊火

当火花塞由于积炭严重，而不能跳火时，可用"吊火"的方法临时补救。即拔出高压线使它与火花塞间保留3～4mm的附加间隙，如图4-7b）所示，使次级电压上升过程中不发生泄漏，当次级电压上升到一定值后，将火花塞间隙与附加间隙同时击穿，则火花塞便能正常跳火，但这种方法只能应急，不能长期使用，否则会使点火线圈因负担过重而损坏。

4. 触点间隙的影响

在使用中触点间隙大小是否合适，将影响 U_{2max} 值，如图 4-8 所示。

当触点间隙大时，触点闭合角变小，如图 4-8a）所示，使 I_p 减小，U_{2max} 下降。当触点间隙小时，β 角增大，I_p 增大，故 U_{2max} 可以提高。但是如果间隙太小，当触点分开时，会使触点间产生火花加强，从而会降低次级电压。因此，触点间隙应按制造厂规定进行调整。

5. 电容的影响

由前述可知，U_{2max} 随 C_1、C_2 的减小而增高，但实际上当 C_1 过小时，U_{2max} 反而要降低，如图 4-9 所示。

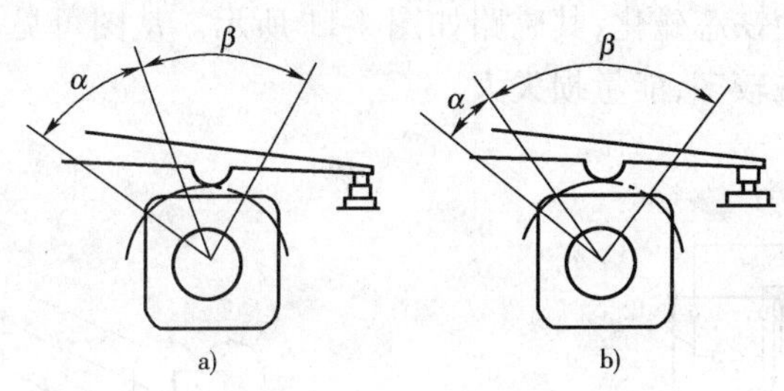

图 4-8　触电间隙对闭合角的影响

a）触点间隙大；b）触点间隙小

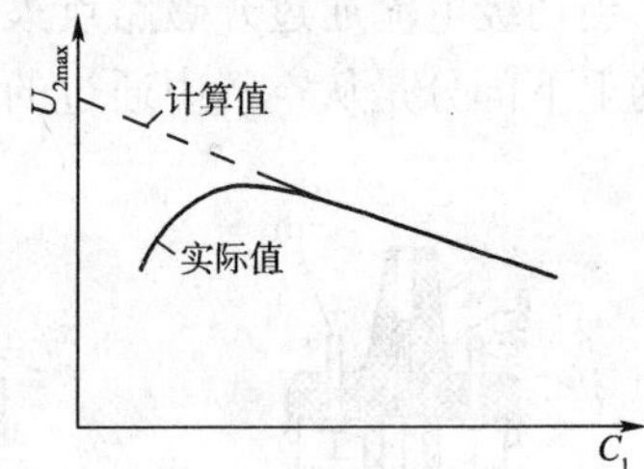

图 4-9　电容的影响

这是因为 C_1 过小时，起不到灭弧作用，触点分开时将产生较强的火花，消耗一部分初级线圈中的磁场能量，从而降低了 U_{2max}。火花严重时，I_1 下降速率减慢，U_{2max} 也要下降，一般 C_1 取 0.15 ~ 0.25μF 为宜。

另外，次级分布电容 C_2 受结构限制，C_2 不可能过小。为了避免无线电干扰，有些汽车在点火装置中会装有屏蔽，此时 C_2 将有所增加。

6. 点火线圈温度的影响

当点火线圈使用中过热时，初级绕组的电阻值会增大（铜有正的温度系数），初级电流会减小，从而使 U_{2max} 降低。

点火线圈过热的原因有：夏季天气炎热，发动机过热，调节器调节电压过高从而使初级电流增大等。

第三节　点火系统主要零件的结构

一、点火线圈

点火线圈是将电源的低压电转变为高压电的基本元件。常用的点火线圈分为开磁路点火线圈和闭磁路点火圈 2 种形式。

1. 开磁路点火线圈

开磁路点火线圈是利用电磁互感原理制成的。其结构主要由硅钢片叠成的铁芯上的初

级线圈和次级线圈、壳体及其外接的附加电阻等组成。开磁路点火线圈有二接线柱式和三接线柱式之分(图4-10)。

三接线柱式点火线圈上装有一附加电阻,接在标有"开关"和"+开关"的两接线柱上。附加电阻又称热敏电阻,用电阻温度系统数较大的低碳钢丝或镍铬丝制成,具有受热时电阻迅速增大,冷却时迅速降低的特性,因此,在发动机工作时,可自动调节初级电流,改善高速时的点火特性。在安装时应将附加电阻的两接线柱接至起动机的辅助开关触点上,在起动时将其短路,以提高起动时的初级电流,使起动容易。

二接线柱式点火线圈无附加电阻,其"-"接线柱接至分电器触点,而"+"接线柱上接有两根导线,其中一根导线接至起动机电磁开关的附加电阻短路接柱上,另一根导线接至点火开关,此根导线就是附加电阻线,阻值约为1.7Ω,相当于三接线柱点火线圈的附加电阻。

当初级电流通过开磁路点火线圈时,使铁芯磁化,其磁路如图4-11所示。从图可见,磁路的上下部分是从空气中通过的,因此漏磁较多,能量损失大。

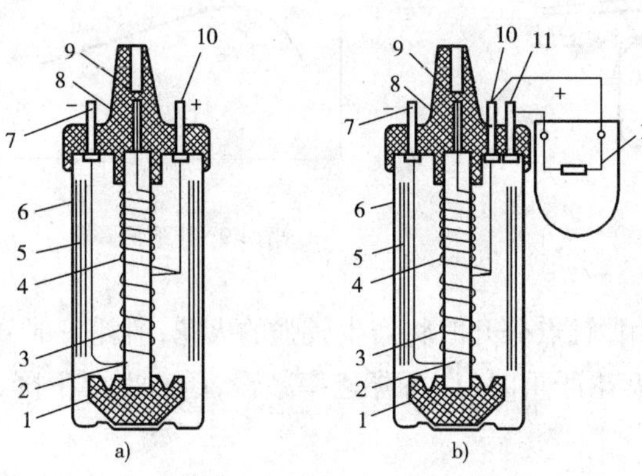

图4-10　开磁路点火线圈

a)二接线柱式;b)三接线柱式

1-瓷杯;2-铁芯;3-初级绕组;4-次级绕组;5-钢片;6-外壳;7-"-"接线柱;8-胶木盖;9-高压线接柱;10-"+"或开关接线柱;11-"+开关"接线柱;12-附加电阻

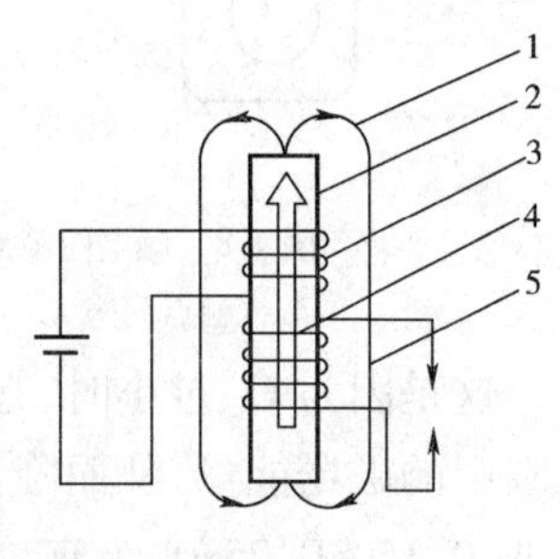

图4-11　开磁路点火线圈

1-磁力线;2-铁芯;3-初级绕组;4-次级绕组;5-导磁钢片

2. 闭磁路点火线圈

闭磁路点火线圈,将初级绕组和次级绕组都绕在口字形或日字形的铁芯上。初级绕组在铁芯中产生的磁通,通过铁芯构成闭合磁路。闭合磁路点火线圈及磁路示意图如图4-12所示。

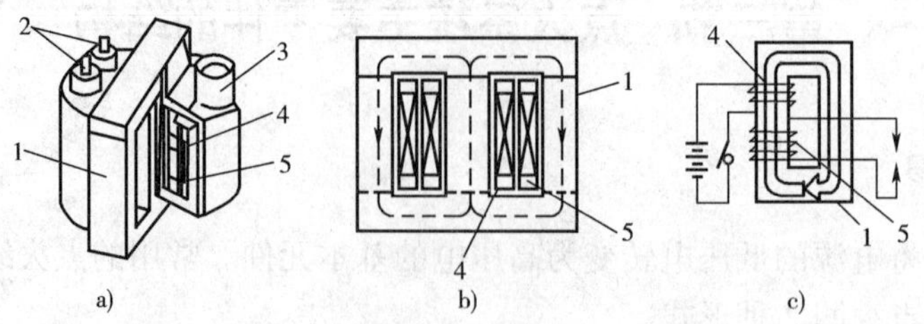

图4-12　闭磁路点火线圈及磁路示意图

a)日字形铁芯的点火线圈;b)日字形铁芯的磁路;c)口字形铁芯的磁路

1-铁芯;2-低压接线柱;3-高压插孔;4-初级绕组;5-次级绕组

闭磁路点火线圈的优点是漏磁少，磁路的磁阻小，因而能量损失小，能量变换率高，可达75%（开磁路式点火线圈只有60%）。并且闭磁路式点火线圈采用热固性树脂作为绝缘填充物，外壳以热熔性塑料注塑成型，其绝缘性、密封性均优于开磁式点火线圈。另外，闭磁路点火线圈体积小，可直接装在分电器盖上，不仅结构紧凑，还省去了点火线圈与分电器之间的高压导线，并可使次级电容减小，故已在电子点火系统中广泛采用。

二、分电器

（一）传统分电器

传统分电器由断电器、配电器、电容器和点火提前调节机构等组成，如图4-13所示。分电器的壳体由铸铁制成，下部压有石墨青铜衬套，分电器轴装在机油泵的顶端，利用速比1∶1的斜齿轮由凸轮轴经机油泵驱动。轴在衬套内旋转，用油杯进行润滑。

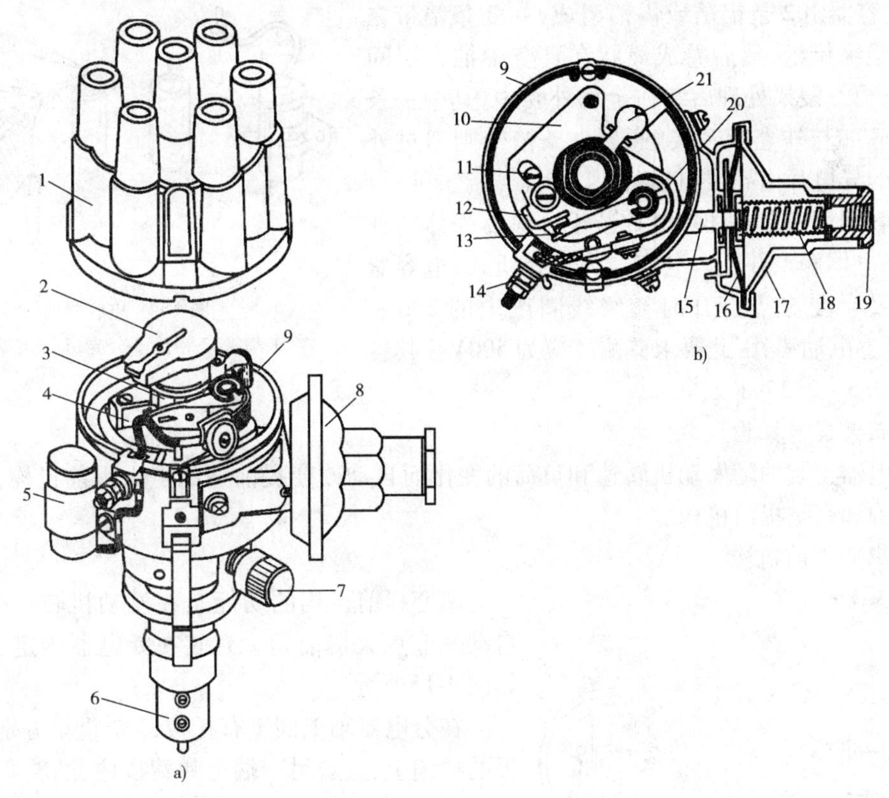

图4-13　分电器原结构

a）整体构造；b）内部构造

1-分电器盖；2-分火头；3-断电器凸轮；4-断电器触点及底板总成；5-电容器；6-轴节；7-油杯；8-真空提前机构；9-分电器壳体；10-活动底板；11-偏心螺钉；12-固定触点与支架；13-活动触点臂；14-接线柱；15-拉杆；16-膜片；17-真空提前机构外壳；18-弹簧；19-螺母；20-活动触点臂弹簧片；21-油毡及夹圈

1. 断电器

断电器装在固定板上，固定板上又装有活动板，其上装有触点副。触点由钨合金制成，一触点固定，另一触点活动。固定触点搭铁，它固定在活动板上，可借助转动偏心螺钉调整触点间隙。活动触点固定在触点臂的一端，触点臂的另一端有孔，套在销钉上。触点臂中部连有夹布胶木顶块，靠弹簧片压紧在凸轮上。触点臂经弹簧片和导线与壳体外面的绝缘接线柱连接。凸轮的凸角数和发动机的汽缸数相同，凸轮与拨板制成一体，装在分电器轴上，经离心提前机构的离心重块由分电器轴驱动。

2. 分电器

分电器的作用是将高压电按发动机各汽缸的点火顺序配送给火花塞。由分电器盖、分火头和高压线组成。分火头插装在凸轮的顶端，和凸轮一起转动。分电器盖上有与发动机汽缸数相等的旁电极，分火头的顶端铆有铜质导电片，其导电片端部与旁电极有0.2～0.8mm的间隙。当断电器触点打开时，高压电自导电片跳至与其相对的旁电极，再经高压分线送至火花塞。

3. 电容器

电容器由2条铝箔或锡箔组成，在2条箔带之间夹以绝缘蜡纸，然后卷成筒状在真空中抽去层间的空气，再经浸蜡处理后装在金属外壳中，其中一条箔带的底部与外壳紧密接触，另一条箔带则通过外壳绝缘的导电片由导线引出(图4-14)。

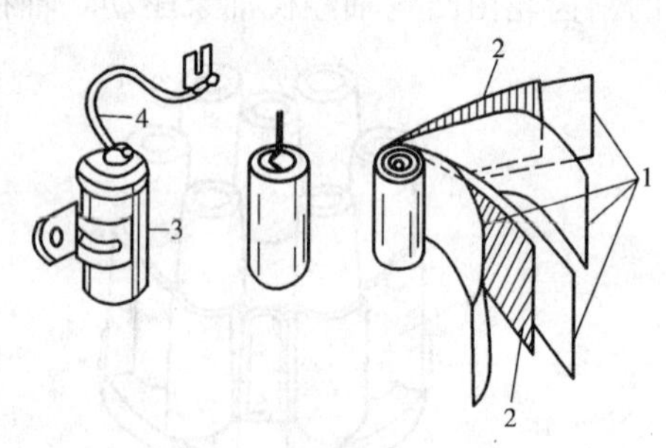

图4-14　电容器

1-蜡纸;2-铝箔;3-外壳;4-引出线

电容器用固定夹和螺钉拧装于分电器壳体的外面，与断电器触点并联。电容器为纸介质式，电容器工作时要承受触点打开时初级线圈产生的200～300V自感电动势，因此要求其耐压应为500V。其容量应在0.5～0.25μF之间。

4. 点火提前机构

分电器上装的随发动机转速和负荷的变化而自动改变提前角的点火提前机构，有离心提前机构和真空提前机构。

1)离心提前机构

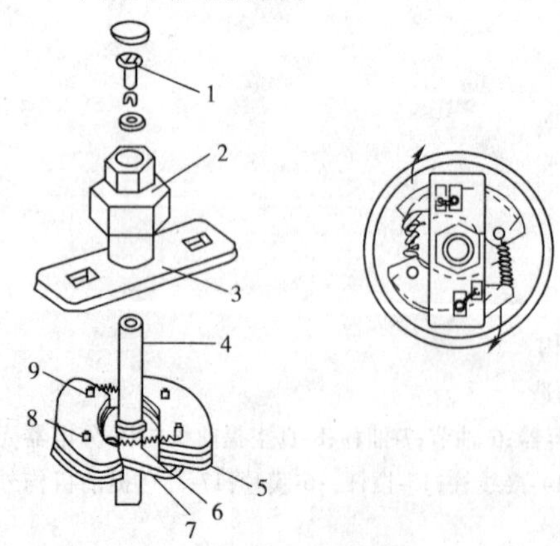

图4-15　离心提前机构

1-凸轮固定螺钉及垫圈;2-凸轮;3-拨板;4-分电器轴;5-离心重块;6-弹簧;7-托板;8-销钉;9-柱销

离心提前机构的功能是在发动机转速变化时，自动调节点火提前角。它装在断电器固定板下面，如图4-15所示。

在分电器轴上固定有托板，2个重块分别套在托板的柱销上，重块另一端由弹簧拉住，凸轮和拨板为一体套在分电器的上端，而拨板的孔则插在离心块的销钉上。发动机转速增高时，在离心力的作用下重块克服弹簧的拉力向外甩开，销钉推动拨板及凸轮沿原来旋转方向相对于轴转过一个角度，使凸轮提前顶开触点，点火提前角增大。转速降低时弹簧将重块拉回，使提前角自动减小。

两个重块的弹簧由不同粗细的钢丝绕成，弹力不同。低速范围内只有细弹簧起作用，点火提前角增大得较快；而在高速范围内，由于两根弹簧同时工作，因而点火提前角增大比较平稳，使之更符合发动机的要求。

2）真空提前机构

真空提前机构安装在分电器壳体的外侧，内部构造如图4-16所示。当发动机负荷小时，节气门开度小，小孔处真空较大，吸动膜片，拉杆推动活动板带着触点副逆凸轮旋转方向转动一定角度，使点火提前角增大。节气门开度大时（负荷增大），小孔处真空度降低，膜片在弹簧力作用下，使点火提前角自动减小。怠速时，节气门接近全闭，小孔处于节气门上方，真空度几乎为零，使点火提前角很小或基本不提前。

图4-16 真空提前机构工作原理

1-分电器壳体；2-活动底板；3-触点副；4-拉杆；5-膜片；6-弹簧；7-真空连接管；8-节气门；9-凸轮

（二）无触点分电器

无触点分电器主要由信号发生器、分电器和点火提前调节装置组成。分电器和点火提前调节装置与传统分电器类似；信号发生器有霍尔式、磁脉冲式、光电式、电磁振荡式等。

霍尔式点火信号发生器如图4-17所示，主要由与分火头制成一体的触发叶轮1、霍尔集成电路2、带导磁板的永久磁铁3、触发开关4等组成。

磁脉冲式点火信号发生器的结构如图4-18所示，主要由转子、定子、传感线圈、塑性永磁片、导磁板等组成。

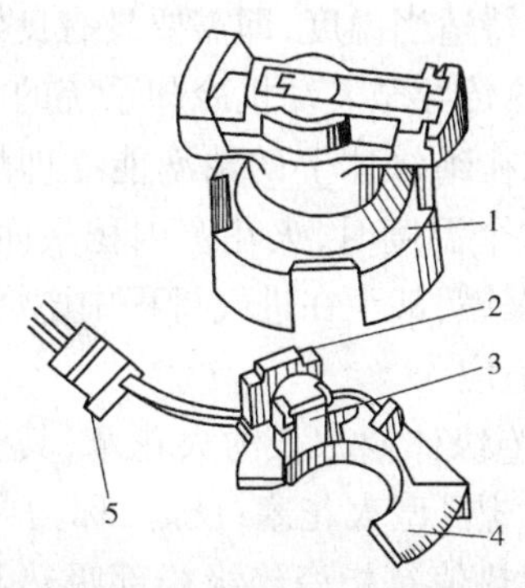

图4-17 霍尔式点火信号发生器

1-触发叶轮；2-霍尔集成电路；3-带磁板的永久磁铁；4-触发开关；5-插接器

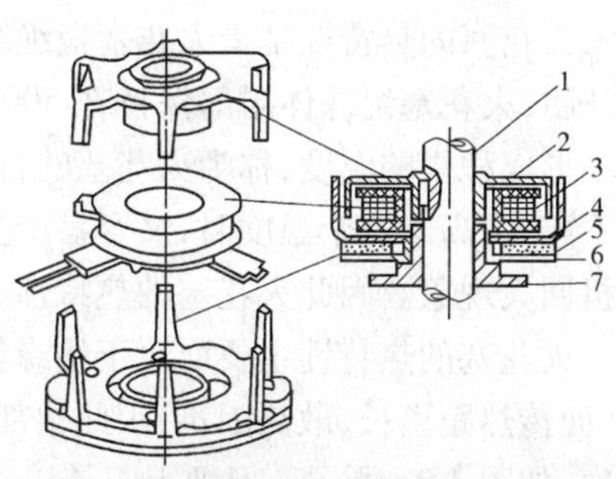

图4-18 磁脉冲式点火信号发生器

1-转子轴；2-信号转子；3-传感线圈；4-定子；5-塑性永磁片；6-导磁板等组成；7-底板

光电式点火信号发生器的结构如图 4-19，主要由光源、光接收器、遮光盘等组成。

三、火花塞

火花塞的作用是将点火线圈产生的脉冲高压电引入燃烧室，并在其两个电极之间产生电火花，以点燃可燃混合气。火花塞的结构如图 4-20 所示。在钢质壳体的内部固定有高氧化铝陶瓷绝缘体。在绝缘体中心孔的上部有金属杆，杆的上端有接线螺母，用来接高压导线，下部装有中心电极。金属杆与中心电极之间用导体玻璃密封，铜制内垫圈起密封和导热作用。壳体的上部有便于拆装的六角平面，下部有螺纹以便旋装在发动机汽缸盖内，壳体下端固定有弯曲的侧电极。

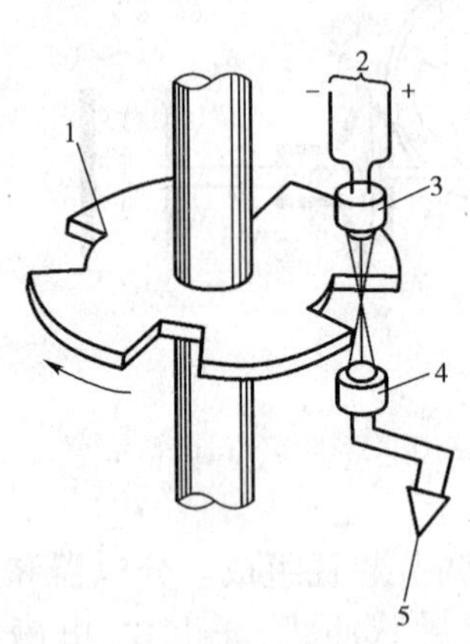

图 4-19　光电式点火信号发生器

1-遮光盘；2-电源；3-光源；4-光接收器；5-输出信号

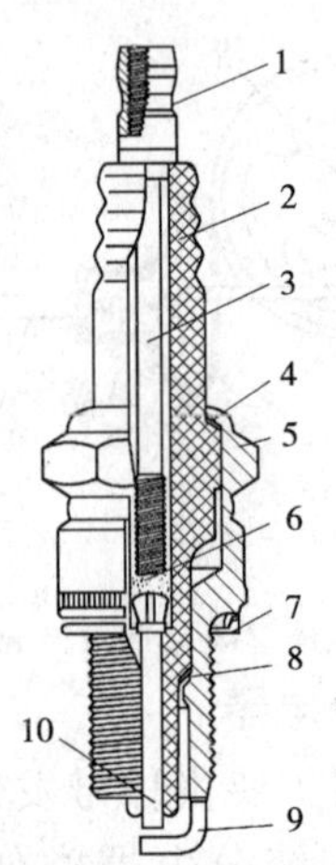

图 4-20　火花塞的结构

1-接线螺母；2-绝缘体；3-金属杆；4、8-内垫圈；5-壳体；6-导体玻璃；7-多层密封圈；9-侧电极；10-中心电极

电极用镍锰合金制成，具有良好的耐高温、耐腐蚀性能。为了提高耐热性能，也有采用镍包铜材料的。

火花塞的电极间隙多为 0.6～0.7mm，但当采用电子点火时，间隙可增大至 1.0～1.2mm。

要使火花塞在发动机内工作良好，必须使火花塞保持适当温度，即需要具有良好的热特性。火花塞的热特性是指火花塞瓷绝缘管的炽热端将热传导至发动机冷却系统的能力。研究证明，火花塞绝缘体裙部保持在 500℃～600℃时，落在绝缘体上的油滴能立即烧掉。这个不形成积炭的温度，称为火花塞的自净温度。低于这个温度时，火花塞因积炭而漏电，导致不点火；高于这个温度时，又容易产生炽热点火引起爆燃，甚至在进气行程中燃烧，产生发动机回火现象。因此火花塞的热特性必须与发动机相适应。

火花塞的热特性主要取决于绝缘体裙部的长度。绝缘体裙部长的火花塞，其受热面积大，而传热距离长，散热困难，因此裙部的温度高，称为“热”型火花塞；反之，称为“冷”型火花塞，如图 4-21 所示。习惯上都是以热值来定型，所谓热值是指瓷绝缘裙部吸热与散热的平衡性能。这样就可将火花塞分为低热值（即热型）、中热值（即普通型）、高热值（即冷型）3 种火花塞。与此对应，将火花塞下部瓷绝缘体裙部长度为 16～20mm 的为热型，长度在 11～14mm 的为普通型，长度小于 8mm 的为冷型。

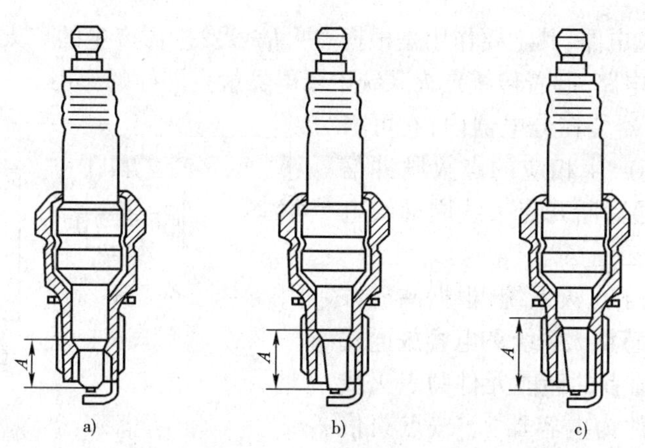

图 4-21 火花塞的型式

a)冷型;b)普通型;c)热型

第四节 电子点火系统

一、传统点火系统的缺陷

传统式点火系统在汽车上虽已历史悠久,结构也已定型,但却存在着以下几个根本性缺点。

1. 触点容易烧蚀

传统式点火系统中,其初级电流是由触点接通和切断的,当触点打开瞬间,触点间易形成火花,将触点烧蚀。又因触点反复开闭,触点臂顶块与凸轮长期摩擦而磨损,造成触点间隙变化,点火正时不稳定,而影响点火系的正常工作。为此必须经常打磨触点并调整触点间隙,给使用带来很大不便。

2. 火花能量的提高受到限制

由于初级电流受触点允许电流强度的限制(一般不大于 5A),因此火花能量的提高就受到了限制。

3. 高速时次级电压降低

发动机高速时,由于触点闭合时间缩短,初级电流不能达到较大的数值,因此次级电压随转速的升高而显著下降、不能保证高速、高压缩比、多缸发动机的可靠点火。

4. 对火花塞积炭和污染敏感

传统式点火系统中次级电压上升速率低(一般 120μs),故对火花塞的积炭和污染很敏感,当火花塞稍有积炭时,次级电压就会显著下降,甚至断火。

二、电子点火系统的基本组成和类型

电子点火系统又称为半导体点火系统或晶体管点火系统,它主要由点火电子组件、分电器及位于分电器内的点火信号发生器、点火线圈、火花塞等组成,如图 4-22 所示。

点火电子组件也称电子点火器(简称点火器),它是由半导体元器件(如三极管、可控硅

等）组成的电子开关电路，其主要作用是根据点火信号发生器产生的点火脉冲信号，接通和断开点火线圈初级电路，起着传统点火系统中断电器触点同样的作用。

点火信号发生器装在分电器内，它可根据各缸的点火时刻产生相应的点火脉冲信号，控制点火器接通和断开点火线圈初级电路的具体时刻。

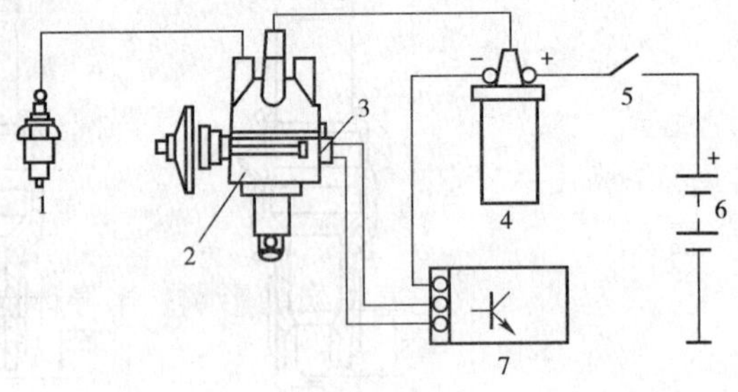

图4-22　电子点火系统的基本组成

1-火花塞；2-分电器；3-点火信号发生器；4-点火线圈；5-点火开关；6-蓄电池；7-点火电子组件

目前使用的电子点火系统，根据储能方式的不同可分为电感点火系统和电容放电式点火系统2大类（前者的储能元件为点火线圈，后者的储能元件为电容器）。按点火信号的产生方式，两者又各有触点式和无触点式之分。

1. 触点式电子点火系统

触点式电子点火系统也称半导体辅助点火系统或半晶体管点火系统，其点火信号仍由分电器内的凸轮和断电器触点所产生，但通过触点的电流仅作为点火器的控制信号，其值很小，故可避免烧触点的现象，并且结构简单、成本低，但仍有传统点火系统的某些缺陷，如高速时触点臂可能发生跳动而影响点火，并且由于顶块、凸轮的磨损，点火正时尚需经常调节等。

2. 无触点电子点火系统

无触点电子点火系统也称全晶体管点火系统，其特点是利用各种无触点点火信号发生器来代替上述断电器触点产生点火信号，控制点火器的工作，因此，与触点有关的各种故障和保修作业均不复存在。它是目前使用最广泛的电子点火系统。

无触点电子点火系统中，按点火信号发生器产生点火信号的原理不同，可分为以下4种型式：

（1）磁感应式（磁脉冲式）；

（2）霍尔效应式；

（3）光电式；

（4）电磁振荡式。

其中，磁感应式无触点电子点火装置由于其结构简单，性能可靠稳定，已在国外普遍使用；霍尔效应式性能优于磁感应式，在西欧车（如大众公司的奥迪、桑塔纳等）和部分美国车上应用较多；光电式和电磁振荡式则应用相对较少。

三、电子点火系统的优点

半导体点火装置与传统点火装置相比，它的基本功能并没有什么变化，但从改善电火花的点火性能，提高点火时间的控制精度及可靠性等方面来看，具有许多明显的优点。

（1）因为无机械触点或初级电流不经过触点，所以不存在触点氧化、烧蚀、变形、磨损等问题，使用中几乎不需要维修和经常换件。

（2）用晶体管取代电器触点或初级电流不经过触点。这样可以增大初级断电电流值，减少点火线圈初级绕组匝数，减小初级电路的电阻，从而提高次级电压，有效地改善和保证点火性能。一般传统点火系统初级电流不超过5A，而晶体管点火装置可提高到7～8A，次级电压可达30kV。

(3)电磁能量得到充分利用，高电压形成迅速，火花能量大。由于无断电器触点或触点电流很小，根本不会因产生火花而消耗部分电磁能量，所以高压形成很快，使火花能量增大，提高了点火可靠性。传统点火系统高压电的形成时间需120～200μs，而半导体点火系统则只需80～100μs。

(4)减小了火花塞积炭的影响。半导体点火装置在火花塞积炭阻值达100kΩ的严重情况下，仍能维持可靠的点火特性。

(5)点火时间精确，混合气能得到完全燃烧，可以在稀混合气工况下正常点火，从而保证了发动机在降低油耗的基础上，减少废气污染，获得最好的动力性。

(6)能适应现代高速高压缩比发动机的发展需求，有利于汽车的高速化。

(7)对无线电干扰小，结构简单，重量轻，体积小，维修简便。

第五节 磁感应式无触点电子点火系统

一、磁感应式电子点火系统

解放CA1092、东风EQ1092、北京BJ2020等汽车以及早期生产的部分轿车，都装配了磁感应式电子点火系统。它主要由磁感应式分电器、点火控制器、高能点火线圈和火花塞等组成，其原理图如图4-23所示。

磁感应式分电器主要由磁感应传感器、点火提前调节装置、分电器等组成。磁感应传感器由转子、定子、永久磁铁、传感线圈等组成。当发动机工作时，分电器通过转子、定子，使传感线圈内的磁通发生变化，产生电压信号，供给点火控制器。其突出优点是结构简单，不需外加电源。

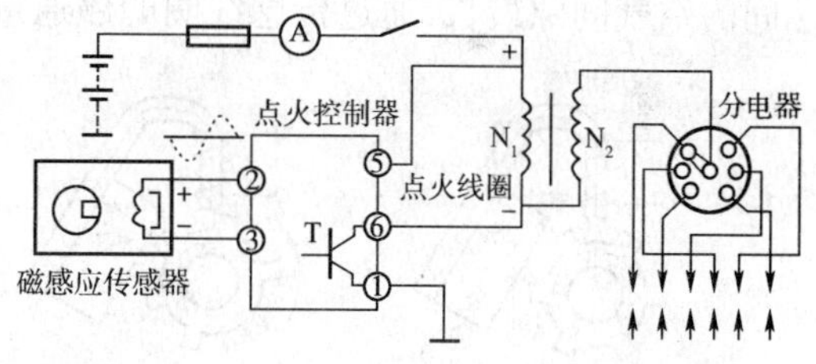

图4-23 磁感应式电子点火系统原理图

点火控制器又称电子点火控制器、电子点火组件或点火器，主要由点火专用的集成电路和一些辅助电子元件组成。它的主要作用是根据磁感应传感器输出的电压信号，控制点火线圈初级绕组电路的导通与截止，使点火线圈产生高压电。此外，点火控制器还有恒流控制、闭合角控制、停车断电控制、过压保护等功能。

日本丰田MS75系列汽车上装用的磁感应式无触点电子点火系统的原理电路图如图4-24所示。该分电器中仍保留传统的分电器、离心提前机构和真空提前机构。

二、磁感应信号发生器的组成

磁感应信号发生器用来产生点火控制信号，装在分电器内的底板上，如图4-25所示，它由装在分电器轴上的信号转子以及永久磁铁、铁芯和绕在铁芯上的传感线圈等组成。信号转子由分电器轴驱动，转子上的凸齿数与发动机汽缸数相等。

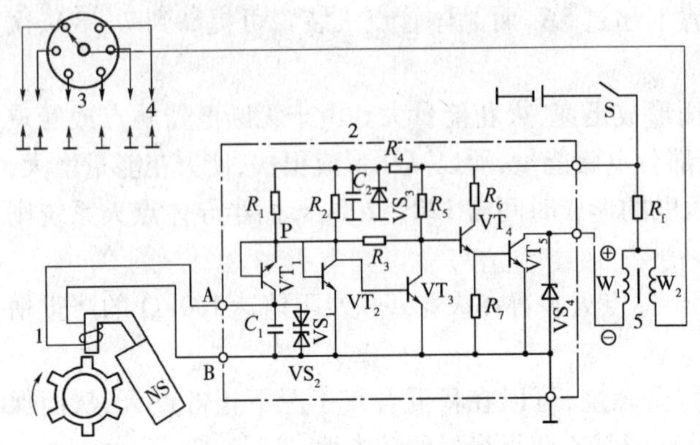

图 4-24　磁感应式无触点电子点火系统原理电路图

1-点火信号发生器；2-点火器；3-分电器；4-火花塞；5-点火线圈

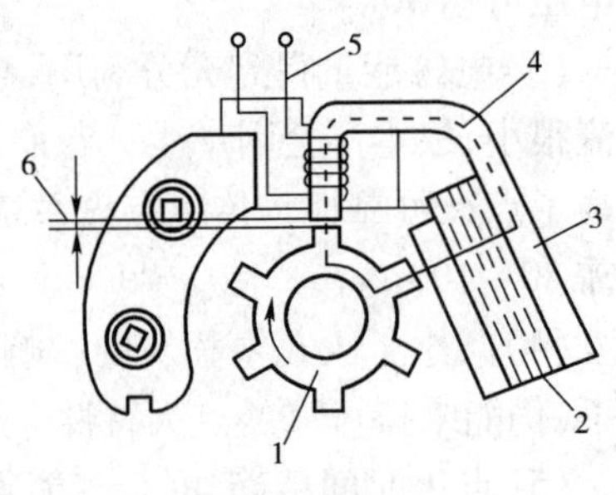

图 4-25　磁感应信号发生器的基本结构

1-信号转子；2-永久磁铁；3-铁芯；4-磁通；5-传感线圈；6-空气隙

磁感应点火信号发生器是利用电磁感应原理工作的，当通过传感线圈的磁通发生变化时，在传感线圈内便产生交变电动势，它相当于一个极小的发电机。其永久磁铁的磁路是：永久磁铁 N 极→空气隙→信号转子→空气间隙→铁芯（通过传感线圈）→永久磁铁 S 极。当发动机未转动时，信号转子不动，通过传感线圈的磁通未发生变化，传感线圈不产生电动势，因而无信号输出。当发动机转动时，信号转子便被分电器轴带动旋转，这时信号转子的凸齿与铁芯间的空气间隙将发生变化，使通过传感线圈的磁通发生变化，因此在传感线圈中便产生感应电动势。信号发生器的具体工作过程如下：

当信号转子的两个凸齿中央正对铁芯的中心线时，如图 4-26a）所示，磁路中凸齿与铁芯间的空气间隙最长，通过传感线圈的磁通量最小，且磁通变化率为零。

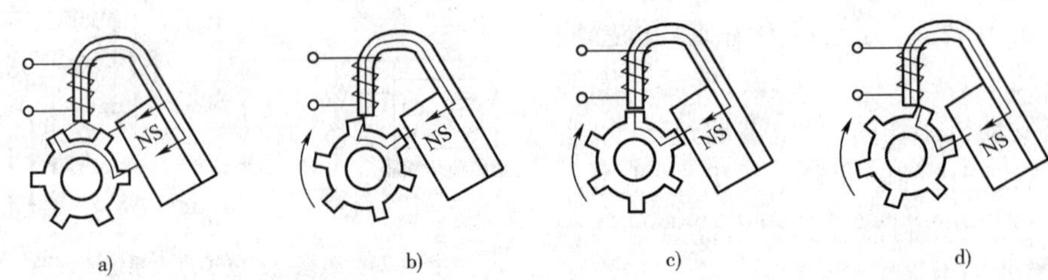

图 4-26　磁感应信号发生器工作原理

如果信号转子顺时针转动，信号转子的凸齿逐渐接近铁芯，凸齿与铁芯间的空气间隙越来越小，通过传感线圈的磁通逐渐增大。当信号转子凸齿的齿角与铁芯边线相对时，如图 4-26b）所示，通过传感线圈的磁通急剧增加，磁通变化率最大；当信号转子继续转动时，虽然磁通仍在增加，但磁通变化率降低；当信号转子凸齿的中心正对铁芯的中心线时，如图 4-26c）所示，空气间隙最小，通过传感线圈的磁通最大，但此时磁通变化率为零。

当信号转子继续顺时针转动时，凸齿与铁芯间的空气间隙逐渐增大，通过传感线圈的磁通逐渐减小；当信号转子凸齿的齿角正对铁芯的边缘时，如图 4-26d）所示，磁通急剧的减小，通过传感线圈的磁通变化率为负向最大值。

由上述分析可知，信号转子转动过程中，通过传感线圈的磁通的变化情况如图 4-27a）

所示，图中 a、b、c、d 各点与图 4-26 工作过程中的 a）、b）、c）、d）位置相对应。当信号转子转一周时，通过传感线圈的磁通出现 6 次最大值和 6 次最小值。

由于传感线圈感应电动势的大小与线圈磁通变化率成正比，因而当图 4-27a）中 a、c 点磁通变化率为零时，其感应电动势也为零。图中 b、d 点磁通变化率为最大时，其感应电动势也为最大，所不同的是 b 点的磁通为增加，d 点的磁通为减小，致使两点产生的感应电动势极性相反，如图 4-27b）所示。可见信号转子转动时，传感器线圈两端产生的信号是交变电动势。信号转子转一周，产生 6 个交变信号，该交变信号输入到点火器，以控制点火系统工作。

当发动机转速变化时，传感线圈中的磁通变化率也跟着变化。转速越高、磁通变化率越大，感应电动势也越高。不同转速时，传感线圈内的磁通及感应电动势的变化情况如图 4-28 所示。

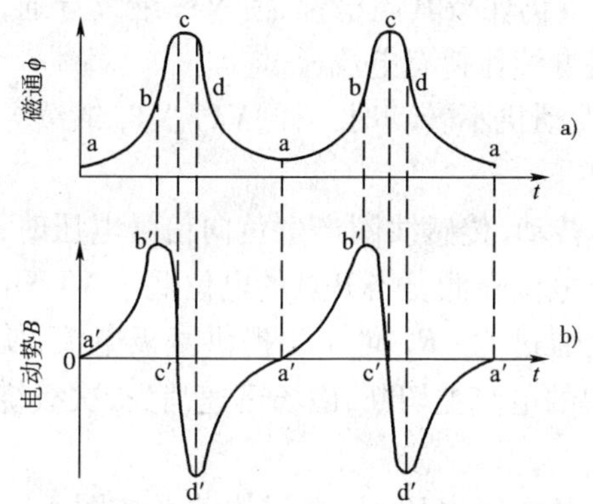

图 4-27 通过传感线圈的磁通及感应电动势

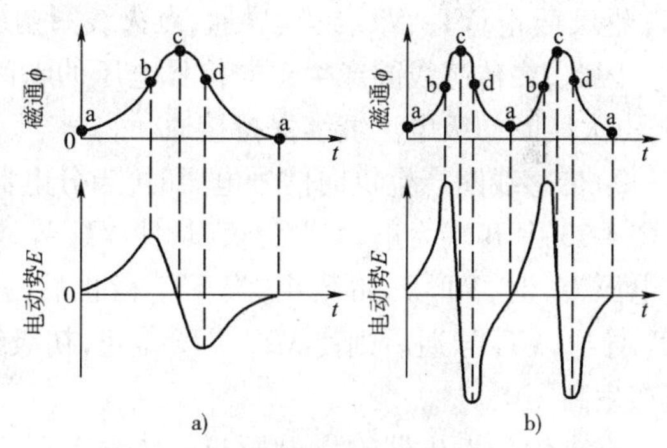

图 4-28 不同转速时传感线圈内磁通及感应电动势关系

a）低转速；b）高转速

由于信号转子的凸齿和铁芯之间的空气间隙，直接影响到磁路的磁阻和传感线圈输出信号电压的高低，因而使用中空气间隙的大小不能随意变动。如间隙变化，应进行正确调整。

磁感应信号发生器结构较简单，便于批量生产，耐高温，适用各种环境下工作，20 世纪 90 年代以前被广泛采用。其缺点是低速时信号较弱，不能完全反映触点信号，影响控制精度，20 世纪 90 年代后较少用于电子点火系统。

三、磁感应式无触点电子点火系统的基本电路及工作原理（图 4-24）

点火器组装在一个小盒内，用来对点火系统的工作进行控制。点火器中有 5 个晶体管，VT_1 是 NPN 型晶体管，由于其发射极与基极相连接，故相当于一个二极管（如图 4-29），只有当图中 P 点电位高于 A 点电位（晶体管 VT_1 的基极电位高于集电极电位）时，VT_1 才导通，VT_1 主要起温度补偿作用。VT_2 为触发管，起信号检测作用。VT_3、VT_4 起放大作用，将 VT_2 的输出进行放大以驱动 VT_5。VT_5 为大功率管，串联在点火线圈的初级电路中，控制初级电路的通断。

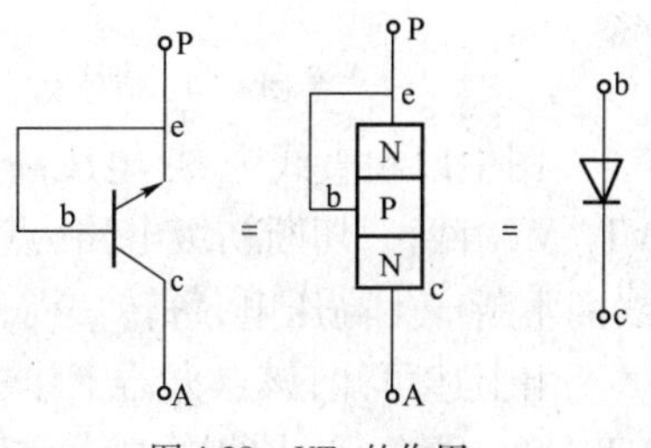

图 4-29 VT_1 的作用

工作原理如下：

1）发动机未转动时，信号发生器传感线圈输出电压为零。当接通点火开关 S 后，在蓄电池直流电压的作用下，VT_1 处于正向电压作用而导通，蓄电池电流经 R_4、R_1、VT_1、传感线圈构成回路。此时，在蓄电池直流电压作用下，P 点电位高于晶体管 VT_2 的开启电压 U_{b_e}，晶体管 VT_2 处于导通状态，VT_2 导通后，其集电极电位降低，使晶体管 VT_3 处于截止状态。VT_3 截止时，蓄电池通过只，向晶体管 VT_4 提供基极电流，使 VT_4 导通，VT_4 导通时，R_7 上的电压降给大功率管 VT_5 提供正向电压，使 VT_5 导通，接通初级电路，其电路是：蓄电池"+"－点火开关－附加电阻 R_f－点火线圈初级绕组－VT_5－搭铁一蓄电池"－"，此时初级绕组中有电流流过，在线圈中形成磁场。

2）传感线圈产生正向信号电压时，起动发动机，分电器开始转动，信号发生器的传感线圈开始产生交变电动势信号。当传感线圈产生正向电压时，即图 4-23 中 A 端为正、B 端（搭铁端）为负时，VT_1 处于反向电压作用而截止，此时 P 点仍保持其高电位，使 VT_2 继续导通，VT_3 继续截止，VT_4、VT_5 继续导通，点火线圈初级绕组继续保持有电流通过。

因此，在传感线圈产生正向信号电压的瞬间，与发动机不转动时一样，VT_2、VT_5 继续导通，点火线圈初级电流继续保持接通。

3）传感线圈产生负向信号电压时，当分电器继续转动，传感线圈产生负向信号电压时，即图 4-23 中 B 端为正、A 端为负时，使 VT_1 导通，P 点电位降低。当 P 点的电位低于 VT_2 开启电压 U_{b_e}时，VT_2 开始截止，当 VT_2 截止后，蓄电池通过 R_4、R_2 向 VT_3 提供基极电流，使 VT_3 导通，VT_3 导通后则使 VT_4、VT_5 截止，初级绕组中的电流被切断，磁场迅速消失，次级绕组产生高压电。

点火信号发生器输出电压与晶体管 VT_2、VT_5 以及次级电压 U_2 之间的关系如图 4-30 所示。

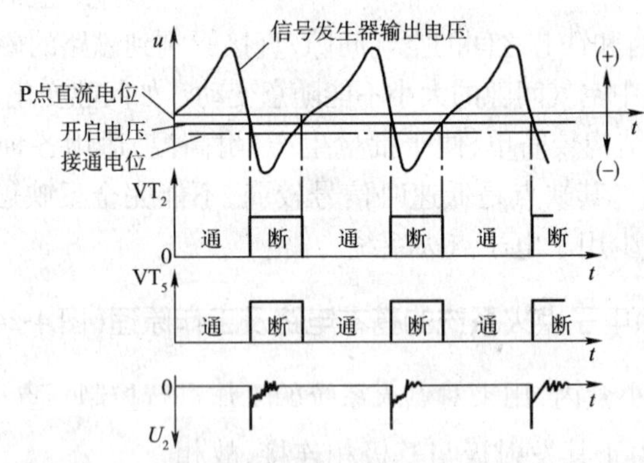

图 4-30　信号发生器输出电压与 VT_2、VT_5 以及次级电压 U_2 之间的关系

图中以粗直线为界，电压高于粗直线，VT_2、VT_5 导通，接通初级电路；电压低于粗直线，VT_2、VT_5 截止，切断初级电路，点火线圈产生高压电。发动机不断转动，重复上述过程，点火线圈不断产生高压电，每转一周，各缸轮流点火一次。

由上述可知，该点火器工作中，只要点火开关处于接通状态，尽管发动机还未转动，由于 VT_2、VT_5 导通，点火线圈中就有初级电流，因此停车时，不要忘记关闭点火开关。这一点也是该点火器需要改进的地方。

4)其他元件的作用

①VT_1 管的作用,VT_1 起温度补偿作用,使 VT_2 的导通与截止时间不受温度影响。其补偿原理是:高温时,VT_1 的导通电压 U_{b_e} 降低,VT_2 较常温时提前导通、截止滞后,从而使点火时间推迟,且温度越高,延迟时间越长。而当采用温度特性相同的 VT_1 与 VT_2 并联后,温度升高时,VT_1 的基极与集电极时(相当于二极管)的正向电压降也下降,使 P 点电位降低,正好补偿了 VT_2 在温度升高时导通电压 U_b 降低的影响,使 VT 的导通和截止时间与常温时相同。

②稳压管的作用。VS_1、VS_2 两个稳压管反向串联后,与点火信号发生器的传感线圈并联,其作用是高转速传感线圈产生的信号电压高于稳压管的反向击穿电压时,稳压管立即导通,将传感线圈输出的正向和负向信号电压波峰全部削平,使其稳定在某一数值,保护 VT_1 和 VT_2 不受损害。VS_3 与 R_4 组成稳压电路,其作用是保证 VT_1 和 VT_2 在稳定的电源电压下工作。因为电源电压升高时,会使 P 点电位升高,造成 VT_2 通导时间增长,点火时间延迟。VS_4 的作用是保护 VT_5 管,当 VT_5 截止时,VS_4 可将初级绕组的自感电动势限制在某一值内,保护 VT_5 不被击穿。

③电容器的作用。C_1 的作用是消除点火信号放生器传感线圈输出电压波形上的毛刺,使电压平滑稳定,防止误点火,使点火时间准确无误。C_2 与 R_4 组成电容吸收电路,其作用是吸收瞬时过电压,防止误点火。

④电阻 R_3 的作用,R_3 为正反馈电阻,加速 VT_2(也是 VT_5)翻转。

第六节 霍尔式电子点火系统

在我国生产的桑塔纳、红旗、捷达等轿车及一些进口汽车上广泛采用霍尔式电子点火系统。它主要由霍尔式分电器、点火控制器、高能点火线圈、火花塞等组成。霍尔式电子点火系统电路图如图 4-31 所示。

霍尔式分电器主要由霍尔传感器、点火提前调节装置、分电器等组成。霍尔传感器由触发叶轮、霍尔集成电路、导磁钢片、永久磁铁等组成。发动机工作时,分电器通过触发叶轮使霍尔集成电路的磁通发生变化,产生电压信号,供给点火控制器。与磁感应传感器不同的是,霍尔传感器需要一个输入电压。

桑塔纳轿车装用的霍尔式电子点火系统的组成及电路连接图如图 4-32 所示,该点火装置仍采用传统的离心与真空点火提前机构。

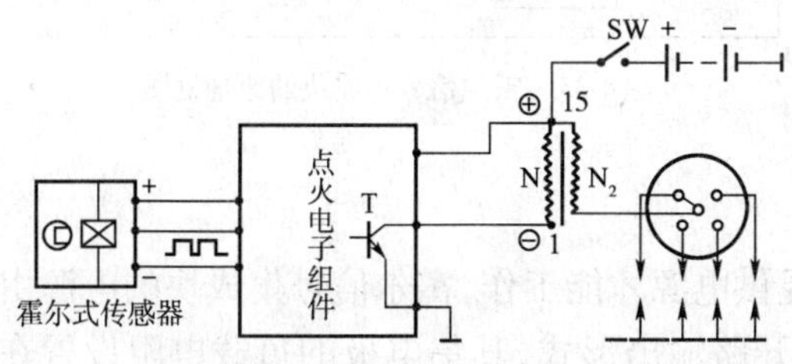

图 4-31 霍尔式电子点火系统电路图

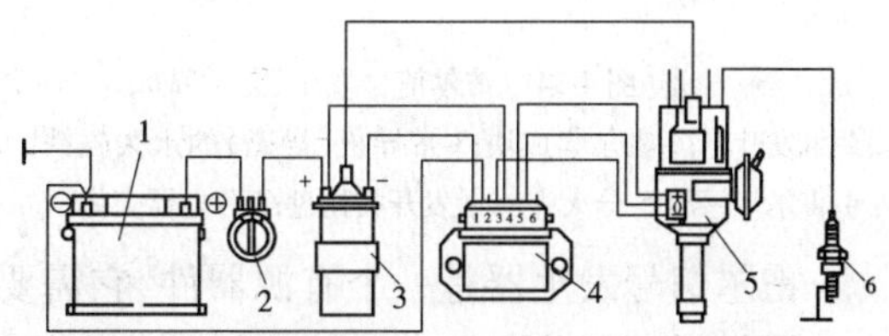

图 4-32 桑塔纳轿车装用的霍尔式电子点火系统

1-蓄电池;2-点火开关;3-点火线圈;4-点火器;5-霍尔信号发生器的分电器;6-火花塞

一、霍尔信号发生器的工作原理和基本结构

1. 霍尔效应

霍尔效应的原理如图4-33所示。当电流通过放在磁场中的半导体基片(称霍尔元件),电流方向和磁场方向垂直时,在垂直于电流和磁通的半导体基片的横向侧面上即产生一个电压,这个电压称为霍尔电压 U_H。霍尔电压 U_H 的高低与通过的电流 I 和磁感应强度 B 成正比。

因此,通过的电流 I 为一定值时,霍尔电压 U_H 则与磁感应强度 B 成正比,即霍尔电压随磁感应强度的大小而变化,而与磁通的变化速率无关。

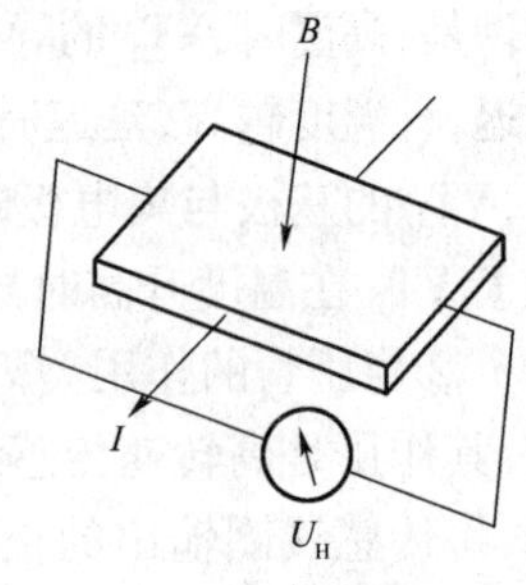

图4-33 霍尔效应原理

2. 霍尔信号发生器的基本结构

霍尔信号发生器是根据霍尔效应原理制成的,它装在分电器内。霍尔信号发生器的示意图和基本结构如图4-34所示,它由触发叶轮1和霍尔传感器4组成。触发叶轮像传统分电器的凸轮一样,套装在分电器轴的上部,它可以随分电器轴一起转动,又能相对分电器轴作少量转动,以保证离心调节装置正常工作。触发叶轮的叶片数与汽缸数相等,其上部套装分火头,与触发叶轮一起转动。

霍尔传感器4由带导板(导磁)的永久磁铁3和霍尔集成块2组成,触发叶轮1的叶片在霍尔集成块2和永久磁铁3之间转动。霍尔集成块2包括霍尔元件和集成电路,由于霍尔信号发生器工作时,霍尔元件产生的霍尔电压 U_H 约20mV,信号很微弱,还需进行信号处理,这一任务由集成电路完成。这样霍尔元件产生霍尔电压信号(U_H),经过放大、脉冲整形,最后以整齐的矩形脉冲波(方波)输出,输出可达几百毫伏。其原理框图如图4-35所示。

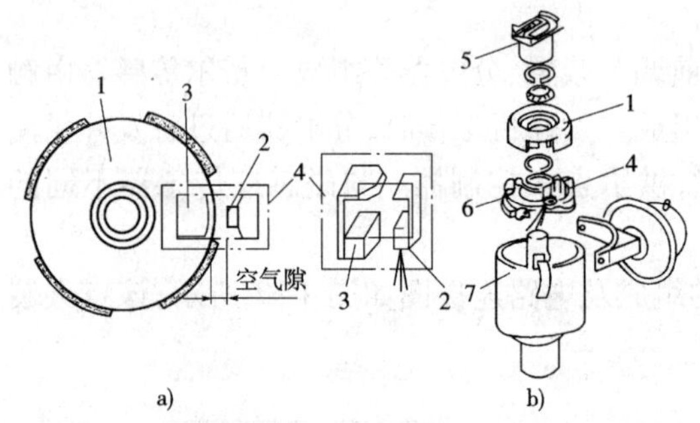

图4-34 霍尔信号发生器

1-触发叶轮;2-霍尔集成块;3-带导板(导磁)的永久磁铁;
4-霍尔传感器;5-分火头;6-触发开关托盘;7-分电器壳体

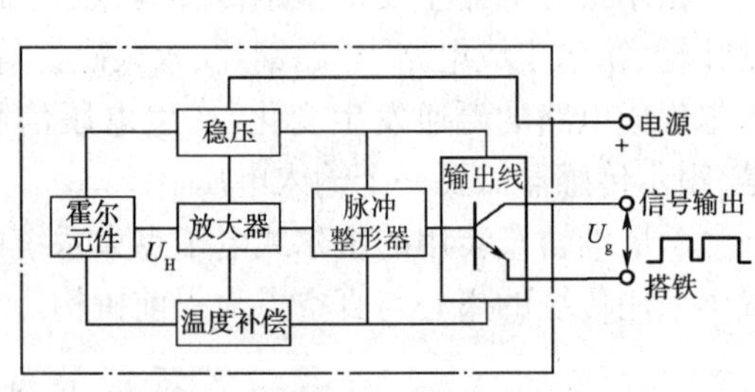

图4-35 霍尔信号集成块的原理框图

霍尔信号发生器是一个有源器件,它需要提供电源才能工作,霍尔信号集成块的电源由点火器提供。霍尔集成电路输出级的集电极为开路输出形式,其集电极的负载电阻设置在点火器内。霍尔信号发生器有3根引出线,且与点火器件相连接,其中1根是电源输入线,1根是霍尔信号输出线,1根是搭铁线。

3. 霍尔信号发生器的工作原理

触发叶轮转动时,每当叶片进入永久磁铁与霍尔集成块之间的空气隙时,霍尔集成块中的磁场即被触发叶轮的叶片所旁路(或称隔磁),如图 4-36a)所示,这时霍尔元件不产生霍尔电压,集成电路输出级的晶体管处于截止状态,信号发生器输出高电位。

当触发叶轮的叶片离开空气隙时,永久磁铁的磁通便通过霍尔集成块和导板构成回路,如图 4-36b)所示,这时霍尔元件产生霍尔电压,集成电路输出级的晶体管处于导通状态,信号发生器输出低电位。

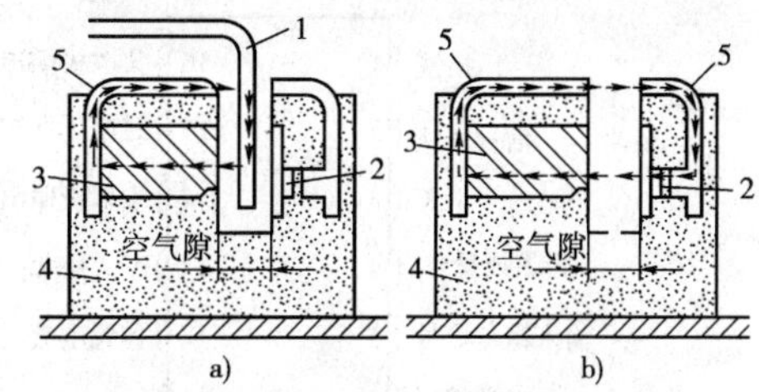

图 4-36 霍尔信号发生器的工作原理

a)触发叶轮进入空气隙;b)触发叶轮离开空气隙
1-触发叶轮叶片;2-霍尔集成块;3-永久磁铁;4-霍尔传感器;5-导板

由上述可知,叶片进入空气间隙时信号发生器输出高电位,叶片离开空气间隙时,信号发生器输出低电位。分电器不停地转动,上述方波便不断产生。

4. 霍尔信号发生器的优点

(1)工作可靠性高,霍尔信号发生器无磨损部件,不受灰尘、油污的影响,无调整部件,体积小且坚固,寿命长。

(2)发动机起动性能好,霍尔信号发生器的输出电压信号与叶轮叶片的位置有关,但与叶轮叶片的运动速度无关,也就是说它与磁通变化的速率无关。它与磁感应信号发生器不同,它不受发动机转速的影响,明显地增强了发动机的起动性能,有利于低温或其他恶劣条件下起动。霍尔信号发生器目前已经得到广泛的应用。

二、点火器的功能和基本电路

桑塔纳轿车等用的霍尔电子点火系统中的点火器,除具有前述丰田、伏尔加轿车点火器的开关功能(即接通和切断初级电路外),还具有许多其他功能,如限流控制、闭合角控制、停车断电保护等功能。由于该点火器具备较多的功能,因而使该点火系统具有更多的优越性,如点火能量高,且在怠速至高速整个发动机转速范围内基本保持恒定;高速不断火;低速耗能小;起动可靠等。

与霍尔信号发生器相匹配的点火器,国内已有多家研制并投入生产,它们都是采用先进的混合集成电路,一般多是由专用的点火集成块和一些外围电路组成。为了改善其散热条件,点火器紧密地固定在一块铝板上,其上部用塑料盒封装,具有体积小、重量轻、功能多、可靠性高的特点,桑塔纳轿车点火器的外形如图 4-37 所示。

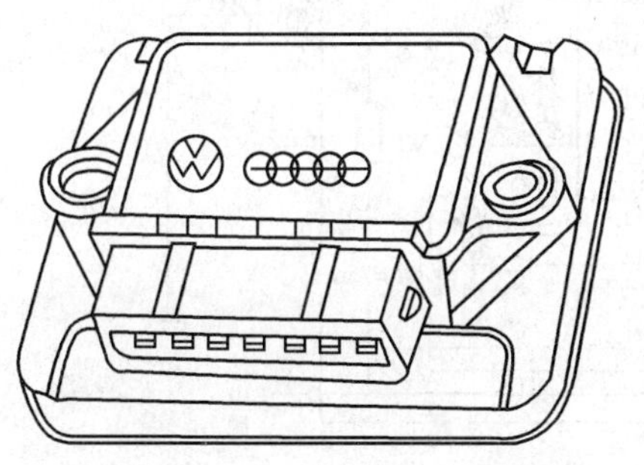

图 4-37 桑塔纳轿车点火器的外形图

点火器中的专用点火集成块是核心部件,目前多采用国外生产的 IC 部件,如 89S01、L482、L497 等。其中 L497 点火集成块外形与管脚和内部电路框图如图 4-38 所示。

专用点火集成块与一些外围电路相配合，即可实现点火器的多种功能，完成对点火器的控制工作。装有该点火器的点火系统电路如图 4-38 所示。

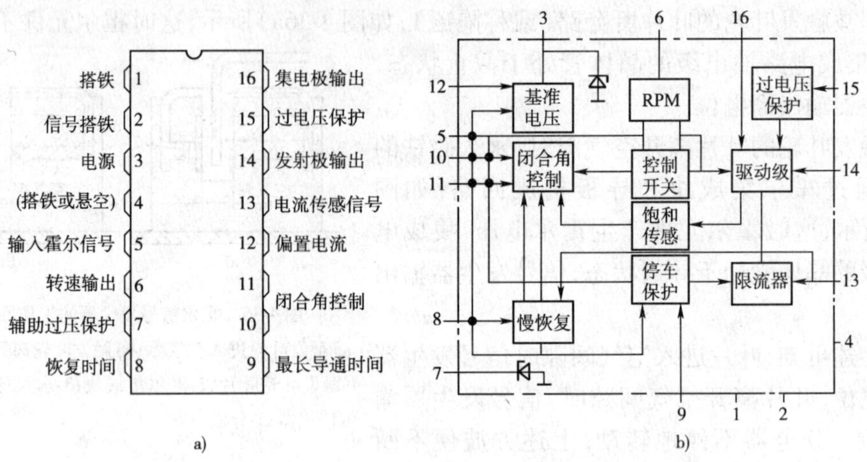

图 4-38　L497 点火集成块

a）外形与管脚；b）内部电路框图

三、霍尔式电子点火系统的工作原理

由于该点火器具有较多功能，因此在点火工作时，除完成基本功能（开关作用）外，还要完成其他附加功能，现分述如下。

1. 基本功能

发动机转动时，分电器中霍尔信号发生器触发叶轮的叶片，周期地通过传感器的空气间隙。当叶片进入空气间隙时霍尔信号发生器输出信号 *Ue* 为高电位，该信号通过点火器插座 6 和 3 进入点火器（图 4-39）。此时，点火器通过内部电路，适时地驱动点火器末级 VT 大功率管导通，接通初级电路。其电路是：蓄电池正极→点火开关→点火线圈初级绕组→点火器（大功率 VT、反馈电阻）→搭铁→蓄电池负极。当触发叶轮的叶片离开空气隙时，霍尔信号

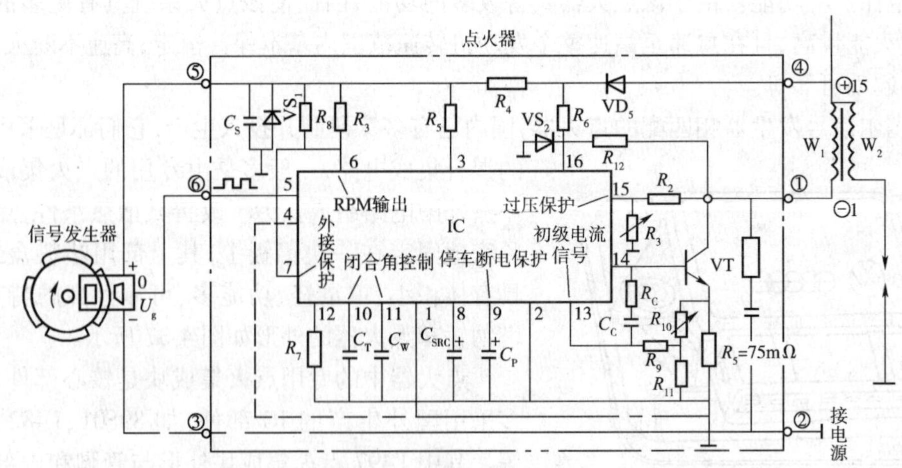

图 4-39　霍尔电子点火系统（点火器内装专用点火集成块）原理电路图

发生器输出的信号下跳为低电位;当该信号通过点火器插座6和3进入点火器时,点火器末级大功率管VT立即截止,切断点火线圈初级电路,次级绕组产生高电压。

2. 限流控制

在电子点火系中,为保证发动机在任何工况下(特别是高转速时)都能实现稳定的高能点火,匹配的多是专用高能点火线圈。为了增大初级电流,并使初级电流尽快上升到所要求的电流值,该线圈初级绕组的电阻 R_1 电感 L_1 都比较小,一般 $R_1=0.5\sim0.8\Omega$,$L_1=5.5\sim6.5\text{mH}$。

采用这种点火线圈后,初级电流的稳定值都比较大,在不控制状态下一般可达20~30A。初级电流上升特性,如图4-40所示。

初级绕组的限流值 I_p,常称峰值电流。其大小的确定,应以满足发动机的使用要求为前提,不能太大,也不能太小。过小达不到高能点火的目的,过大会增加点火线圈的功耗,浪费电能,一般为5~10A,通常取6~8A,桑塔纳轿车取7.5A。

在点火器工作中,保持峰值电流不变,就能奠定次级电压和点火能量恒定不变的基础,这是一种比较理想的工况。限流控制的方法有多种,现以图4-41限流控制原理电路进行说明,图中VT为点火器末级大功率管,R_s 为采样电阻,IC为点火集成块。其中采样电阻 R_s 接在VT管的发射极。

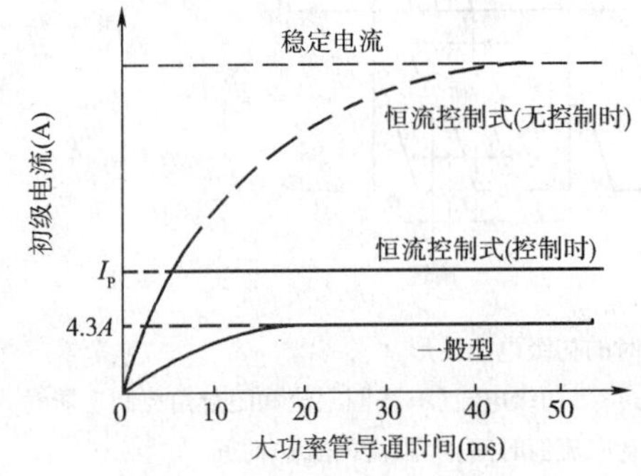

图4-40　初级电流上升特性

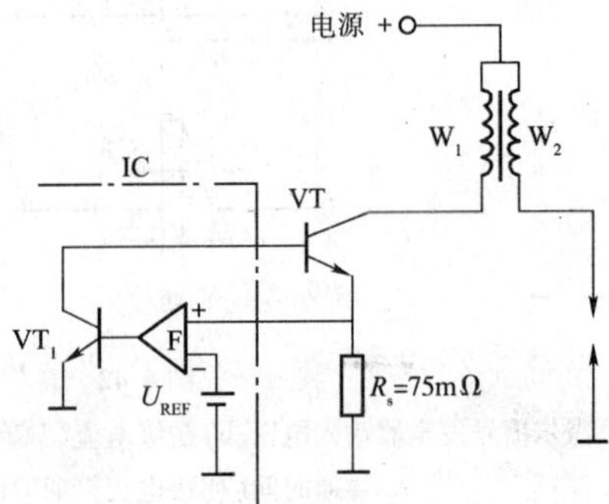

图4-41　限流控制原理电路

由上图可知,当采样电阻值 R_s 一定时,采样电阻两端的电压值与通过点火线圈的初级电流成正比,采样电阻两端的电压值可直接反映出初级电流的大小,因此称 R_s 为线圈电流的采样电阻或反馈电阻。工作中,采样电阻压降值反馈到点火集成块中的限流控制电路,使限流控制电路动作,就能保持流过点火线圈的初级电流恒定不变。

限流控制电路的基本工作情况是:在大功率管饱和导通时,初级电流就会逐渐增大,在初级电流未达到限流值前,和前面提到的一般电子点火装置一样,仅只是上升速率较快,初级电流并没有受到限制。当初级电流上升到限流值时,采样电阻 R_s 上的电压值也达规定值,该电压信号送入IC电路中放大器F的"+"端,由于此时的电压信号高于放大器"-"端设置的基准参考电压 U_{REF},放大器F输出端电位升高,使晶体管 VT_1 更加导通,VT_1 集电极电位下降,致使大功率管VT向截止区偏移,流过VT管的初级电流下降。然而,当初级电流略低于限流值时,则放大器下的压降值低于基准参考电压 U_{REF},放大器F输出端电位下降,VT_1 趋于截止,VT_1 集电极电位升高,使大功率管VT趋于导通,初级电流再度增大。如此循

环反馈并以极高的频率进行控制，使初级电流稳定在一定值。

3. 闭合角控制

闭合角的概念来源于传统点火系统，是指断电器触点闭合期间分电器凸轮转过的角度，即初级电路接通期间分电器轴转过的角度。在电子点火系统，闭合角则是指电子点火组件末级大功率开关管导通期间，分电器轴转过的角度，在电子点火系统一般应叫导通角，习惯仍称闭合角。

在传统点火系统，在触点间隙及凸轮外形尺寸一定时，其闭合角是固定不变的，它不随转速变化。在霍尔式电子点火系统，如不加装闭合角控制电路，则闭合角是由分电器信号发生器触发叶轮的分配角决定的。对四缸发动机来说，在一个周期内，假若信号发生器输入高电位时初级电路接通，输入低电位时初级电路切断，如图 4-42 所示，则其闭合角也像传统点火系统一样，在发动机转速变化时其闭合角也将始终保持不变。

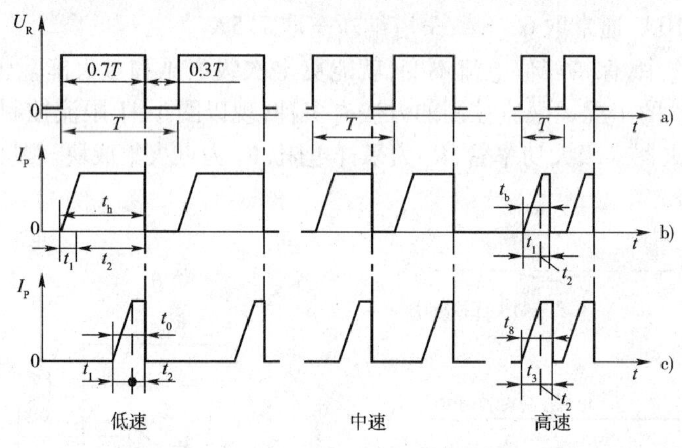

图 4-42　装与未装闭合角控制时的初级电流波形

a)霍尔信号发生器输入电压；b)初级电流（只有线圈限流功能时）；c)初级电流（有线圈限流和闭合角控制功能时）

t_b-导通时间（初级电流接通时间）；t_1-从零上升到限流值时间；t_2-限流（恒流）时间

(1)闭合角控制的必要性，由图 4-42 可以看出，如果闭合角保持不变，则低转速时初级电路接通时间较长，高转速时初级电路接通时间较短。导通时间与分电器转速成反比。然而在电源电压一定时，由于初级电流从零上升到限流值的时间是个定值，它不随转速变化，因而必然形成低转速时限流时间长，高转速时限流时间短的特点。如果转速过高，断开时，初级电流甚至达不到限流值，就会出现点火能量不足或断火现象。

为了保证点火系统有足够的点火能量和次级电压，如果满足高转速时初级电流能上升到限流值并能稳定一定时间，则会出现低转速时限流时间过长的现象，这样将造成点火线圈、点火器中的大功率管 VT 过度发热而加速损坏，同时也会造成电能浪费，为此设置闭合角控制电路。由此可知，闭合角控制的实质是大功率管 VT 导通时间（初级电路接通时间）的控制，控制其导通时间在一定范围内基本保持不变，以确保高转速时有足够的能量和次级电压，不至于发生断火，又能防止低转速时点火线圈和点火电子组件因过度发热而损坏。

(2)闭合角控制的方法，实现闭合角控制的方法和电路很多，在普通电子点火系统中，较为理想的控制方案是：在发动机转速、电源电压、点火线圈特性变化时，控制点火器中大功率管 VT 导通时间保持不变。

当发动机转速变化时，闭合角控制电路在低转速时使大功率管 VT 延迟导通，在高转速时则提前导通，从而实现大功率管导通时间基本上保持不变，如图 4-42 所示。

在电源电压一定的条件下，采用闭合角控制电路后，在转速变化时，其导通时间 cb 不再随发动机转速变化，但导通时间 cb 所占的分电器轴转角，即闭合角却是变化的。低转速时闭合角减小，高转速的闭合角增大，即闭合角随转速的升高而增大，所以常称该电路为闭合角控制电路。

4. 停车断电保护

汽车停驶时，如点火开关未关闭，霍尔信号发生器可能（随机地）输出高电位且保持信号不变，其结果将使点火线圈初级绕组长期处于接通状态，会促使点火线圈及点火器大功率管等加速损坏。为了避免上述情况的发生，在点火器内设立初级电路自动切断的电路，一般称停车断电保护电路。停车断电保护电路可借助于图 4-38 进行简要说明。图中停车断电保护电路由 IC 点火集成块和电容器 Cp 偏流电阻 R_7 组成。该电路工作时，它将不停地检测霍尔信号发生器的输入信号，当输入信号为高电位时，将以一个恒定电流向电容器 Cp 充电；当输入信号为低电位时，电容器 Cp 放电。如汽车停驶中忘记关断点火开关，霍尔信号发生器会较长期地输入高电位，如果输入高电位的时间大于设定的时间 T_P（一般为 1 ~ 2s），由于电容器 Cp 充电时间延长，充电电压会不断升高，当电容器 Cp 充电电压达到某一工作电压值时，通过内部比较器使驱动级工作，驱动大功率管 VT 缓慢截止，使点火线圈初级电流逐渐下降为零，从而避免点火线圈长期通电，保护点火线圈和点火电子组件不被烧坏。缓慢切断初级电流，是为了防止电流变化太快，以免在汽缸内产生火花，而使发动误起动。

如需起动发动机，分电器稍微转动，霍尔信号发生器再次输入低电位时，电容 C 又迅速放电，点火器恢复正常工作。

5. 其他功能

该点火器除上述功能外，还有慢恢复控制、过压保护、反向保护等功能，这些功能使该点火系统具有一定的先进性。

第七节　微机控制点火系统

磁感应式和霍尔效应式半导体点火系存在较多缺点，特别是对点火时刻（点火提前角）的控制，调节能力有限，控制精度较低。因此，仅靠机械的调整方法实现最佳点火时刻是非常困难的，不能满足现代发动机的需要。

微机控制技术在汽车上的应用，为控制点火时刻找到了最有效的控制手段。它可使发动机在任何工况下都处于最佳的点火时刻，从而更进一步改善了发动机的动力性，降低了排气污染。目前在一汽奥迪 200、上海桑塔纳 2000 型轿车、北京切诺基吉普车的发动机上都采用了微机控制的半导体点火系。

该点火系统主要由传感器、电控单元、点火控制器（点火器）、点火线圈和火花塞等组成。微机控制点火系统原理图如图 4-43 所示。

传感器是监测发动机工况信息的装置。传感器的结构形式和装配数量因车而异，主要有曲轴位置传感器、空气流量传感器、节气门位置传感器、爆震传感器、冷却水温度传感器、进气温度传感器、氧传感器、车速传感器等。

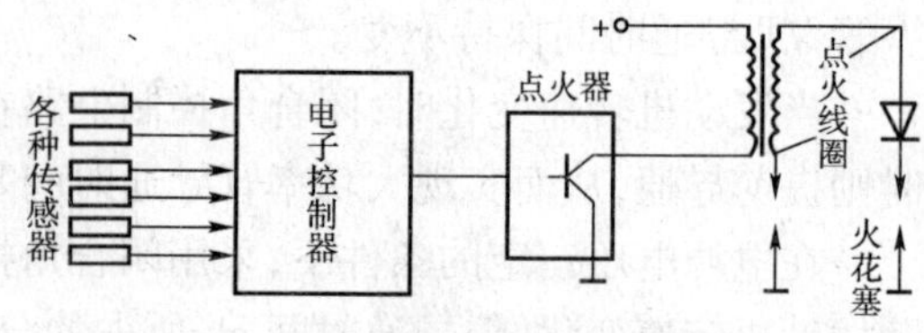

图 4-43　微机控制点火系统原理图

电子控制单元用 ECU 表示。ECU 是发动机的控制核心。电控单元的名称并不统一，生产厂家或公司不同，生产年代和控制内容不同，采用的名称也不尽相同。电子控制器主要包括输入回路、输出回路、模数 A/D 转换器或模数 D/A 转换器、单片微型计算机和电源电路等。由于电控单元的核心部件是单片微型计算机，通常将电控单元称为微机或电脑。电控单元的作用是根据发动机各传感器输入的信息和微机内存数据，通过运算处理和逻辑判断，然后输出指令信号，控制有关执行器（如点火器）工作。

点火控制器是发动机控制系统的执行器，其作用是根据微机发出的指令信号，通过内部大功率三极管的导通与截止来控制点火线圈初级电路的通断，使点火线圈产生高电压。各型发动机点火器的内部结构各不相同，有的发动机并不配置点火器，大功率三极管直接设在电控单元 ECU 内部；有的点火器只有一只大功率三极管，仅起开关作用，其他电子控制元件则与电控单元制成一体；有的点火器除开关作用外，还有恒流控制、闭合角控制、汽缸判别、点火监视等功能。

此外，微机控制点火系统又分为分配式（有分电器）点火系统和直接式（无分电器）点火系统。分配式点火系统点火线圈产生的高压电由配电器按发动机作功顺序分配给各缸火花塞跳火，会产生较多电火花，不仅浪费能量，而且还产生电磁干扰信号。而直接式点火系统没有分电器，点火线圈次级绕组的两端直接与火花塞相连，发动机运转时，微机根据传感器信号，直接控制各个点火线圈产生高压电，使相应火花塞跳火。到目前为止，无分电器微机控制点火系统是技术最先进的点火系统。

无分电器式点火系是采用微机技术，根据发动机转速和负荷传感器的信号控制点火提前角，精确地控制发动机在各种工况下的最佳点火时刻。无分电器式点火系分为二极管分配式和点火线圈分配式两大类。

一、有分电器微机控制点火系统

有分电器微机控制点火系统一般由传感器、微机控制器、点火执行器等组成，如图 4-44

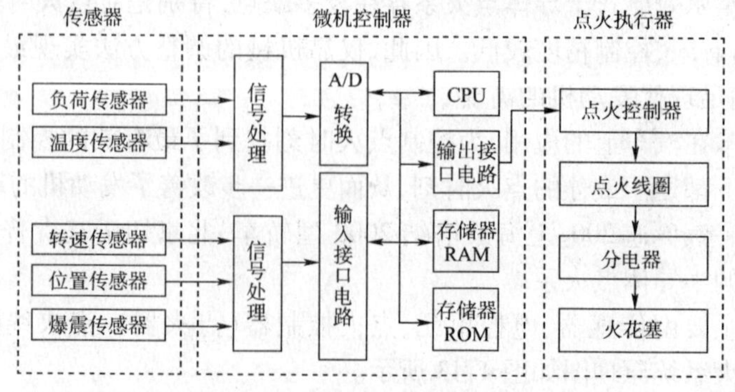

图 4-44　有分电器微机控制点火系统的组成

所示。

二、无分电器微机控制点火系统

我国一汽大众生产的部分奥迪轿车和捷达轿车、上海大众汽车公司生产的部分桑塔纳2000型轿车等也相继采用了无分电器点火系统。无分电器点火系统正逐步成为点火系统的主流。

1. 无分电器微机控制点火系统的组成

无分电器微机控制点火系统由低压电源、点火开关、电控单元(ECU)、点火控制器、点火线圈、火花塞、高压线和各种传感器等组成。有的无分电器点火系统还将点火线圈直接安装在火花塞上方，取消了高压线(图4-45)。

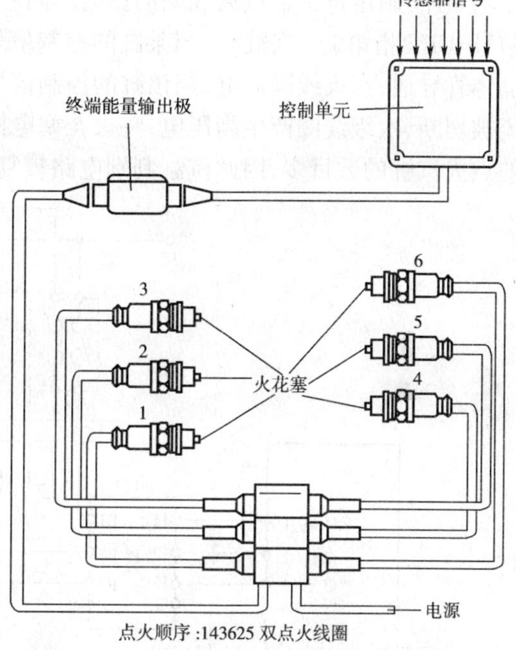

图4-45 无分电器微机控制点火系统的组成

2. 无分电器微机控制点火系统的工作原理

无分电器微机控制点火系统根据高压配电方式的不同分为独立点火方式和同时点火方式2种，其工作原理也各不相同。

1）独立点火方式

独立点火方式是1个缸的火花塞配1个点火线圈，各个独立的点火线圈直接安装在火花塞上，独立向火花塞提供高压电，各缸直接点火。这种结构的特点是去掉了高压线，因此可以使高压电能的传递损失和对无线电的干扰降到最低，如图4-46、图4-47所示。

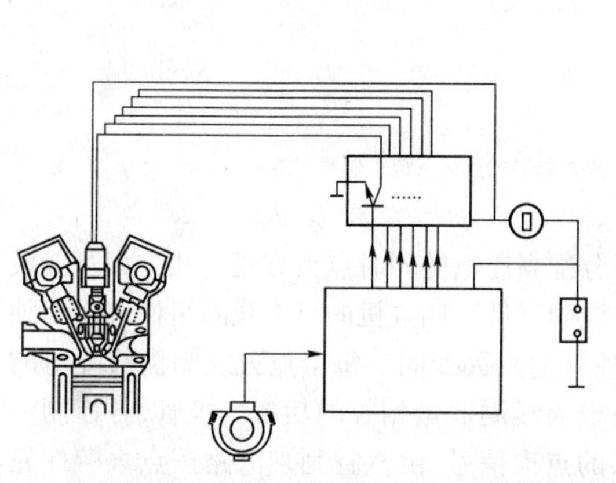

图4-46 去掉了高压线微机控制点火系统

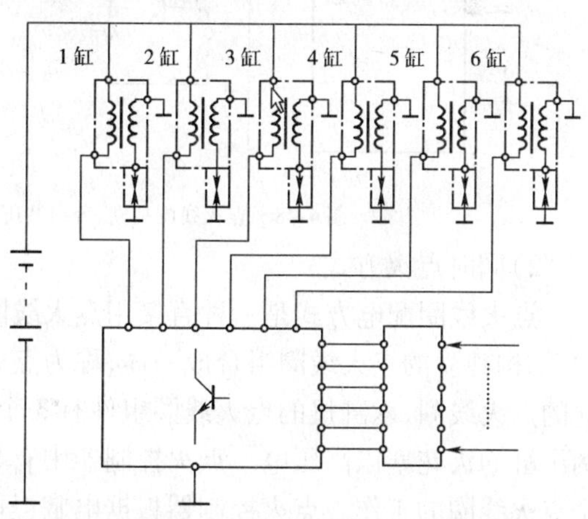

图4-47 点火线圈独立、共用1个点火控制器

由于1个线圈只向1个汽缸提供点火能量，因此在发动机转速相同时，单位时间内线圈中通过的电流要小得多，线圈不易发热，所以这种线圈的初级电流可以设计得较大，即使在发动机以9000r/min高速运行时，也能够提供足够的点火能量。独立点火方式因车型的不

同,其控制电路也存在一定的差异,有些采用 1 个点火控制器,如日产地平线 2000 轿车 RB20DC 发动机。

有些汽车发动机则采用多个点火控制器,如奥迪五缸发动机,但其工作原理与前面相同。发动机工作时,微机控制单元(ECU)不断检测传感器的输入信号,根据存储器存储的数据计算并求出最佳点火提前角和通电时间,以点火基准传感器为标准,按照发动机各缸的作功顺序,确定每一缸点火线圈的接通时间和通电时间,并将其转换为该缸点火线圈的控制信号 IGi(i 指第 i 个汽缸)。当某缸的控制信号为低电压时,点火控制器中对应此缸的功率晶体管导通,点火线圈通电;当该缸的控制信号变为高电压时,对应的晶体管截止,线圈中电流被切断,次级线圈产生高压电,将火花塞电极击穿点火。独立点火的点火控制器需要判别的点火汽缸的数目多,因此汽缸判别电路较复杂,如图 4-48 所示。

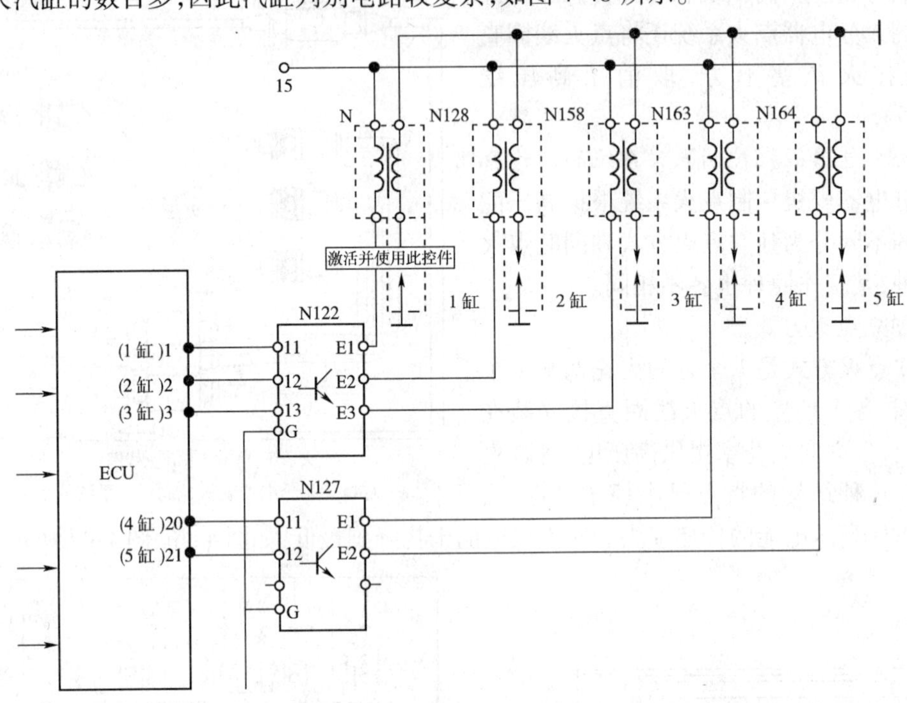

图 4-48　点火线圈独立、分组共用点火控制器的点火系统工作原理图

2)同时点火方式

点火线圈配电方式是一种直接用点火线圈分配高压电的同时点火方式。几个相互屏蔽的、结构独立的点火线圈组合成一体,称为点火线圈组件。四缸机的点火线圈组件有 2 个独立的点火线圈,六缸机的点火线圈组件有 3 个独立的点火线圈。每个点火线圈供给配对的两个缸的火花塞以高压电。点火控制器中有与点火线圈数量相等的功率三极管,各控制一个点火线圈的工作。点火控制器根据电脑提供的点火信号,由汽缸判别电路按点火顺序轮流激发功率三极管,使其导通或截止,以此控制点火线圈初级绕组的通断,产生次级电压而点火。点火线圈配电方式点火系统是应用最广泛的一种无分电器微机控制点火系统,如图 4-49 所示。

二极管配电方式是利用二极管的单向导通特性,对点火线圈产生的高压电进行分配的同时点火方式。与二极管配电方式相配的点火线圈有 2 个初级绕组、1 个次级绕组,相当于是共用一个次级绕组的 2 个点火线圈的组件。次级绕组的两端通过 4 个高压二极管与火花塞组成回路,其中配对点火的两个活塞必须同时到达上止点,即一个处于压缩行程上止点时,另一个处于排气行程上止点。微机控制单元根据曲轴位置等传感器输入的信息,经计算、处理,输出点火控制信号,通过点火控制器中的两个大功率三极管,按点火顺序控制两个初级绕组的电路交替接通和断开。当 1、4 缸点火触发信号输入点火控制器时,大功率三极管 V_1、初级绕组 N_1 断电,次级绕组产生虚线箭头所示方向的高压电动势,此时 1、4 缸高压二极管正向导通而使火花塞跳火。当 2、3 缸点火触发信号输入点火控制器时,大功率三极管 V_2 截止,初级绕组 N_1 断电,次级绕组产生实线箭头所示方向的高压电动势,此时 2、3 缸高压二极管导通,故 2、3 缸火花塞跳火。二极管配电方式的主要特点是一个点火线圈组件为 4 个火花塞提供高压电,因此特别适宜于四缸或八缸发动机,如图 4-50 所示。

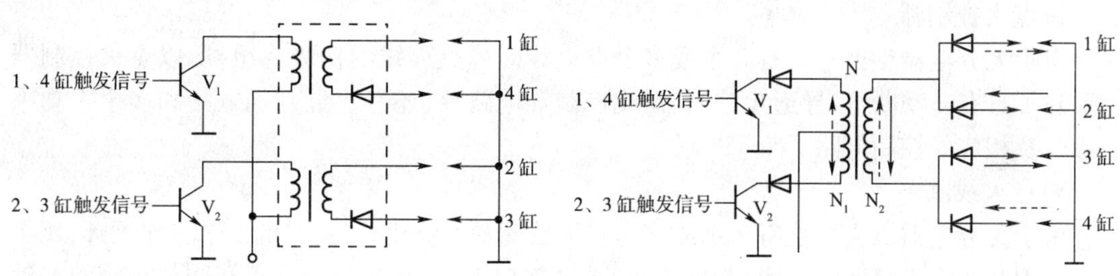

图 4-49 点火线圈配电方式

图 4-50 二极管配电方式

3. 主要元器件的结构及原理

无分电器微机控制点火系统与有分电器微机控制点火系统相比,火花塞、高压线和主要传感器的结构和原理基本相同,但是微机控制单元、点火控制器和点火线圈的结构和原理上存在一些差异。无分电器点火系统组成如图 4-51 所示。

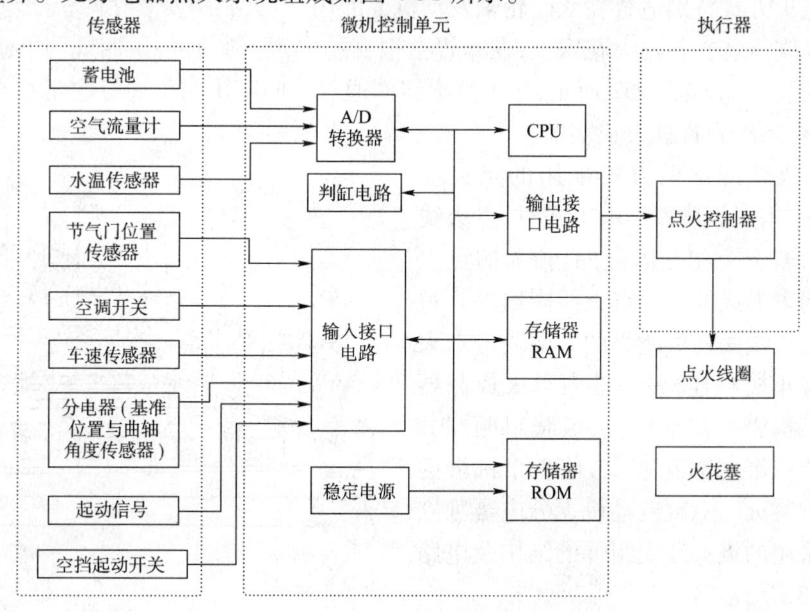

图 4-51 无分电器点火系统组成框图

1)微机控制单元

由于无分电器点火系统取消了机械式高压配电而改为电子式高压配电,因此,微机控制单元不再只控制一个点火线圈初级绕组的通断,而是根据曲轴的不同位置,按一定顺序控制2个或多个点火线圈初级绕组,以实现电子式高压配电。微机控制单元除了包括输入接口电路、A/D转换器、微机控制单元(CPU)、只读存储器(ROM)、随机存储器(RAM)等组成部分外,还增加了汽缸判别(简称判缸)电路(又称为分电电路),根据曲轴位置传感器或汽缸判别信号传感器确定需要控制的点火线圈初级绕组。同理,输出接口电路也不只输出一路点火控制信号,而是依次输出多路点火控制信号,分别控制点火控制器中与各点火线圈初级绕组对应的大功率三极管的通断;或者在输出一路点火控制信号的同时输出一路判别汽缸信号,由点火控制器根据点火控制信号和判别汽缸信号控制与各点火线圈初级绕组对应的大功率三极管的通断,使需要点火汽缸的火花塞适时跳火。

2)点火控制器

由于无分电器点火系统有2个或多个点火线圈或点火线圈初级绕组,所以点火控制器一般除了具有自动断电、导通角控制、恒流控制等电路外,还有汽缸判别电路和多个大功率三极管及相应的控制电路。

3)点火线圈

由于无分电器点火系统有2个或多个点火线圈初级绕组,发动机的一个工作循环,每个点火线圈初级绕组只通断一次(独立点火)或2次(同时点火),所以点火线圈初级绕组能够有较长的通电时间,点火线圈可以采用完全的闭磁路结构,提高能量利用率。点火线圈具体结构因高压配电方式的不同而不同。

(1)独立点火方式配电用的点火线圈:采用独立点火方式时,发动机每个汽缸都有自己的点火线圈,每个点火线圈的结构完全相同。

独立点火方式特别适合在双凸轮轴发动机上配用,点火线圈安装在两根凸轮轴中间,每一个点火线圈压装在各缸火花塞上,在布置上很容易实现。奥迪轿车四气门五缸发动机的点火线圈安装情况如图4-52所示,每个点火线圈通过导向座用四个螺钉固定在汽缸盖的盖板上,然后再扣压到各缸火花塞上。

(2)点火线圈配电方式配用的点火线圈:发动机采用点火线圈配电方式时,点火线圈实际是由若干个相互屏蔽的、独立的点火线圈组装起来形成的一个点火线圈组件。每个独立的点火线圈初级绕组的一端通过点火开关与电源正极相连,另一端由点火控制器的大功率三极管控制搭铁;次级绕组两端分别接到2个汽缸的火花塞上,使2个汽缸的火花塞同时跳火。六缸发动机无分电器独立点火系统采用的点火线圈组件的结构及电路图如图4-53所示。

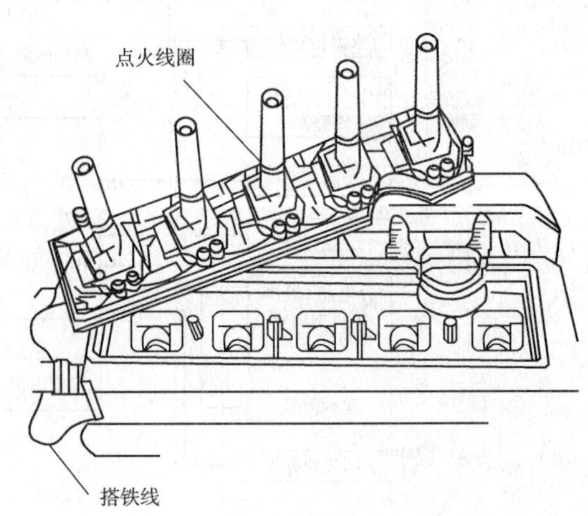

图4-52　奥迪五缸发动机点火线圈的安装

(3)二极管配电方式配用的点火线圈

(图4-54):采用二极管配电方式配用的点火线圈有两个初级绕组(或1个初级绕组被中心轴头分成2个部分,组成2个初级绕组)和1个次级绕组。次级绕组有2个输出端,每个输出端又分别接2个方向相反的高压二极管,这样次级线圈通过4个高压二极管与火花塞组成回路;2个初级绕组的电路由点火控制器中的2个大功率三极管控制轮流接通和断开。点火线圈有2种形式:一种是点火线圈只包含初级绕组和次级绕组,不包含高压二极管,高压二极管装在火花塞上方,便于高压二极管检修,点火线圈有2个高压插座;另一种是点火线圈既包含初级绕组和次级绕组,又包含4个高压二极管。点火线圈有4个高压插座,这种结构有利于简化线路结构,高压线连接简便,但是一旦有1个高压二极管损坏,点火线圈就需要更换。

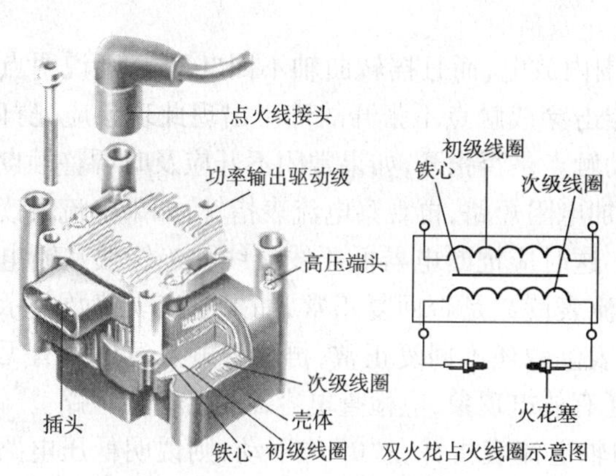

图4-53　双火花点火线圈组件(含2个点火线圈和1个输出驱动级)

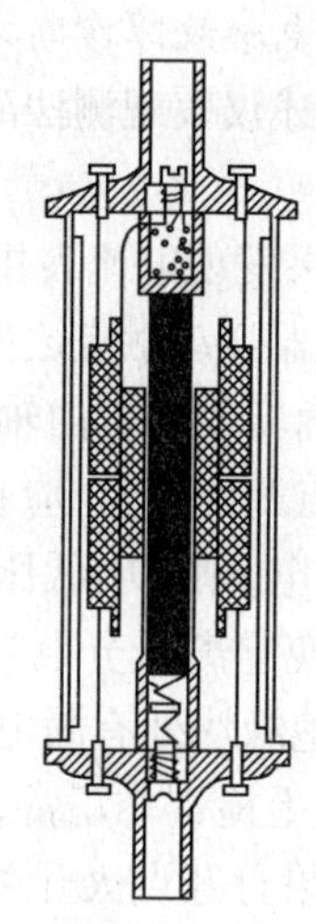

图4-54　二极管点火方式配用的点火线圈

第八节　点火系统的故障诊断与排除

点火系统的故障是发动机的主要故障之一,故障诊断方法因结构特点不同而不同。

一、机械点火系统故障诊断方法

1. 仪表观测法

仪表观测法是指驾驶人在驾驶室里通过观察仪表盘上的电流表指针的摆动情况来确定点火系统发生故障的范围或直接确定发生部位的方法。

(1)打开点火开关,摇转发动机曲轴,如果电流表指针在3～5A范围内放电,并作间歇地摆回"0"位,说明低电压电路良好,故障在高电压部分。

(2)如果电流表指针在3～5A范围内放电,而且不间歇地摆到"0"位,则说明点火线圈"开关"接柱至活动触点之间有短路故障。

(3)如果打开点火开关,摇转发动机曲轴,电流表指针在"0"位不动,则表明蓄电池至断电器触点之间有断路故障。

(4)如果打开点火开关,摇转发动机曲轴,电流表指针在3～5A范围内放电,而不间歇

地回“0”位，但当附加电阻被短路时电流表放电读数明显增加，则说明点火线圈到断电器活动触点之间有搭铁或电容器击穿短路，或触点不张开。

(5) 如果打开点火开关电流表指针在5A左右放电，当踏起动机踏板时电流表指示大电流放电，则说明点火线圈的“开关”接柱到起动机开关之间搭铁。

(6) 如果打开点火开关，摇转发动机曲轴，电流表指针在“0”位不动，说明低压电路有断路故障。

(7) 如果手摇发动机曲轴顺利起动，而起动机不能起动，则说明点火线圈的附加电阻短路开关(在起动磁力开关内部)接触不良。

2. 低压电路故障诊断方法

通过上述仪表观测法确定故障在低电压电路范围时，可通过以下方法确定故障的具体部位。

(1) 如果发现电流表指针在3～5A范围内放电，而且摇转曲轴不回“0”位，则说明点火线圈到断电器活动触点之间有搭铁、电容器击穿或触点不张开故障。出现此现象应先打开分电器盖，摇转发动机曲轴观察断电器活动触点是否张开，如果常闭不开应及时调整触点间隙；如果触点开闭正常，应将点火线圈的附加电阻短路，再观察电流表指针，如果电流表读数明显增加放电，则说明低压部分还有短路。这时应把断电器低压线接线柱绝缘块从断电器中拿下来，使它离开分电器外壳后观察电流表读数是否回复正常，如果电流表读数显示正常，故障在绝缘块处有漏电搭铁；如果电流表读数还不回复正常，再检查触点过桥线有无破皮搭铁。以上检查均正常，但电流表显示还有放电现象，应检查电容器是否击穿短路。

(2) 如果打开点火开关，摇转发动机曲轴电流表指针在“0”位不动，则说明低压电路有断路故障。出现这一现象可用先按喇叭或开大灯的方法判断蓄电池是否良好，蓄电池火线及搭铁线、起动机开关到电流表线接头接触是否良好；如果以上部位都正常应用逐点搭铁法进行检查。其具体方法是：打开点火开关，将一根导线的一端搭铁，另一端从线路中的某一点开始逐点搭试电路中的各接点。如搭试某一接点后断路故障消失，说明在此点与上一接点之间的线路存在断路故障。

(3) 接通点火开关，电流表指针指示5A放电，当踩起动踏板时，电流表指示大电流放电，则说明点火线圈的“开关”接柱到起动机开关之间有搭铁故障。为了进一步确定故障部位，先把点火线圈“开关”接柱上线头拆下，用另一根导线的一端接在点火线圈“开关”的接线柱上，另外一端接在起动机开关接线柱上，如果回复正常，说明起动机开关接柱到点火线圈“开关”接柱之间的导线搭铁，否则起动机内部有搭铁，应拆检起动机。

3. 高压电路故障判断方法

利用仪表观测法接通点火开关，摇转发动机曲轴，电流表指针在3～5A范围内放电，并间歇地摆回“0”位，但发动机不能起动，应着手检查高压电路部分。

(1) 拨出分电器盖上的中央高压线距缸体3～4mm，接通点火开关，摇转发动机曲轴，观察是否有很强的火花跳过，如输出正常的高压电，可装回中央高压线；再从火花塞上拆下分缸线，使线端离缸体3～4mm距离，接通点火开关摇转曲轴，如无火花，打开分电器盖观察分火头是否随曲轴旋转而转动，如果不转动，说明发动机内部断电器传动机构有故障，分火头转动但无火花，说明故障在分电器或分火头及分缸线上；如果跳火正常，说明分电器和分缸线正常，故障在火花塞或点火正时不准。

(2)判断分火头是否良好的方法是：打开分电器盖，将分电器盖上的中央高压线端置于离分火头导电片 2～3mm 的地方，并用手反复开启闭合断电器触点，如无火花表示分火头良好，如有火花表示分火头绝缘损坏而漏电。

(3)判断分电器盖是否良好的方法是：从分电器上拆下分电器盖，拆下火花塞上的所有分缸线，使其线端离缸体 3～4mm 距离，接通点火开关，用于拨动断电器触点，如果某分缸线端跳火花，则表示配电器盖有裂纹或绝缘不良(因分电器盖下无分火头)，无火花表示良好。

(4)判断电容器是否良好的方法是：

①拆下分电器盖，接通点火开关，一手触摸电容器外壳，一手拨动断电器活动触点，若感到手麻，说明电容器击穿。

②拔下分电器盖上的中央高压线，使其线端距缸体 7～8mm，拨动断电器活动触点，察看高压火花，再将电容器的连接线拆下，重新试高压火花，如果 2 次试火的火花强度相同或基本相同，说明电容器是坏的。

③将电容器的连接线拆下，拆下分电器盖，并拨出中央高压线，使线端与电容器接线端距 3～4mm，接通点火开关，拨动触点，使高压电向电容器充电 4～5 次，然后将电容器的连接线端迅速与电容器外壳接触，若有强烈火花跳过说明电容器良好，否则即为漏电。

(5)判断点火线圈是否良好方法是：使用 500 型万用表"R×1"挡从 2 个低压接线柱间测量初级绕组的电阻值，其正常阻值应为 20Ω 左右。如阻值很小，说明内部短路；如果阻值很大，说明断路或接触不良。次级绕组是可以采用划火法判定点火线圈次级绕组的绝缘状态。试验时，可用电源线与点火线圈的低压接线柱快速划擦，则高压插座引线与电源线另一引线间即可跳火并发出响声。如能跳出蓝白色强火花并发出清脆响声，说明性能正常，如火花较暗，说明内部绝缘受到破坏。

4. 发动机个别缸不点火

个别缸缺火时，发动机运转不均匀，消声器排出黑烟，并发出"突、突"的声音或放炮。检查个别缸缺火的方法是：用螺丝刀将火花塞接线螺母逐个搭铁，如果被搭铁的汽缸原来是缺火的，搭铁后发动机状况不会改变；如果该汽缸原来是正常工作，搭铁后发动机工作状况明显降低，发动机运转不均匀的现象便会加剧；另一种方法是用手触摸个别缸火花塞的工作温度，不工作的火花塞温度明显低于正常工作的火花塞温度。

5. 点火系其他故障及现象

1)点火顺序错乱

现象是发动机工作时化油器回火，排气管"放炮"；发动机起动困难或根本不能起动。

2)点火过早

其主要现象是手摇起动机有时出现反转现象；发动机工作时没有怠速或运转不平稳；汽车行驶时发动机有爆震声；发动机过热、动力下降、油耗增加。

3)点火过迟

发动机不易发动或化油器回火；发动机转速不能随节气门的增大而立即升高；发动机工作温度升高，动力下降，油耗增加。

二、电子点火系统的故障诊断方法

汽车电子点火系统的故障检查，与传统触点式点火系统有许多相同之处。除了对点火线圈、火花塞、高压线、点火正时等进行检查外，还应检查点火器、点火传感器（信号发生器）以及连接导线等。

在故障检查时，应注意以下7点：

(1)在发动机起动和工作时，不要用手触摸点火线圈高压线和分电器等，以免受电击。

(2)在检查点火系统电路故障时，不要用刮火的方式来检查电路的通断，这种做法容易损坏电子元器件，电路通断与否应该用万用表电阻挡来进行检查判断。

(3)进行高压试火时，最好用绝缘的橡胶夹子夹住高压线来进行试验，直接用手接触高压线容易造成电击。另一避免电击的方法是：将高压导线插入一只备用火花塞，然后将火花塞外壳搭铁。从火花塞电极间隙观察是否跳火。

(4)在点火开关接通的情况下，不要做连接或切断线路的操作，以免烧坏控制器中的电子器件。

(5)在拆卸蓄电池时，必须确认点火开关和其他所有的用电设备及其开关都已关闭，才能进行拆卸。

(6)安装蓄电池时，一定要辨清正负极，负极搭铁。千万不能接错，蓄电池极性与线夹的连接一定要牢固，否则容易损坏电子设备。

(7)在检查点火信号发生器、曲轴位置传感器时应注意：

①对于磁感应式的，在打开分电器盖时注意不要让垫圈、螺钉之类的金属物掉入其内。在检查导磁转子与定子之间的间隙时，要使用无磁性厚薄规，并注意不要硬塞强拉。

②对于光电式的，不要轻易打开分电器盖子，若确需打开检查时，要注意避免尘土对发光二极管、光敏元件和遮光转子的污损。

③在用干电池模拟点火信号检查电子点火控制时，测量动作要快，干电池连接的持续时间，一般不要超过5s。

④霍尔效应式电子点火系统，在检查维修时可能会产生高压放电现象，造成对人身和点火系统意外损害，所以必须注意以下几点：

a. 进行全体检查和维修前，应切断电源后，再按要求进行；

b. 当使用外接电源供维修使用时，应严格限制其电压不大于16V。当电压达到16~16.5V时，接通时间不允许达到或超过1min；

c. 效应式电子点火系统的汽车被拖动时，应首先切断点火系统电源；

d. 点火线圈负接线柱不允许与电容相连；

e. 任何条件下，只允许使用阻值为1kΩ的分火头，防止电磁干扰的1kΩ阻尼电阻电缆不得用其他代替，火花塞插头电阻值应在1~5kΩ。

三、微机控制的点火系统故障诊断方法

诊断前，根据车型的电路图和各个元器件的参数表，进行如下的检查、判断。

1. 检查点火电子组件插接器

点火电子组件通过插接器连接电子控制器(简称 ECU),如果点火系统不点火,应通过此插接器检查 ECU 有无正常的点火信号输出。

1)点火电子组件搭铁检查

(1)拔下点火电子组件插接器,根据车型电路图,查看插接器端口的排列。

(2)用一个二极管测试灯连接蓄电池正极和插接器点火电子组件的搭铁端子。正常情况灯应该发亮,如果灯不亮,则说明点火电子组件搭铁不良,需检修点火电子组件的搭铁线路。

2)检查电子控制器输出的点火信号

用测试灯依次分别连接点火电子组件插接器接线端子与搭铁之间。接通点火开关,起动发动机几秒。

正常情况下,测试灯应闪亮,如果不闪亮,则应检测点火电子组件与 ECU 之间线束的连接是否良好。如果线路连接无问题,则需要更换 ECU。

2. 检查点火线圈电阻

1)点火线圈次级绕组电阻检测

(1)拔下点火线圈上的高压导线。

(2)用万用表的欧姆挡测每个点火线圈两高压插孔之间的电阻。正常电阻值应为 9 ~ 14kΩ,如果某一点火线圈上的电阻值与此不符,则需要换点火线圈。

2)点火线圈初级绕组检测

(1)拔下点火线圈电源插接器和点火电子组件插接器。

(2)用欧姆表的一个表笔接触点火线圈电源插接器的一个端子,欧姆表的另一个表笔依次接触点火电子组件插接器的其他端子。正常电阻值均应为 0.5 ~1.0Ω。如果电阻值不符,则需更换点火线圈。

3. 检查点火线圈电源电压

(1)拔下点火线圈电源插接器。

(2)用二极管测试灯(或万用表直流电压挡)依次接触点火线圈插接器电源和搭铁两端。正常情况应是每次检测灯均亮(或电压表指示 12V 电压),否则需检修热敏熔断丝和有关的线路。

4. 检查曲轴位置传感器

检查曲轴位置传感器端子间电阻:

(1)检查传感器的装配及固定是否良好。

(2)拔下曲轴位置传感器插接器,对照电路图查看插接器端口排列。

(3)用万用表欧姆挡检测插接器(传感器侧)1 和 2 端子之间的电阻。正常值应为 1kΩ 左右,如果电阻值不符,则需更换曲轴位置传感器。

(4)如果 1 和 2 端子之间的电阻正常,则检查 1 与 3,2 与 3 之间的电阻。正常时电阻值应为无穷大,如果不符,则需更换曲轴位置传感器。

5. 检查发动机转速传感器

发动机转速传感器的结构与曲轴位置传感器相同。检查发动机转速传感器端子间电阻的检查方法如下：

(1)检查传感器的装配及固定是否良好。

(2)拔下发动机转速传感器插接器。

(3)用万用表欧姆挡检测插接器1和2端子之间的电阻值。正常值应为1kΩ左右，如果电阻值不符，则需更换发动机转速传感器。

(4)如果1和2端子之间的电阻正常，则检查1与3,2与3之间的电阻。正常电阻值应为无穷大，如果不是，则需更换发动机转速传感器。

6. 检查冷却液温度传感器

检查冷却液温度传感器电阻的检查方法如下：

a. 拔下冷却液温度传感器插接器。

b. 用万用表欧姆挡测量冷却液温度传感器插接器1和2端子之间的电阻值(冷却液温度传感器的端口排列)。正常的电阻值应为：冷却液温度约20℃时，电阻值约为2.5kΩ；冷却液温度约80℃时，电阻值约为330Ω。如果测量所得电阻值与此不符，则需更换传感器。

7. 检查进气温度传感器

检查进气温度传感器电阻的检查方法如下：

(1)拔下进气温度传感器插接器。

(2)用万用表欧姆挡测量进气温度传感器插接器1和2端子之间的电阻值(进气温度传感器的端口排列)。正常的电阻值：进气温度约20℃时，电阻值约为6.3kΩ。如果电阻值不符，则需更换传感器。

8. 检查爆震传感器

1)直观检查爆震传感器

(1)检查传感器有无松动，爆震传感器的拧紧转矩为20N·m。

(2)检查传感器插接器有无松动，插头连接有无锈蚀。

2)检查爆震传感器内部线路

(1)拔下爆震传感器插接器。

(2)用万用表欧姆挡分别检测插接器3个插脚间有无短路(爆震传感器的端口排列)。

正常情况下各插脚之间是不通的。若有短路现象，则更换爆震传感器。

9. 检查霍尔效应传感器

1)检查霍尔效应传感器电源电压

(1)拔下霍尔效应传感器插接器。

(2)接通点火开关。

(3)用万用表直流电压挡测传感器插接器(ECU侧)1端子与搭铁之间的电压，应为12V(蓄电池电压)；用电压表测插接器1、3端子之间的电压，也应为12V。如果无电压或电压过低，检查传感器与ECU之间的线路。如果线路也无断路和短路，则需更换ECU。

2)检查霍尔效应传感器信号

(1)拔下传感器插接器。

(2)将蓄电池电压加于传感器插接器的1、3端子之间。

(3)用二极管测试灯接于传感器插接器的2、3端子之间。

(4)转动发动机,看测试灯是否闪亮。如果不闪亮,则需更换传感器。

注意:不同车型,端子号可能不一样,需对照电路图查看插接器端口排列。

1. 汽油发动机对点火系统的基本要求是什么?影响点火电压的因素有哪些?

2. 传统点火系统的基本组成部件有哪些?是如何工作的?

3. 传统点火系统的实际工作特性与理论特性有何差别?除发动机转速外,影响次级电压的因素还有哪些?

4. 点火线圈附加电阻起什么作用?附加电阻断路、点火线圈低压接线柱上的接线错误会出现什么现象?

5. 分电器上电容器的作用是什么?

6. 发动机转速与负荷变化时,传统分电器是如何自动调整点火提前角的?

7. 火花塞的电极间隙大小对点火性能有何影响?何谓火花塞的热特性?何谓火花塞的自洁温度?

8. 传统点火系统主要有哪些缺陷?造成这些缺陷的根本原因是什么?

9. 无触点电子点火系统其点火信号的产生方式有哪些?各有什么特点?

10. 试述电子点火器的基本工作原理。

11. 何谓闭合角,闭合角的作用是什么?

12. 电子点火器中还有哪些用来控制点火线圈初级电流的电路?

13. 电容储能式电子点火系统的组成部件有哪些?其工作原理如何,具有哪些特点?

14. 微电脑点火控制系统有哪些种类?

15. 微电脑点火控制系统的基本组成部分有哪些?其控制原理是什么?

16. 爆燃推迟点火控制的实际意义是什么?发动机爆燃是如何监测、识别和控制的?

第五章　照明系统、信号系统、报警装置

学习目标

- 了解汽车照明系统、信号系统及报警装置的构成；
- 掌握前照灯的照明要求、安装及调整方法；
- 了解汽车照明系统、信号系统及报警装置的基本工作原理；
- 掌握电喇叭的调整方法。

第一节　汽车的照明与灯光信号装置的种类与用途

为了保证汽车在夜间行驶的安全性，以及提高其行驶速度，在汽车上装有多种照明设备和灯光信号装置，俗称灯系，它已成为汽车上不可缺少的一部分。汽车灯系按其安装位置和用途不同，可分为：外部照明装置、内部照明装置和汽车灯光信号装置。

照明装置主要包括：

(1)前照灯：俗称前大灯，装在汽车头部的两侧，用来照亮车前的道路，有两灯制和四灯制之分。

(2)雾灯：在有雾、下雪、暴雨或尘埃弥漫等情况下，用来改善道路的照明情况。每车有1只或2只，安装位置比前照灯稍低，距离地面50cm左右，射出的光线倾斜度大，光色为黄色或橙色(黄色光波较长，透雾性能好)。

(3)示宽灯：俗称前小灯，装在汽车前部两侧的边缘，在汽车夜间行驶时，显示汽车的宽度。

(4)转向信号灯：汽车转弯时，发出明暗交替的闪光信号，以表明汽车向左或向右转向行驶，它有前、后、侧转向信号灯之分，一般为橙色。

前转向信号灯和示宽灯通常制成双丝灯泡，其中功率较大的一根灯丝(20W)作转向信号用，功率较小的一根灯丝(8W)作示宽用。后转向信号灯常和尾灯制成双丝灯泡。

(5)尾灯：装在汽车的尾部，夜间行驶时，用来警示后面的车辆，以便保持一定的距离。

(6)制动灯：每当踩下制动踏板时，便发出较强的红光，以示制动。

(7)倒车灯：用来照亮车后路面，并警告车后的车辆和行人，表示该车正在倒车。

目前多将汽车后部的尾灯、后转向信号灯、制动灯、倒车灯等组合起来称为组合后灯。而将前照灯、雾灯或前转向信号灯等组合在一起称为组合前灯。

(8)牌照灯：用来照亮汽车牌照。

(9)驻车灯：夜间停车时，用来标志汽车的存在。

(10)仪表灯：装在仪表板上，用来照明仪表。

(11)顶灯:装在车厢或驾驶室内顶部,作为内部照明之用。

(12)其他辅助用灯:为了便于夜间检修,设有工作灯,经插座与电源相接。有的在发动机罩下面还装有发动机罩下灯,其功能与工作灯相同。

在照明设备中,前照灯具有特殊的光学结构,而其他灯在光学方面则无严格要求。故只着重讨论前照灯。

第二节　前　照　灯

一、前照灯的照明要求

由于汽车前照灯的照明效果直接影响着夜间交通安全,故世界各国交通管理部门多以法律形式规定了汽车前照灯的照明标准,以确保夜间行车的安全,其基本要求如下:

(1)前照灯应保证车前有明亮而均匀的照明,使驾驶人能看清车前100m内路面上的障碍物。随着汽车行驶速度的提高,对汽车前照灯的照明距离相应要求也越远,现代高速汽车其照明距离应达到200~250m。

(2)前照灯应能防止眩目,以免夜间两车相会时,使对方驾驶人眩目,而造成交通事故。所谓"眩目",是指人的眼睛突然被强光照射时,由于视神经受刺激而失去对眼睛的控制,本能地闭上眼睛或只能看到亮光而看不见暗处物体的生理现象。这时易发生交通事故。

二、前照灯的光学系统

汽车前照灯一般由光源(灯泡)、反光镜、配光镜(散光镜)三部分组成,如图5-1。

1.灯泡

目前汽车前照灯的灯泡有下列4种:

1)白炽灯泡

其灯丝用钨丝制成(钨的熔点高、发光强)。玻璃泡内充以氩(约86%)和氮(约14%)的混合惰性气体。为了缩小灯丝的尺寸,常把灯丝制成紧密的螺旋状,这对聚合平行光束是有利的,白炽灯泡的结构如图5-2a)所示。

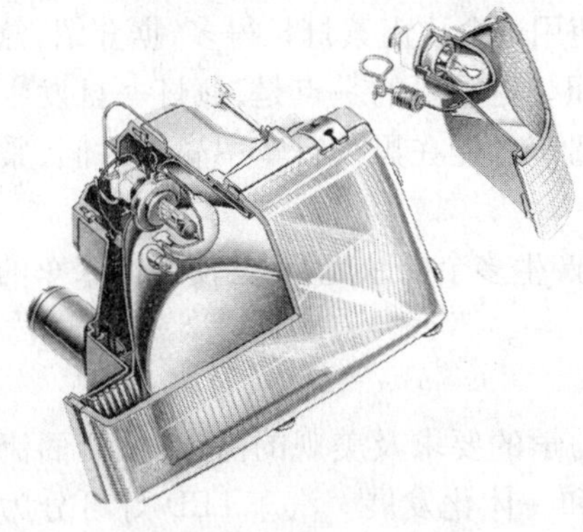

图5-1　汽车前照灯组成

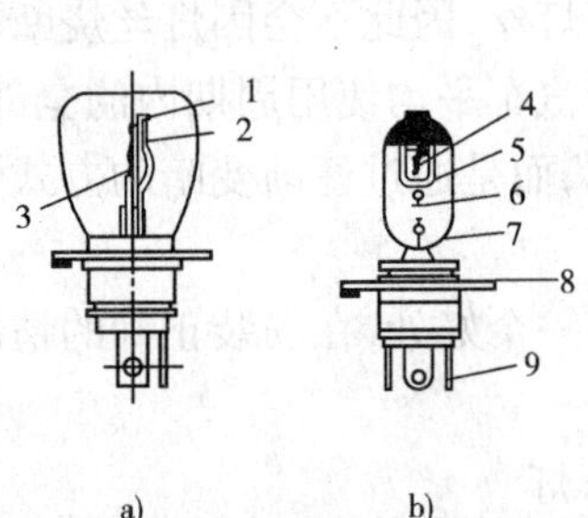

图5-2　前照灯的灯泡

a)白炽灯泡;b)卤钨灯泡

1、5-配光屏;2、4-近光灯丝;3、6-远光灯丝;7-泡壳;8-定焦盘;9-插片

2)卤钨灯泡

卤钨灯泡是利用卤钨再生循环反应的原理制成的,在惰性气体中加入了一定量的卤族元素(如碘、溴),使得从灯丝上蒸发出来的气态钨与卤族元素反应生成了一种挥发性的卤化钨,在扩散到灯丝附近的高温区域后又受热分解,使钨重新回到灯丝上,如此循环防止了钨的蒸发和灯泡黑化的现象。在相同功率下,卤钨灯的亮度是白炽灯的 1.5 倍,寿命长 2 ~ 3 倍。其结构如图 5-2b)所示。

3)高压放电氙灯

高压放电氙灯由弧光灯组件、电子控制器、升压器 3 部分组成。外形及原理图如图 5-3 所示。

虽然氙灯的成本比卤素灯高,但由于性能优越,亮度、色温、防眩目和耐用等方面都比卤素灯好,因此在汽车上日益受到重视,越来越多的中高级乘用车使用氙灯。

卤素灯与普通灯泡一样有灯丝,而氙灯则是没有灯丝,这是氙灯与传统灯具最重要的区别。氙灯是利用两电极之间放电器产生的电弧来发光的,如同电焊中产生的电弧的亮光。

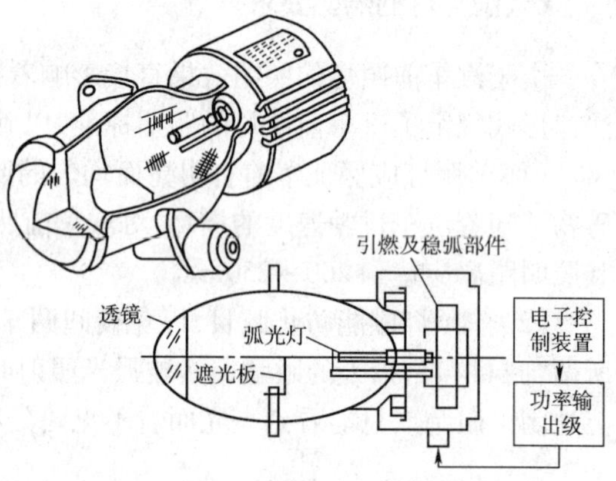

图 5-3　高压放电氙灯外形及原理图

高压脉冲电加在完全密闭的微型石英灯泡(管)内的金属电极之间,激励灯泡内的物质(氙气、少量的水银蒸气、金属卤化物)在电弧中电离产生光亮。这种光亮的色温与太阳光相似,但含较多的绿色与蓝色成分,因此呈现蓝白色光。这种蓝白色光大幅提高了道路标志和指示牌的亮度。

氙灯发射的光通量是卤素灯的 2 倍以上,同时电能转化为光能的效率也比卤素灯提高 70% 以上,所以氙灯具有比较高的能量密度和光照强度,而运行电流仅为卤素灯的 1/2。车灯亮度的提高也有效扩大了车前方的视觉范围,从而营造出更为安全的驾驶环境。

氙灯的变压器和电子控制单元控制电弧的放电过程,保证了光亮的稳定性及连续性。由于氙灯没有灯丝,因此不会因灯丝烧断而报废,使用寿命比卤素灯长得多,据介绍,氙灯使用寿命相当于汽车平均使用周期内的全部运行时间。更重要的一点是,氙灯一旦发生故障不会瞬间熄灭,而是通过逐渐变暗的方式熄灭,使驾车者能在黑夜行车中赢得时间,紧急靠边停车。

氙灯还有一个好处,在安装正确的情况下不会产生多余的眩光,不会使迎面来车的驾驶人产生眩目。

4)LED 车灯

近年来,汽车外形由于设计上的需要、空气动力学的要求及美观的需求,低侧面流线型的外形越来越受欢迎。尾灯的形状也朝着异形化和一体化发展。汽车 LED 灯可分为配光用灯和装饰用灯 2 种,配光灯适用于仪表指示灯背光显示、前后转向灯、制动指示灯、倒车灯、雾灯、阅读灯等功能性方面;装饰灯主要用于汽车灯光色彩变换,起车内外美化作用。近几年随着部分车用LED亮度问题的解决和成本的下降，其应用量有所增长。国内常见的本田雅阁、日产天籁、皇冠、锐志、凯迪拉克系列、别克荣御等都已经采用了LED尾灯。

与传统灯泡相比，LED的优点如下：

(1)点亮无延迟，响应时间更快，传统玻壳灯泡则有0.3s的延迟，LED车灯防止追尾。

(2)具有更强的抗震性能。

(3)发光纯度高，无需灯罩滤光，光波长度误差在10nm以内。

(4)发光热量很小，对灯具材料的耐热性要求不是很高。

(5)光束集中，更易于控制，且不需要用反射器聚光，有利于减小灯具的深度。

(6)耗电量低，达到传统灯泡同等的发光亮度时，耗电量仅为传统灯泡的6%，省电、节油。

(7)超长寿命，无灯丝结构不发热，使用寿命在6年以上。

(8)车辆控制电路不易氧化。

2. 反射镜

反射镜的表面形状呈旋转抛物面，如图5-4所示，一般由0.6~0.8mm的薄钢板冲压而成或由玻璃、塑料制成。其内表面镀银、铝或镀铬，然后抛光处理。目前，反射镜内面采用真空镀铝的较多。

反射镜的作用是将灯泡的散射(直射)光反射成平行光束，使光度大大增强，增强几百倍乃至上千倍，以保证汽车前方150~400m范围内足够的照明，如图5-4所示。

3. 配光镜

配光镜又称散光玻璃，由透光玻璃压制而成，是多块特殊棱镜和透镜的组合，外形一般为圆形和矩形。

配光镜的作用是将反射镜反射出的平行光束进行折射，使车前的路面有良好而均匀的照明，如图5-5所示。

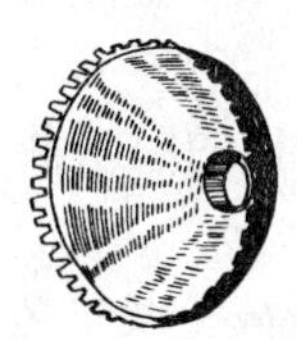

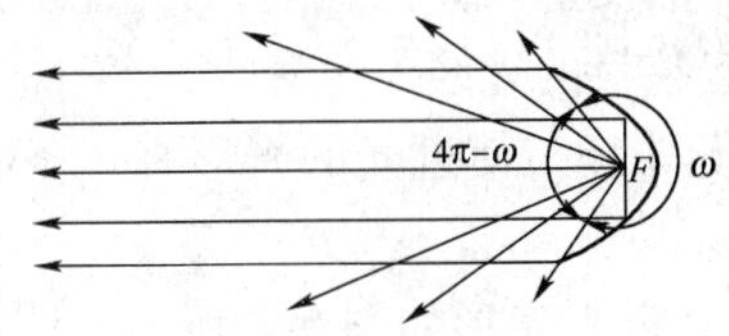

图5-4　反射镜及其聚光作用

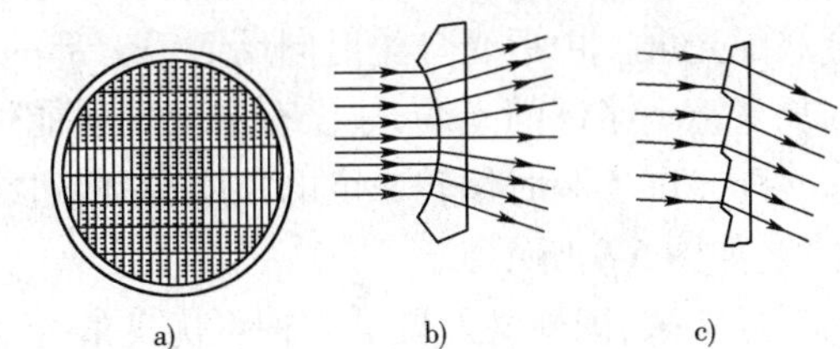

图5-5　配光镜的作用

a)外观；b)散射作用；c)折射作用

三、前照灯的防眩目措施

当前照灯的灯泡功率足够大而光学系统又设计的十分合理时，灯光可明亮而均匀地照明车前150m甚至400m以内的路面。但是前照灯射出的强光会使迎面来车驾驶人眩目。

为了避免前照灯的眩目作用，保证汽车夜间行车安全，一般在汽车上都采用双丝灯泡的前照灯。灯泡的一根灯丝为“远光”，另一根为“近光”。远光灯丝功率较大，位于反射镜的焦点；近光灯丝功率较小，位于焦点上方(或前方)。当夜间行驶无迎面来车时，可按用远光灯丝，使前照灯光束射向远方，便于提高车速。当两车相遇时，换用近光灯丝，使光束倾向路面，从而避免迎面来车驾驶人眩目，并使车前 50m 内的路面也照得十分清晰。如图 5-6 所示。

国内外生产的双丝灯泡的前照灯，按近光的配光不同，分为对称形和非对称形 2 种不同的配光制。

1. 对称形配光（SAE 方式）

远光灯丝位于反射镜的焦点上，而近光灯丝则位于焦点的上方并稍向右偏移（从灯泡向反射镜看去）。其工作情况如图 5-7 所示。

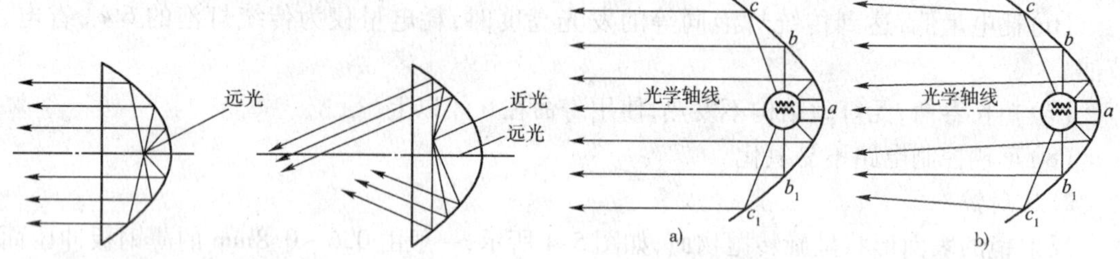

图 5-6　前照灯灯泡及远、近光

图 5-7　对称形配光（SAE 方式）
a）远光灯光束；b）近光灯光束

当接用远光灯丝时，灯丝发出的光线经反射镜反射后，沿光学轴线平行射向远方（图 5-7a）。当接用近光灯丝时，射到反射镜 bab 上的光线由反射镜反射后倾向路面（图 5-7b）），而射到反射镜 bc 和 b_1c，（由焦点平面 bb_1，到端面）上的光线反射后倾向上方，但倾向路面的光线占大部分，从而减小了对迎面来车的驾驶人的眩目作用。

美国、日本采用这一配光方式。

2. 非对称形配光（ECE 方式）

远光灯丝位于反射镜的焦点处，近光灯丝位于焦点前方且稍高出光学轴线，其下方装有金属配光屏。由近光灯丝射向反射镜上部的光线，反射后倾向路面，而配光屏挡住了灯丝射向反射镜下半部的光线，故没有向上反射能引起眩目的光线。

配光屏安装时偏转一定的角度，左侧边缘倾斜 15°，使近光的光形有一条明显的明暗截止线，如图 5-9 所示。

近年来，国外又发展了一种更优良的光形，其近光光形如图 5-8 所示。明暗截止线呈 Z 形，故称 Z 形配光，不仅可以避免迎面来车驾驶人眩目，还可以防止迎面而来的行人和非机动车使用者的眩目，更加保证了汽车夜间行驶的安全。

随着汽车行驶速度的提高，有些载货汽车、公共汽车，特别是轿车上，多采用 4 个前照灯，并排装在同一高度上。一般外侧灯为双丝灯泡、内侧灯为单丝远光。当需要远光时，四个前照灯都亮，以加强照明效果。东风 EQ1090 型汽车则相反，其中内侧的两个前照灯为双丝灯泡，外侧为单丝远光灯泡，其光束偏向外侧，在山区行驶时，可使视野增大。

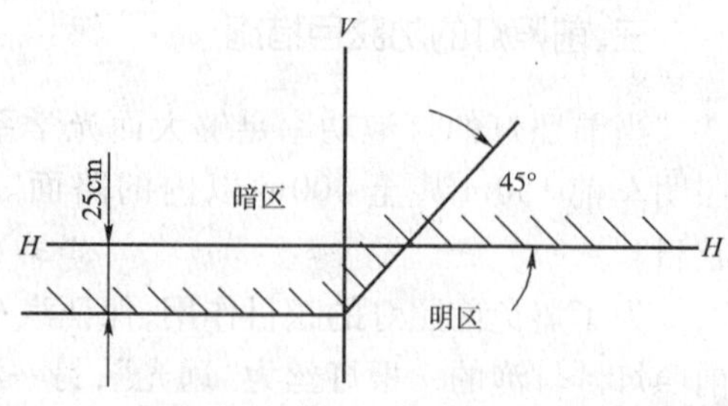

图 5-8　Z 形非对称形配光

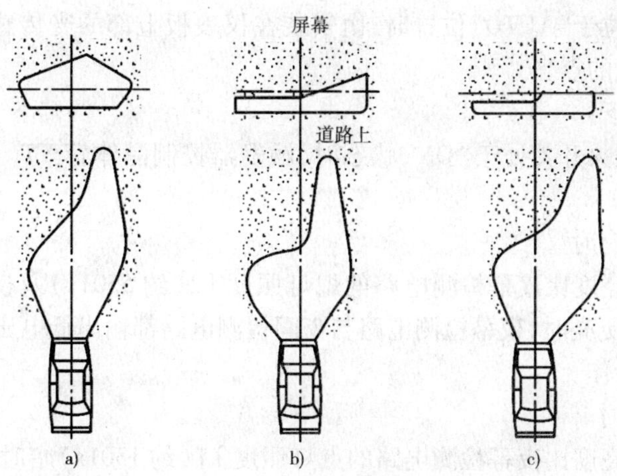

图 5-9　前照灯配光方式

a)对称形;b)L 形非对称形;c)Z 形非对称形

四、前照灯的控制

为保证行车照明的安全与方便,减轻驾驶人的劳动强度。近年来,出现了多种新型的灯光控制系统,常用的有日间行车自动点亮系统、前照灯自动变光系统、光束调整系统、延时控制等。

1. 自动点亮系统

自动点亮系统的控制电路如图 5-10 所示。

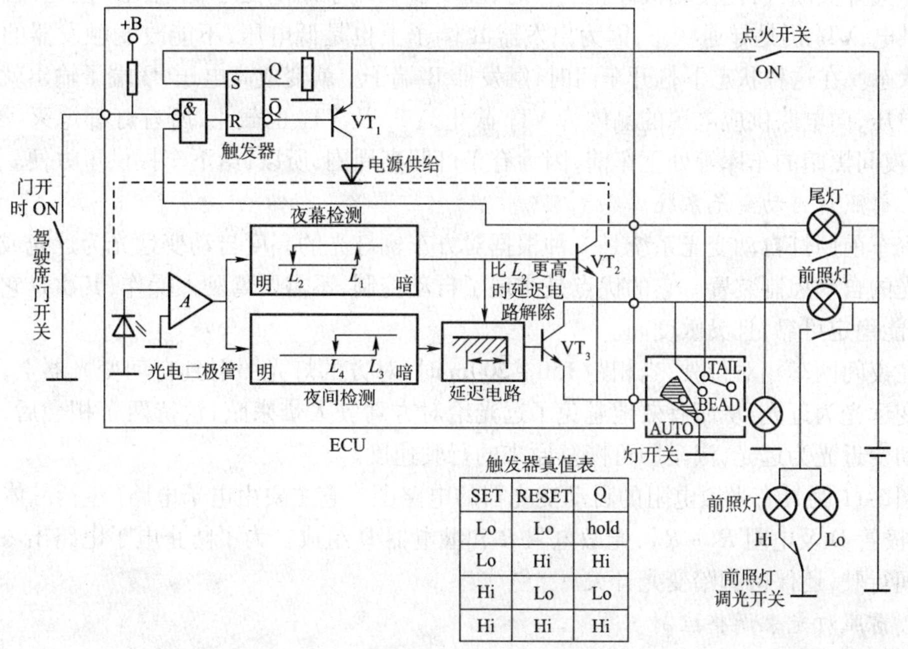

SET	RESET	Q
Lo	Lo	hold
Lo	Hi	Hi
Hi	Lo	Lo
Hi	Hi	Hi

图 5-10　自动点亮系统的控制电路图

当前照灯开关位于“AUTO”位置时,由安装在仪表板上部的光传感器检测周围的光线强度,自动控制灯光的点亮。

其工作原理如下:

当车门关闭,点火开关处于“ON”状态时,触发器控制晶体管 VT_1 导通,为灯光自动控制器提供电源。

1)周围环境明亮时

当周围环境的亮度比夜幕检测电路的熄灯照度 L2(约 5501x)及夜间检测电路的熄灯照度 L4(约 2001x)更亮时,夜幕检测电路与夜间检测电路都输出低电压,晶体管 VT_2 和 VT_3 截止,所有灯都不工作。

2)夜幕及夜间时

当周围环境的亮度比夜幕检测电路的点灯照度 L1(约 1301x)暗时,夜幕检测电路输出高电压,使 VT_2 导通,点亮尾灯。当变成更暗的状态,达到夜间点灯电路的点灯照度 L3(约 501x)以下时,夜间检测电路输出高电压,此时,延迟电路也输出高电压,使晶体管 VT_3 导通,前照灯继电器动作,点亮前照灯。

3)接通后周围亮度变化时

在前照灯点亮时,由于路灯等原因使得周围环境变为明亮的情况下,夜间检测电路的输出变为低电压。但在延迟电路的作用下,在时间 t 期间,VT_3 仍保持导通状态,所以前照灯不熄灭。在周围的亮度比夜幕检测电路的熄灯照度 I 更亮的情况下(如白天汽车从隧道驶出来)从夜幕检测电路输出低电压,从而解除延迟电路,尾灯和前照灯都立即熄灭。

4)自动熄灯

点火开关断开,使发动机停止工作时,触发器 S 端子断电处于低电压。但是,触发器由 +U 供电,VT_2 仍是导通状态,因为出发器 R 端子上也是低电压,不能改变触发器的输出端 Q 的状态。在这种状态下打开车门时,触发器 R 端子上就变成高电压,Q 端子输出就反转成为高电压,向电路供应电源的晶体管 VT_1 截止,VT_2 及 VT_3 也截止,所有灯都熄灭。上述情况,在夜间黑暗的车库等处下车前,因为有车灯照亮周围,所以,给下车提供了方便。

2. 前照灯自动变光系统

汽车前照灯自动变光系统是一种根据对方车辆灯光的亮度自动变远光为近光或变近光为远光的自动控制装置。它的优点是实现了自动控制,不需要驾驶人操作,其次是它的体积小,性能稳定可靠,且灵敏度高。

在夜间两车相对行驶,当相距 150 ~ 200m 时,对方的灯光照射到自动变光器上,就立即自动变远光为近光,从而有效地避免了远光给对方驾驶人带来眩目,待两车相会后,变光器又自动变近光为远光,汽车即可恢复原来的行驶速度。

图 5-11 为具有光敏电阻的自动变光器的电路图。它主要由电子电路(包括晶体管 T_1 ~ T_6,二极管 D 及电阻 R_2 ~ R_{15},光敏电阻 R 和继电器 D 组成。为了防止电子电路出故障后影响夜间行驶,还保留脚踏变光开关。

3. 前照灯光束调整控制

当车辆的载荷发生变化时,前照灯光束的照射位置也随之发生变化,因而不能适当地照亮前方路面。前照灯光束调整机构如图 5-12 所示。

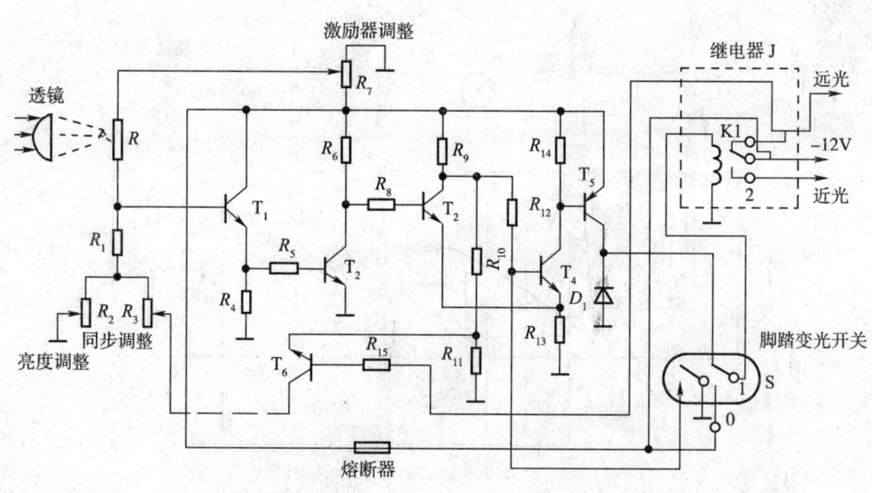

图 5-11　具有光敏电阻的自动变光器的电路

执行器由电动机和齿轮机构组成，在进行光束轴线调整时，执行器驱动调整螺钉正反向旋转，使调整螺钉左右移动并带动前照灯以枢轴为中心摆动，实现前照灯光束的调整。博世公司生产的前照灯自动调整系统的工作原理图如图 5-13 所示。

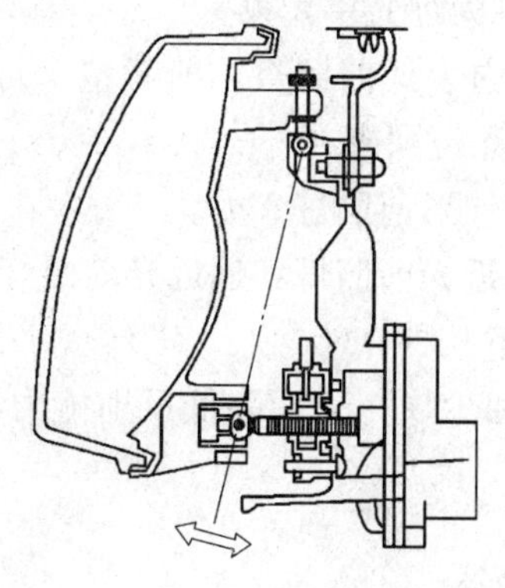

图 5-12　前照灯光束调整机构

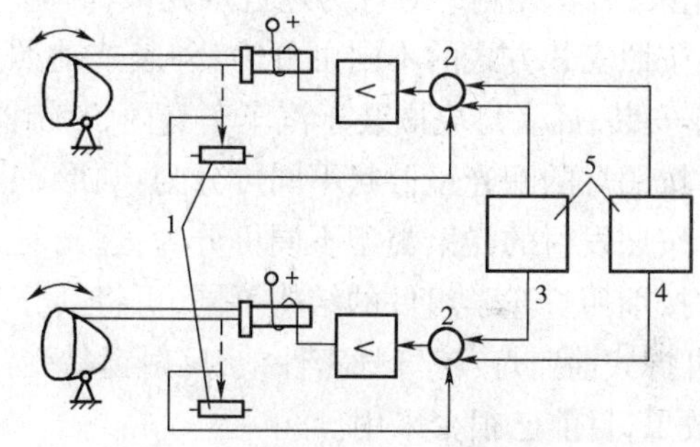

图 5-13　前照灯状态自动调整系统

1-电感传感器；2-信号合成器；3-前桥；4-后桥；5-标准信号发生器

4. 前照灯延时控制

前照灯延时控制电路可使前照灯在电路被切断后，仍继续照明一段时间后自动熄灭，为驾驶人离开黑暗的停车场所提供照明。美国德克萨斯仪表公司研制的前照灯延时控制电路如图 5-14 所示。

其工作原理如下：当汽车停驶切断点火开关时，晶体管 VT_1 处于截止状态。此时电容 C_1 立即经 R_5、R_2 开始充电；当 C_1 上的电压达到单结晶体管 VU_2 的导通电压时，C_1 则通过其发射极、基极和电阻 R_7 放电；于是在 R_7 上产生一个电压脉冲，使晶体管 VT_3 瞬时导通，消除加在晶闸管 VT 上的正向电压，使晶闸管 VT 截止；随后，VT_3 很快恢复截止，晶闸管还来不及导通，前照灯继电器失电而使其触点 K 打开（如图示位置），将前照灯电路切断，实现自动延时关灯的功能。

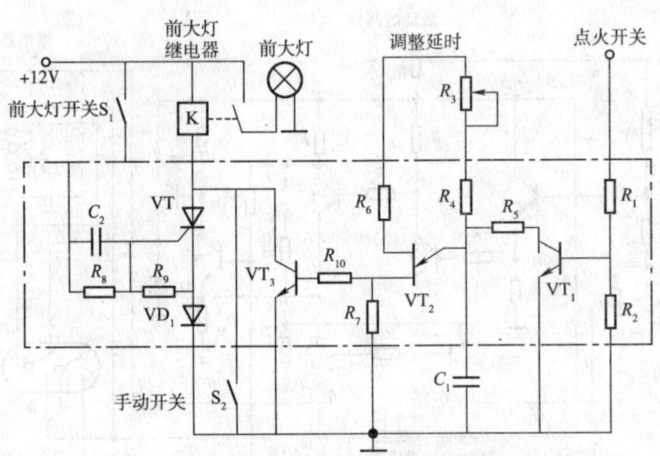

图 5-14　前照灯延时控制电路

五、前照灯的类型

(1)按照安装数量的不同可分为:两灯制前照灯和四灯制前照灯。前者每只灯具有远近光双光束;后者外侧一对灯为远近双光束,内侧一对灯为远光单光束。

(2)按照安装方式的不同可分为:外装式前照灯和内装式前照灯。前者整个灯具在汽车上外露安装;后者灯壳嵌装于汽车车身内,装饰圈、配光镜裸露在外。

(3)按照灯的配光镜形状不同可分为:圆形、矩形和异形前照灯 3 类。

(4)按照发射的光束类型不同可分为:远光前照灯、近光前照灯和远近光前照灯 3 类。

(5)按前照灯光学组件的结构不同,可将其分为以下几种:

①可拆式前照灯:该灯气密性差,反射镜易受湿气和尘埃污染而降低反射能力,严重降低照明效果,目前已很少采用。

②封闭式前照灯,一般是一次性的。

③半封闭式前照灯结构如图 5-15 所示。

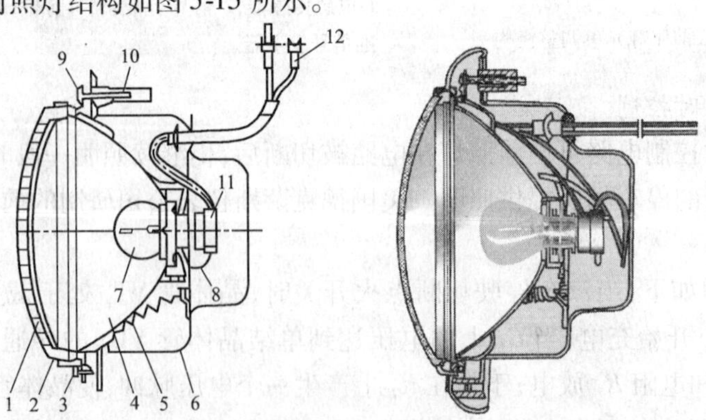

图 5-15　半封闭式前照灯

1-配光镜;2-固定圈;3-调整圈;4-反射镜;5-拉紧弹簧;6-灯壳;7-灯泡;8-防尘罩;9-调节螺钉;10-调整螺母;11-胶木插座;12-接线片

④投射式前照灯如图 5-16 所示。

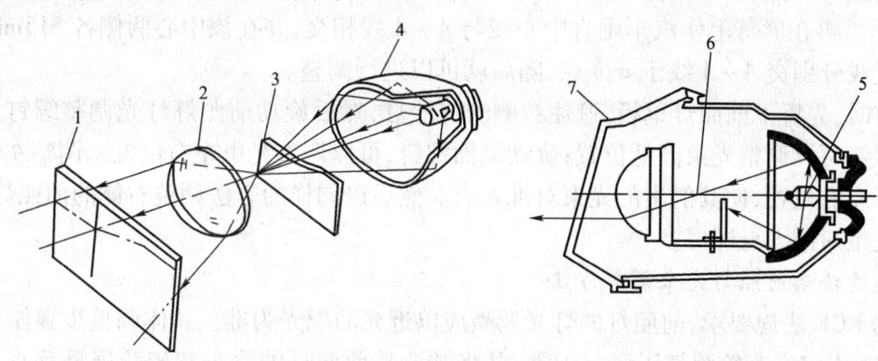

图 5-16 投射式前照灯

1-屏幕;2-凸形散光镜;3-遮光镜;4-椭圆反射镜;5-第一焦点(F1);6-第二焦点(F2);7-总成

投射式前照灯的反射镜近似于椭圆形状,它具有两个焦点。第一焦点处放置灯泡,第二焦点由光线形成的,凸形配光镜聚成第二焦点,再通过配光镜将聚集的光投射到前方,投射式前照灯所采用的灯泡为卤钨灯泡。第二焦点附近设有折光板,可遮挡上半部分光,形成明暗分明的配光。由于这种配光特性,因此也可用于雾灯。

六、前照灯和雾灯的灯光光束的调整

不同车型,前照灯和雾灯光束调整的要求不同,下面分别举例说明轿车和货车的调整方法。

1. EQ1090 系列汽车前照灯光束调整方法

为了使前照灯光束符合夜间行车的要求,使用中的调整工作是不可少的。根据 GB7258—2004《机动车安全运行技术条件》的规定,东风 EQ1090 系列汽车前照灯光束和调整要求如图 5-17 所示。

(1)室外调整。如图 5-17a)所示,为汽车在室外调整的要求,而且要求在空车时进行调整。该调整是考虑到适应汽车载满 5t 时,光束与地面平行射出,不影响驾驶人的安全以及行车速度。空车调整时,调整近光射距为 41m,这时远光射距相当于 66m。这样,汽车在满载时,近光照射可达 75m;远光光束与地面平行照射,不低于 160m。

夜间空车行驶时,驾驶人会感觉灯光偏低,这是正常现象,应适当减速,以保证行车安全。

(2)室内屏幕调整。如图 5-17b)所示,为室内屏幕调整的要求。将汽车停放在水平地面上,使轮胎气压符合规定,擦净散光玻璃。在距车前照灯前 10m 处挂置屏幕(或利

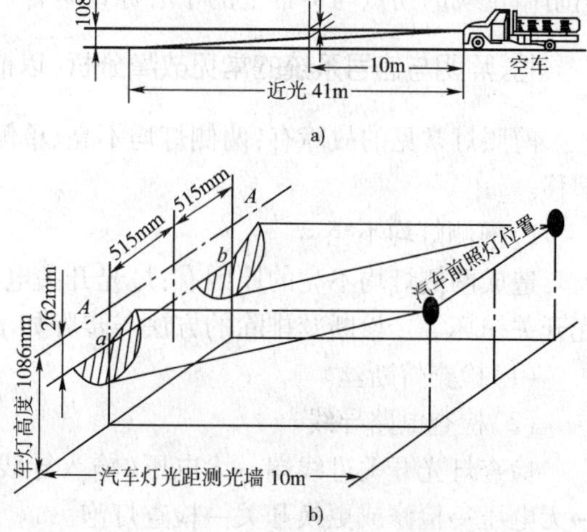

图 5-17 EQ1090 系列汽车前照灯光束调整方法

用白色墙壁），在屏幕上距地面1086mm的高度处作水平线$A-A$，该线比汽车前照灯水平线高262mm。再在屏幕上作汽车垂直中心线与$A-A$线相交，并在该中心两侧各515mm处作两条垂直线分别交$A-A$线于a、b点，随后就可以进行调整。

调整时，先拆下前照灯罩板，遮住右侧的前照灯，然后旋动前照灯灯光调整螺钉。旋动正上方螺钉可以调整光束高低位置；旋动侧面螺钉，可以调整光束左右位置。调整左侧前照灯的上下左右位置，使其射出的光束对准a点。然后以同样的方法调整右侧的前照灯，使其射出的光束对准b点即可。

2. 奥迪轿车前照灯光束调整方法

根据ECE法规要求，前照灯的灯光调整应以近光的配光为准。具体调整步骤如下：

（1）首先将汽车轮胎气压调节正常，并将被调整前照灯的汽车和校验屏幕垂直放置在平坦的地面上，使前照灯的光轴与校验屏幕垂直，前照灯配光镜表面与校验屏幕距离为10m，如图5-18所示。

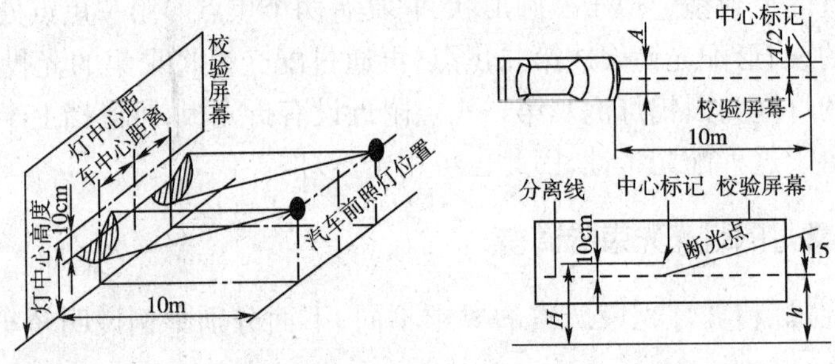

图5-18　奥迪轿车前照灯光束调整方法

（2）把前照灯的灯光高度配重调节拉钮拉起，并在驾驶人座位配重物70kg或坐一个人。

（3）在灯光调整时，应单个进行；在调整一个前照灯的灯光时，要将另一个前照灯遮盖住，或者拔掉熔断丝。

（4）调整前照灯的2个灯光调整旋钮，使灯光明暗截止线与校验屏幕上的分离线重合，明暗截止线的拐点与屏幕上的中心标记重合。

七、照明与信号系统的常见故障分析（以前照灯的检查为例）

前照灯常见的故障有：两侧灯均不亮、单侧灯不亮、两灯亮度不同、远近光不全、主光轴偏移。

1）两侧灯均不亮

造成两侧灯均不亮的原因有：灯光开关电源输入线断路或搭铁、主线路熔断丝熔断、灯光开关损坏等。诊断及排除的方法与步骤如下：

（1）检查熔断丝。

（2）检查电路导线。

检查灯光开关进线端→无电压（输入导线断路）；有电压→闭合开关，检查开关出线端→无电压→检修或更换开关→检查灯泡。

2）单侧灯不亮

造成单侧灯不亮的原因有:灯丝烧断、熔断丝熔断、熔断丝与灯泡之间或灯泡与开关之间导线断路、导线接触不良。诊断及排除的方法与步骤如下:

(1)检查灯泡。

检查灯泡→灯丝断→更换灯泡;灯丝未断→检查熔断丝。

(2)检查熔断丝。

检查熔断丝熔断→更换熔断丝;熔断丝未熔断→检查导线。

(3)检查导线。

检查灯泡正极端→无电压→熔断丝与灯泡之间导线熔断→焊接或更换后有电压→检查灯泡搭铁导线。

3)两侧灯亮度不同

造成两侧灯亮度不同的原因有:其中一侧灯搭铁不良或性能变差、接线柱氧化或接触不良。诊断及排除的方法与步骤如下:

检查搭铁线→检查接线柱→排除故障→更换灯泡(作代换检查)。

4)主光轴偏移

造成前照灯主光轴偏移的原因是安装调整不当,应及时调整。

第三节　汽车转向灯及其闪光器

汽车转向灯主要是用来指示车辆的转弯方向,以引起交通民警、行人和其他驾驶人的注意,提高车辆行驶的安全性。另外,汽车转向灯同时闪烁还用做危险警报的指示。汽车转向灯的闪烁是通过闪光器来实现的,按照结构和工作原理的不同分为电热丝式、电容式、翼片式、水银式、晶体管式、集成电路式等。

汽车转向灯闪光器以往多采用电热式结构,由于它们工作稳定性差、寿命短、信号灯的亮暗不够明显,因而目前多采用结构简单、体积小、工作稳定、使用寿命长的电子式闪光器即晶体管式和集成电路式两大类。

1. 电热丝式闪光器

电热丝式闪光器是利用镍铬丝的热胀冷缩特性接通或断开转向灯电路,从而实现转向信号灯及转向指示灯的闪烁。图5-19为SD56型电热丝式闪光器的结构与工作原理。

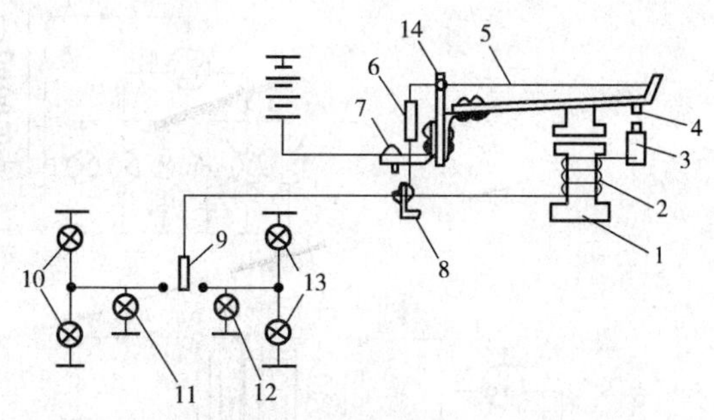

图5-19　电热丝式闪光器

1-铁芯;2-线圈;3-固定触点;4-活动触点;5-镍铬丝;6-附加电阻丝;7、8-接线柱;9-转向开关;10-左(前、后)转向灯;11-左转向指示灯;12-右转向指示灯;13-右(前、后)转向灯;14-调节片

2. 电容式闪光器

电容式闪光器是利用电容器充、放电延时特性,使继电器2个线圈产生的电磁吸力时而相同叠加,时而相反削减,从而使继电器产生周期性开关动作,使得转向信号灯及指示灯实现闪烁的。电容式闪光器的结构及工作原理如图5-20所示。

3. 翼片式闪光器

翼片式闪光器是利用电流的热效应,以热胀条的热胀冷缩为动力,使翼片产生突变动作,接通和断开触点,使转向信号灯及转向信号指示灯实现闪烁的。图 5-21、图 5-22 分别为直热及旁热翼片弹跳式闪光器工作原理图。

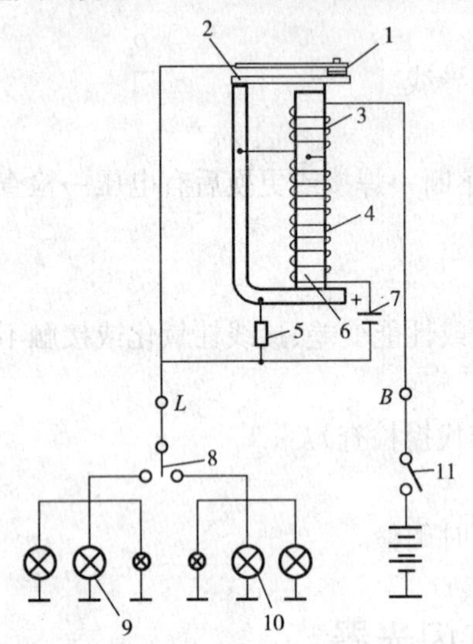

图 5-20　电容式闪光器

1-触点;2-弹簧片;3-串联线圈;4-并联线圈;5-灭弧电阻;6-铁芯;7-电解电容器;8-转向灯开关;9-左转向信号灯及指示灯;10-右转向信号灯及指示灯;11-电源开关

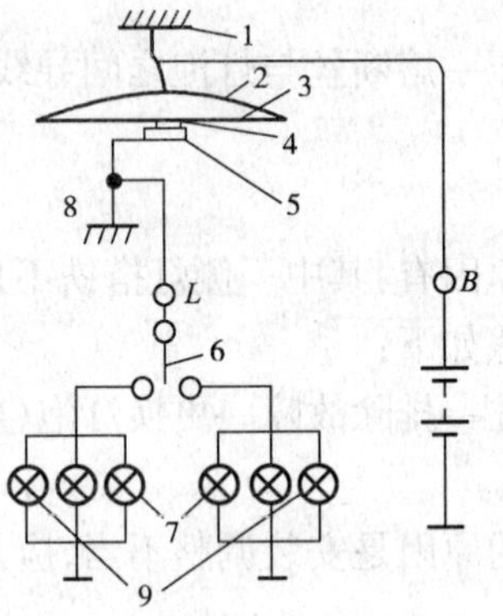

图 5-21　直热翼片弹跳式闪光器

1、8-支架;2-翼片;3-热胀条;4-动触点;5-静触点;6-转向开关;7-转向指示灯;9-转向信号灯

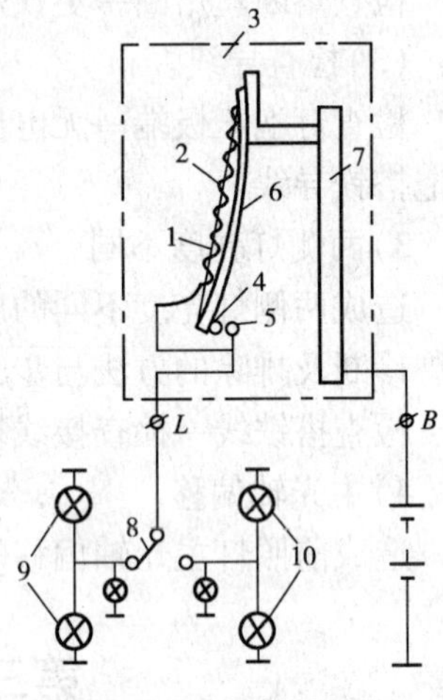

图 5-22　旁热翼片弹跳式闪光器

1-热胀条;2-电阻丝;3-闪光器;4-动触点;5-静触点;6-翼片;7-支架;8-转向开关;9、10-左、右转向信号灯及指示灯

4. 水银式闪光器

水银式闪光器是利用柱塞的上下运动及水银的流动使得串入转向灯电路中电极接通或断开,从而实现转向信号灯及指示灯的闪烁的。水银式闪光器的工作原理图如图 5-23 所示。

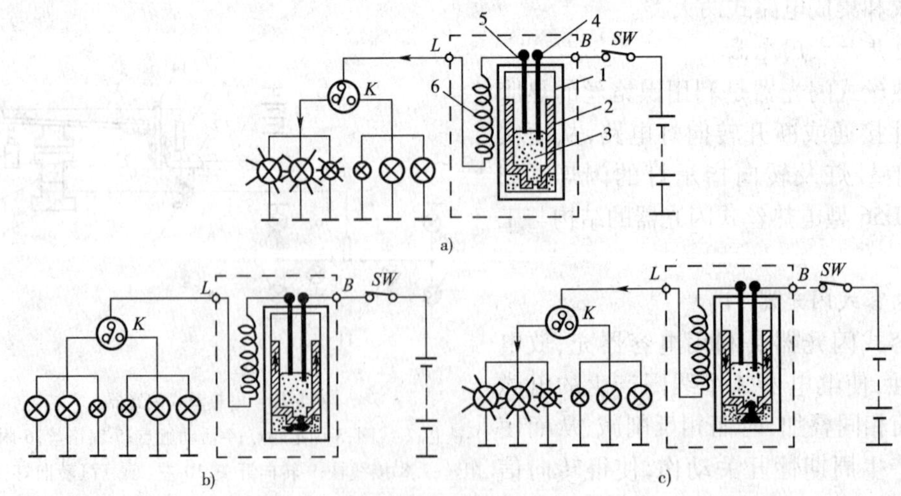

图 5-23　水银式闪光器

1-外壳;2-柱塞;3-水银;4、5-电极;6-线圈

5. 晶体管式闪光器

晶体管闪光器分有触点式和无触点式 2 种：第一种是触点式晶体管闪光器(图 5-24)，第二种是无触点晶体管闪光器(图 5-25)。

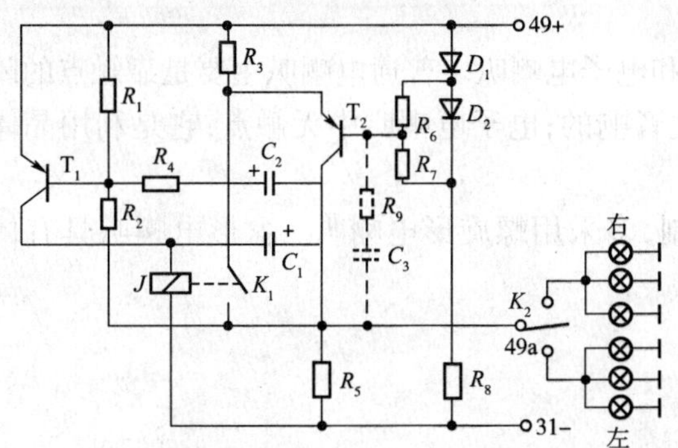

图 5-24　有触点式晶体管闪光器工作原理图

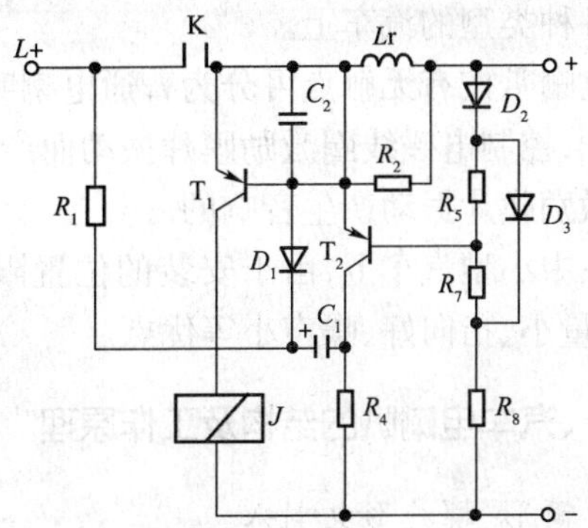

图 5-25　无触点晶体管闪光器工作原理图

6. 集成电路闪光器

集成电路闪光器与晶体管闪光器的不同之处就是用集成电路 IC 取代了晶体管振荡器，这类闪光器也分有触点式和无触点式 2 种。图 5-26 所示为 SGF—141 型有触点式集成电路闪光器。图 5-27 所示为带有蜂鸣器无触点式集成电路闪光器。

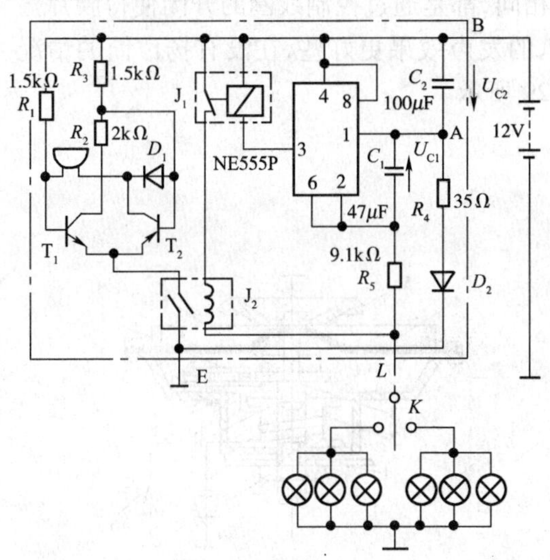

图 5-26　有触点式集成电路闪光器工作原理图

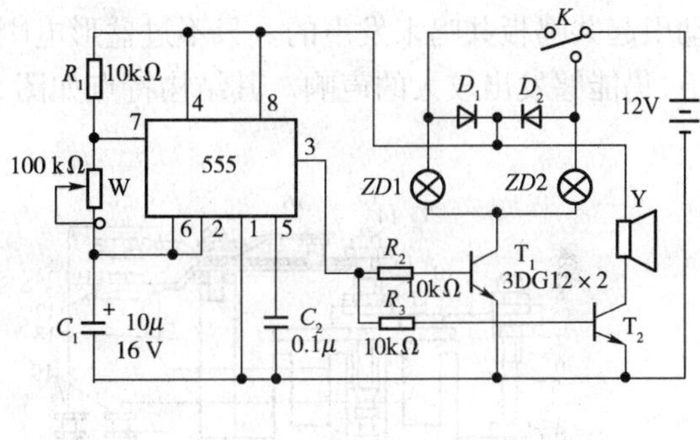

图 5-27　无触点式集成电路闪光器工作原理图

第四节　电　喇　叭

目前，汽车上装用的喇叭多为电喇叭，主要用于警告行人和其他车辆，以引起注意，保证行车安全。

喇叭按发音动力有气喇叭和电喇叭之分；按外形有螺旋形、筒形、盆形之分；按声频有高

音和低音之分;按接线方式有单线制和双线制之分。

气喇叭是利用气流使金属膜片振动产生音响,外形一般为筒形,多用在具有空气制动装置的重型载货汽车上。电喇叭是利用电磁力使金属膜片振动产生音响,其声音悦耳,广泛使用于各种类型的汽车上。

电喇叭按有无触点可分为普通电喇叭和电子电喇叭。普通电喇叭主要是靠触点的闭合和断开,控制电磁线圈激励膜片振动而产生音响的;电子电喇叭中无触点,它是利用晶体管电路激励膜片振动产生音响的。

在中小型汽车上,由于安装的位置限制,多采用螺旋形电喇叭。盆形电喇叭具有体积小、质量小、指向好、噪声小等优点。

一、汽车电喇叭的结构及工作原理

1. 筒形、螺旋形电喇叭

筒形、螺旋形电喇叭的构造如图 5-28 所示。其主要机件由山形铁芯、线圈、衔铁、膜片、共鸣板、扬声器、触点以及电容器等。膜片和共鸣板借中心杆与衔铁、调整螺母、锁紧螺母联成一体。通过线圈的通断使得膜片不断振动,从而发出一定音调的音波,由扬声筒加强后传出。

2. 盆形电喇叭

盆形电喇叭工作原理与筒形、螺旋形电喇叭相同,都是通过控制线圈的开闭使得膜片振动引起共鸣板共鸣来发声的。只不过盆形电喇叭的发声效果更好些,在没有扬声筒的情况下,仍能够发出较大的声响。其结构特点如图 5-29 所示。

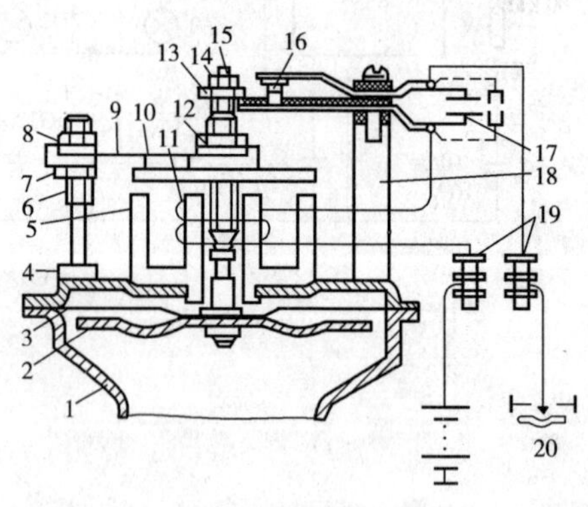

图 5-28　筒形、螺旋形电喇叭

1-扬声器;2-共鸣板;3-膜片;4-底板;5-山形铁芯;6-线螺柱;7、13-调整螺钉;8、14-锁紧螺母;9-弹簧片;10-衔铁;11-线圈;12-锁紧螺母;15-中心杆;16-触点;17-电容器;18-导线;19-接线柱;20-按钮

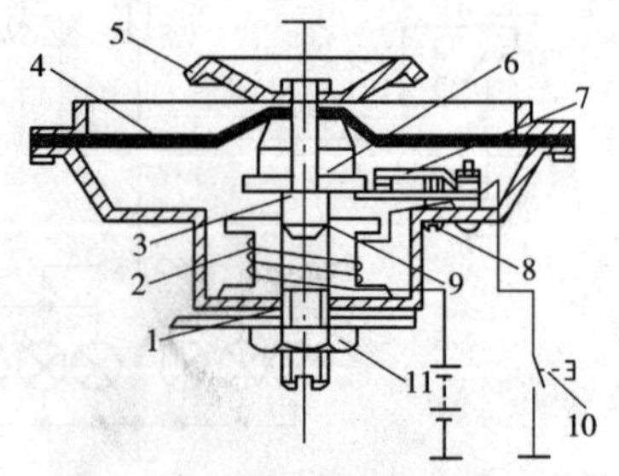

图 5-29　盆形电喇叭

1-下铁芯;2-线圈;3-上铁芯;4-膜片;5-共鸣板;6-衔铁;7-触点;8-调整螺母;9-铁芯;10-按钮;11-锁紧螺母

3. 电子电喇叭

盆形电子电喇叭的结构如图 5-30 所示,其电路如图 5-31 所示。由于晶体三极管取代了触点,避免了触点烧蚀等故障的产生,使得电喇叭的工作性能更为可靠。

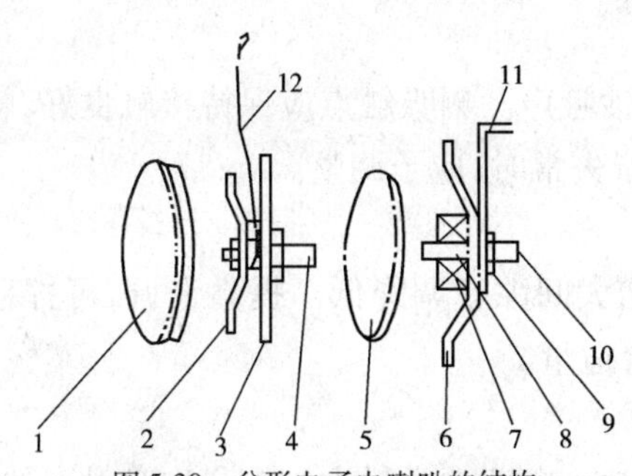

图 5-30　盆形电子电喇叭的结构

1-罩盖；2-共鸣板；3-绝缘膜片；4-上衔铁；5-绝缘垫圈；6-喇叭体；7-线圈；8-下衔铁；9-锁紧螺母；10-调节螺钉；11-托架；12-导线

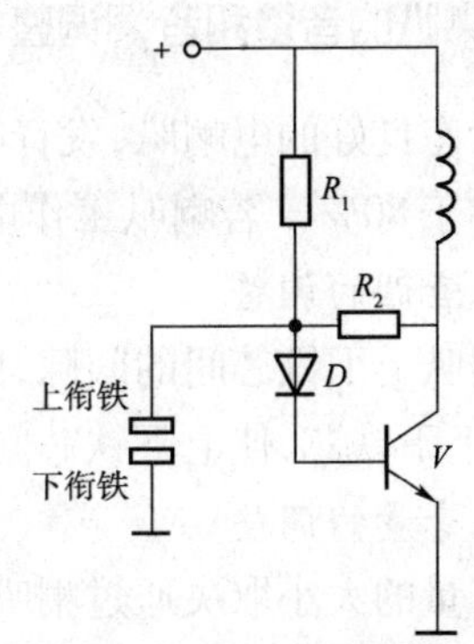

图 5-31　WDL—120G 型电子电喇叭电路图

R_1-100Ω；R_2-470Ω；D-2C Z；V-D478B

二、喇叭继电器

为了得到更加悦耳的声音，在汽车上常装有两个不同音调（高、低音）的喇叭。其中高音喇叭膜片厚，扬声筒短，低音喇叭则相反。有时甚至用 3 个（高、中、低）不同音调的喇叭。装用单只喇叭时，喇叭电流是直接由按钮控制的，按钮大多装在转向盘的中心。当汽车装用双喇叭时，因为消耗电流较大（喇叭继电器 15～20A），用按钮直接控制时，按钮容易烧坏。为了避免这个缺点，采用喇叭继电器，其构造和接线方法如图 5-32 所示。

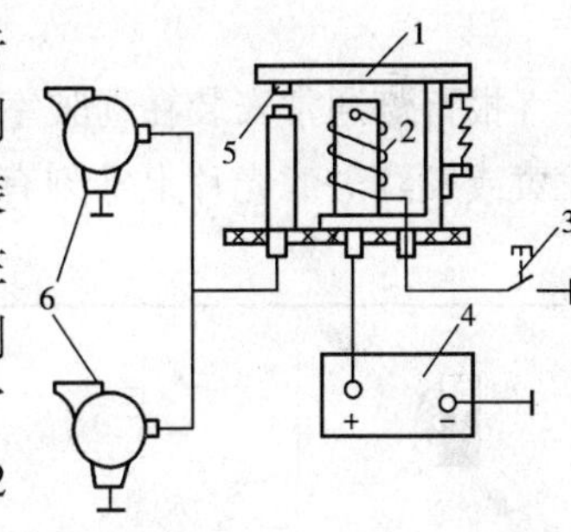

图 5-32　喇叭继电器

1-触点臂；2-线圈；3-按钮；4-蓄电池；5-触点；6-喇叭

三、喇叭的检查

电喇叭的常见故障有：喇叭不响、音质不佳或音量不适当。

1. 喇叭不响

造成喇叭不响的原因有导线断路或接触不良，按钮开关损坏或继电器损坏，喇叭损坏。诊断及排除的方法与步骤如下。

1）检查导线

检查各部导线接头→检查按钮开关电源接柱的电压，若无电压→检查熔断丝和电源线→检查按钮开关。

2）检查按钮开关及继电器

短接按钮开关→喇叭响→更换按钮开关；短接继电器触点→喇叭响，继电器有故障；否则，喇叭本身有故障。

2. 喇叭音质不佳或音量不适当

造成喇叭音质不佳或音量不适当的原因有：蓄电池电量不足，接触不良，喇叭本身有故障。诊断及排除的方法与步骤如下：

检查蓄电池电压→检查导线各部接头→调整喇叭的音量和音质。

四、电喇叭的音量和音调调整

工作状态良好的电喇叭，发音响亮清晰而无沙哑声。喇叭触点应保持接触良好，触点接触面积不小于80%。若喇叭工作电流过大或声音失常时，应予调整。

1. 喇叭音调的调整

减小喇叭上下铁芯间的间隙，则音调升高，增大间隙音调降低。提高音调，可拧松锁紧螺母，转动上下铁芯，使上下铁芯间的间隙调至合适量。

2. 喇叭音量的调整

喇叭音量的大小取决通过喇叭线圈电流的大小，电流大音量大。提高喇叭触点的压力，喇叭工作的触点闭合时间延长，流过线圈的平均电流增大，音量相应加强，音量与音调的调试两者相互影响，应反复调整，直至符合要求为止。

第五节　报警灯及报警开关

报警灯通常安装在驾驶室内仪表板上，功率为1～3W。在灯泡前有滤光片，以使灯泡发黄或发红。滤光片上常刻有图形符号，以显示其功能，其含义见表5-1。

常见图形符号及其含义　　表5-1

燃油	(水)温度	油压	充电指示	转向指示灯	远光
近光	雾灯	手制动	制动失效	安全带	油温
示廓(宽)灯	真空度	驱动指示	发动机舱	行李舱	停车灯
危机报警	风窗除霜	风机	刮水/喷水器	刮水器	喷水器
车灯开关	阻风门	喇叭	点烟器	后刮水器	后喷水器

一般报警灯和报警灯开关串联后接入电路，报警灯开关监视相应值，并按照设定条件动作，使得报警电路接通，报警灯点亮。其基本电路如图5-33所示。

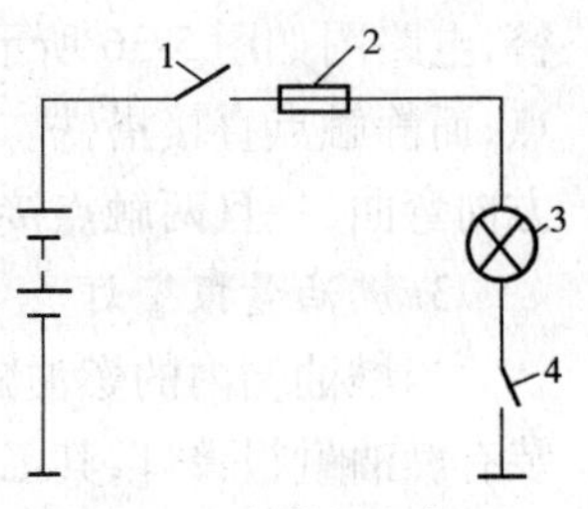

图5-33　报警灯电路

1-电源开关；2-熔断丝；3-报警灯；4-报警开关

1. 油压报警灯

机油压力的正常与否，直接影响汽车的使用性能与工作的可靠性，因此许多车辆设置了油压报警灯。如图5-34、5-35所示，为弹簧管式油压报警灯开关和膜片式油压报警灯开关。打开点火开关发动机尚未起动时，油压开关处于接通状态，报警灯点亮。发动机起动后，主油道压力升高，开关的触点断开，报警灯熄灭，表明润滑系统工作正常。如果运行过程中，油道出现堵塞、泄漏等情况，使得机油压力低于某一设定值，开关将接通，报警灯点亮，以提醒驾驶人立即停车修理。另外，有的车辆设有低压、高压两个压力值，当机油压力低于低压值或高于高压值时，低压常闭开关打开或高压常开开关接通，点亮报警灯。

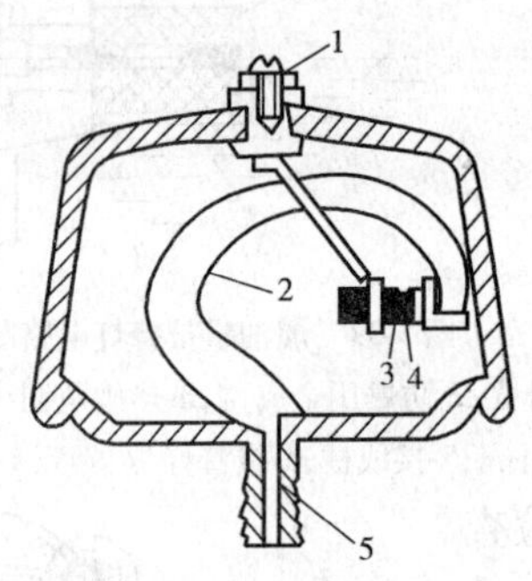

图5-34　弹簧管式油压报警灯开关图

1-接线柱；2-管形弹簧；3-静触点；4-动触点；5-管接头

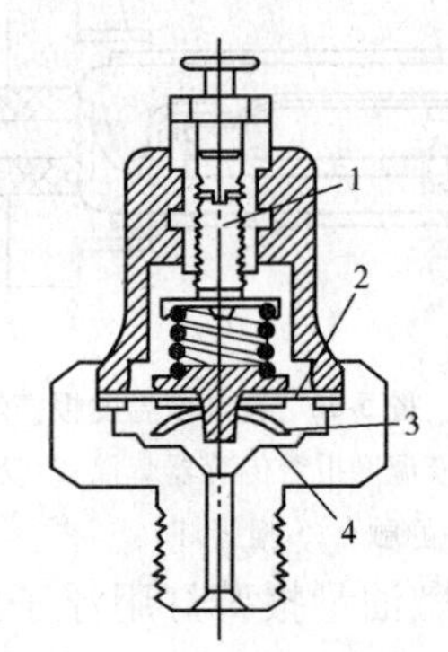

图5-35　膜片式油压报警灯开关

1-调整螺钉；2-膜片；3-活动触点；4-搭铁点

桑塔纳2000型轿车的机油压力指示系统，由低压油压开关、高压油压开关、油压检查控制器、机油压力指示灯等组成。当发动机工作时，用来检测发动机主油道中机油压力的大小。

低压开关安装在发动机缸盖上，其外壳直接搭铁。低压油压开关为常闭型开关，当油压低于0.03MPa时常闭（发动机未发动）。当油压高于0.03MPa时，开关打开。

低油压开关上的黄色导线进入中央线路板后导入组合仪表盘，接通到油压控制器，送入低油压信号。

高压开关安装在机油滤清器支架上，其外壳直接接地。高压油压开关为常开型开关，当油压低于0.18MPa时，开关常开，当油压高于0.18MPa时开关闭合。

高压开关上的蓝/黑色导线进入中央线路板后导入组合仪表盘，接通到油压控制器，送入高油压信号。

油压检查控制器安装在车速里程表的框架上。红色机油压力指示灯位于仪表板上。

2. 冷却液温度报警灯

冷却液温度报警灯的作用是当冷却液温度升高至一定限度时，报警灯自动点亮，以示报警,电路图如图5-36所示。在传感器的密封套管内装有条形双金属片,其自由端焊有动触点,而静触点直接搭铁。当温度升高至限定值时,由于双金属片膨胀系数的不同,向静触点方向弯曲,一旦两触点接触,便接通报警灯电路红色报警灯点亮。

3. 燃油量报警灯

当燃油箱内的燃油减少到某一限定值时,为了告知驾驶人,引起注意,在许多车辆上都装有燃油量报警灯,其工作原理如图5-37所示。它由负温度系数热敏电阻式燃油量报警传感器和报警灯组成。当油箱内燃油量充足时,热敏电阻元件浸没在燃油中散热较快,其温度较低,电阻值相应大,故此电路中的电流较小,报警灯处于熄灭状态;当燃油不足时,热敏电阻元件露出油面,散热慢,温度升高,电阻值相应减小,电路中的电流增大,报警灯因此点亮,以示报警。

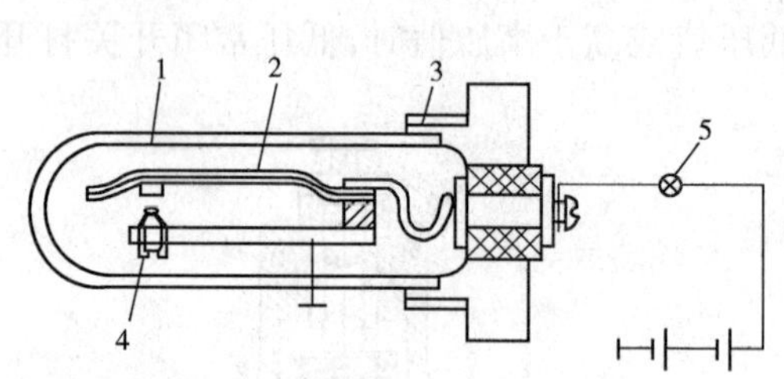

图5-36　冷却液温度报警灯电路

1-冷却液温度报警传感器套筒;2-双金属片;3-螺纹接头;4-静触点;5-报警灯

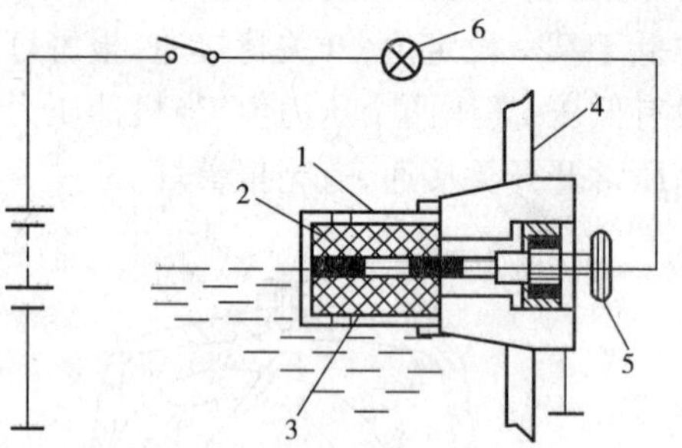

图5-37　燃油量报警灯电路图

1-外壳;2-防爆用金属网;3-热敏电阻元件;4-油箱外壳;5-接线柱;6-报警灯

有的燃油量报警灯用浮子式,如图5-38所示。检查方法如下:

其传感器实际上是一个可变电阻,检查时,从油箱中拆下传感器总成,用万用表测量浮子在不同高度时的电阻值(图5-38)。

浮子从没有油状态到油满状态,电阻值应逐渐增大,否则应更换传感器。

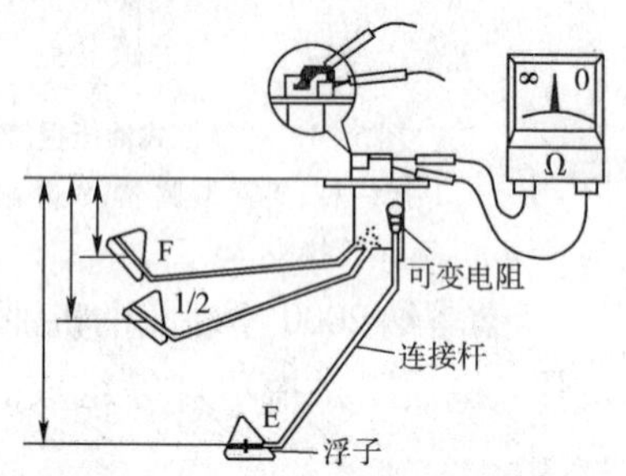

图5-38　浮子式燃油量报警灯的检修

燃油量报警灯检查常见故障及排除方法

(1)接通点火开关,表针总在无油位置。此时应观察水温表和其他警告灯,如均不工作,故障可能在点火开关至蓄电池之间;若水温表和其他警告灯工作,则故障在传感器与指示表之间。拆下传感器的导线进行搭铁试验,如指示表工作,则故障在传感器或传感器搭铁不良;如表针仍不动,则故障在传感器导线或指示灯。

(2)接通点火开关,指针总在油满位置。拆下传感器导线接头,表针如能退回到空位置,表明传感器短路;如指针不能退回,表示传感器导线搭铁。

4. 制动液液面报警灯

制动液液面报警灯的传感器安装于制动液管内,其结构如图5-39所示。在传感器的外壳内装有舌簧开关,开关的两个接线柱与液面报警灯及电源相连接,浮子上固装有永久磁铁。

当浮子随制动液面下降至规定值以下时，永久磁铁的电磁吸力使得舌簧开关闭合，接通报警灯电路，发出报警；当制动液液面在限定值以上时，浮子上升，由于吸力减弱，舌簧开关在自身弹力作用下，断开报警灯电路。

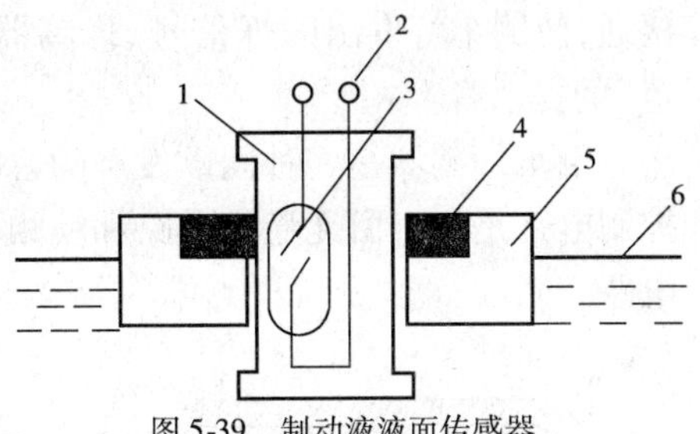

图 5-39　制动液液面传感器

1-外壳；2-接线柱；3-舌簧开关；4-永久磁铁；5-浮子；6-液面

5. 燃油滤清器警告灯

有的车装有积水警告灯，例如依维柯汽车。当燃油滤清器中的积水达到一定程度时，警告灯亮，指示驾驶人进行排水和清洁。

其工作原理如图 5-40 所示。在燃油滤清器内部装有一个浮子，浮子上有磁铁，浮子的比重比柴油大而比水小。当滤清器中的水逐渐增多时，浮子慢慢上升，达到限位被卡住，此时浮子使水位开关接通，装在仪表上的警告灯点亮。正常工作时，接通点火开关而没有起动发动机时，警告灯和充电指示灯均点亮，这时的燃油滤清器警告灯电路是：蓄电池→点火开关→警告灯→二极管→发电机电压调节器→搭铁。发动机起动后，发电机开始向蓄电池充电，此时电压调节器起作用，警告灯熄灭。当水位开关接通时，警告灯通过水位开关搭铁，警告灯不熄灭，这时应及时排水。

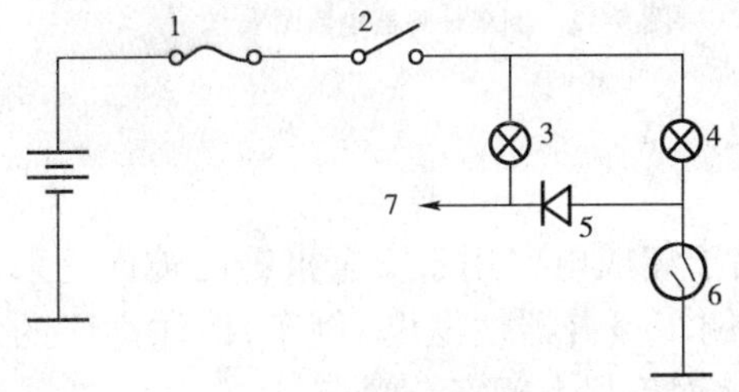

图 5-40　燃油滤清器警告灯

1-熔断丝；2-点火开关；3-充电指示灯；4-滤清器警告灯；5-二极管；6-水位开关；7-至电压调节器接头

如发现点火开关接通，而发动机没有起动时，警告灯不亮，可能是线路接头脱落，熔断丝或警告灯损坏等，应及时排除。若发动机工作中供油不畅且有水分，而警告灯不亮，可能是水位开关故障或浮子卡住，此时应解体检查。

6. 空气滤清器警告灯

有的发动机由于装有废气涡轮增压器，对空气滤清器的要求较高。因此，在驾驶室中装有空滤器堵塞指示器。它是利用空气滤清器和进气歧管间的真空度来产生作用。当空气滤清器滤芯脏污，堵塞程度增加而空气的通过能力降低时，进气管内的真空度增加，真空吸力克服指示器内弹簧张力而吸下信号器，指示灯亮，表明空气滤清器滤芯需要清洗和更换。指示器应定期进行检查，其方法是：

(1) 把指示器拆下，用嘴吸动信号器，如能吸下，表示指示器良好。

(2) 起动发动机，堵住空气滤清器的进气口，随着发动机转速的提高，信号器应被吸下，否则说明空气滤清器不密封，或滤芯破裂或指示灯损坏。

7. 声音报警

1) 倒车开关与倒车蜂鸣器

汽车倒车时，为了警告车后的行人和车辆驾驶人，在汽车的后部常装有倒车灯、倒车蜂鸣器或语音倒车报警装置，他们都由装在变速器盖上的倒车开关自动控制。

倒车开关的结构如图 5-41 所示，当把变速杆拨到倒挡时，由于倒车开关中的钢球 1 被松开，在弹簧 5 的作用下，触点 4 闭合，于是倒车灯、倒车蜂鸣器或语音倒车报警器便与电源接通，使倒车灯发出闪烁信号、蜂鸣器发出断续鸣叫声，语音倒车报警器发出“倒车，请注意”的提示音。

倒车蜂鸣器是一种间歇发声的音响装置，其发声部分装用的是一只功率较小的电喇叭，控制电路是一个由无稳态电路和反相器组成的开关电路。图 5-42 所示为一种倒车蜂鸣器电路。

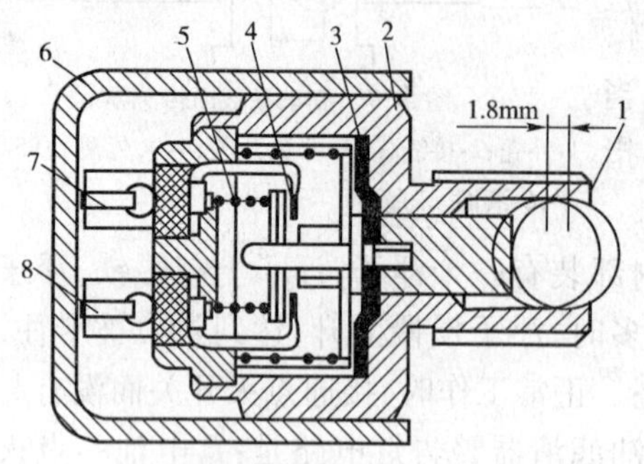

图 5-41　倒车开关

1-钢球；2-壳体；3-膜片；4-触点；5-弹簧；6-保护罩；7、8-导线

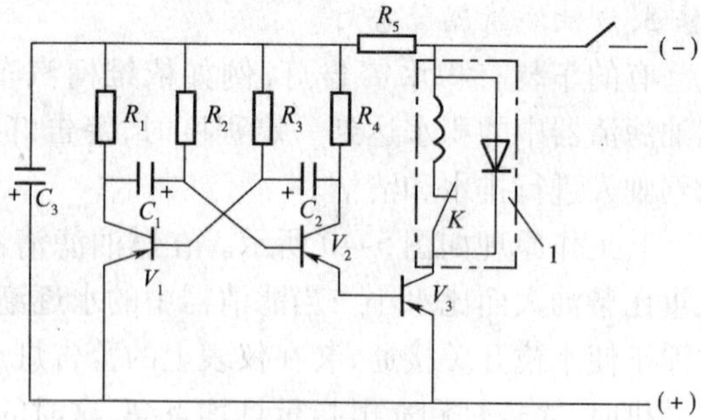

图 5-42　倒车蜂鸣器电路图

2）语音倒车报警

随着集成电路技术的发展，将语音信号压缩存储于集成电路用于安全报警已被广泛采用，语音倒车报警器即是其中之一。当汽车倒车时，倒车报警器便发出“倒车，请注意！”的提示音，以提醒行人或其他车辆的驾驶人注意避让，从而确保车辆安全倒车。

3）座椅安全带报警系统

当接通点火开关而没有扣紧座椅安全带时，座椅安全带报警系统蜂鸣器发出报警声响并点亮报警灯约 8s。座椅安全带扣环开关是一端搭铁的常闭式开关。当座椅安全带被扣紧时，开关才张开，蓄电池电压随点火钥匙置于点火位置时加至定时器，如果此时安全带未扣好，电路便通过常闭开关搭铁，接通蜂鸣器及报警灯电路。如果在安全带扣好的状态下接通点火开关，来自蓄电池的电流便通过加热器使得双金属带发热，达到一定程度后，使触点张开从而切断电路。

4）前照灯未关及点火钥匙未拔报警系统

如果驾驶人在离开车辆打开车门时没有关闭前照灯，蜂鸣器或发音器便发出鸣叫提示。驾驶人边门控制开关为常闭式、一端搭铁的开关，只有车门关闭时，该开关才断开。如果此时驾驶人打开车门，蜂鸣器电路即被接通，于是发出鸣叫提示，直到前照灯关闭或驾驶人边门关闭才停止。

5）防撞系统报警

为了提高行车安全，保护车辆及乘员，现代汽车装备了防撞系统。按照距离识别元件的不同，有红外线防撞系统、超声波防撞系统、激光防撞系统等。它们均采用单片机控制技术，能够自动检测并跟踪被测车辆与障碍物的距离，一旦该距离达到安全设置的极限距离时，便通过控制发出报警声音信号，并自动制动，使车辆减速行驶乃至停车。

8. 其他指示灯

随着电子技术的发展，汽车用指示灯越来越多，目前常见的还有以下 7 种。

1) EGR 报警灯

在进行必要的维修后,应按动复位按钮,使 EGR 报警灯熄灭。

2) 排放控制系统(ESC)指示灯

在点火开关置于“ON”位置时,ESC 指示灯将点亮。在发动机起动结束后,如果自诊断系统没有检测到故障,指示灯即会熄灭。进行必要的诊断与维修后,应清除系统故障代码。这时,报警灯会自动熄灭。

3) 氧传感器报警灯

按规定完成相应的维护操作后,应按动复位按钮,使氧传感器熄灭。

4) 维护提示灯

在车辆需要进行某一项维护操作时,相应的维护提示灯就会点亮。上述系统采用了永久性存储器,即使断开蓄电池电缆,有关信息也不会被清除。在完成必要的维护操作后,应使相应的维护提示灯复位。

5) 自动变速器超速挡指示灯

将点火开关置于“ON”位置,在“OD”开关位于“OFF”位置时,“OD OFF”指示灯应点亮;在“OD”开关位于“ON”位置时,“OD OFF”指示灯应熄灭。如果“OD”开关位于“ON”位置时,“OD OFF”指示灯仍然点亮,则说明自动变速器的电控系统存在故障。

6) 自动变速器油温报警灯

在自动变速器或差速器油温高于 150℃(302F)时,油温报警灯即会点亮。如果报警灯点亮,在油温降至 120℃(248F)之前,仅允许车辆以怠速运转。

7) 安全气囊系统报警灯

安全气囊报警灯的作用是监测安全气囊系统的工作情况。在发动机起动过程中,报警灯应点亮。当自诊断系统已确认安全气囊系统不存在故障后,报警灯即应熄灭。如果报警灯仍然点亮,则说明安全气囊系统存在故障。在对安全气囊系统进行诊断与维修后,应使报警灯复位。

1. 什么是眩目现象?前照灯为什么要分远光和近光?各有何作用?

2. 利用屏幕法如何进行前照灯光束的调整?

3. 电喇叭的音量、音调如何调整。

4. 充电指示灯常见故障有哪些?怎样进行检查不充电故障?

5. 汽车上有哪些报警指示灯?各有何作用?

第六章 汽车仪表

学习目标

- 了解汽车传统仪表的工作原理和构成；
- 掌握汽车仪表的作用；
- 了解汽车电子仪表显示方式及其维修；
- 了解仪表装置的故障诊断及排除。

为了保证行车安全，驾驶人通过视觉与听觉获取道路和交通状况等车外信息的同时，还需要获得汽车本身的有关信息，以便做出正确的判断，安全驾驶汽车。仪表便是驾驶人通过视觉了解汽车状态的必备部件。汽车仪表是汽车的关键零部件之一，集中、直观地反映汽车在行驶过程中的各种动态指标，如行驶速度、里程、电系状况、制动、压力、发动机转速、冷却液温度、燃油量、指示灯等状态。仪表板总成似一扇窗户，随时反映出车子内部机器的运行状态，同时它又是部分设备的控制中心和被装饰的对象，是轿车车厢内最引人注目的部件。可以这样说，仪表板总成既有技术的功能又有艺术的功能，它反映出各国轿车制作工艺和风格上的差异，是整车的代表作之一。

汽车仪表一般布置在前围板上。由于仪表是靠视觉了解汽车状态的装置，因此应具有良好的目视性，将仪表布置在正面的前围板上，就是为了驾驶人观察仪表时，避免视线从前方的路面移开，有利于安全行车。汽车仪表板集中了全车的仪表，显示了汽车的工作状况。不同汽车仪表板的仪表不尽相同，一般汽车的常规仪表有车速里程表、转速表、机油压力表、水温表、燃油表、充电表等。在现代汽车上，汽车仪表还需要装置稳压器，专门用来稳定仪表电源的电压，抑制波动幅度，以保证汽车仪表的精确性。另外，大部分仪表显示的依据来自传感器，传感装置根据被监测对象的状态变化而改变其电阻值，通过仪表表述出来。

早期的汽车仪表驱动是机械式的，显示使用指针。如转速表和车速表，软轴通过仪表使仪表被驱动，带动指针偏转，显示车速与转速。目前这种仪表逐渐被电子化仪表所取代。除了机械仪表一旦出现故障则很难处理之外，另一主要原因是汽车装用的电子控制机构和相关的监控项目不断增加，同时采用电子化仪表可改进车辆认视性和汽车仪表的多样性。

轿车仪表板上主要有车速里程表、转速表、冷却液温度表、燃油表、时钟、动态油压报警、防冻液液位报警、高温报警、燃油不足报警、手制动作用、充电、后风窗加热除霜、远光指示、紧急闪光、ABS 报警等二十几种仪表或显示装置，如图 6-1 所示。

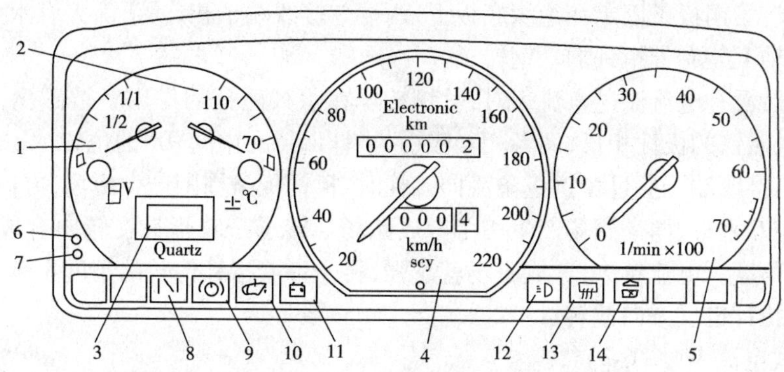

图 6-1　桑塔纳 2000 型轿车仪表盘

1-燃油表；2-冷却液温度表；3-电子液晶钟；4-电子车速里程表；5-电子发动机转速表；6-电子钟分钟调节钮；7-电子钟时钟调节钮；8-阻风门拉起指示灯（仅 GLS）；9-驻车制动器和制动液面警告灯；10-机油压力警告灯；11-充电指示灯；12-远光指示灯；13-后窗除霜加热指示灯；14-冷却液液面警告灯

第一节　电流表和电压表

一、电流表

汽车电源电路中，装有电流表，用来指示电源的工作状态，电流表为双向指示的，串联在蓄电池和发电机之间，如图 6-2 所示。

1. 电流表的作用

（1）指示蓄电池的充电和放电情况，以及显示充放电电流的大小。蓄电池放电时，指针反摆，指示放电；蓄电池充电时指针正摆，指示充电。

（2）指示发电机工作情况，发电机正常工作时应向蓄电池充电，刚起动后及蓄电池亏电时充电电流较大，随着充电时间的增长，充电电流减小。当蓄电池充足电时，电流表指针靠近零是正常的。

2. 电流表的结构与原理

1）电磁式电流表（图 6-2）

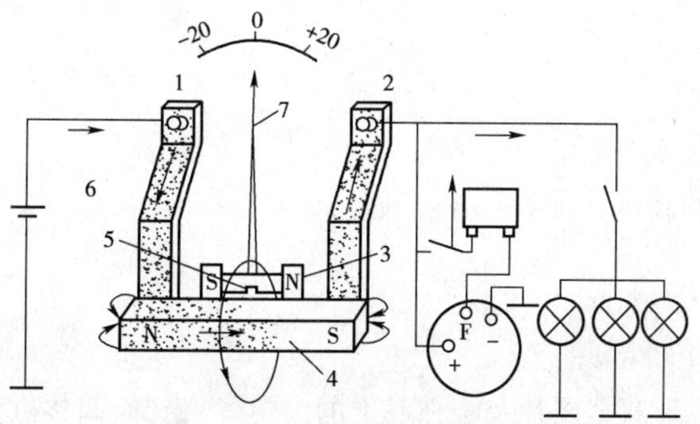

图 6-2　电磁式电流表

1、2-接线端子；3-软钢转子；4-永久磁铁；5-转轴；6-黄铜板条；7-指针

结构组成:黄铜板条固定在绝缘底板上,两端与接线端子相连,下面夹有永久磁铁,磁铁的内侧,在转轴上装有带指针的软钢转子。

工作原理:没有电流流过电流表时,软钢转子在永久磁铁的作用下被磁化,转子磁化后的极性与永久磁铁的极性相反,两者相互吸引,指针保持在中间"0"的位置。

当电流由接线端子通过黄铜板条流向接柱时,黄铜板条周围产生磁场,方向与永久磁铁的磁场方向相互垂直,两个磁场产生一个合成磁场。转子带着指针在转向合成磁场的影响下,偏转一个角度。电流越大,合成磁场就越强,转子带着指针偏转的角度也越大,如果电流反方向通过,指针也反方向偏转。

2)动磁式电流表(图6-3)

结构组成:导电板2固定在绝缘底板上,两端与接线端子1和3相连,中间夹有磁轭6。导电板2上固装有一根指针5和永磁转子4套装在钉轴上,称为磁钢指针。

工作原理:无电流流过电流表时,永久磁铁转子4通过磁轭6构成磁回路,使指针保持在中间"0"的位置。当电流由接线端子1通过导电板2流向接线端子3时,周围产生磁场,使导电板中心的磁钢指针发生偏转,电流越大,偏转的角度也越大,如果电流反方向通过,指针就反方向偏转。

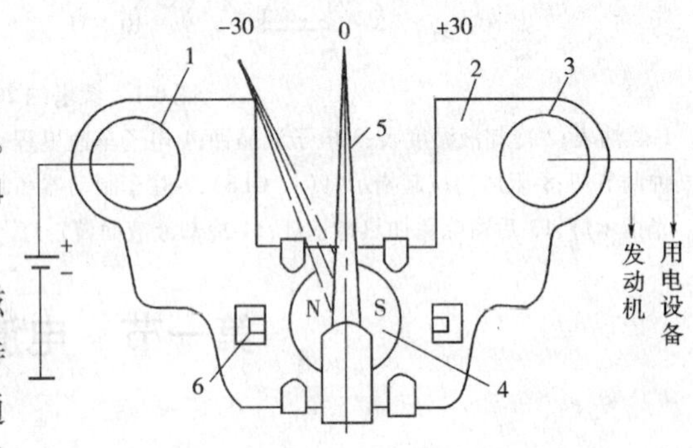

图6-3　动磁式电流表

1、3-接线端子;2-导电板;4-永磁转子;5-指针;6-磁轭

3)电流表的接线原则

电流表应与蓄电池串联。负极搭铁的汽车,蓄电池的负极搭铁,因此电流表的"－"接线柱必须与蓄电池的正极相连接。

电流表所表示的充电电流的大小,与车上蓄电池的存电(或亏电)状态、气温的高低、汽车是短途还是长途行驶有关。因此,不能简单地以充电电流值的大小来判断发电机输出电压是否正常。

现在,许多汽车用充电指示灯替代电流表。

二、电压表

1. 电压表的作用

(1)指示发电机及调节器的工作情况。

(2)指示蓄电池的技术状况。

2. 电压表的结构

电压表分为电热式和电磁式2种

1)电热式电压表(图6-4)

结构组成:由"Π"形双金属片及绕在其上的电热丝、指针、调整机构及刻度盘等组成。

工作原理:当在两接线柱间加有一定电压时,电热丝中有电流通过而发热,导致"Π"形双金属片变形,结果推动指针摆动。两接线柱间电压越高,电热丝发热量越大,双金属片变形量越大，指针偏转的角度也越大，反之，指针偏转的角度小。

"Π"形双金属片未绕电热丝的一边，称为补偿臂。用以补偿环境温度对工作臂的影响。

2）电磁式电压表（图 6-5）

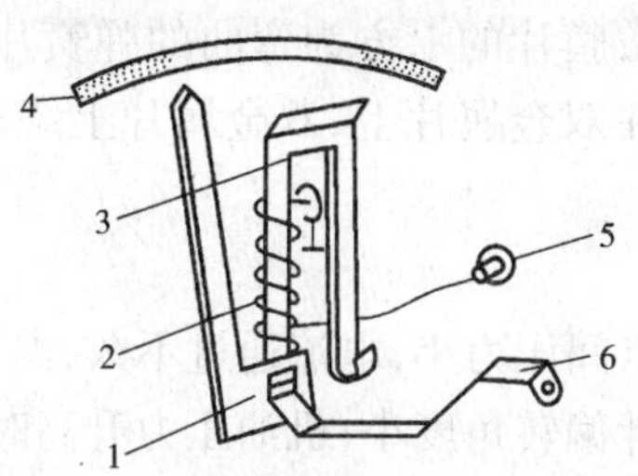

图 6-4　电热式电压表

1-插针；2-电热丝；3-"Π"形双金属片；4-刻度盘；5-接线柱；6-支架

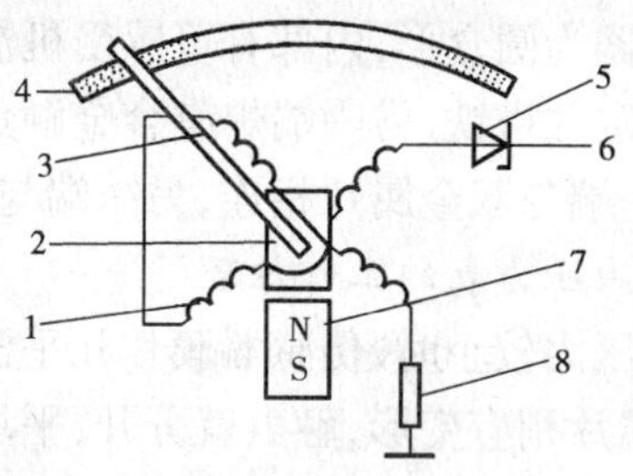

图 6-5　电磁式电压表

1-交叉电磁线圈；2-转子；3-指针；4-刻度盘；5-稳压管；6-接线柱；7-永久磁铁；8-限流电阻

结构组成：由 2 只十字交叉布置的电磁线圈，永久磁铁、转子、指针及刻度盘组成。

工作原理：2 线圈与稳压管 VS 及限流电阻 R 串联。当电源电压低于稳压管的击穿电压时，永久磁铁将转子磁化，保持指针在初始位置。电源电压达到稳压管的击穿电压后，2 电磁线圈通过电流产生合成磁场，该合成磁场与永久磁铁磁场相互作用，使转子带动指针偏转。电源电压越高，通过电磁线圈的电流越大，其磁场就越强，指针偏转的角度也越大。

第二节　机油压力表、水温表、燃油表、车速里程表、转速表

一、机油压力表

在发动机工作时，机油压力表指示发动机润滑系统主油道中机油压力的大小。它由油压指示表和油压传感器组成。机油压力指示表安装在仪表板上，机油压力传感器安装在发动机主油道或机油粗滤器上，两者通过导线相连。常用机油压力表有双金属式油压表和双金属式油压传感器、电磁式油压表和电阻式油压传感器等不同形式，双金属式油压表应用较为广泛。

指示表在结构上分为电热式和电磁式 2 种，传感器分为电热式和可变电阻式 2 种。

指示表和传感器的配合类型如下：

（1）电热式指示表 + 电热式传感器；

（2）电磁式指示表 + 可变电阻式传感器；

（3）电热式指示表 + 可变电阻式传感器。

电热式油压表又称为双金属片式机油压力表，机油压力表及传感器的结构和工作原理如图 6-6 所示。

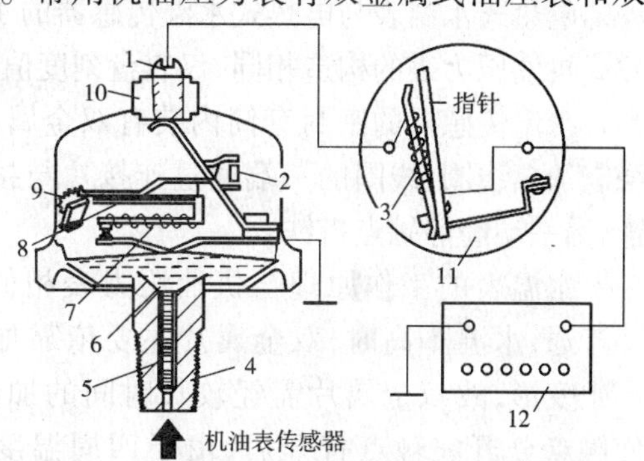

图 6-6　电热式油压表

1-接线柱；2-校正电阻；3-双金属片；4-固定螺口；5-发动机润滑油；6-膜片；7-加热线圈；8-双金属片；9-调节齿轮；10-绝缘层；11-机油压力表；12-蓄电池

1. 机油压力表和传感器的结构

指示表内装有双金属片，其上绕有电热线圈，其中一端通过接线柱与传感器相连，另一端通过接线柱接电源正极。

传感器为圆盒形，内部有可感受机油压力的膜片，膜片的上方为弯曲的弹簧片，弹簧片的一端固定并搭铁，另一端焊有合金触点；另一触点在双金属片上，双金属片上绕有电热线圈，线圈一端与双金属片相连，另一端与指示表相连。

2. 机油压力表的工作原理

机油压力较小时，传感器膜片几乎没有变形，触点间压力小，电流通过不久，温度略有上升，双金属片稍有变形，触点就分开，平均电流小，指针偏转角度小；机油压力升高时，传感器膜片拱曲，触点间压力增大，需要通过较大电流，双金属片的变形才能使触点分开，平均电流大，指针偏转角度大。

双金属片为"Π"形，一个为工作臂，另一个为补偿臂，它消除外界温度对传感器的影响。安装时应注意外壳上的箭头不应偏出垂直位置30°。

3. 油压指示系统

一些车型的仪表板上没有机油压力表，采用油压指示系统监视润滑系统的机油压力。当油压过低或过高时，通过油压报警灯和蜂鸣器报警。

有些车辆采用油压与水温集成式电子指示报警系统，它由四块 LM339 芯片与测试及显示电路组成。

二、水温表

水温表用来指示发动机冷却水套中冷却水的温度。常用的水温表有电热式、电磁式和电子式3种形式，其中电热式水温表应用较多。

水温表的工作电路由水温表和水温表传感器2部分组成，水温表安装在组合仪表内，水温传感器安装在发动机汽缸盖的冷却水套上。电热式水温表又称双金属片式水温表，电热式水温表可与电热式水温传感器或热敏电阻式水温传感器配套使用。

电热式水温表与电热式水温传感器的工作电路如图6-7所示。电热式水温表与双金属片式机油压力表的构造相同，仅表盘刻度值不同。

水温传感器的密封套筒内装有双金属片，上面绕有加热线圈，线圈的一端通过连接片与接线柱相连，另一端经静触点搭铁。

水温表的工作原理与机油压力表相似。当电路接通，水温不高时，双金属片主要依靠加热线圈产生变形，故双金属片需经较长时间的加热，才能使触点分开。触点打开后，由于四周温度低散热快，双金属片迅速冷却又使触点闭合。所以水温低时，触点在闭合时间长而断开时间短的状态下工作，使流过水温表加热线圈中的电流平均值增大，双金属片变形大，带动指针向右偏转，指示水温低。

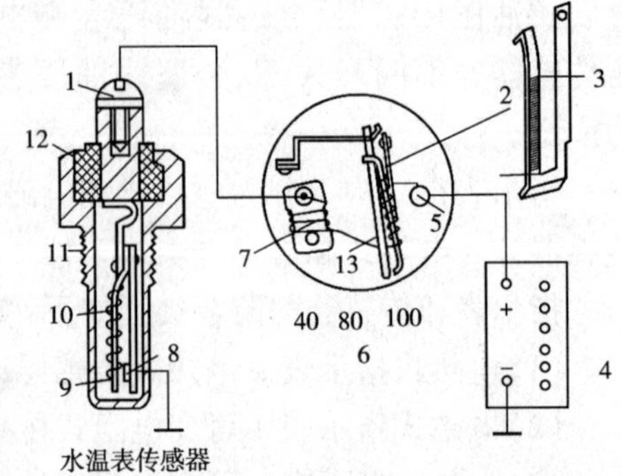

图6-7　电热式水温表与电热式水温传感器

1-接线柱；2-加热线圈；3-双金属片；4-蓄电池；5-接线柱；6-水温表；7-附加电阻；8-静触点；9-可动触点；10-加热线圈；11-固定螺口；12-绝缘层；13-指针

当水温高时,双金属片周围温度高,触点的闭合时间短而断开时间长,流过水温表加热线圈的电流平均值小,双金属片变形小,指针向右偏转角小而指示水温高。

三、燃油表

燃油表用来指示汽车燃油箱内的存油量。它由燃油指示表、油面高度传感器以及电源稳压器等组成。常用的燃油指示表有电热式、电磁式、电子集成式等不同形式。

1. 电热式燃油表

电热式燃油表的油面高度传感器为可变电阻式,由可变电阻器和与可变电阻器滑动臂相连的浮子组成,安装在燃油箱内。浮子在随油面高度的变化而改变自身位置的同时,带动可变电阻的滑动臂连同触点在电阻器上滑动,改变串联在燃油表电路中的电阻值。

电热式燃油表不是用来检测汽车油耗的,是用来指示燃油箱内燃油平面高低,即存油量的。其工作原理、结构如图 6-8 所示。

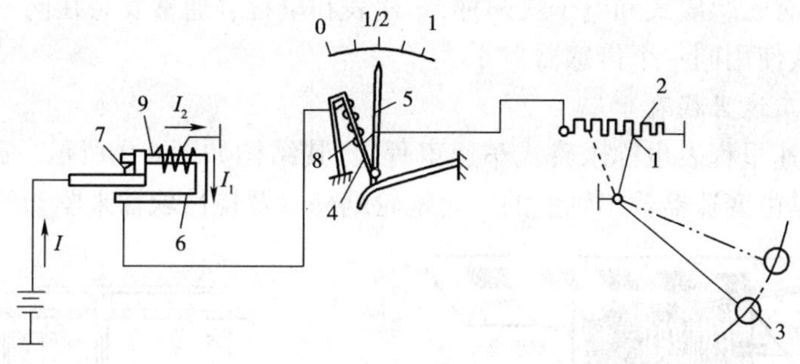

图 6-8 电热式燃油表

1-液面传感器滑动触片;2-可变电阻;3-浮子;4-表头双金属片;5-燃油表指针;6-稳压器双金属片;7-触点;8-燃油表电阻丝;9-稳压器电阻丝

燃油表由带稳压器(与冷却液共用)的油面指示表和油面高度传感器(变阻器)组成。

电流自蓄电池经稳压器的双金属片 6、燃油表电阻丝 8、油面高度传感器的可变电阻 2 和滑动接触片 1,最后回到蓄电池。

当低油量时,浮子 3 处于较低位置,滑动接触片触头 1 位于可变电阻 2 的右端,此时电阻最大而电流最小,表头里的电阻丝 8 散热量少,使表头里的双金属片 4 产生变形较小,指针则处于接近"零"位。当加油后,油面高度增加时,浮子上升,触头 1 逐步向左移动,回路电阻减小,电流增大,双金属片 4 热变形增大,指针 5 随之右移,当油箱加满时,指针移到最大刻度"1"上。

当燃油表显示满载时,变阻器阻值为 50Ω,当燃油表显示空载时,变阻器阻值为 560Ω。当燃油量低于 10L 时红色警告灯点亮。

燃油箱内的油面高度传感器上,有一根棕色导线搭铁。变阻器信号由一根紫黑色导线经由中央线路板后连接仪表板印刷线路板与燃油表连接。燃油表电源则由稳压器供给。

2. 电磁式燃油表

电磁式燃油表内装有左、右 2 个线圈,转子与指针相连,并位于 2 个线圈之间,油面传感器也采用可变电阻式传感器。

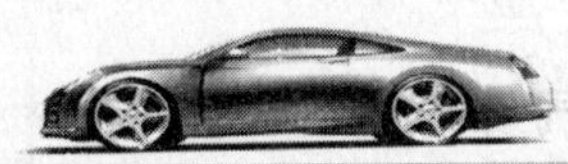

接通点火开关,电源的电流经左线圈后分为2条支路,一路经右线圈后搭铁,另一路经油面传感器的可变电阻搭铁。2个线圈中均有电流通过,并在两个线圈的周围产生磁场,转子连同指针在两个线圈磁场的作用下偏转,处于合成磁场的方向,指针指向燃油表的某一刻度。油箱中油面高时,油面传感器的电阻大,流过左线圈的电流小,产生的磁场弱,在合成磁场的作用下指针指向油面高的刻度。

3. 电子式燃油表

电子式燃油表可以用两块LM324及相应的测试、显示电路组成。油位测试仍采用浮筒式可变电阻传感器,在电路图中以*RX*表示,显示器采用发光二极管色灯显示。

四、车速里程表

车速里程表由车速表和里程表两部分组成,车速表用来指示汽车瞬时行驶速度,里程表可记录汽车行驶总里程和短程里程。

车速里程表有磁感应式和电子式两种,车速表和里程表通常安装在同一个壳体中,并由同一根轴驱动,或使用同一个传感器。

1. 磁感应式车速里程表

磁感应式车速里程表也称永磁式车速里程表,其结构如图6-9所示。磁感应式仪表没有电路连接,它是由变速器输出轴上的一套蜗轮蜗杆以及挠性软轴来驱动的。

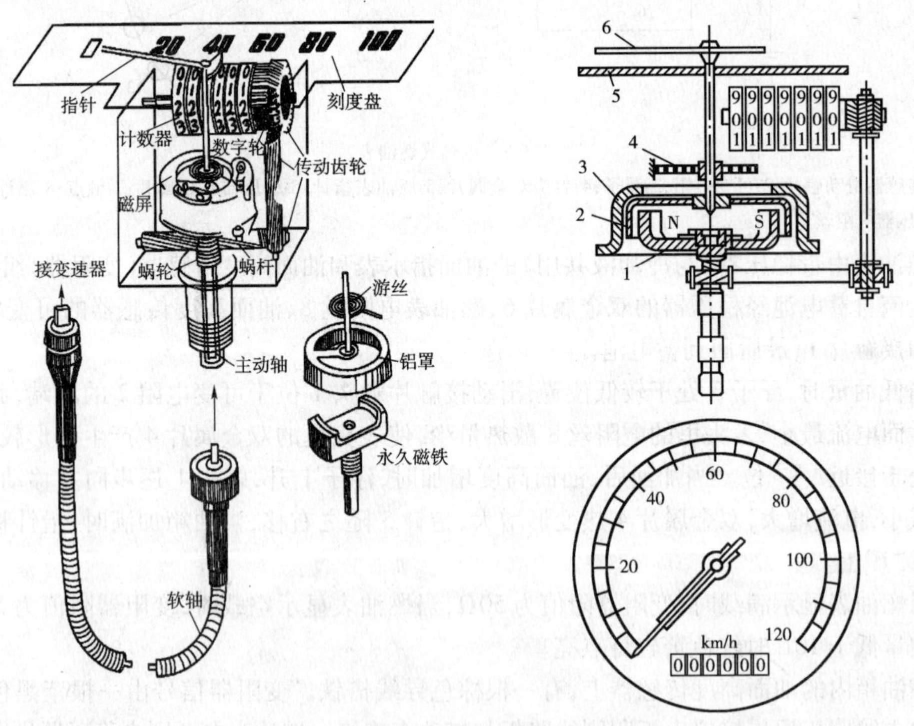

图6-9　磁感应式车速里程表

车速表由永久磁铁1、带有轴及指针6的铝碗2、罩壳3和紧固在车速里程表外壳上的刻度盘5等组成。

罩壳3是固定的,铝碗2是杯形的,与永久磁铁1及罩壳3间具有一定的间隙,没有机械连接。铝碗2是与指针6一起转动的,在静态时,由于盘形弹簧(游丝)4的作用使指针指在刻度盘0的位上。

车速表的工作原理:当汽车直线行驶时,变速器输出轴上的蜗轮、蜗杆以及软轴等带动永久磁铁转动,同时在铝碗上感应出涡流,产生转矩,使铝碗反抗游丝向永久磁铁转动方向转动,带动指针同转一个角度,因为涡流的强弱与车速呈正比(车速越高,磁场切割速度越高),所以指针指示的速度也必与汽车的行驶速度成正比。

里程表是由蜗轮蜗杆和计数轮组成的,蜗轮蜗杆和汽车的传动轴之间具有一定的传动比。在汽车行驶时,软轴驱动车速里程表的小轴,经三对蜗轮蜗杆带动里程表的第一计数轮转动。第一计数轮上的数字为十分之一公里,每两个相临的计数轮之间,又通过本身的内齿和进位计数轮的传动齿轮,形成1:10的传动比。这样汽车行驶时,就可以将其行驶里程不断累计起来。

2. 电子车速里程表

电子式车速里程表由车速里程表传感器、信号处理电路、车速表和里程表组成。

车速里程表传感器安装在组合仪表内,由变速器经软轴驱动,汽车行驶时它产生的信号与汽车行驶速度成正比。它由具有一对或几对触点的舌簧开关和转子组成。

信号处理电路由单稳态触发电路、恒流电路、64分频电路、功率放大电路以及电源稳压等电子电路组成。汽车运行时,它将车速传感器输入的脉冲信号,整形和处理转变为电流信号,并加以放大,以驱动车速表指示车速;同时它还将脉冲信号经分频和功率放大,转变为一定频率的脉冲信号,以驱动里程表步进电动机的轴转动,记录汽车的行驶里程。

车速表以一个磁电式电流表作为指示表。汽车以不同的车速运行时,信号处理电路将车速传感器输入的脉冲信号,转变为与车速成比例的电流信号,使电流表的指针偏转,指示出相应的车速。

里程表由步进式电动机、6位十进制计数器及内传动齿轮等组成。汽车运行时车速传感器输出的脉冲信号,经信号处理电路分频和功率放大,转变为一定频率的脉冲信号,作用于步进电动机的电磁线圈。步进电机将这一脉冲信号转变为角位移信号,使电动机轴转动,驱动里程表十进制计数器的6个计数轮依次转动,记录汽车行驶的总里程和单程行驶里程。当需要消除短程里程时,只需按一次复位杆,短里程表就会归零。

如桑塔纳2000型轿车采用电子车速里程表,是用来指示车辆瞬时行驶速度,并记录车辆行驶累计里程和短程里程的综合仪表,如图6-10所示。

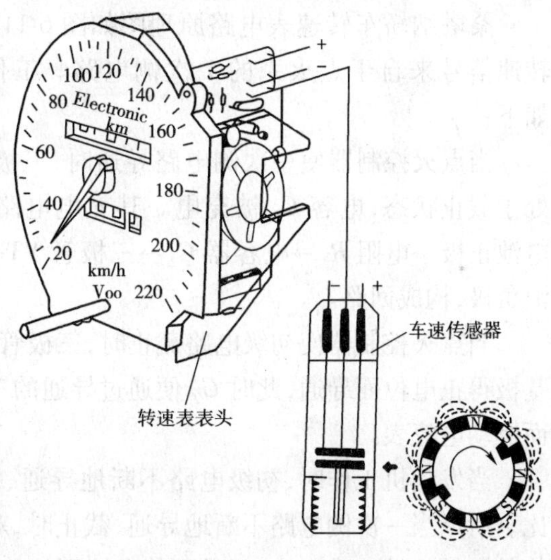

图6-10 电子车速里程表

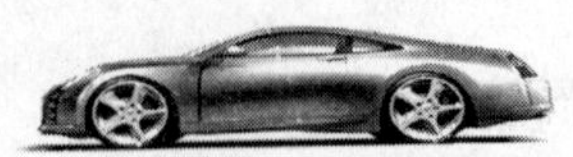

3. 车速报警装置

为了保证行车安全，一些车型的车速表电路中装有速度音响报警装置。当汽车行驶速度达到或超过某一限定车速（例如100km/h）时车速表内的速度开关接通蜂鸣器的电路，蜂鸣器发出声响提醒驾驶人，车速已超过限定值。

五、发动机转速表

发动机转速表可以直观地指示发动机的转速，是发动机工况信息的指示装置，便于驾驶人选择发动机的最佳速度范围，把握好换挡时机，以及充分利用经济车速等。

发动机转速表有机械式和电子式两种。机械式转速表的结构和工作原理与上述磁感应式车速表基本相同。电子式转速表由于结构简单、指示准确、安装方便等优点在现代车辆中应用广泛。

电子式发动机转速表有汽油机用和柴油机用两种类型。前者的转速信号来自于点火系统的脉冲电压，后者的转速信号来自于曲轴传感器。

目前，一些车型上使用的发动机转速表，采用专用集成电路芯片实现信号的采集和处理，芯片体积很小，可以安装在转速表内。

桑塔纳2000型轿车采用电子发动机转速表。其中2000GLi型轿车是从点火线圈中获得一次电流中断时产生的脉冲信号，在点火线圈中转换成电压脉冲，经数字集成电路计算后，在表头上偏转指针以显示出发动机转速的。2000GSi型轿车则是由安装在飞轮侧的发动机转速传感器，直接把转速脉冲信号输入表头转换成发动机转速信号的。

当发动机转速超过6000r/min时，指针进入表头的红色警戒区，这时应放松加速踏板，以免损伤发动机机件。对于电控喷射式发动机GLi、GSi型轿车的发动机电子控制系统，ECU则立即切断喷油器供油而阻止发动机转速的上升，直到恢复正常转速又会继续供油。

桑塔纳轿车转速表电路原理图如图6-11所示，转速信号来自于点火系的1次侧电路。工作原理如下：

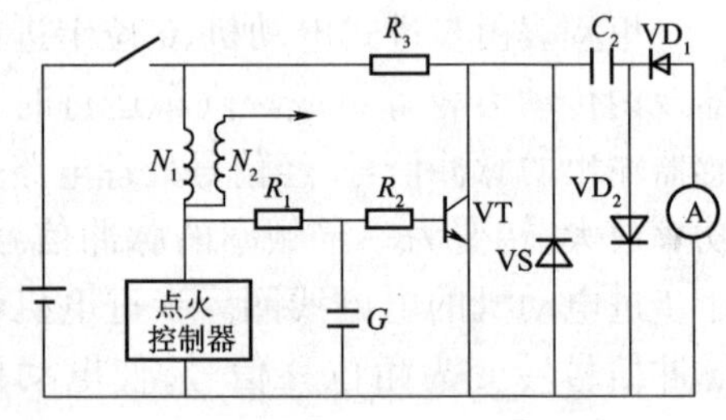

图6-11　桑塔纳轿车转速表电路原理图

当点火控制器使一次侧电路导通时，三极管VT处于截止状态，电容 C_2 被充电。其充电电路为：蓄电池正极→电阻 R_3→电容器 C_2→三极管VT→蓄电池负极，构成回路。

当点火控制器使初级电路截止时，三极管VT的基极得正电位而导通，此时 C_2 便通过导通的三极管VT、电流表A和 VD_1 构成放电回路，从而驱动电流表。

当发动机工作时，初级电路不断地导通、截止，其导通、截止的次数与发动机转速成正比。所以当一次侧电路不断地导通、截止时，对电容 C_2 不断地进行充放电，其放电电流平均值与发动机转速成正比，于是可将电流平均值标定成发动机转速。

第三节 汽车电子仪表显示方式及其维修

汽车电子仪表比通常的机械式模拟仪表更精确,模拟仪表显示的是传感器检测值的平均值,而电子仪表刷新速度较快,显示的是即时值。汽车电子仪表采用的数字显示仪表通常都能提供英制单位或米制单位值的显示,并能一表多用,驾驶人可通过按钮选择仪表显示的内容。大多数汽车电子仪表都有自诊断功能,每当打开点火开关时,电子仪表板便进行一次自检,也有的仪表板采用诊断仪或通过按钮进行自检。自检时,通常整个仪表板发亮,同时各显示器都发亮。自检完成时,所有仪表均显示出当前的检测值。如有故障,便以警告灯或给出故障码提醒驾驶人如图 6-12 所示。

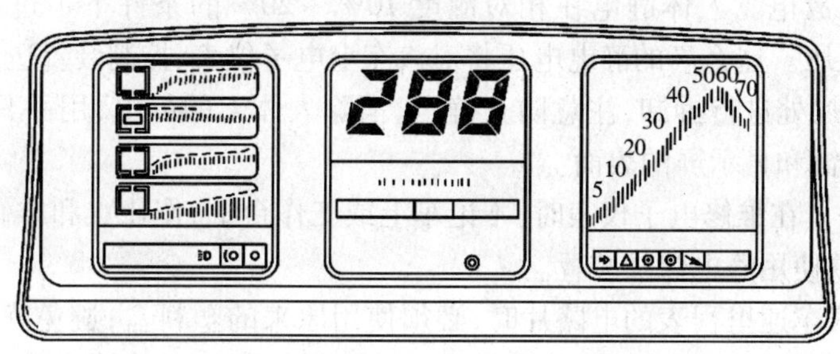

图 6-12 汽车电子仪表

一、汽车电子仪表的显示方式

1. 按显示的物理特性分

(1)光点显示:它只有两种状态,亮或灭。因此,一般用它的亮或灭来表示某种状态。汽车仪表上的警告灯采用此种显示方式。

(2)笔画数字显示:它可以显示由数字表示的信息,用在数字式仪表的七笔画段显示。

(3)十六笔画字母、数字显示:可以显示字母和数字。

(4)光点矩阵显示:可显示数字、字母和简单图形。

2. 按显示元件分

(1)发光二极管显示:发光二极管由引线、晶片和散射透镜组成。在二极管上的正向电压增加到一定值时,二极管导通,电流开始流经晶片,发出光束,发光强度与电流强度成正比。发光二极管的颜色有红、绿、黄、橙等多种,可单独使用,也可制成点阵式显示数字和文字。发光二极管显示特点是发光亮度较高,但驱动电流较大(5~10mA)。

(2)液晶显示:液晶是一种具有晶体特性的液体,有光电效应,在液晶层上加电压,液晶就改变了透明性,变浑浊;电压除去,液晶又恢复透明。它自身不能发光,只能起到吸收、反射或透光作用,因此液晶显示需要白光或其他光线作外部光源。目前使用的液晶显示有两种形式:动态散射型与场效型。

动态散射型在黑色背景下显示白字,应用较少;场效型在银白色背景下显示黑色,应用较多。

二、汽车电子仪表的检修

1. 汽车电子仪表维修时注意事项

(1)汽车电子仪表装置比较精密,进行维修时的技术要求较高,维修时应严格按照使用维修手册的有关规定进行,必要时,应让专业修理部门维修。

(2)汽车电子仪表显示板和母板(逻辑电路板)容易损坏,且价格较贵,在维修时,应特别注意,多加保护,除有特殊说明外,不要用蓄电池的全部电压加于仪表板的任何输入端。特别注意正确使用检测用仪表,避免使用不当造成微机电路的损坏。

对需要检修的汽车电子仪表板的装卸,要按顺序进行,不要猛打猛敲,避免损坏元件。在拆卸仪表板总成前,应首先切断电源,更换电子仪表元器件时,不要碰触各部接头。

(3)防止静电放电。人体静电在相对湿度 10% ~20% 的条件下走过地毯时,可产生 35 000V 的静电电压。这么高的静电电压将对汽车上电子仪表、控制装置造成损坏。

因此,应在干燥处进行拆卸,注意防止静电、消除人体上的静电,用手只拿仪表板的侧边,不能触及显示窗和显示屏的表面。

(4)静电搭铁。在维修电子仪表时,不论车上或工作台上,作业点和维修人员都不能带静电。作业时必须使用静电保护装置。

在处理电子式车速里程表的电路片时,必须使用原来的塑料盒,避免静态感应而损坏。若不慎碰触电路片时,仪表的读数可能会被消除。如遇此情况,必须将仪表送到专门修理部门进行重新编程后才能使用。

2. 汽车电子仪表装置的检修

(1)对于汽车电子仪表装置的检测与故障诊断,除由车载微机自诊断外,还可使用专门的检测设备对其进行检测和诊断。

(2)该类设备属于外接设备,可直接插入汽车微机内使用。注意:当需要外接测试设备进行检测时,必须完成仪表自检后再进行。

(3)电子仪表显示系统的故障一般出在传感器、针状插接器、导线、个别仪表及显示器上。检修时应首先将传感器电路断开或拆下,逐一进行检查。

传感器的检测与传感器的形式有关。对各种电阻式传感器的检查,通常采用测量阻值的方法来判断其好坏,即把所测值与标准值相比较,判断传感器有无故障。若所测电阻值小于标准值,说明传感器内部短路;若大于标准值则说明传感器内部断路或接触不良。

采用电子仪表的汽车,往往使用许多插接器把电线束连接至仪表板上。这些插接器都采用不同颜色,便于识别。为保证连接牢固、可靠,插接器上设有闭锁装置。检测时,要防止插接器上闭锁装置、针状插头及插座等损坏。

3. 个别仪表故障排除

若发现电子仪表板上个别仪表发生故障,应该检查与此仪表有关的各个部分。首先检查各导线的连接情况,接触是否良好、线束是否有破损面搭铁短路和断路等故障。然后分别对该仪表及传感器进行检测,查明原因,能修理的修理,不能修理的更换。

一旦电子仪表显示屏部分笔画、线段出现故障,应将仪表板上的显示器调整到静态显示状态,仔细观察有无其他故障,对此故障使用检测设备对与此有关的电路或装置进行认真检查。如仅有一两个笔划、线段不发亮显示，说明逻辑电路板通过多路传输的脉冲信号正确，可能是显示装置的部分线段不能正常工作，遇到此情况应作进一步检查，属于接触不良的加以紧固，确保电路畅通。若是电子显示器本身问题则需更换显示器或显示板。

第四节 仪表装置的故障诊断及排除

切诺基越野车的仪表与警告灯装置包括：电压表、燃油表、机油压力表、水温表、车速里程表以及燃油低液位警告灯、机油压力警告灯、水温警告灯、左右转向警告灯、远光警告灯等。

组合仪表自身不具备密封性，它们装在一个较大的仪表板外壳内，组成一个大的密封整体。密封体便于拆卸，各个仪表均可独立拆装，组合仪表采用了内部照明。电路连接关系如图 6-13 所示。

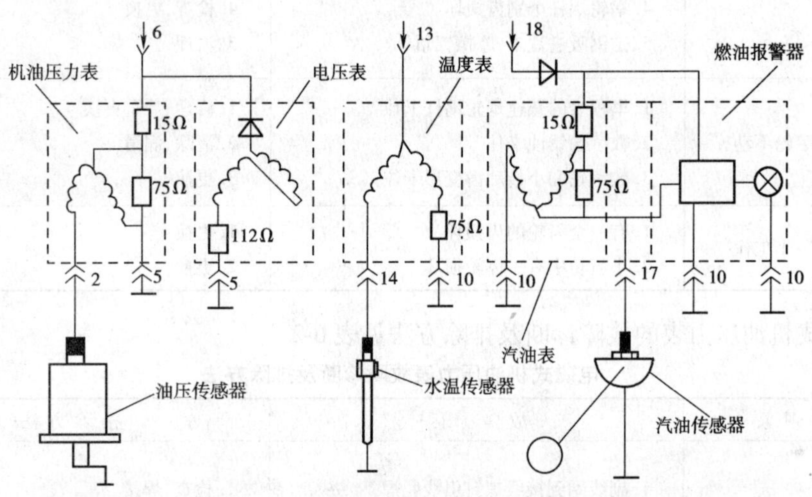

图 6-13 仪表电路图

1、4、9、16 为仪表照明灯电源，接仪表灯熔断器（5A）；2、14、17 分别接油压表、温度表、汽油传感器；3、12、15 空余未用；5、10 为搭铁；6、13、18 接仪表熔断器（7.5A）；7 接转向开关的 J 接柱；8 接变光开关 H；11 接转向开关 H。仪表板的左面用于安装警告指示灯，可提供 10 种警告信号。切诺基越野车安装有驻车制动和制动失效、座位安全带未扣及全轮驱动 3 个警告灯，与电路的连接关系是：4、8 为制动警告灯；9、10 为安全带警告灯；13、14 为全轮驱动警告灯。

软轴式磁感应车速里程表的故障诊断及排除方法见表 6-1。

车速里程表的故障诊断及排除方法 表 6-1

故障现象	故障原因	排除方法
指针完全不动	1. 变速器带动软轴的蜗轮或蜗杆损坏 2. 软轴两端的方头磨损变小或变圆 3. 车速表内孔过大 4. 软轴缩短 5. 驱动轴卡滞 6. 软轴折断	1. 拆开检查、更换 2. 检查、更换 3. 更换、加垫 4. 用手顺外壳方向转动，再用力压紧 5. 检修、更换 6. 更换软轴

续上表

故障现象	故障原因	排除方法
指针摆动比实际值小	1. 盘簧太紧 2. 各转动件缺油或脏污 3. 磁铁失磁	1. 调整 2. 清洗、润滑 3. 充磁
指针摆动比标准值偏高且不回零	盘簧变软或未盘紧	调整盘簧或更换
指针跳动	1. 轴承孔扩大或轴尖磨损 2. 铝罩变形与磁铁摩擦 3. 软轴安装不合理 4. 蜗轮蜗杆个别齿损坏 5. 磁钢吸进铁末，摩擦铝罩	1. 修理、严重更换 2. 调整 3. 重新安装 4. 检查、更换 5. 清理
里程表数字轮不动	1. 里程表的减速蜗轮蜗杆卡住 2. 数字轮锈蚀卡住 3. 数字轮和小传动齿变形卡住	1. 修理、严重更换 2. 清除、润滑 3. 更换
数字轮有一半工作	1. 有一个齿轮的齿损坏 2. 小齿轮中有一齿轮损坏	1. 更换 2. 更换

电磁式机油压力表的故障诊断及排除方法见表 6-2。

电磁式机油压力表故障诊断及排除方法 表 6-2

故障现象	故障原因	排除方法
表针不动	1. 副线圈到接线螺钉引线脱焊 2. 副线圈断线 3. 指针转子部分变形卡住 4. 指针与刻度盘擦碰 5. 表到传感器的导线接触不良或断线 6. 传感器电阻与弹片接触不良 7. 传感器电阻烧断 8. 活动触点片接触不到电阻 9. 传动机构卡住 10. 膜片破裂或老化 11. 传感器油孔堵塞	1. 检查、焊接 2. 检查、重绕 3. 调整 4. 调整 5. 调整、重接 6. 检查、重装 7. 检查、重绕 8. 检查、调整 9. 调整、修复 10. 更换 11. 通孔、清洗
针总在最高处	主线圈引线脱焊或断线	重焊、重绕
表针跳动	1. 指针、转子位置不正确 2. 指针和表面摩擦 3. 接触不良、压力不够	1. 调整 2. 调整 3. 调整

水温表的故障诊断及排除方法见表 6-3。

水温表故障诊断及排除方法 表6-3

故障现象	故障原因	排除方法
指针不动或微动	1. 主线圈引线脱落或断线 2. 指针转子变形卡住 3. 传感器热敏电阻失效 4. 热敏电阻失效	1. 重焊、重绕 2. 检查、调整 3. 检查、更换 4. 检查、更换
只指示最高值	副线圈引线脱离或断线	焊接、重绕
指示误差较大	1. 指针和小磁片松动 2. 热敏电阻老化 3. 线圈位置不对	1. 检查、调整 2. 检查、更换 3. 检查、调整

电压表的故障诊断及排除方法见表6-4。

电压表故障诊断及排除方法 表6-4

故障现象	故障原因	排除方法
指针不动	熔断丝(7.5A)烧断,接触不良,导线断路,稳压管损坏	检查、更换

1. 传统汽车仪表有哪些?各自有何功能?
2. 以电子燃油表为例简述其工作原理。
3. 试述电热式水温表和电磁式水温表的工作原理,并比较它们的优缺点。
4. 电流表在汽车上有何作用?
5. 水温表的作用是什么?
6. 试述车速里程表的工作原理。
7. 汽车数字式仪表有何优点?

第七章　辅助装置

学习目标

- 掌握风窗刮水、清洗和除霜装置的工作原理和控制原理；
- 掌握电动座椅的工作原理和控制原理；
- 了解电动门窗的工作原理和控制原理；
- 了解汽车防盗系统的工作原理和控制原理。

第一节　风窗清洁装置

一、电动刮水器

刮水器的作用是用来清除风窗玻璃上的雨水、雪或尘土，以保证驾驶时有良好的能见度。刮水器有前风窗刮水器和后风窗刮水器之分。因驱动装置不同，刮水器有真空式、气动式和电动式3种。目前车辆上广泛使用的是电动刮水器。

1. 电动刮水器的组成

电动刮水器主要是由电动机、传动机构组成和刮水片3部分组成。如图7-1所示，电动机轴端的蜗杆驱动蜗轮4，蜗轮4带动摇臂6旋转，摇臂6使拉杆7往复运动，从而带动刮水片左右摆动。

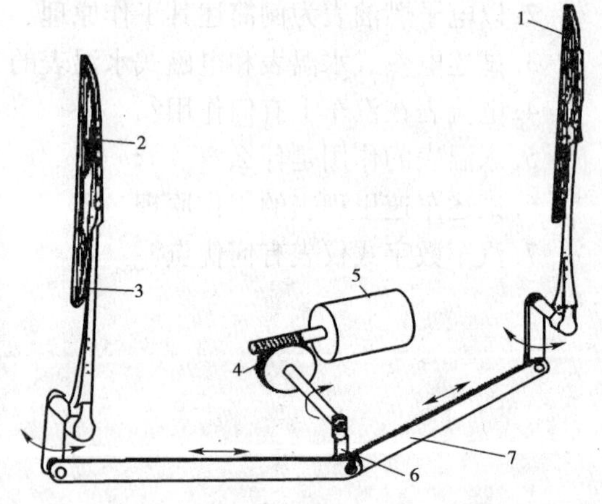

图7-1　电动刮水器的组成

1-刮水片；2-刮水片架；3-雨刮臂；4-蜗轮；5-电动机；6-摇臂；7-拉杆

电动刮水器的电动机一般有永磁式和励磁式2种，而永磁式电动机结构简单、体积小、可靠性好，被广泛采用。

2. 电动刮水器变速与控制原理

刮水器的变速原理是利用直流电动机的变速原理实现的，由直流电动机电压平衡方程式可得转速公式为：

$$n = \frac{U - IR}{kZ\phi}$$

式中：U——电动机端电压；

I——通过电枢绕组的电流；

R——电枢绕组的电阻；

k——电动机常数；

Z——正、负电刷间串联的绕组数；

Φ——磁极磁通。

在电压 U 和直流电动机型号一定的条件下，即 I、R、k 都为常数时，磁极磁通 Φ 增大时转速 n 下降，反之则上升。两电刷之间的电枢绕组数增多时，转速也下降，反之则上升。所以刮水器变速是在直流电动机变速的理论基础上，采取改变电动机磁极磁通的强弱，或者改变电刷之间的导体数多少来实现的。

1）改变磁通变速

采用改变电动机磁极磁通变速的方法，只适合于线绕式直流电动机。线绕式电动刮水器的工作原理见图 7-2 所示。

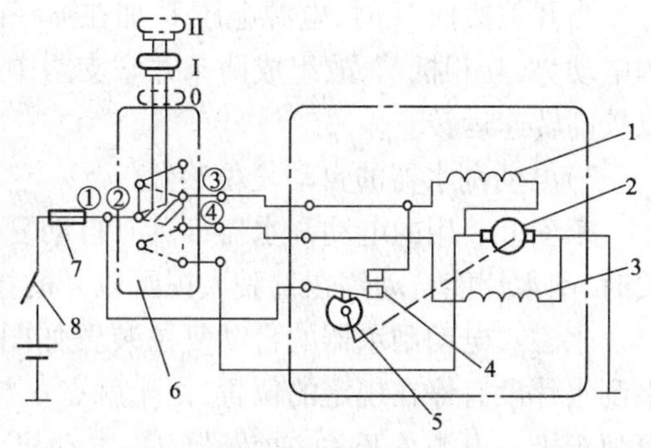

图 7-2　线绕式电动刮水器的工作原理

1-串励绕组；2-电枢；3-并励绕组；4-触点；5-凸轮；6-刮水器开关；7-熔断器；8-电源开关

当刮水器开关在Ⅰ挡位置（低速）时，电流由蓄电池正极经电源开关→熔断器→接线柱②→接触片，然后分两路：一路通过接线柱③→串励绕组 1→电枢 2 至蓄电池负极形成回路；另一路通过接线柱④→并励绕组 3 至蓄电池负极形成回路。此时，在串励绕组 1 和并励绕组 3 的共同作用下，磁场增强，电动机以低速运转。

当刮水器开关在Ⅱ挡位置（高速）时，电流由蓄电池正极经电源开关→熔断器→接线柱②→接触片→接线柱③→串励绕组 1→电枢 2 至蓄电池负极形成回路。此时由于并励绕组 3 被隔除，磁场减弱，电动机以高速运转。

2）改变电刷间的导体数变速

改变电刷间导体数变速的方法只能通过永磁电机来实现，它的磁极为铁氧体永久磁铁，具有不易退磁的优点，能够实现高、低速运转，其工作原理如图 7-3 所示。

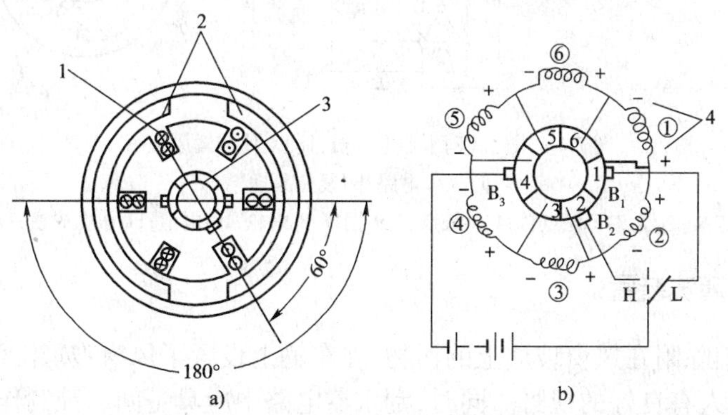

图 7-3　永磁式刮水器电动机的工作原理

a）构造；b）工作原理

1-电枢绕组；2-永久磁铁；3-换向器；4-反向电动势

B_1 为低速运转电刷，B_2 为高速运转电刷，B_3 为公共电刷。B_1、B_2 安装位置相差 60°。当电动机工作时，在电枢内同时产生反向电动势，其方向与电枢电流方向相反。如要使电枢旋转，外加电压 U 必须克服反向电动势的作用，当电枢转速上升时，反向电动势也相应上升，只有在外加电压与反向电动势相等时，电枢的转速才能趋于稳定。

当开关拨向 L 时，电源电压加在 B_1 和 B_3 之间，由于①、⑥、⑤和②、③、④组成两条并联支路，支路中串联的线圈（导体）均为有效线圈，串联线圈数相对较多，故反向电动势较大，电动机以较低转速运转。

当开关拨向 H 时，电源电压 U 加在 B_2 和 B_3 之间，由于线圈①和线圈②产生方向相反的电动势，互相抵消，故组成两条并联支路中串联线圈数相对较少，反向电动势较小，电动机以较高转速运转。

3）电动刮水器的自动复位装置

车辆上装用的电动刮水器都具有自动复位功能。所谓自动复位，是指在切断刮水器开关时，刮水片能自动停在驾驶人视野以外的指定位置。

永磁式电动刮水器的自动复位装置如图 7-4 所示。当刮水器开关推到 0 挡位置时，如果刮水片没有停在规定的位置，由于触点 6 与铜环 9 接触，则电流继续流入电枢。电流由蓄电池正极→电源总开关→熔断器 2→电动机电刷 B_1→电枢绕组→电刷 B3→刮水器开关接线柱②→刮水器开关接线柱①→触点臂 5→触点 6→铜环 9→蓄电池负极构成回路，电动机以低速运转，如图 7-4b）所示，直到蜗轮 8 转到图 7-4a）所示的位置时，触点 6 通过铜环 7 与触点 4 连通，将电动机电枢绕组短路。与此同时，电动机因惯性不能立即停转，以发电机方式运转，产生反向电动势，从而产生制动力矩，电机迅速停转，使刮水片停在指定位置。

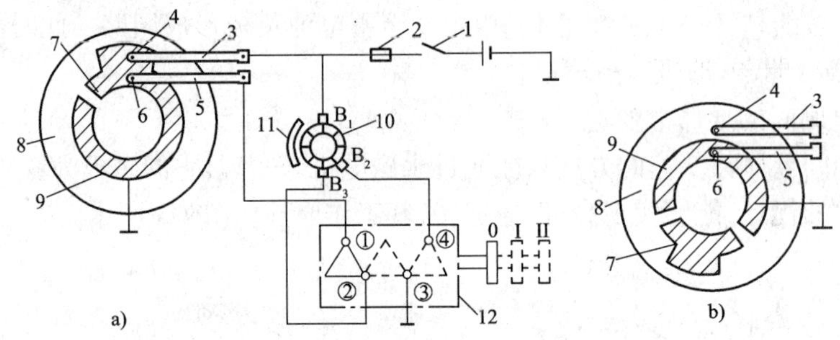

图 7-4　永磁式刮水器电动机自动复位装置原理图

a）工作电路；b）复位原理

1-电源总开关；2-熔断器；3、5-触点臂；4、6-触点；7、9-铜环；8-蜗轮；10-电枢；11-永久磁铁；12-刮水器开关

二、风窗玻璃清洗装置

为了更好地消除附在风窗玻璃上的污物，在车辆上设置了风窗玻璃洗涤器，与刮水器配合使用，保证驾驶人有良好的视野。同时，刮水器电路中应具备间歇控制作用。电动刮水器间歇控制的作用，一是与洗涤器配合使用时，可以达到先洗涤后刮的循环刮洗工序，以提高刮洗效果；二是在毛毛细雨时，雨量稀少，如果刮水器仍按原来那样不断地工作，不仅会引起刮片的颤动，而且也会对玻璃有损伤。

风窗玻璃洗涤器由洗涤液罐、微型永磁直流电动机、洗涤泵、软管、三通、喷嘴及刮水器开关组成，如图 7-5 所示。

永磁直流电机和离心式叶片泵构成一个小总成，如图 7-6 所示，这个小总成安装在储液罐上，喷射压力为 70 ~ 88kPa。喷嘴安装在风窗玻璃下面，一般有 2 个，其喷射方向可以调整，使洗涤液喷射到风窗玻璃的合适位置。捷达轿车喷嘴的喷射位置按图 7-7 所示数值进行调整。

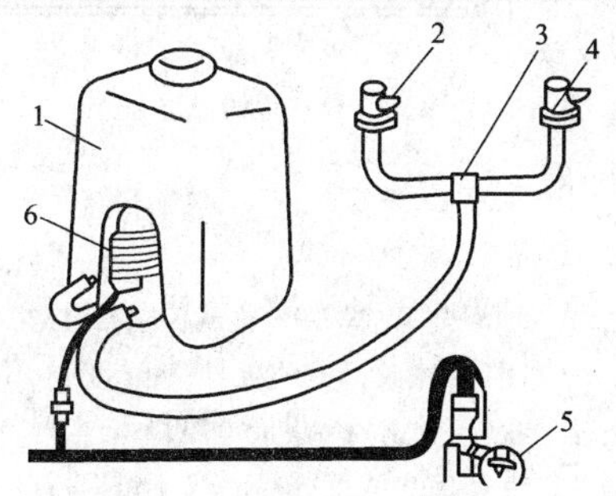

图 7-5　风窗玻璃洗涤器

1-洗涤液罐；2、4-喷嘴；3-三通；5-刮水器开关；6-洗涤液泵

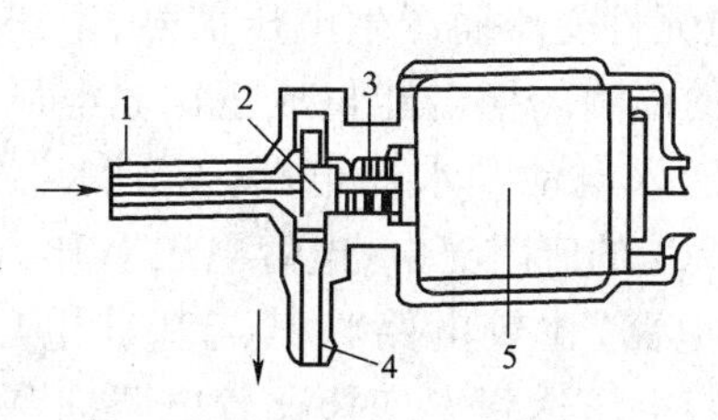

图 7-6　洗涤器电动机与洗涤液泵总成

1-进液口；2-叶轮；3-泵体；4-出水口；5-永磁直流电动机

洗涤泵连续工作的时间一般不超过 1min，使用时应先开洗涤泵后开刮水器。在喷射停止后，刮水器应继续刮 2 ~ 5 次，这样配合使用才能达到良好的洗涤效果。所以，洗涤器电路一般与刮水器开关联合工作。

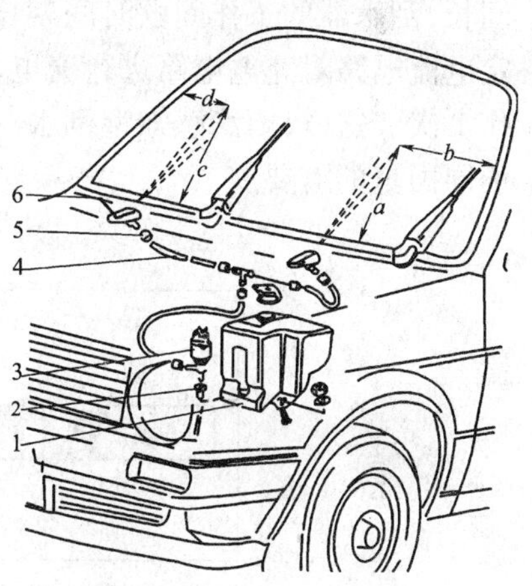

图 7-7　风窗清洗装置构成及喷嘴调整

1-储液罐；2-密封圈；3-洗涤泵；4-软管；5-软管护套；6-喷嘴；a-345mm；b-300mm；c-320mm；d-420mm

三、雨滴感知型刮水系统

电动刮水器虽然能够实现间歇控制，但不能随雨量的变化及时调整刮水频率。雨滴感知型刮水器能根据雨量的大小自动调节刮水器的刮水频率，使驾驶人始终保持良好的视线。

1. 雨滴感知型刮水器的组成

雨滴感知型刮水器主要由雨滴传感器、间歇刮水放大器、刮水器电动机组成，如图 7-8 所示。雨滴传感器的作用是将雨量的大小信号转变为与之相对应的电信号，其结构如图 7-9所示。

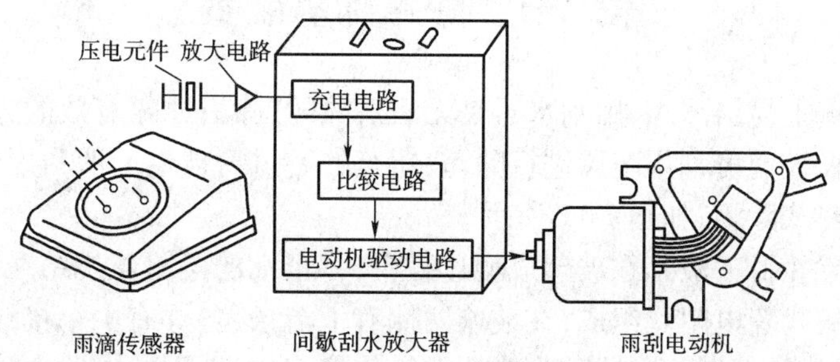

图 7-8　雨滴感知型刮水系统

2. 工作过程

雨滴感知型刮水器控制系统原理框图如图7-10所示。

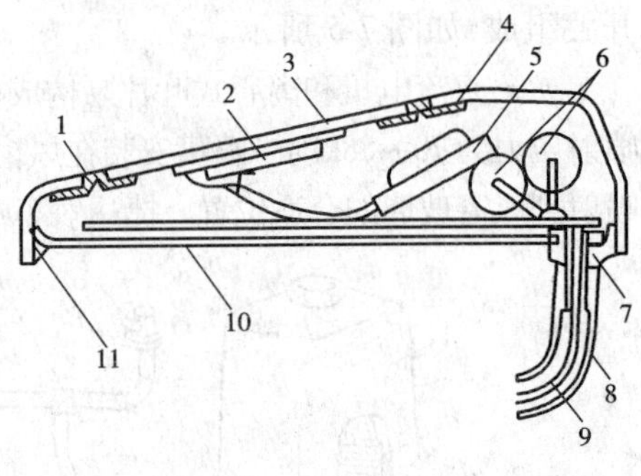

图 7-9 雨滴传感器结构图

1-阻尼橡胶；2-压电元件；3-振动片（不锈钢）；4-上盒（不锈钢）；5-集成电路；6-电容器；7-衬垫；8-线束套筒；9-线束；10-下盒（不锈钢）；11-密封件

工作时，由于雨滴下落撞击到传感器的振动片3上，振动片将振动能量传给压电元件2（图7-10）。压电元件受压而产生电压信号，电压值与撞击振动片的雨滴的撞击能量成正比。电压信号经过放大后送入电动刮水器电路，对刮水器的充电电路进行20s的定时充电，电容电压上升。该电压输入比较电路，比较电路将其与基准电压 U_0 比较。当电容电压达到 U_0 时，比较电路向刮水器电动机发出信号，使其工作1次。当雨量大时，压电元件产生的电信号强，充电电路电压达到基准电压值 U_0 所需时间短，刮水器的工作间歇时间短；反之，雨量小时压电元件产生的电压小，充电电路电压达到基准电压 U_0 所需时间长，刮水器的工作间歇时间就长。当雨量很小，雨滴传感器没有电压信号输出时，只有定电流电路对充电电路进行充电，20s后充电电路的输出电压达到基准电压 U_0，刮水器动作1次。这样，雨滴感知型刮水器就把刮水器的间歇时间控制在0～20s范围内，以满足不同雨量的需要。

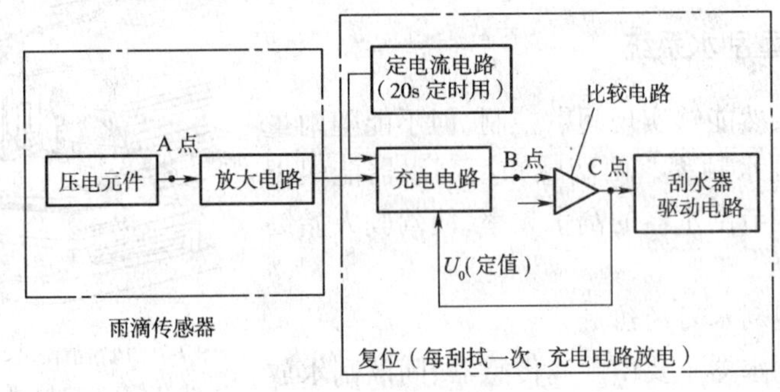

图 7-10 雨滴感知型刮水器控制系统原理框图

第二节 除霜除雾装置

冬季风窗玻璃上易结冰霜，用刮水器是无法清除的，除去冰霜有效的方法是加热玻璃。前风窗玻璃和侧窗玻璃可利用暖风进行除霜；轿车的后风窗玻璃一般利用电阻丝组成的电栅加热除霜即电热式除霜，如图7-11所示。

后风窗玻璃除霜器一般是在玻璃成型过程中，将很细的电阻丝烧结在玻璃表面上。它由一组平行的含银陶瓷电阻丝组成，在玻璃两侧有汇流条，各焊有1个接线柱，其中1个用来供电，另1个是搭铁接线柱。这种除霜器的工作电流较大，因此电路中除设有开关外，有的还设有1个定时继电器。这种继电器在通电10min后即能自动断电，如霜还没有除净，驾

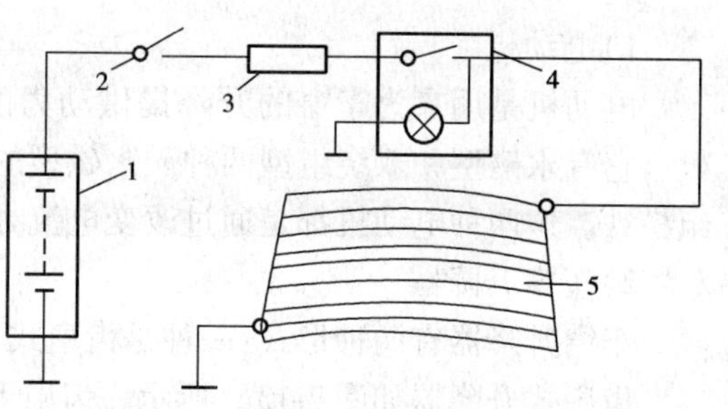

图 7-11 电热式后窗除霜电路原理图

1-蓄电池；2-点火开关；3-熔断丝；4-除霜器开关及指示灯；5-除霜器（电热丝）

驶员可再次接通开关，但在此之后每次只能通电 5min。

除霜器的电阻随温度的变化而变化，具有正温度系数。温度低时，阻值减小，电流增大；温度高时，阻值增大，电流减小。因此，除霜器自身具有一定的调节功能。

对电阻丝通电控制方式可分为手动和自动 2 种。自动控制除霜装置由开关、自动除霜传感器、自动除霜控制器、电阻丝电栅等组成，如图 7-12 所示。

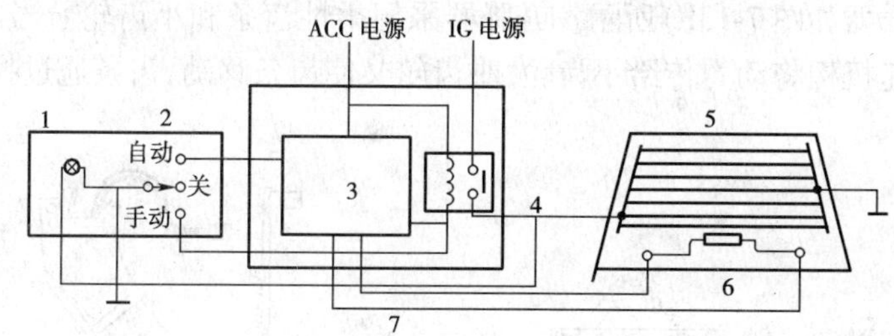

图 7-12 后窗自动控制除霜装置

1-指示灯；2-自动后除霜器开关；3-控制电路；4-继电器；5-后除霜器；6-传感器；7-自动后除霜器控制盒

工作过程如下：

（1）除霜开关位于“关”位置时，除霜装置不工作。

（2）将除霜开关拨至“自动”位置时，当后窗玻璃下缘传感器检测到冰霜达到一定厚度时，传感器电阻值急剧减小到某一设定值，控制器便控制继电器使电路接通，继电器触点闭合。于是由点火开关“IG”接线柱向电阻丝供电，同时仪表板上的指示灯点亮，指示除霜装置正在工作。随着玻璃上冰霜减少到某一程度后，传感器电阻值增大，控制器将继电器电路切断，触点断开，指示灯熄灭，后窗电栅断电，除霜装置停止工作。

（3）除霜开关拨至“手动”位置时，继电器电磁线圈可经“手动”开关直接搭铁，使除霜电路接通。

第三节 电动门窗、电动天窗与中央门锁

一、电动门窗

1. 组成

电动门窗，是指以电为动力使门窗玻璃自动升降的门窗。它是由驾驶人或乘员操纵开关接通门窗升降电动机的电路，电动机产生动力通过一系列的机械传动，使门窗玻璃按要求进行升降。其优点是操作简便，有利于行车安全。

电动门窗主要由车窗、车窗升降器、电动机、继电器、开关等组成。

1）电动机

电动机是用来为车窗的升降提供动力的装置。车窗升降电动机采用双向转动的电动机。它有永磁型和双绕组型两种。永磁型的电动机是外搭铁，双绕组型的电动机则是各绕组搭铁。这两种电动机都是通过改变电流方向来实现正反转以实现车窗的升或降。

2）车窗升降器

车窗升降器有两种形式：一种是齿扇式，另一种是齿条式。

齿扇式升降器如图7-13a）所示。齿扇上连有螺旋弹簧，当车窗下降时螺旋弹簧收缩吸收能量；当车窗上升时螺旋弹簧伸展而释放能量，以减轻电动机的负荷。于是无论车窗上升或下降，电动机的负荷基本相同。当电动机传动时，通过蜗轮蜗杆减速并改变旋转方向，使齿扇转动，并带着车窗上下进行升降。

齿条式的升降器如图7-13b）所示。升降器采用柔性齿条和小齿轮。当电动机转动时，通过蜗轮蜗杆减速机构将动力传给小齿轮，小齿轮又使齿条移动，齿条通过拉绳带着车窗进行升降。

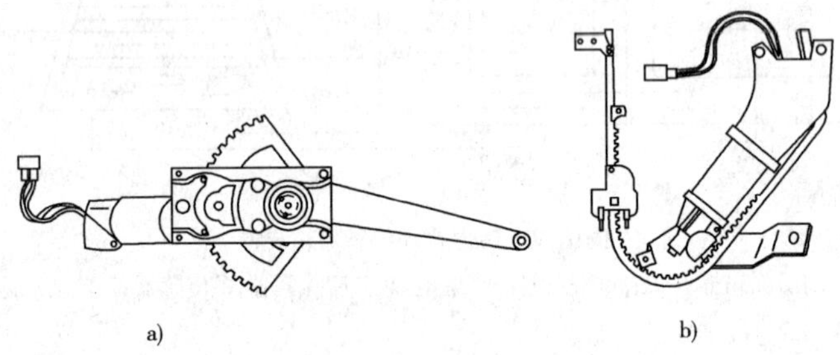

图7-13　车窗升降器

a）齿扇式；b）齿条式

2. 工作原理

如图7-14所示，当点火开关转至点火挡时，电动车窗主继电器工作，触点闭合，给电动车窗电路提供了电源，此时，电源指示灯点亮。如将主开关上的窗锁开关闭合，那么所有车

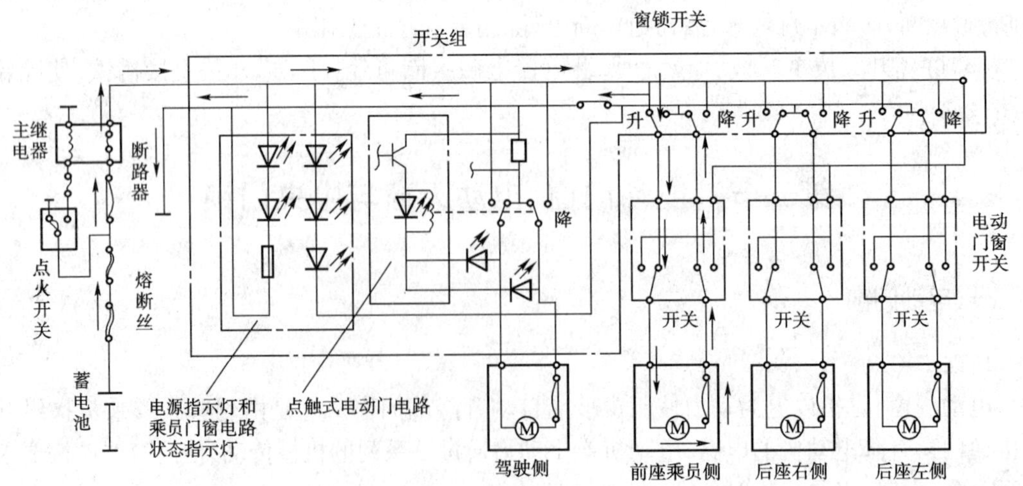

图7-14　电动车窗的控制电路

窗都可随时进入工作状态，乘员车窗的指示灯点亮。

1）前右侧车窗升降

（1）驾驶人操纵。当驾驶人按下主开关相应的前乘员车窗上升开关时，其电流由蓄电池的正极→熔断丝→断路器→主继电器→主开关→前乘员开关左触点→电动机→断路器→乘员开关的右触点→窗锁开关→搭铁→蓄电池的负极，构成闭合回路。该电路中的电动机通电而工作，使车窗上升。当需要车窗下降时，驾驶人按下主开关上的下降开关，因电动机是永磁双向电动机，其电动机的电流方向相反，电动机通电而反转使车窗下降。

（2）乘员操纵。乘员接通前乘员车窗上升开关时，其电流由蓄电池的正极→熔断丝→断路器→乘员开关左触点→电动机→断路器→乘员开关的右触点→窗锁开关→搭铁→蓄电池的负极，构成了闭合电路。该电路中的电动机通电而工作，使车窗上升。当需要车窗下降时，乘员按下开关上的下降开关，其电动机的电流方向相反，电动机通电而反转使车窗下降。

2）驾驶人侧的车窗升降

若主开关上的窗锁开关断开，则只有驾驶人侧车窗具备工作条件。另外，驾驶人侧的车窗开关由点触式电路控制。车窗在下降过程中，如果要使其停止在某一位置，只要再点触一下开关即可。其工作电路为：当驾驶人侧的们窗需要下降时，可按下主开关上下降按钮，其电流由蓄电池的正极→断路器→电动机→驾驶人侧开关的另一触点→窗锁开关→蓄电池的负极，构成闭合电路。与此同时，触点式开关的电路也同时接通，下降指示灯点亮，继电器线圈也通电而产生吸力，保持开关处于下降工作状态直至下降到极限位置。在下降过程中，如果要使车窗停在某一位置，驾驶人可再点触一下开关，则继电器线圈断路，车窗下降停止。

其他后座乘员左、右车窗的升降操纵与前乘员侧的操纵方法相同，在此不再赘述。

3. 电动车门窗升降器常见故障与排除

1）玻璃升降器不工作

玻璃升降器不工作，分全部还是部分不工作，当点火开关置于ON，按键按下不工作，可能的原因有：熔断丝熔断、线路断路、电动机损坏、开关损坏。可按照先查电路通断的方式进行排查，有必要时把损坏的元器件更换。

2）电动机正常，升降器不工作

通常是钢丝绳断或跳槽，滑动支架断或支架的传动钢丝夹转动。可拆检排查，有必要时换新件。

3）玻璃升降器工作时发卡、有异响

可拆检排查，重新调整安装螺钉和卷丝筒内的钢丝绳位置，检查安装支架弧度是否正确、导轨是否损坏变形、有无异物，电动机损伤否，有必要时换新件。

二、电动天窗

1. 汽车天窗的种类

汽车天窗按驱动方式的不同可分为手动式和电动式，按开启方向不同可分为内藏式、外倾式和敞篷式等。手动天窗主要有外倾式和敞篷式，此类天窗结构比较简单，价格也较便宜，而且便于安装；电动天窗主要有内藏式、外倾式，此类天窗档次较高，价格较贵，安装时由于要布线,安装难度较大。

从理论上讲,一部车可以安装任何一款天窗,专业天窗安装店会根据汽车的售价和车内空间、车顶尺寸帮助车主选择天窗。一般来说,外掀式的手动天窗多用于经济型轿车,而内藏式的电动天窗则多用于商务车或高档车。

外掀式天窗在开启后向车顶的外后方升起,分电动和手动两种形式,具有防夹功能和自动关闭功能,配有可拆式遮阳板。此类天窗主要安装在中小型轿车上。

内藏式天窗在开启后可以保持不同的弧度,具有防夹功能和自动关闭功能,配有独立的内藏式太阳挡板。此类天窗多用于大中型轿车上。

敞篷式天窗在开启后天窗完全打开,使用高品质的特殊材料组合而成,具有防紫外线、隔热的效果。此款天窗非常前卫,适用年轻人口味。相对于前两款天窗,敞篷式天窗的密闭防尘效果要略差一些。

2.汽车天窗的作用

1)通风换气

换气是汽车加装天窗最主要的目的。没有天窗的汽车,遇到车内空气污浊,如废气、吸烟、夏季车内霉变等,通常只能打开侧窗,给车内换气,这种方法不仅使乘客感到不舒服,同时效果也不理想,而且车外污浊的空气和噪声也会进入车内。但带天窗的汽车则方便多了,汽车天窗改变了用侧窗换气的方法,天窗是利用负压换气的原理,依靠汽车在行驶时气流在车顶快速流动形成负压,将车内污浊的空气抽出,由于不是直接进风,而是将污浊的空气抽出,以及新鲜空气从进气口补充的方式进行通风换气,车内气流极其柔和,没有风直接刮在身上的不适感觉,也不会有尘土卷入。

2)节能

夏日里汽车在阳光下曝晒,车内温度可高达60℃,这时打开天窗比开空调降温速度快2~3倍,亦可节约能耗30%。

3)除雾

春夏两季雨水多、湿度大,前风窗玻璃常有雾气,车内空气也容易污浊,这时打开天窗至后翘通风位置,顷刻间雾气消失,空气清新,又无雨水进入车内,给开车增加了舒适与安全。

4)开阔视野

天窗可以使我们的视野开阔,并且能够亲近自然和沐浴阳光,驱除被封在车厢内的压抑感。当独自长时间驾车在高速公路上行驶时,风噪声会使人心烦意乱,侧窗风吹在身上也不太舒服,这时可以打开天窗享受一下自然,而且没有噪声的干扰。

5)提升汽车的档次

一般进口高档汽车上基本都配有天窗。装一个自己喜欢的天窗,能一下子使汽车的档次随之提升不少。另外,天窗除了作为一个很好的换气设备外,还可以使汽车变得更美观、更舒适。天窗并不是高档车的专有产品,别克、帕萨特、奥迪可以开天窗,云雀、奥拓等微型车也同样可以开天窗。

3.汽车天窗的结构

电动天窗是最受车主欢迎的汽车天窗,现以电动天窗为例说明天窗的基本结构。电动天窗主要由滑动机构、驱动机构、控制系统和开关等组成。

1)滑动机构

电动天窗滑动机构主要由导向块、导向销、连杆、托架和前后枕座等构成。

2)驱动机构

电动天窗驱动机构主要由电动机、传动机构和滑动螺杆等组成。

(1)电动机通过传动装置向天窗的开闭提供动力。电动机能双向转动,即通过改变电流的方向以改变电动机的旋转方向,实现天窗的开闭。

(2)传动机构主要由蜗轮蜗杆传动机构、中间齿轮传动机构(主动中间齿轮、过渡中间齿轮)和驱动齿轮等组成。齿轮传动机构接受电动的动力,改变旋转方向,并减速增矩后将动力传给滑动螺杆,使天窗实现开闭;同时又将动力传给凸轮,使凸轮顶动限位开头进行开闭。主动中间齿轮与蜗轮固装在同一轴上,并与蜗轮同步转动;过渡中间齿轮与驱动齿轮固装在同一输出轴上,被主动中间齿轮驱动,使驱动齿轮带动玻璃开闭。

3)开关

电动天窗的开关由控制开关和限位开关组成。

(1)控制开关主要包括滑动开关和斜升开关。滑动开关有滑动打开、滑动关闭和断开(中间位置)3 个挡位。斜升开关也是有斜升、斜降和断开(中间位置)3 个挡位。通过操作这些开关,令天窗驱动机构的电动机实现正反转,使天窗实现不同状态下的工作。

(2)限位开关主要是用来检测天窗所处的位置,犹如一个行程开关。限位开关是靠凸轮转动来实现断开和闭合的,凸轮安装在驱动机构的动力输出端。当电动机将动力输出时,通过驱动齿轮和滑动螺杆减速以后带动凸轮转动,于是凸轮周缘的突起部位顶动开关使其开闭,以实现对天窗的自动控制。

4)控制系统

控制系统 ECU 是一个数字控制电路,并设有定时器、蜂鸣器和继电器等,其作用是接受开关输入的信息,通过数字电路进行逻辑运算,确定继电器的动作,以控制天窗开闭。

天窗机构如图 7-15 所示,天窗机构接纳滑动螺杆传来的动力,通过后枕座、连杆使导向销沿导向槽的轨迹滑动,实现天窗理想的开闭动作。

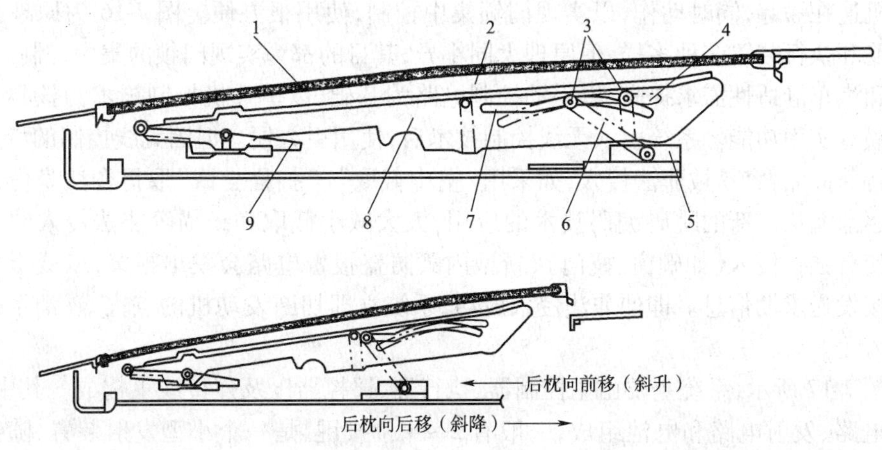

图 7-15 电动天窗结构

1-天窗玻璃;2-导向块;3-导向销;4-导向槽;5-后枕座;6-连杆;7-导向槽;8-托架;9-前枕座

电动天窗有九种工作状态，即滑动打开、滑动关闭、关闭前200mm处停止、从停止到关闭、全关闭时的停止，斜升、斜升至全关闭位置是停止。

三、中央门锁

1.中央门锁种类

中央门锁种类繁多，其结构和功能各异。

(1)独立的中央门锁，如捷达、高尔夫等。此种中央门锁结构简单便于检测与维修，其缺点是功能较单一。为弥补这一点，一汽大众与西门子公司联合开发了防盗止动器，作为选装件向用户提供。

(2)带防盗装置及遥控起动装置的中央门锁，如奥迪A6等。该种中央门锁兼备多种功能，使用起来方便，但其成本较高维修较麻烦。

2.中央门锁的功能

汽车装备中央门锁后可实现下列功能：

(1)将驾驶人侧车门锁扣按下时，其他几个车门及行李舱门都能自动锁定；如用钥匙锁门，也可同时锁好其他车门和行李舱门。

(2)将驾驶人侧车门锁扣拉起时，其他几个车门及行李舱门锁扣都能同时打开；用钥匙开门，也可实现该动作。

(3)车室内个别车门需打开时，可分别拉开各自的锁扣。

(4)配合防盗系统，实现防盗。

3.中央门锁的工作原理

汽车门锁有开锁、闭锁两种状态，闭锁时通过内外把手无法打开车门。中央门锁控制装置是控制门锁状态的电器设备，在汽车电器中属于安全、舒适系统。一般工作原理如图7-16所示。当旋转车钥匙或拉动门提会带动锁止机构运动，带动状态开关K_1和K_2动作，电容C_1(或C_2)放电，继电器J_1(或J_2)吸合，执行电动机M_1(或M_2)通电带动锁止机构动作。放完电后继电器释放，电动机停止，闭锁过程自动完成。将汽车所有车门(包括行李舱)的执行电动机连在一起，同时动作，以实现门锁集中控制，使用很方便。图7-16为原理性电路，实际电路和执行装置多种多样，但原理大同小异，其目的都为实现门锁的集中控制。随着技术发展和汽车舒适性需求提高，以手动控制电路为基础，以单片机控制技术为核心，出现了自动闭锁等实用功能。系统引入无线控制技术后，使用更方便。但因无线控制的特点，加上汽车是特殊商品，容易被非法侵入，如采用“空中截取”、“扫描尝试”取得合法身份，迫使固定编码逐渐淘汰。新的跳码编码技术的应用，大大减小截取和扫描等非法侵入的可能性。另外即使有强行侵入(如砸窗、撬门)，新型内藏防盗报警电路会发出报警，以威慑入侵者，甚至直接发送求助信息。即使非法侵入成功，系统立即切断发动机的点火、燃油系统，阻止进一步入侵。

如图7-17所示，系统主要由主控制器、执行器、遥控器以及连接线束构成。其中遥控器由编码电路、发射电路和电池组成，一般有2~4个按键，是一个小型发射装置，随身携带。主控制器由无线接收模块、电源(DC-DC转换器)、主控芯片(一般为单片机)、输入输出接口电路(完成电路间的匹配)组成，是一个智能控制单元，安装在车内较隐蔽的位置。执行器一般包括门锁电动机、报警喇叭、电源继电器、报警灯、燃油切断阀等。其中门锁电动机与门锁装成一体;报警灯与汽车转向信号灯共用;电源继电器、燃油切断阀安装在隐蔽的位置。

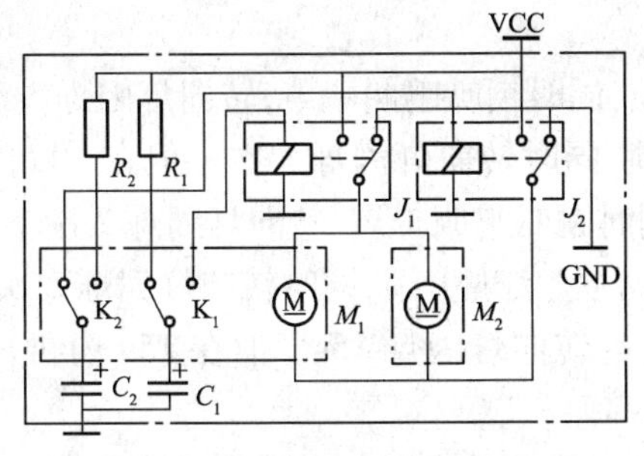

图 7-16 中央门锁控制装置工作原理图

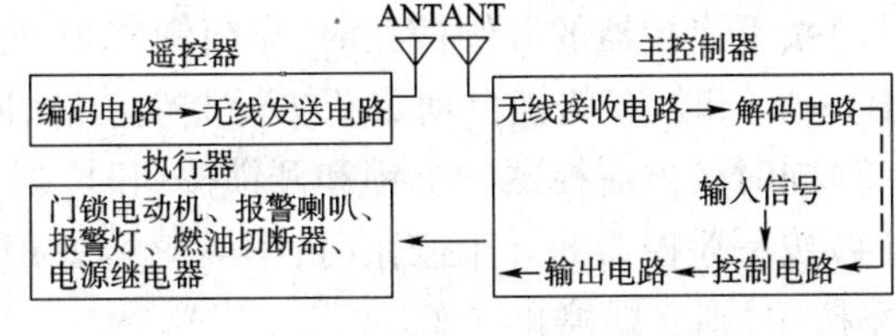

图 7-17 中央门锁控制装置系统图

四、中央门锁遥控系统

1. 中央门锁遥控系统主要组成部件

(1)遥控器(出厂时每车配备 2 只);

(2)遥控接收器(位于仪表板总成下方);

(3)变速杆位置开关(自动变速器);

(4)车速传感器(手动变速器);

(5)车门开关;

(6)转向灯;

(7)喇叭。

2. 中央门锁遥控系统的功能

中央门锁控制系统的遥控系统可以实现中央门锁的上锁和开锁功能,而不能实现中央门锁的防盗死锁功能。因为中央门锁的防盗死锁功能只能用钥匙通过驾驶座车门锁来实现。中央门锁控制系统的遥控系统除了能实现部分中央门锁的功能外,还具有寻车功能、声光提示功能以及自动开锁和上锁功能。

寻车功能就是按一下遥控器上的寻车按钮,喇叭鸣叫两声,同时转向灯闪烁 15s,来指示车辆位置,便于寻找。

声光提示功能是指当按压遥控器上的按钮时,伴随着喇叭鸣叫声或转向灯闪烁,以提示相应功能正被执行。例如按下遥控器的锁门按钮时,喇叭鸣叫一声,同时转向灯闪两次,以提示正在执行上锁功能。而按下遥控器的开锁按钮时,转向灯闪 1 次,以提示正在执行开锁功能。

自动上锁功能对于配备手动变速器的车辆是指当车速大于 13km/h 时,车门锁自动执行上锁功能。对于配备自动变速器的车辆是指当变速杆离开 P 挡时,车门锁自动执行上锁功能。

还有当按下遥控器的开锁按钮,且在 30s 内不打开任一车门时,车门锁自动重新执行上锁功能。

自动开锁功能对于配备手动变速器的车辆是指当点火开关转至关闭位置时,车门锁自动执行开锁功能。对于配备自动变速器的车辆是指当变速杆进入P挡时，车门锁自动执行开锁功能。

3. 中央门锁遥控系统的操作特点

(1)按下遥控器的上锁按钮时，车门锁实现上锁，同时喇叭鸣叫一声，转向灯闪烁2次。

(2)按下遥控器的开锁按钮时，车门锁实现开锁，同时转向灯闪烁1次。但在30s内不打开任一车门时，车门锁自动重新执行上锁功能，同时喇叭鸣叫1声，转向灯闪烁2次。

(3)同时按下遥控器的上锁和开锁按钮时，则车门锁实现上锁，同时转向灯闪烁2次。

(4)按下遥控器的寻车按钮时，喇叭鸣响2声，且转向灯闪烁15s。但在15s内再按一下寻车按钮，则立即停止寻车。

(5)在打开任一车门的情况下，或在点火开关置于接通的情况下，按下遥控器的任何按钮，车门锁遥控系统都不会做出任何反应。

4. 中央门锁遥控系统的组成部件说明

1)遥控器

遥控器向遥控接收器发送315MHz ± 250kHz的高频率无线电磁波。发送有效距离为10m以内。遥控器的工作电源为3V纽扣电池。当遥控器的信号变弱时，需更换纽扣电池。当车辆的遥控器损坏，而需要添加新遥控器时，必须对遥控器进行匹配学习，以使遥控接收器能识别出新遥控器。

遥控门锁系统工作原理如图7-18所示，发射机将次载波的频率按照数字识别代码信号进行频率偏移调制(FSK)，再进行FM调制和发射，而不受外来杂音的干扰。FM波由汽车无线电调频机的FM天线进行接收，通过分配器进入接收机ECU的高频增幅处理器进行处理，与存储的识别代码进行比较。如果正确，则输入控制电路，控制执行元件工作。

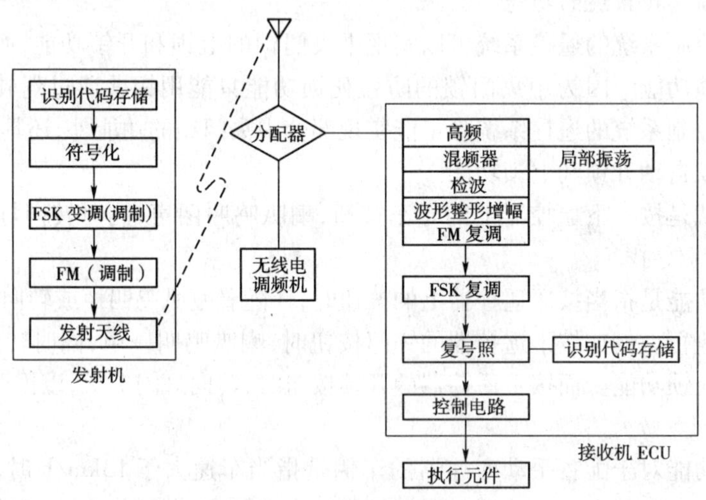

图7-18　遥控门锁电路

遥控器匹配学习方法如下：

(1)在车门锁开锁的状态下，将车门在3s内开关2次，最后保持开门状态。

(2)插入点火钥匙，且在10s内，将点火开关开关5次，最后保持关闭位置，此时转向灯闪烁 1 次,表示车门锁遥控系统进入遥控器学习模式。

(3)进入遥控器学习模式后的 16s 内,按下第一个要学习遥控器的上锁按钮,转向灯闪烁一次,表示学习成功。

(4)再在 16s 内重复步骤(3),即可学习第 2 只遥控器。

(5)在遥控器学习结束后,退出学习。

退出遥控器学习的方法有以下 3 种:

(1)关上所有打开的车门,转向灯闪 2 次,即表示退出。

(2)接通点火开关,转向灯闪 2 次,即表示退出。

(3)在 16s 内不执行任何动作,转向灯闪 2 次,即表示退出。

2)遥控接收器

每个遥控接收器最多只能记忆 2 只遥控器。

第四节 其他电器

一、电动后视镜

车辆上的后视镜位置直接关系到驾驶员能否观察到车后的情况,与行车的安全性有着密切的关系。而后视镜的调整一般来说比较麻烦,采用电动后视镜,可通过开关进行调整,操作起来十分方便。

1. 组成

电动后视镜由调整开关、电动机、传动和执行机构等组成。电动后视镜的背后装有两套电动机和驱动器,可操纵后视镜上下及左右转动。通常上下方向的转动用一个电动机控制,左右方向的转动由另一个电动机控制。通过改变电动机的电流方向,即可完成后视镜的上下及左右调整。有的电动后视镜还具有伸缩功能,由伸缩开关控制伸缩电机工作,使整个后视镜回转伸出或缩回。

2. 工作原理

丰田皇冠轿车可伸缩式电动后视镜控制系统电路图如图 7-19 所示。电动后视镜控制开关的工作状态见表 7-1。

电动后视镜控制开关的工作状态 表 7-1

触点调整状态	左上	右下	向上	向下	左	右
向左调整	●				●	
向右调整		●				●
向上调整	●		●			
向下调整		●		●		

(●表示开关与触点接通)

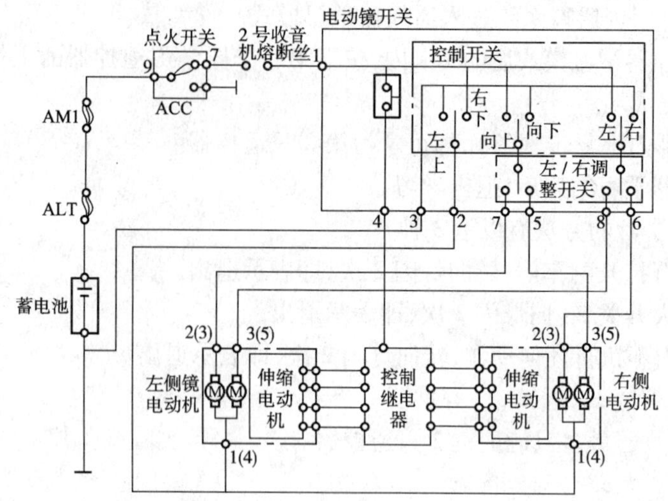

图7-19　丰田皇冠轿车可伸缩式电动后视镜控制系统电路

进行调整时，首先通过左右调整开关选择要调整的后视镜。如调整左镜时，开关打向左侧，此时开关分别与接点7、8接通，再通过控制开关即可进行该镜的上下和左右调整。如果进行向上调整时，可将控制开关推向上侧，此时控制开关分别与向上接点、左向上接点结合。电路由蓄电池正极→熔断器→点火开关→控制开关向上接点→左/右调整开关→接点7→左侧镜上下调整电动机→接点1→电动镜开关接点2→控制开关左上接点→电动镜开关接点3→蓄电池负极，形成回路，左侧镜上下调整电动机运转，完成调整过程。其他调整过程与向上调整过程类似，通过接通不同的开关即可完成。

3. 电动后视镜故障检查

电动后视镜电路看起来复杂，其实只要掌握其工作原理，故障诊断也就容易得多了。

1）电动后视镜只向一个方向开动而不能向相反方向开动

例如：只向左侧倾斜而不向右侧倾斜或者只往上倾斜而不往下倾斜时，可以断定为开关故障，应更换开关。因为，如果是电动机或配线有故障，则正反两个方向都不能工作；如果配线断路，电动机上没有电流，当然不能向任何方向转动；在电动机的线圈或者电刷上发生故障时，也不能向任何方向转动，电动机只向一个方向转动而不能向另一个方向转动的现象是不可能存在的。

※参考：使电动机改变转动方向的电控装置（电动门窗、电动机电路、电动后视镜电路和电动座椅电路等）只能向一个方向工作而不能向另一个方向工作时，其故障大部分原因在开关上。

2）左右两侧电动后视镜中有一侧不工作

出现这种故障的原因也许是在左右转换开关上，也许是在不工作一侧的配线或者电动机上。

（1）拆下不工作一侧的车门衬板（为了查看电动后视镜连接器）。

（2）拆下电动后视镜配线连接器。

（3）在检查左侧电动后视镜时，如果是不能调节左右角度的故障，应在取下来的配线连接器黄线与黑底红色线之间连接万用表之后，不管左侧还是右侧，只要按角度开关便能测出12V 电压（数字显示仪表）。如果有电压，说明开关和配线为正常，因此应更换电动后视镜；如果测不出电压，则要检查配线是否断路。如果配线未断线，可判断为开关有故障。如果不能调节上下角度，那么在绿线与黑底红线之间连接万用表，按上边说明的要领和方法进行检查，并做出判断。

(4)在检查右侧电动后视镜时，以与检查左侧电动后视镜同样的方法进行检查，并做出判断，但必须注意配线的不同颜色。即不能调节左右角度时，在灰色线和黑底红色线之间连接万用表进行检查；如果不能调节上下角度时，则在蓝色线与黑底红色线之间连接仪表进行检查。

※参考：这里指的配线颜色以车门配线侧作为标准，而不是电动后视镜电机一侧为标准。

3)左侧和右侧电动后视镜都不能调节左右角度或者都不能调节上下角度

这种故障几乎都是开关的问题。但是更换开关后，仍然频繁出现这些故障，这是由于连接电动机的配线与车体短路造成的结果。也就是说，打开开关后与车体短路的配线接触正电压时，由于所经过的电流过多，致使开关内部线路断路。这时如果不排除故障而只更换开关，仍然会出现开关断路现象。因此，在检查有这种故障的汽车时，不要先更换开关，而是取下电动后视镜的配线连接器，查看黄、绿、蓝、灰、黑底红色配线中哪一条与车体短路。即利用万用表逐个进行检查，并对找出来的短路配线进行修理后再更换开关（开关是处于断路状态的）。

二、电动座椅

车辆座椅的主要功能是为驾驶人及乘员提供便于操作、舒适而有安全的座椅位置，这就是座椅调节的目的。此外，通过调节还可以改变坐姿，减少长时间乘车的疲劳。

座椅调节正向多功能方向发展，其种类很多，还可以有不同的组合方式。如具有八种调节功能的电动座椅，其动作方式有座椅前后调节、上下调节、座椅前部的上下调节、靠背的倾斜调节、侧背支撑调节、腰椎支撑调节以及靠枕上下、前后调节。

电动座椅前后方向的调节量一般为100～160mm，座位前部与后部的调节量约为30～50mm。全程移动所需时间约为8～10s。

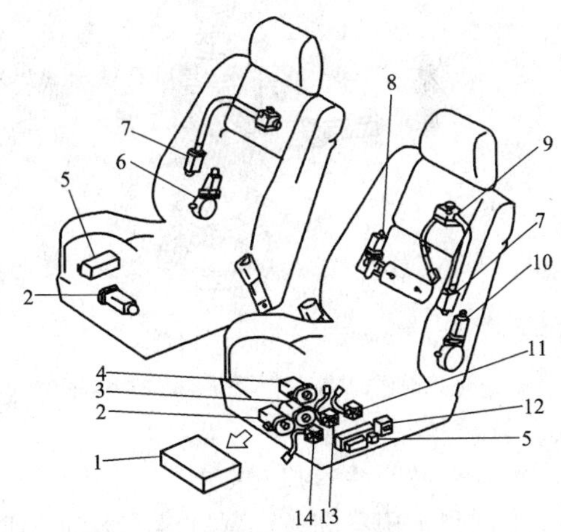

图7-20　电动座椅的构造

1-电动座椅 ECU；2-滑动电动机；3-前垂直电动机；4-后垂直电动机；5-电动座椅开关；6-倾斜电动机；7-头枕电动机；8-腰垫电动机；9-位置传感器（头枕）；10-倾斜电动机和位置传感器；11-位置传感器（后垂直）；12-腰垫开关；13-位置传感器（前垂直）；14-位置传感器（滑动）

1. 电动座椅的构造

电动座椅一般由双向电动机、传动装置和座椅调节器等组成，如图7-20所示。

1)电动机

电动机的数量取决于电动座椅的类型，通常两向移动座椅装有2个电动机，四向移动的座椅装有4个电动机,最多可达6个电动机。大多数电动座椅使用永磁式电动机,通过开关来操纵电动机按不同方向旋转,如图7-21所示。

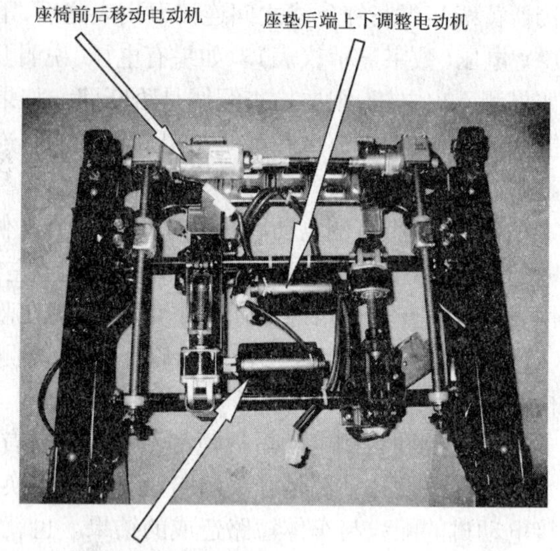

图7-21　驾驶员座椅滑道骨架元件图

2)传动机构

电动机的旋转运动,通过传动机构实现座椅的空间位置。

①高度调整机构由蜗杆轴、蜗轮、心轴等组成,如图7-22所示。调整时蜗杆轴在电动机的驱动下,带动蜗轮转动,从而保证心轴旋进或旋出,实现座椅的上升与下降。

②纵向调整机构由蜗杆、蜗轮、齿条、导轨等组成,如图7-23所示。齿条装在导轨上。调整时,电动机转矩经蜗杆传至两侧的蜗轮4上,经导轨上的齿条,带动座椅前后移动。

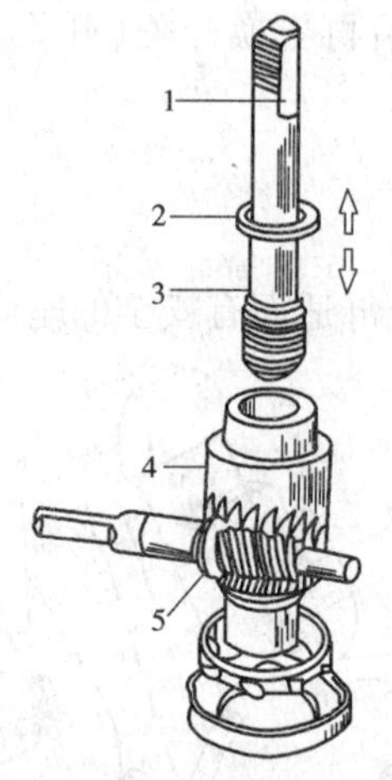

图7-22　高度调整机构

1-铣平面;2-止推垫片;3-心轴;4-蜗轮;5-挠性驱动蜗杆轴

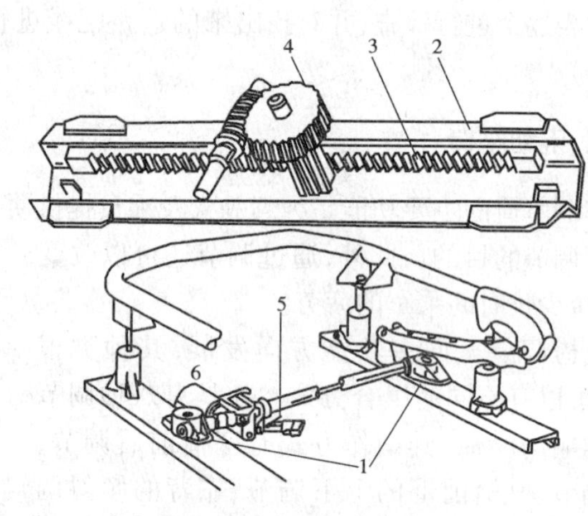

图7-23　纵向调整机构

1-支撑及导向元件;2-导轨;3-齿条;4-蜗轮;5-反馈信号电位计;6-调整电动机

2. 电动座椅的控制电路

广州本田雅阁轿车驾驶席有8种可调方式:前端上,下调节;后端上,下调节;前,后调节;向前,向后倾斜调节。控制电路如图7-24所示。

通过电动座椅调节开关,即可完成不同的调节功能,如电动座椅前端上、下调节,其电路为:

1)向上调节

将电动座椅前端上下调节开关打到“向上”位置时,电路中的电流流向为:蓄电池正极→黑线→(发动机盖下熔断器/继电器盒)No. 42(100A)、No. 55(40A)→黄/绿线(前乘客席

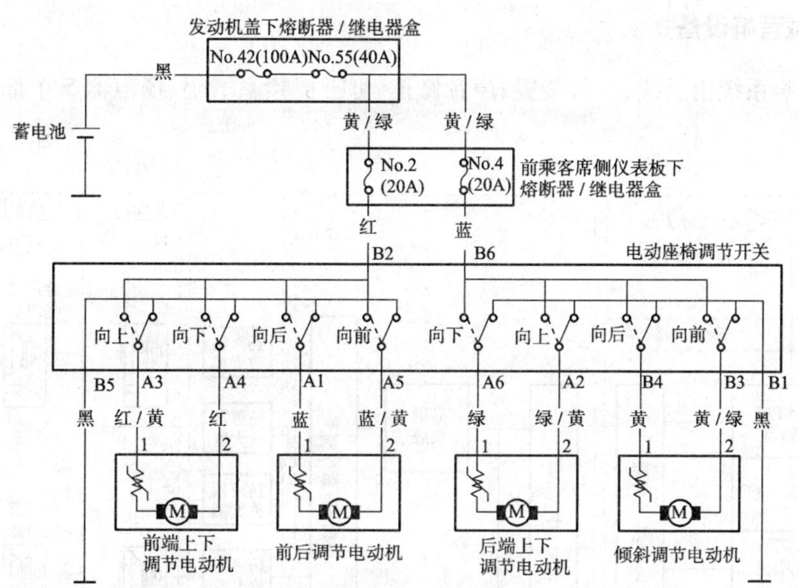

图 7-24 广州本田雅阁轿车驾驶席电动座椅电路图

侧仪表板下熔断器/继电器盒)No. 2(20A)→红线→电动座椅开关端子 B_2→前端上下调节开关端子 A_3→红/黄线→前端上下调节电动机端子 1→前端上下调节电动机→前端上下调节电动机端子 2→红线→A_4→B_5→黑线→搭铁→蓄电池负极。前端上下调节电动机工作，座椅前端向上移动。

2)向下调节

将电动座椅前端上下调节开关打到“向下”位置时，电路中的电流流向为：蓄电池正极→黑线→(发动机盖下熔断器/继电器盒)No. 42(100A)、No. 55(40A)→黄/绿线(前乘客席侧仪表板下熔断器/继电器盒)No. 2(20A)→红线→电动座椅开关端子 B_2→电动机座椅开关端子 A_4→红线→前端上下调节电动机端子 2→前端上下调节电动机→前端上下调节电动机端子 1→红/黄线→A_3→B_5→黑线→搭铁→蓄电池负极。前端上下调节电动机工作，座椅前端向下移动。

3. 带存储功能电动座椅

带存储功能的电动座椅采用微机控制，它能将选定的座椅调节位置进行存储，使用时只要按指定的按键开关，座椅就会自动地调节到预先选定的座椅位置上。带存储功能电动座椅的控制如图 7-25 所示。

该系统有一个存储器，存储装置通过 4 个电位计来控制座椅的调定位置。只要座椅位置调定后，驾驶员按下存储器的按钮，电子控制装置就把这些电压信号存储起来，作为重新调整位置时的基准。使用时，只要一按按钮，就能按存储时的状态来调整座椅位置。

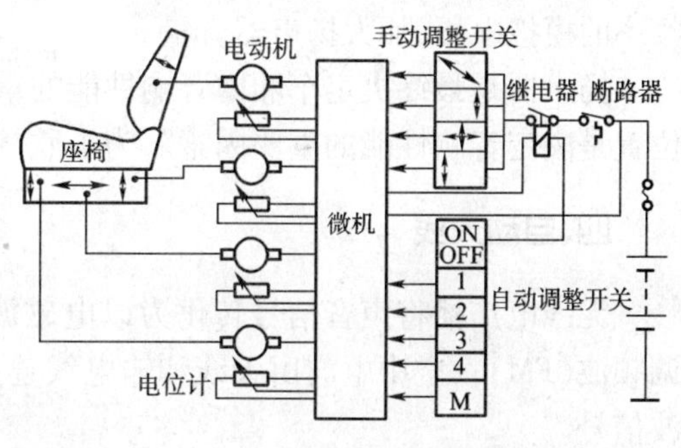

图 7-25 带存储功能的电动座椅控制示意图

三、车载音响设备

车辆音响系统由天线、接收装置、声音修正、可听视频率增幅、扬声器5个部分组成(图7-26)。

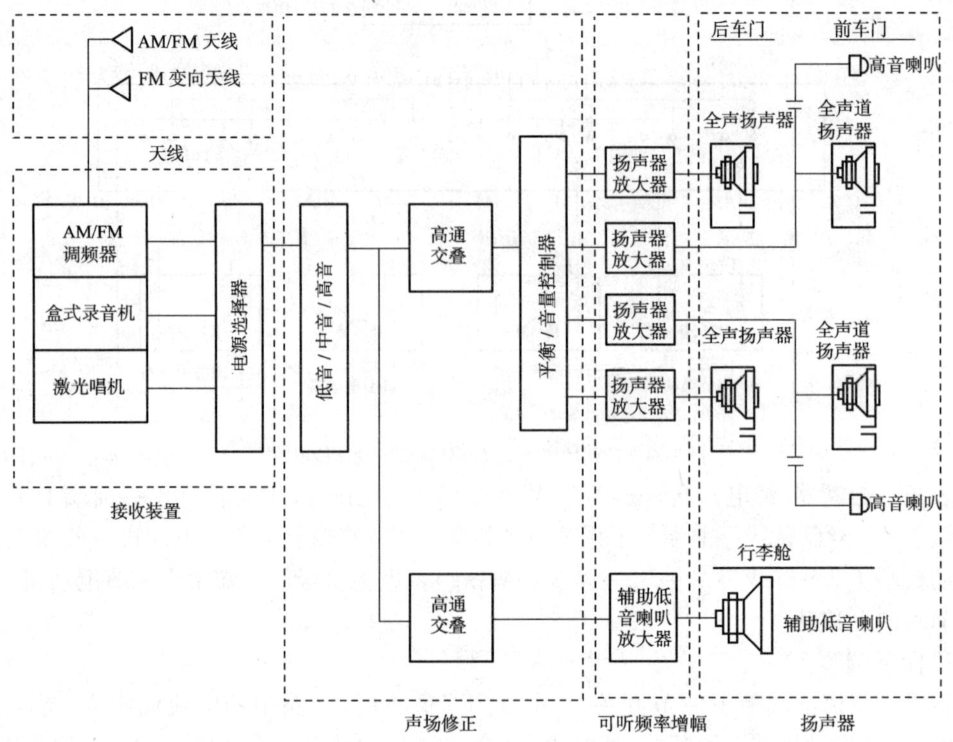

图7-26 车辆音响系统结构框图

天线接收广播电台的发射电波,通过高频电缆,向无线电调频装置传送。

接收装置有无线电调频装置及录音再生机(盒式磁带或激光唱片等)。广播电台发射电波通过盒式录音机,密纹激光唱片的录音数据转变为可听频率。

按照车厢内声场特性及听者爱好,增强或减弱频率带,具有修正声场的功能。设有只允许通过特定频率域的滤波器和增幅控制电路,以提高车内音质。可听频率增幅以增强可听频率的模拟电压,加大扬声器音量。

扬声器是最终决定车厢内音响性能的重要部件。扬声器口径大小和在车上安装方法、位置是决定音响性能的重要因素。为了欣赏立体声音响,车上最少要装2个扬声器。

四、自动天线

无线电广播将声音信号转化为以电磁波为载体的电波,传播电波分为调幅波(AM)和调频波(FM)。空中电波由天线和输电线连接到调谐器输入端,经调谐电路获取所选的电波信号。

1. 玻璃天线

天线有柱式和玻璃天线两种，前者装在前挡泥板或车顶，后者与风窗玻璃做成一体，在风窗玻璃中埋设线径为0.3mm以下的导线，如图7-27a)所示。为不影响安全视野，玻璃天线通常只在后风窗使用。若FM用天线要进行匹配，AM天线通过共用防干扰器可提高接受灵敏度。由于车辆行驶方向是任意的，无法使天线接受方向恰好在高灵敏度方向上，故希望车辆天线设计成无指向性。如图7-27b)所示为FM天线的指向性。即当接受电场强度为60dB时，对FM发射波的不同天线指向特性。由此可见风窗玻璃天线比柱式天线更符合无指向性天线的要求。

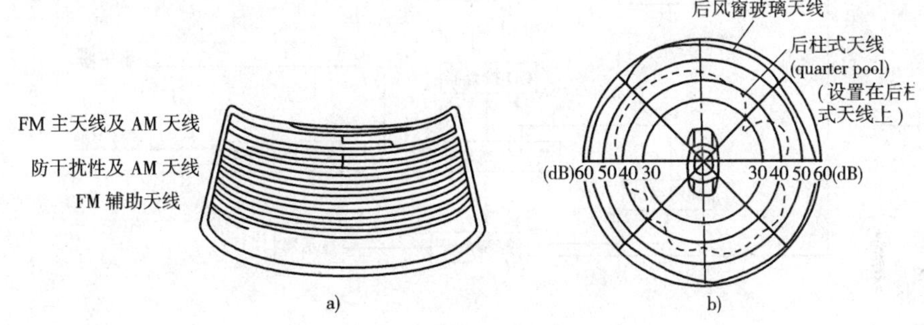

图7-27　汽车天线

a)后风窗玻璃上的天线；b)天线(在FM时)的指向性

2. 自动天线

柱式天线分为手动式和自动式2种，自动柱式天线是指天线的长度可以通过电动机带动调节，自动伸缩。

自动天线的结构如图7-28所示。当打开收音机，天线开关接通常开开关，使电动机正转，将天线管拉出，伸到设定位置后，切断电动机电流，天线停止上升。当收音机关闭，天线开关断电，常闭触点接合，向电动机提供反向电流，直流电机反转将天线管回拉，收缩至原位置后，再次切断电动机电流，使电机停转。

有的车辆还装有电子天线，它除了具有电动天线的功能外，底座上串入了一个放大器。可用来提升接收信号的电压，使接收信号进入电缆之前就放大，可收到较弱的信号，平常天线收不到的电台，也能收到了。

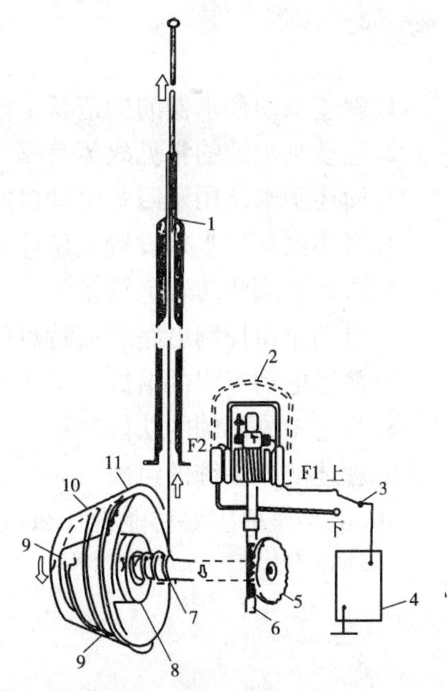

图7-28　自动天线的结构

1-天线杆；2-电动机；3-天线开关；4-蓄电池；5-齿轮；6-蜗杆；7-离合器弹簧；8-离合器板；9-钢绳；10-鼓；11-外壁

五、CD唱机

CD(Compact Disc)唱机又称激光唱机。CD唱机具有优异的电声指标，其信噪比和动态范围远远优于传统的电唱机。CD 唱机具有自动选曲、程序重放、遥控操作等功能,CD 不易磨损,曲目丰富,成为车辆音响的重要组成部分。CD 唱机主要由激光拾音器、伺服传动机构、数模转换系统、控制及显示电路等组成,如图 7-29 所示。激光唱机具有自动存取唱片、选择放唱、编辑加工、长期记忆功能。多片时可同时安放多张唱盘,又称换片式 CD 唱机。分抽屉式和转盘式两种。抽屉式是将多张唱片平行装入一个换片盒内,最多可达 7 片,放唱时可连续放音,换片时间为 5 ~6s。转盘式激光唱机采用开盖方式,转盘上平行放置 3 ~5 张 CD,开机后可无限循环进行放唱,中途不用打开或中断唱片。

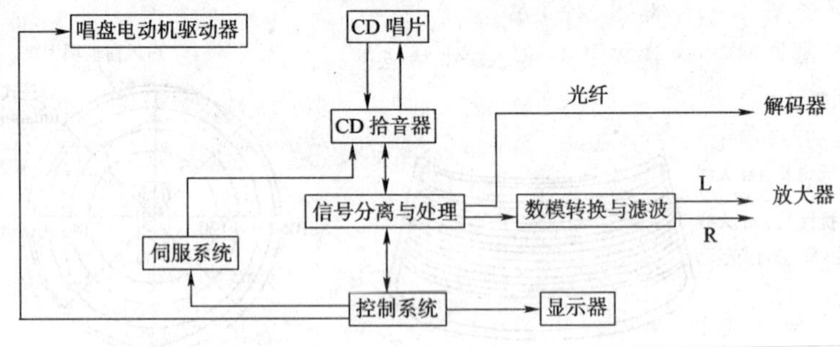

图 7-29　CD 唱机的组成

1. 叙述电动刮水器的构造及工作原理。
2. 电动刮水器的常见故障有哪些?
3. 简述刮水器用永磁式电动机的变速原理。
4. 简述汽车刮水片设置定位停止机构的目的及工作原理。
5. 汽车有哪些防霜冻设备?
6. 电动车窗控制电路有何特点,怎样进行电路分析?
7. 简述电动车窗的组成与工作原理。
8. 简述中央门锁的功能。
9. 叙述防盗系统的组成。
10. 电动座椅主要功能是什么,它应满足哪些要求?

第八章　汽车电路分析基础

学习目标

- 汽车电器基础元件作用、种类；
- 掌握汽车电路保护装置的种类、工作特点；
- 掌握汽车整车电路的组成和电路图的种类与组成；
- 掌握汽车电路的接线规律和读识电路图的要点；
- 掌握电路故障及诊断；
- 掌握电器测试设备。

第一节　汽车电器基础元件

一、导线与线束

(一)导线

汽车电器的导线有低压线和高压线2种。低压线中又有普通线、屏蔽线、起动电缆和蓄电池搭铁电缆之分;高压线又有铜芯线和阻尼线之分。

1. 低压导线

(1)普通低压导线为铜质多丝软线,根据外皮绝缘包层的材料不同又分为QVR型(聚氯乙烯绝缘包层)和QFR型(聚氯乙烯—丁腈复合绝缘包层)2种。

导线的截面根据用电设备的工作电流进行选择。但是对功率很小的电器,仅从工作电流的大小来选择导线,其截面将太小,机械强度差,易于折断,因此汽车电系中所用的导线截面不得小于0.5mm²。各种低压导线标称截面积所允许截流值见表8-1。

低压导线允许载流量　　表8-1

导线标称截面(mm²)	0.5	0.8	1.0	1.5	2.4	3.0	4.0	6.0	10	13
允许载流量(A)	—	—	11	14	20	22	25	35	50	60

导线标称截面积是根据规定换算方法得到的截面积值,它既不是线芯的几何面积,也不是各股铜线几何面积之和。车辆主要线路导线的标称截面积推荐值见表8-2。

随着汽车电器的增多,导线数量也不断增加,为了便于维修,低压导线常以不同的颜色加以区分。其中截面积在4mm²以上的采用单色,而4mm²以下的均采用双色。搭铁线均用黑色导线。

汽车 12V 电器主要电路导线截面推荐值 表 8-2

电路名称	标称截面(mm^2)
尾灯、指示灯、仪表灯、牌照灯、刮水器电动机、电钟	0.5
转向灯、制动灯、停车灯、分电器	0.8
前照灯的近光、电喇叭(3A 以下)	1.0
前照灯的近光、电喇叭(3A 以上)	1.5
其他 5A 以上的电路	1.5~4
电热塞	4~6
电源线	4~25
起动电路	16~95

汽车用低压导线的颜色与代号见表 8-3。汽车电气各系统的主色见表 8-4。

汽车用低压导线的颜色与代号 表 8-3

导线颜色	黑	白	红	绿	黄	棕	蓝	灰	紫	橙
代号	B	W	R	G	Y	Br	Bl	Gr	V	O

汽车电气各系统的主色 表 8-4

序号	系统名称	主 色	颜色代号
1	电源系统	红	R
2	点火、起动系统	白	W
3	雾灯	蓝	Bl
4	灯光、信号系统	绿	G
5	防空灯及车身内部照明系统	黄	Y
6	仪表、报警系统、喇叭系统	棕	Br
7	收音机、电钟、点烟器等辅助系统	紫	V
8	各种辅助电动机及电气操纵系统	灰	Gr
9	搭铁线	黑	B

在汽车的电器设备的电路图中，导线上一般都标注有符号，该符号用来表示导线的截面积和颜色。

(2)屏蔽线也称同轴射频电缆，在外层绝缘层中带有金属纺织网管或很多股导线装在一层编织金属网内，再在网管外套装一层护套，称为屏蔽网。其作用是将导线与外界的磁场隔离，避免导线受外界磁场影响而产生干扰，尤其在防止汽油发动机高压点火干扰方面非常有效。屏蔽线常用于低压微弱信号线路，如天线连接线及各种传感器和电子控制单元之间的通信，在爆震信号电路、曲轴位置信号电路、氧传感器信号电路等处普遍使用。

(3)起动电缆用来连接蓄电池与起动机开关的主接线柱，截面有 $25mm^2$、$35mm^2$、$50mm^2$、$70mm^2$ 等多种规格，允许电流范围为 500~1000A。为了保证起动机正常工作，并发出足够的功率，要求在线路上每 100A 的电流电压降不得超过 0.1~0.15V。

(4)蓄电池的搭铁电缆是由铜丝编织而成的扁形软铜线，国产汽车常用的搭铁线长度有 300mm、450mm、600mm、760mm 4 种。

2. 高压导线

用来传送高电压，由于工作电压很高(一般在 15kV 以上)，电流强度较小，因此高压导线的绝缘包层很厚，耐压性能好，但线芯截面积很小。

国产汽车用高压导线有铜芯线和阻尼线2种，其型号和结构见表8-5。为了衰减火花塞产生的电磁波干扰，目前已广泛使用了高压阻尼点火线。高压阻尼点火线的制造方法和结构亦有多种，常用的有金属阻丝式和塑料芯导线式。

高压导线芯的型号和规格　　表8-5

型号	名　称	线芯结构		标称外径（mm）
		根数	单线直径（mm）	
QGV	铜芯聚氯乙烯绝缘高压点火线	7	0.39	7.0±0.3
QGXV	铜芯橡皮绝缘聚氯乙烯护套高压点火线			
QGX	铜芯橡皮绝缘氯丁橡胶护套高压点火线			
QGZ	全塑料高压阻尼点火线	1	2.3	
QGZV	电抗性高压阻尼点火线	1	—	

金属阻丝式又有金属阻丝线芯式和金属阻丝线绕电阻式2种。金属阻丝线芯式是由金属电阻丝绕在绝缘线束上，外包绝缘体制成阻尼线；金属丝线绕电阻式是由电阻丝绕在耐高温的绝缘体上制成电阻，再与不同型式的绝缘套构成。

塑料芯导线式是用塑料和橡胶制成直径为2mm的电阻线芯，在其外面紧紧地编织着玻璃纤维，外面再包有高压PVC塑料或橡胶等绝缘体，电阻值一般在6～25kΩ/m，这种结构形式，制造过程易于自动化，成本低且可制成高阻值线芯。

（二）汽车线束

汽车上的全车线路（除高压线以外），为了不零乱、安装方便和保护导线的绝缘，一般都将同路的不同规格的导线用棉纱编织或用薄聚氯乙烯带半叠缠绕包扎成束，称为线束。一辆汽车可以有多个线束。

汽车线束在汽车电器中占有重要位置，尤其是近年来，随着汽车电器与电子设备的增多，线束总成的结构与电路也越来越复杂，因此对线束的结构、功能、适用性、可靠性都提出了更高的要求。

现代汽车的线束总成由导线、端子、插接器，护套等组成。

端子一般由黄铜、紫铜、铅材料制成，它与导线的连接均采用冷铆压合的方法。

线路间的连接采用插接器，现代汽车线束总成中有很多个插接器。为了保证插接器的可靠连接，其上都有1次锁紧、2次锁紧装置，极孔内都有对端子的限位和止退装置。为了避免装配和安装中出现差错，插接器还可制成不同的规格型号、不同的形体和颜色，这样不仅拆装方便还不会出现差错。

安装汽车线束，一般先将仪表板和车灯总开关、点火开关等连接好，然后再往汽车上安装。

安装线束注意事项：

（1）线束应用卡簧或绊钉固定，以免松动磨坏。

（2）线束不可拉得过紧，尤其在拐弯处更要注意。在绕过锐角或穿过金属孔时，应用橡皮或套管保护，否则容易磨坏线束而发生短路、搭铁，并有烧毁全车线束，酿成火灾的危险。

（3）连接电器时，应根据插接器的规格以及导线的颜色或接头处套管的颜色，分别接于电器上。若不易辨别导线的头尾时，一般可用试灯区分，最好不用刮火法。

图 8-1 是东风 EQ1090 型汽车局部线束图。

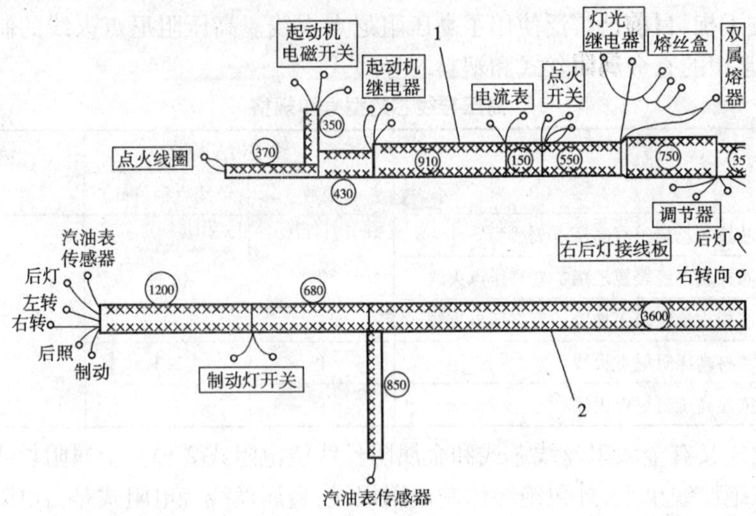

图 8-1　东风 EQ1090 汽车局部线束图

1-电源、点火、起动线束；2-车架线束

二、连接器

连接器和电线焊片是线路与各电器设备之间、线路与线路之间的连接部件。现代车辆由于采用了线间连接器，使线束设计的自由度增加，其线束的数量也较多，给安装、检修和更换带来了方便。车辆常用连接器及电线焊片的种类如图 8-2 所示。

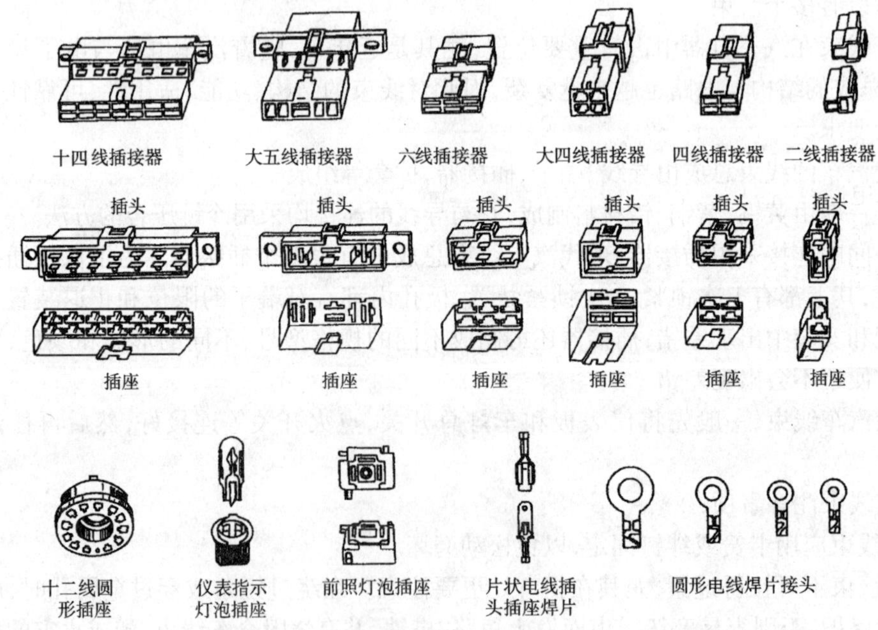

图 8-2　车辆常用连接器及电线焊片接头的种类

插接器由插座和插头、导线接头和塑料外壳组成。壳上有几个或多个孔位,用以放置导线接头,在导线接头上带有倒刺,当嵌入塑料壳后自动锁止,在塑料壳上也有锁止结构,当插头和插座接合后自动锁止,防止脱开,在检查及更换插接器时,要注意先打开锁止机构,避免强行拉动导线。

连接器端子数指按连接器的形态能插入端子的插座孔数。未插进的孔数也包括在端子数内。

车辆上不同位置所用连接器的端子数目、几何尺寸和形状各不相同。在车辆电路图上连接器有特定的图形符号表示,日本汽车连接器的图形符号如图 8-3 所示。

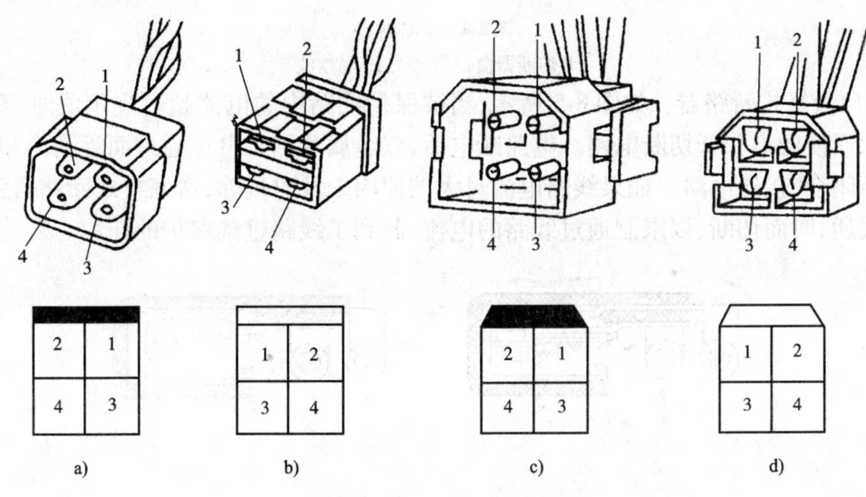

图 8-3　连接器符号示例

a)片状插脚的插头;b)片状插脚的插座;c)柱状插脚的插头;d)柱状插脚的插座

三、保险装置

汽车电路中设有保护装置,当线路因负荷超载、短路故障而电流过大时,保护装置自动断开电源电路,以防止线路或用电设备烧坏。

1. 熔断器

熔断器的保护元件是熔断丝,串联在其所保护的电路中。当通过熔断丝的电流超过其规定值时,熔断丝发热熔断,从而保护了线路盒用电设备不被烧坏。

熔断器的熔断丝固定在可插式塑料片上或封装在玻璃管中。通常将熔断器集中安装在一个盒中,并称之为熔断器盒或电源盒如图 8-4 所示。各熔断器都编号排列,有的还在熔断器上涂以不同的颜色,以便于检修时识别。

2. 易熔线

易熔线比熔断丝粗一些,被保护的线路其工作电流往往较大,通常连接在电源线路和通过电流较大的线路上。

3. 断路器

断路器起保护作用的主要元件是双金属片和触点,有自恢复式和按压恢复式 2 种。

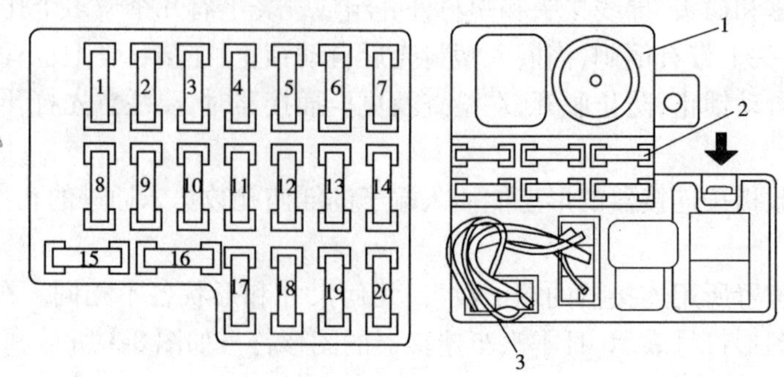

图 8-4 熔断器盒

1-熔断器盒;2-熔断器;3-易熔线

(1)自恢复式断路器。如图 8-5 所示,当被保护线路中的电流超过规定值时,双金属片受热弯曲而使触点张开切断电路。电路断电后,双金属片因无电流通过而逐渐冷却伸直,触点又重新闭合,接通电路。如果线路电流过大的原因未及时排除,自恢复式断路器就会使电路时而接通,时而切断,以限制通过线路的电流,起到了线路过载保护的作用。

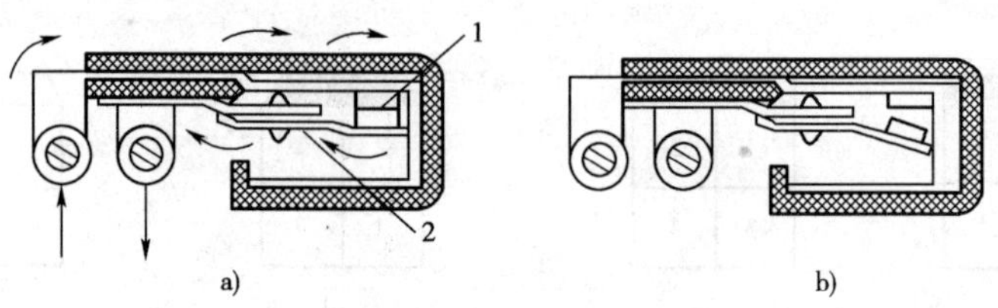

图 8-5 自恢复式断路器

a)触点闭合通路;b)触点张开断路

1-触点;2-双金属片

(2)按压恢复式断路器,如图 8-6 所示。当被保护线路中的电流超过规定值时,双金属片受热向上弯曲,使双金属片两端的触点张开而切断电路。向上弯曲的双金属片冷却后不能自行恢复原形,若要重新接通电路,必须按下按钮才能使双金属片复位。

这种断路器的限定电流是可调的,需要调整时,松开紧固螺母,旋动调整螺钉,改变双金属片的挠度即可。

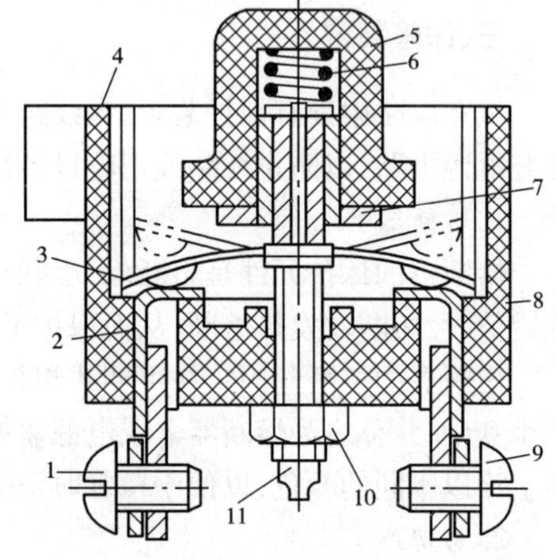

图 8-6 按压恢复式断路器

1、9-接线柱;2、8-触点;3-双金属片;4-外壳;5-按钮;6-弹簧;7-垫圈;10-锁紧螺母;11-调整螺钉

四、继电器

继电器就是以小电流控制大电流的部件,其工作原理与晶体管相同。这里提到的继电器,都是利用电磁线圈的电磁铁使接触点以机械方式打开或关闭。控制电磁线圈的方式有 2 种:一种是直接进行控制的方式;另一种是内部所藏的

逻辑电路来进行控制的方式(例:继电器模组与车身电脑内的继电器)。

(一)工作原理

继电器端子部位如图8-7所示,刻有端子号。在右图中铁芯上缠绕线圈,其一端(85号端子)在-侧搭铁,另一端(86号端子)上通电,在电磁线圈上通过电流(约0.1A)的同时,线圈内的铁芯被磁化。这时产生的磁力克服弹簧力而吸引接触点(30号和87号端子),接通电路(ON、CLOSE)使30号端子的电流向87号端子供电,点亮灯泡。继电器型号不同,通过的电流也不同。各继电器的型号标在继电器外壳上。

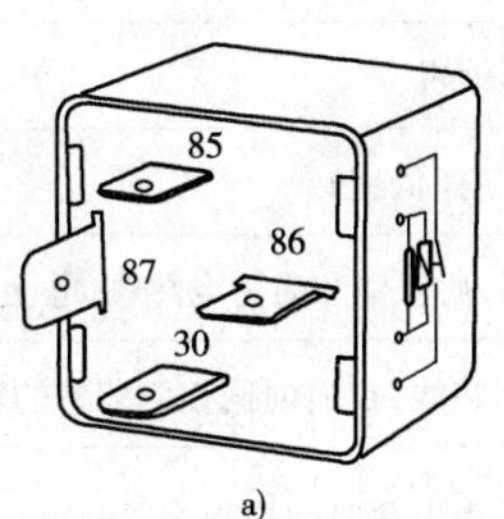

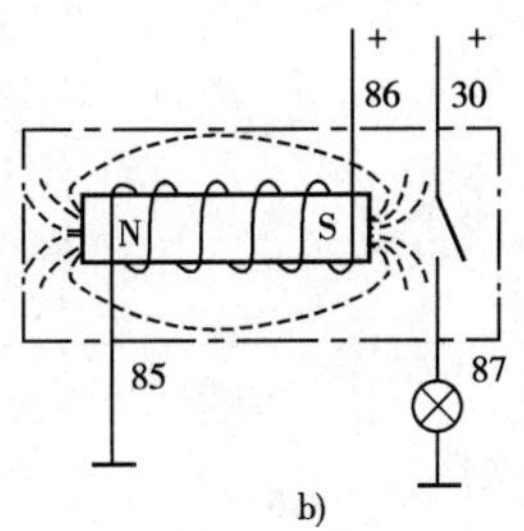

图8-7 继电器端子部位及工作原理图

a)继电器端子号;b)继电器的工作原理

例如:12V MAX 30A

└→30号和87号端子的最大许用电流:30A

└→工作电压:12V

(二)继电器类型

没有逻辑电路和时间控制功能而直接控制电磁线圈(85和86号端子)的继电器,在电磁线圈不工作的状态下,按继电器(30、87号端子)的接触点状态分为以下3类:

A 常开形式:4个端子

B 常闭形式:4个端子

C 常开和常闭复合形式:5个端子。

而每个形式又可按形态分为以下3种:

1. 常开形式

继电器电路的表示方法如图8-8所示。

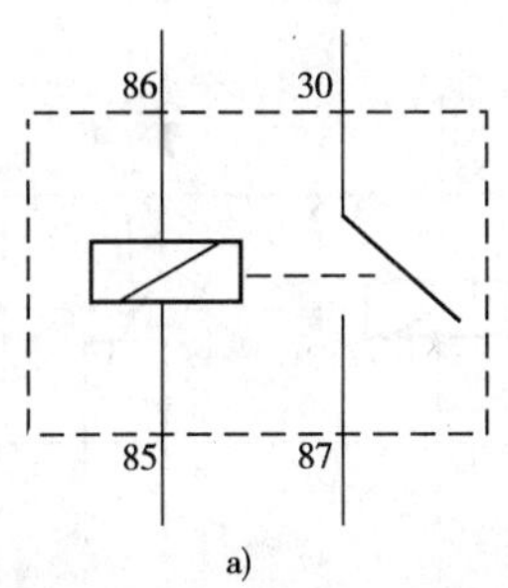

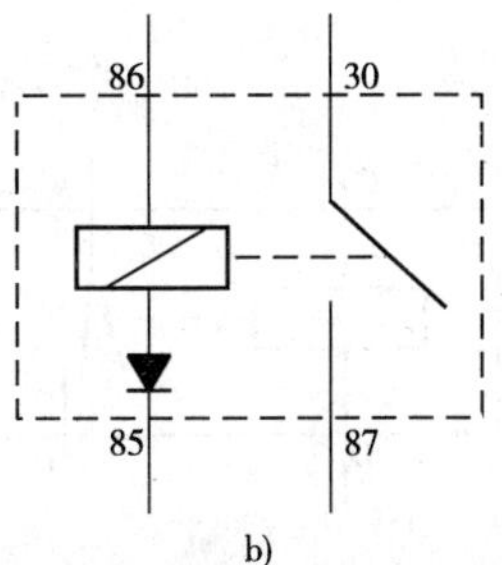

图8-8 继电器电路的表示方法

a)一般的继电器;b)内藏二极管式继电器

1）普通继电器

这是应用最广泛的继电器，根据其容量可分为一般型和微型继电器。每个继电器的30号端子和87号端子之间最大许用电流各不相同。

各类继电器应用情况见表8-6。

继电器的类别与用途 表8-6

继电器类别	30号和87号端子之间最大许用电流	所用部件
一般型	30A	电动风扇（高速），送风机（4挡），空调
		空调压缩机
		电动风扇（低速）
		燃油泵，后视镜和后窗电热线，电动座位，电动门窗
一般型	16A	后窗加热线（没有时间控制装置的轿车）
		在有后窗电热时间控制装置的轿车上与后窗电热时间控制器共同使用
微型继电器	16A	电动风扇（低、高）
		前照灯，照明灯，空调压缩机
		喇叭（报警器）
		AC风机1挡（LOW），AC风机2挡（ML）

2）内藏二极管式继电器

在同继电器电磁线圈连接的85号和86号端子之间有二极管。该继电器使用在雾灯电路上，在雾灯电路上使用内藏二极管式继电器以便在没有打开雾灯时打开远光前照灯。因为电流可以逆向通过继电器起动雾灯工作指示灯，为了防止这种误动作发生，在继电器内装有二极管用以切断这种反流。

2. 常闭形式

继电器电路的表示如图8-9所示。这种继电器在不工作时，其A端子和B端子相连接，而在工作时脱离。

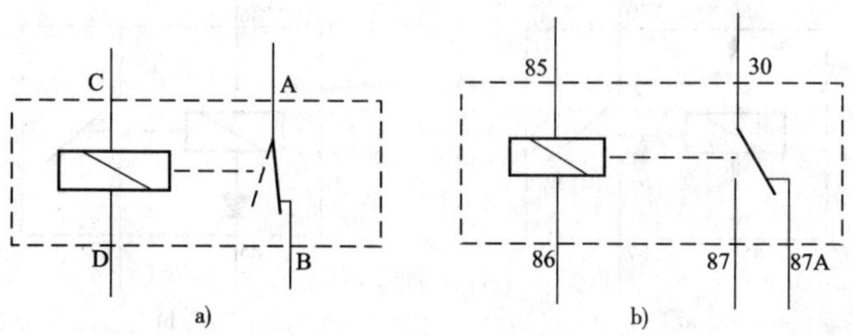

图8-9 继电器电路表示方法

a）常闭形式继电器；b）常开和常闭复合形式继电器

3. 常开和常闭复合形式

(1)继电器电路的表示方法如图 8-9 所示。

(2)工作条件见表 8-7。

继电器工作条件　　表 8-7

工作状态	连接端子	连接端子之间许用电流
继电器工作时	30—87 号端子	30A
继电器不工作时	30—87A 号端子	20A

*:车身电脑是将全车电器设备的时间控制功能于一体的装置,车身电脑控制的部件有如下功能:

①车门中央锁功能;

②室内灯感光控制;

③驾驶座位和电动窗按钮式操作功能;

④点火开关关闭时,电动门窗关闭时间的推迟功能(30S);

⑤车窗刮水器工作间歇时间控制;

⑥后视镜加热线时间控制功能;

⑦后窗电热线时间控制功能;

第二节　汽车电路图常用符号

一、文字符号

文字符号是由电器设备、装置和元器件的种类(名称)字母代码和功能(与状态、特征)字母代码组成。用于电器技术领域中技术文件的编制,也可标注在电器设备、装置和元器件上或其近旁,以表明电器设备、装置和元器件的名称、功能、状态和特征。此外,还可与基本图形符号和一般图形符号组合使用,以派生新的图形符号。

文字符号分为基本文字符号和辅助文字符号 2 大类,基本文字符号又分为单字母符号和双字母符号。

1. 单字母符号

单字母符号是按拉丁字母将各种电器设备、装置和元器件划分为 23 大类,每大类用一个专用单字母符号表示,如“C”表示电容器类,“R”表示电阻类等。

2. 双字母符号

双字母符号是由一个表示种类的单字母符号与另一字母组成,其组合形式应以单字母符号在前而另一字母在后的次序列出,如:“R”表示电阻,“RP”就表示电位器,“RT”表示热敏电阻;“G”表示电源、发电机、发生器,“GB”就表示蓄电池,“GS”表示同步发电机、发生器,“GA”表示异步发电机。

常用的基本文字符号见表 8-8。

电路图常用符号　　表 8-8

符号	部　件	部件名(例)
B	电源装置	蓄电池、交流发电机
C	连接器	连接 2 种配线的连接器和连接在部件的连接器(C_{101}、C_{102})
D	仪表	转速表、电压表
E	灯	前照灯、驻车灯、雾灯
F	保护装置	熔断丝
f	保护装置	熔断丝(发动机室熔断丝盒里的熔断丝:f_1……f_{11})
G	电源供电装置	蓄电池、交流发电机
G	搭铁	表示连接在蓄电池 - 线的搭铁位置(G_1、G_2……G_{801})
H	信号传递装置	喇叭、扩音器、转向指示灯
K	继电器	ECM 继电器
L	点火线圈电容器	点火线圈、噪声电容器
M	电动机	起动机、车窗刮水器电动机
P	传感器	温度传感器、节气门位置传感器
R	电阻	送风机电阻、电动风扇电阻
S	开关	点火开关、车窗刮水器开关
T	电源供电端子	蓄电池 + 电源供电端子(接口)
X	连接器	连接 2 种配线的连接器和连接部件的连接器(X_2、X_3……X_{64})
Y	电磁线圈	电磁阀、执行器

二、图形符号

图形符号分为基本符号、一般符号和明细符号 3 种。

1. 基本符号

基本符号不能单独使用,不表示独立的电器元件,只说明电路的某些特征。如:“—”表示直流,“ ~ ”表示交流,“ + ”表示电源的正极,“ - ”表示电源的负极,“N”表示中性线。

2. 一般符号

用以表示一类产品或此类产品特征的一种简易的符号,称为一般符号,如电机的一般符号为“⊛”,“ * ”号用 M 代替可表示电动机,用 G 代替时表示发电机。

3. 明细符号

明细符号表示某一种具体的电器元件。它是由基本符号、一般符号、物理量符号、文字符号等组合派生出来的。如:指示仪表的一般符号,当要表示电流、电压的种类和特点时,将“ * ”处换成“A”、“V”,就成为明细符号。

汽车电路图常用图形符号可分为:

(1)限定符号;

(2)导线、端子和导线的连接符号;

(3)触点与开关符号;

(4)电器元件符号;

(5)仪表符号;

(6)传感器符号;

(7)电器设备符号;

(8)仪表板上常用控制符号。

下面以“蓄电池、交流发电起动机”电路为例,说明符号和数字的含义,如图8-10所示。

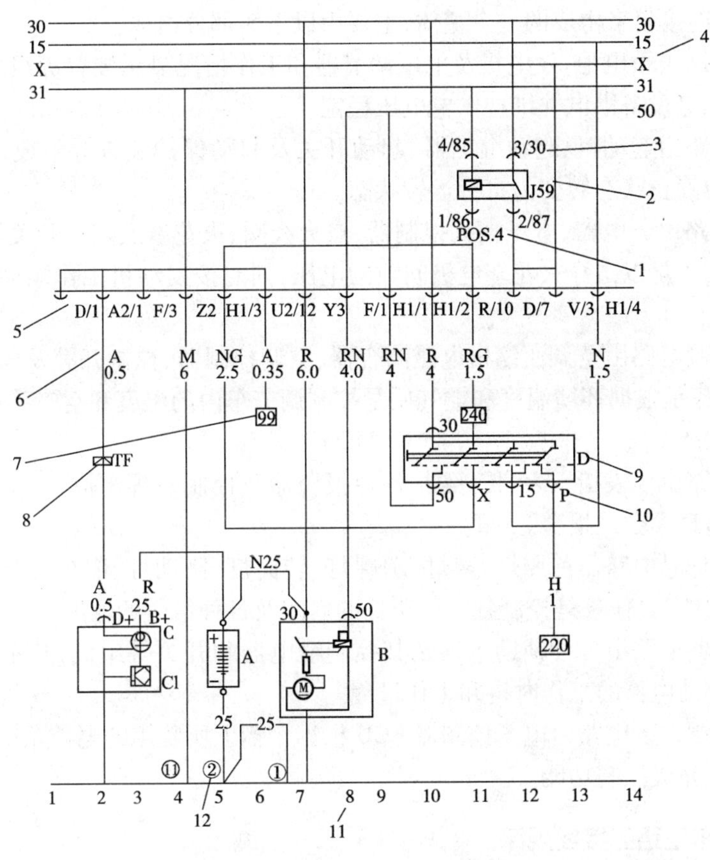

图8-10　蓄电池、交流发电起动机电路

1-继电器位置号:4表示继电器在中央电器盒的第4号位置;2-中央电器盒上的继电器或控制器符号:图中的J59表示X-卸荷继电器;3-中央电器盒上的插接件符号:图中3/30表示为多空插头的一个触点,其中:3为中央电器盒上4号继电器的3号触点;30为继电器/控制器上触点30;4-电源线号:“30”为常火线(电压为12V),即与蓄电池直接相连,中间不经过任何开关,不论是停车时还是发动机熄火时均有电。专供发动机熄火时也需要用电的电器使用,例如,停车灯、制动灯、顶灯及散热器风扇电动机等;“15”为小容量电器火线,只有在点火开关接通后方能有电;“X”为汽车起步时才接通的大容量电器火线,例如供起动机用。“31”为中央电器盒内的搭铁线;5-中央电器盒上的连接件符号:指出一个带线束的多空或单空插头的位置。例如:D/1表示多空插头D的1号触点;6-导线截面积(mm^2):例如0.5表示导线截面积为0.5mm^2。其中:G代表黄色、B代表白色、R代表红色、Z代表紫色、A代表蓝色、H代表灰色、V代表绿色、M代表棕色、N代表黑色;7-导线连接端:方框内的数字99表明电路图中接续的导线是99;8-插接件符号;9-零件符号:图中D表示零件是点火开关;10-接线柱符号:例如“15”,表示D(点火开关)的“15”接线柱。可在零件上找到标记;11-8、9、10……表示电器元件在电路图中的位置,便于用户根据此号迅速查找电器元件的位置;12-搭铁点标记符号:可在说明书中查到搭铁点在车身上的位置

第三节　汽车电路的组成及接线规律

一、整车电路的组成

整车电路就是汽车、拖拉机电器设备的电路按照它们各自的工作性能及它们之间的内在联系，用导线连接起来构成的一个整体，主要由以下 8 部分组成：

(1)电源电路由蓄电池、发电机及电压调节器和工作情况显示装置等组成，其主要任务是对全车所有用电设备供电并维持供电电压稳定。

(2)起动电路由起动机、起动继电器、起动开关及起动保护装置等组成，其主要任务是将车辆发动机由静止状态转变为自行运转状态。

(3)点火电路由分电器、电子点火控制器、点火线圈、火花塞及点火开关等组成，其主要任务是控制并产生足以击穿火花塞电极间隙的电压，同时按发动机工作顺序将高压电送至各缸火花塞。

(4)空调控制电路由空调压缩机电磁离合器、空调控制器、控制开关及风机控制电路等组成，其主要任务是根据环境温度和空气质量控制调节车内的温度和空气质量，以满足乘员舒适度的要求。

(5)仪表电路由仪表指示表、传感器、各种报警器及控制器等组成，其主要任务是控制各种仪表显示信息参数及报警。

(6)照明与信号电路由前照灯、雾灯、示廓灯、转向灯、制动灯、倒车灯及其控制继电器和开关等组成，其主要任务是控制各种照明灯的启闭及各种信号的输出。

(7)辅助电器电路由各种辅助电器及其控制继电器和开关等组成，其主要任务是根据需要控制各种辅助电器的工作时机和工作过程。

(8)电子控制系统电路由电子控制器 ECU 根据车辆上所装用的电控系统内容不同采用不同的控制方式完成控制功能。

二、一般汽车电路的接线规律

(一)接线的一般规律

汽车线路接线的特点和一般规律是：一般采用单线制、用电设备并联、负极搭铁、线路用颜色不同的线和编号加以区分，并以点火开关为中心分成几条主干线。

(1)蓄电池正极线：从蓄电池引出直通熔断器盒，也有的从蓄电池正极线直接引到起动机正极接线柱上，再从那里引出较细的正极线到其他电路。

(2)点火、仪表、指示灯线：必须经过汽车钥匙才能接通电路。

(3)专用线：不管发动机工作与否，都需要接入的电器，如收放机、点烟器等，由点火开关单独设置一挡予以供电。

(4)起动控制线：起动机主电路的控制开关(触盘)常用磁力开关来通断。其接线方式有 3 种形式：小功率起动机磁力开关的吸引线圈、保持线圈由点火开关的起动挡控制；大功率起动机的吸引、保持线圈则由起动机继电器控制(如东风解放及三菱重型车)；装有自动变速器的轿车，为了保证空挡起动，常将起动控制线串接在空挡开关上。

(5)搭铁线：搭铁点分布在汽车全身，与不同金属相接（如铁、铜与铝、铝与铁）形成电极电位差，有些搭铁部位容易沾染泥水、油污或生锈，有些搭铁部位是很薄的钣金片，都可能引起搭铁不良，如灯不亮、仪表不起作用、喇叭不响等。所以，有的汽车采用双搭铁线。

(二)各系统具体电路接线规律

1.电源电路(充电电路)接线规律

电源电路是由发电机、调节器、蓄电池、电流表及电源开关等组成的电路，基本线路如图8-11所示。发电机和蓄电池都是负极搭铁，电流表串联在电源开关接线柱和蓄电池正极之间。因发电机开始运转及低速运转时，是由蓄电池供电励磁的。所以，充电电路必须经过电源开关，因此发动机熄灭后必须断开电源开关，最好将钥匙抽出。

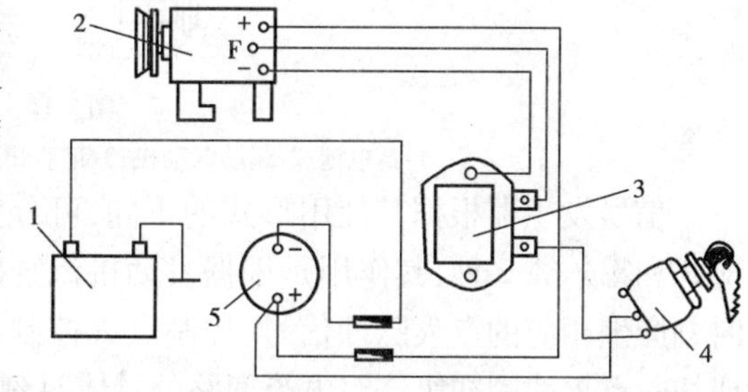

图8-11　电源电路

1-蓄电池；2-发电机；3-调节器；4-电源开关；5-电流表

电源电路的接线规律归纳如下：

(1)发电机与蓄电池并联，蓄电池必须负极搭铁。

(2)电流表串联在发电机正极与蓄电池正极与蓄电池正极之间，用以反映蓄电池充放电程度。

(3)现代车辆多用充电指示灯代替电流表，其缺点是不知充放电电流大小，过充电不易发现。

(4)电压表接在点火开关之后，只在点火开关接通时显示系统电压。电压表量程用于精确指示蓄电池是否充足，以及发电机电压是否过高。12V电系常为10～18V，24V电系常为20～36V。

交流发电机体积小，硅钢片用量少，剩磁微弱，靠剩磁发电往往要很高转速才能建立起工作电压，且不易控制。因此发电机低速发电靠他励——蓄电池供给励磁电流，点火开关接通即可供给，其电流约为2.0～2.5A。但是缺点是：若忘记关闭点火开关将使蓄电池放电过多，烧毁磁场线圈。

(5)发电机磁场线圈的搭铁点。采用外装调节器的交流发电机的磁场线圈搭铁方式有2种：一种是磁场线圈直接在发电机内部搭铁；另一种是磁场线圈不在发电机内部搭铁，而是通过调节器搭铁。

2.起动电路接线规律

起动电路是由蓄电池、起动机、预热塞、起动预热开关及电源开关等组成的电路，基本线路如图8-12所示。根据起动的要求，线路电压降不能超过0.2～0.3V。因此，蓄电池连接起动机之间的导线和蓄电池的搭铁线都用粗线，并应连接牢固和接触良好。

3.点火电路接线规律

1)电子控制点火电路

电子控制点火电路主要由电源、点火线圈、点火控制器、内装信号发生器、分电器、火花塞、点火开关等组成，如图8-13所示。

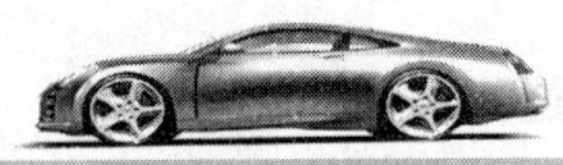

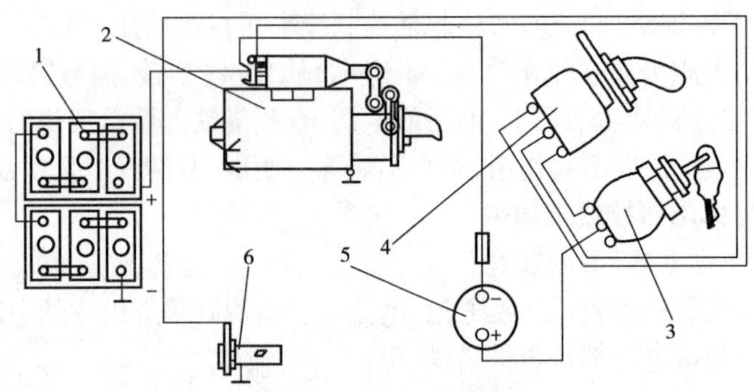

图 8-12　起动电路

1-蓄电池;2-起动电动机;3-起动开关;4-电源开关;5-电流表;6-预热塞

信号发生器根据其使用形式的不同,可分为磁感应式和霍尔式 2 种,其作用是根据发动机汽缸的点火时刻产生相应的点火脉冲信号,控制点火控制器接通或切断点火线圈初级绕组电流通路的具体时刻。

点火控制器又称为点火电子组件,是由电子元件组成的电子开关电路,其主要作用是根据信号发生器发出的点火脉冲信号,接通或切断点火线圈初级绕组电流通路。

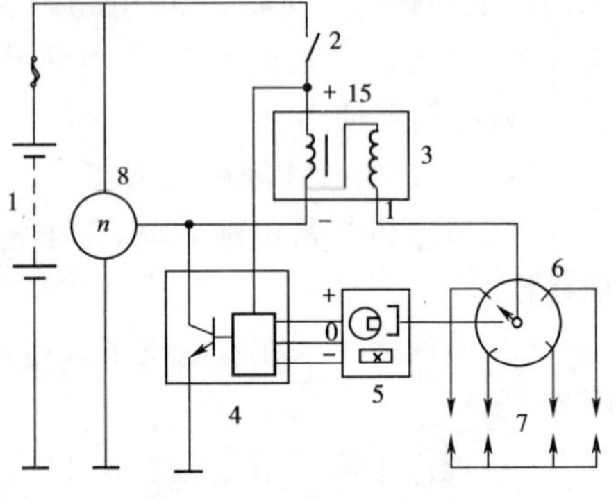

图 8-13　电子控制点火电路

1-蓄电池;2-点火开关;3-点火线圈;4-点火控制器;5-信号发生器;6-分电器;7-火花塞;8-发电机

电子控制点火电路接线规律可以归纳如下:

(1)点火模块代替了触点。

(2)点火模块必须具备几条电线:

a. 由点火开关控制的电源输入线 2 条;

b. 由信号发生器(信号发生器与分电器轴一体)来的信号输入线 3 条;

c. 初级电流的输入、输出线 2 条。

(3)点火能量比有触点点火系高,初级电流由原来的 4 ~ 5A 提高到 6 ~ 8A,初级线圈阻值从 1.5Ω 左右(不包括附加电阻)减少到 0.4 ~ 0.6Ω;次级线圈的阻值从 6 ~ 7kΩ 减少到 3kΩ 左右;点火能量从 43mJ 提高到 155mJ(500r/min 时),高速时提高幅度更大。所以,无触点点火系的许多机件与有触点点火系的不可互换。

(4)高压电线普遍带屏蔽阻尼线,阻值常在 10 ~ 30kΩ 范围。阻值太高,点火困难;阻值太低,影响收音机和点火。

(5)各型发动机的怠速点火提前角也有各自标定的准确值,不可疏忽大意。

(6)点火正时直接影响发动机的性能,在维修或装配时要特别注意。

2)微机控制点火电路

微机控制点火电路主要由传感器、电子控制单元(ECU)、点火控制器、点火线圈、点火开关、火花塞等组成(图 8-14)。

(1)传感器。主要用来检测与点火有关的发动机工作状况信息,并将检测结果输入 ECU,作为计算和控制点火时刻的依据。尽管各型车辆采用的传感器类型、数量、结构及安装位置不同,但其作用都大同小异,而且这些传感器大多也可同时用于燃油喷射系统、怠速控制系统等电子控制系统。

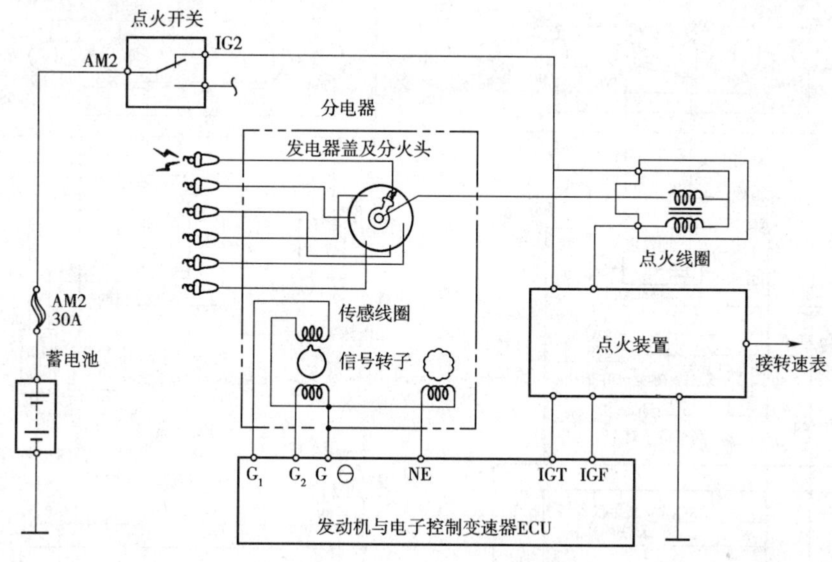

图 8-14　微机控制点火电路

(2)电子控制单元(ECU)。用来接收各传感器及开关信号,并按照特定的程序进行分析判断及运算后,对点火控制器输出最佳点火提前角和点火线圈初级绕组电路接通时间控制信号。在现代发动机集中控制系统中,点火系统仅是电子控制单元的一个子系统。

(3)点火控制器。接收电子控制单元输出的点火控制信号并进行功率放大,以驱动点火线圈的工作。点火控制器的电路、功能与结构形式因车而异,有的与电子控制单元装在同一块电路板上,有的与点火线圈组装在一起。

4. 照明电路接线规律

车辆照明系一般由前照灯、示宽灯(位置灯)、尾灯(后示宽灯)、牌照灯、仪表灯、室内灯等组成(图 8-15),其中前照灯又分为远光灯与近光灯,用变光开关控制。照明系统接线规律可归纳如下:

(1)照明灯由灯光开关控制。灯光开关在 0 挡为关闭状态、1 挡为小灯亮(包括示宽、尾灯、仪表灯、牌照灯)状态、2 挡为前照灯、示宽灯同时亮状态。

(2)照明系统的电流一般直接来自蓄电池正极,不受点火开关控制。由于前照灯远光功率较大,为了减少照明开关的烧蚀,常用灯光继电器来控制通断。

(3)超车灯信号常用远光灯亮灭来表示,发出此信号时不通过灯光开关,属于短时接通按钮式。

(4)现代车辆的照明系统常用组合开关集中控制,组合开关多装在转向柱上,位于转向盘下侧,操作时驾驶人的手可以不离开转向盘。

5. 仪表报警系统电路接线规律

仪表报警系统用于车辆运行之中指示重要部位的技术状态参数或极限值。如发动机水温、燃油箱储油量、车辆行驶速度及里程、发动机转速、机油压力、充电电流、电源系电压等。

仪表报警系统的一般电路如图 8-16 所示,其接线规律可以归纳如下:

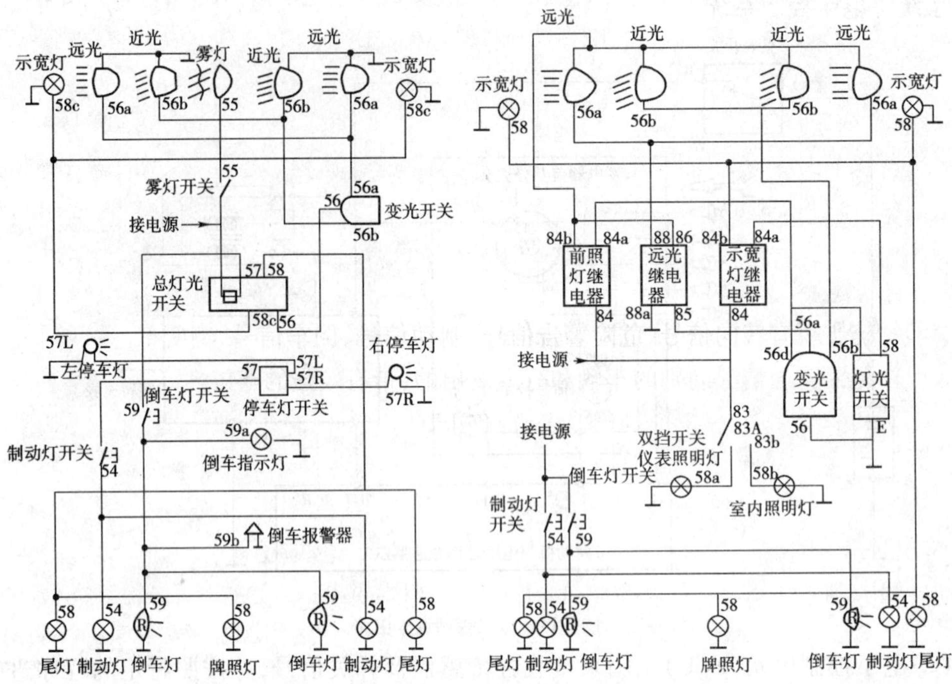

图 8-15　照明与信号电路

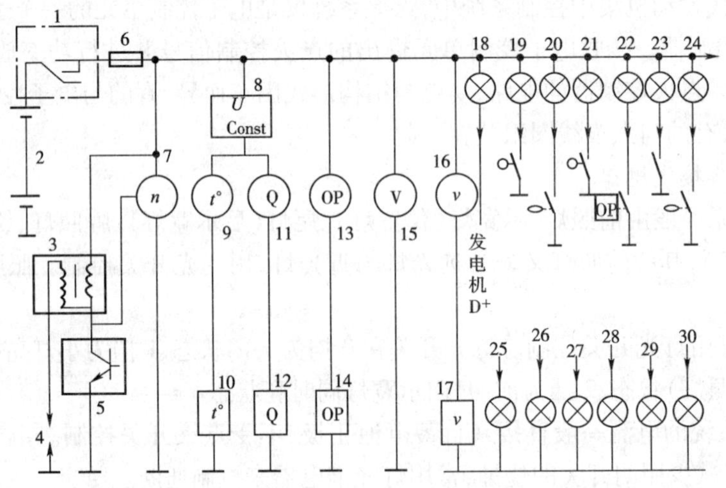

图 8-16　仪表报警系统电路

1-点火开关；2-蓄电池；3-点火线圈；4-火花塞；5-点火模块；6-熔断器；7-发动机转速表；8-仪表稳压器；9-发动机冷却系温度表；10-温度表传感器；11-燃油表；12-燃油表传感器；13-机油压力表；14-机油压力表传感器；15-电压表；16-车速表；17-车速表传感器；18-充电指示灯；19-手制动指示灯；20-制动液面报警灯；21-门未关报警灯；22-机油压力报警灯；23-备用报警灯；24-水位过低报警灯；25-远光指示灯；26、27-左右转向指示灯；28-座椅安全带未系报警灯；29-防抱死制动指示灯(ABS)；30-巡航控制指示灯

(1)所有的电器仪表都要受点火开关控制。

(2)各仪表的表头与其传感器串联，燃油表、水温表一般还串有仪表稳压器。

(3)指示灯、报警灯常与仪表装配在一个总成内或在附近布置，它们与仪表一起受点火开关的 ON 挡与 ST 挡控制。在 ON 挡应能检验大多数仪表、指示灯、报警灯是否良好。

(4)车辆仪表常采用双金属片电热丝式结构，表头一般只有 2 根线；也有双线圈十字交叉，中间有一个磁性指针的，多为 3 条引线，其中一条接点火开关 15 号线(IG 线)，一条线搭铁，还有一条线接传感器。

机械式仪表常不需与电路相连接，如软轴传动的车速里程表、直接作用的弯管弹簧式制动气压表、油压表以及乙醚膨胀式水温、油温表等。这些仪表读数精度较高，但要引入许多管路、软轴进入仪表盘，拆装麻烦，甚至易于泄漏，因此正逐步被电子控制仪表所代替。

6. 信号系统电路接线规律

信号系统主要有转向信号、危险警告信号、制动信号、倒车信号、喇叭等，这些信号都是驾驶人根据道路交通情况向别的车辆和行人发出的，带有较强的随机性，一般只由自身开关控制。如制动信号多由制动踏板联动控制；倒车灯多由变速杆倒挡轴联动控制，不用驾驶人特意操作即可接通；喇叭多装在车辆前方，具有一定的声级 90～110dB；喇叭按钮多在转向盘上，驾驶人手不离转向盘即可发出信号。

转向信号灯一般应具有一定的闪频，国标中规定 60～120 次/min。日本转向闪光灯规定在(85±10)次/min，信号效果较好，而且亮暗时间比(通电率)在 3:2为佳。转向灯功率常为 21～25W，前后左右均设有转向灯，大型车辆及轿车往往在侧面还有一个转向信号灯。转向信号灯电路的一般接法如图 8-17 所示。

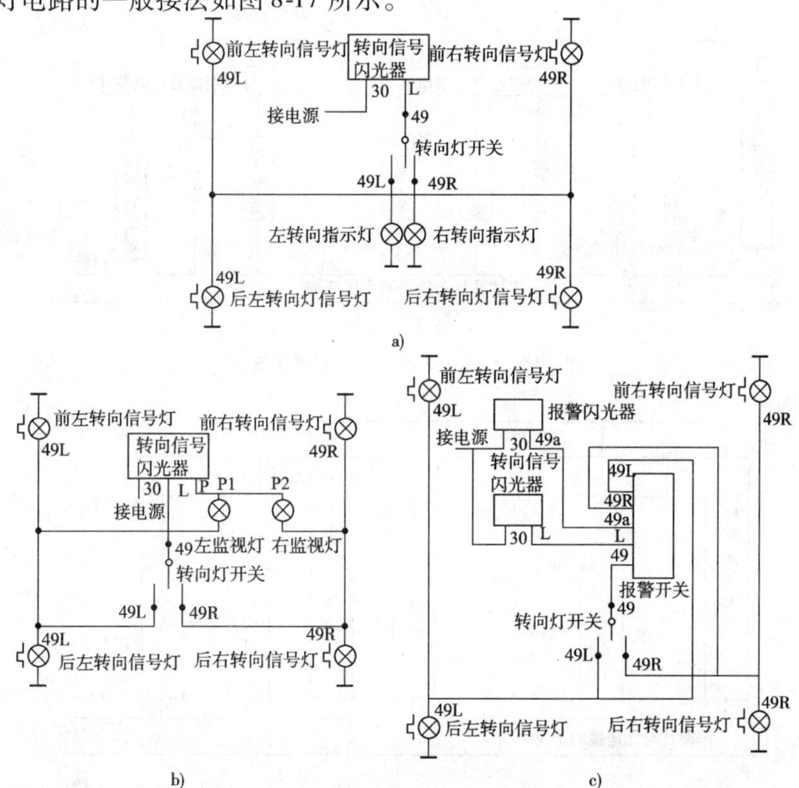

图 8-17　转向信号系统电路

a)一般转向信号系统电路；b)带监视灯的转向信号系统电路；c)带警报闪光器的转向信号系统电路

第四节　汽车电路图种类

随着汽车电子技术的发展，汽车电路图变得越来越复杂、越来越重要，因此如何快速而准确地识读汽车电路图是许多汽车维修人员常常感到头疼的事情。汽车电路图常见的表达方式有原理框图、线路图、原理图、线束图等。

一、原理框图

汽车电路比较复杂，为简要表示汽车电气系统或分系统的基本组成及其相互关系和主要特征，常采用原理框图。所谓原理框图是指用符号或带注释的框，简要地表示汽车电器基本组成、相互关系及其主要特征的一种简图。原理框图所描述的对象是系统或分系统的主要特征，它对内容的描述是粗略的。

原理框图是从总体上来描述系统或分系统的，它是系统或分系统设计初期的产物，是依据系统或分系统按功能依次分解的层次绘制的。

汽车全车电气系统的原理框图如图 8-18 所示，其中汽车信号系统展开的原理框图如图 8-19 所示。

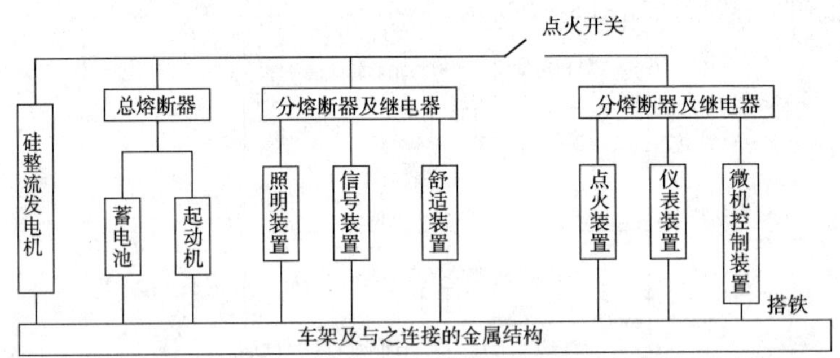

图 8-18　汽车全车电气系统原理框图

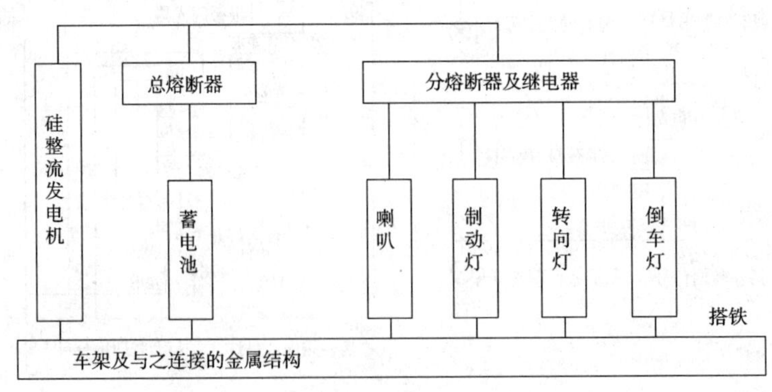

图 8-19　是汽车信号系统展开的原理框图

二、线路图

线路图是传统的汽车电路表达方法，它是把汽车电器在汽车上的实际位置用线从电源到开关至搭铁一一连接起来所构成的线路图。

汽车的线路图如图 8-20 所示。其特点是：全车的电器（即电器设备）数量明显且准确，线路的走向清楚，有始有终，便于循线跟踪，查找起来比较方便。它按线束编制法将电线分配到各条线束中去与各个插件的位置严格对号。在各开关附近用表格法表示了开关的接线与挡位控制关系，表示了熔断器与电线的连接关系，表明了电线的颜色与截面积。

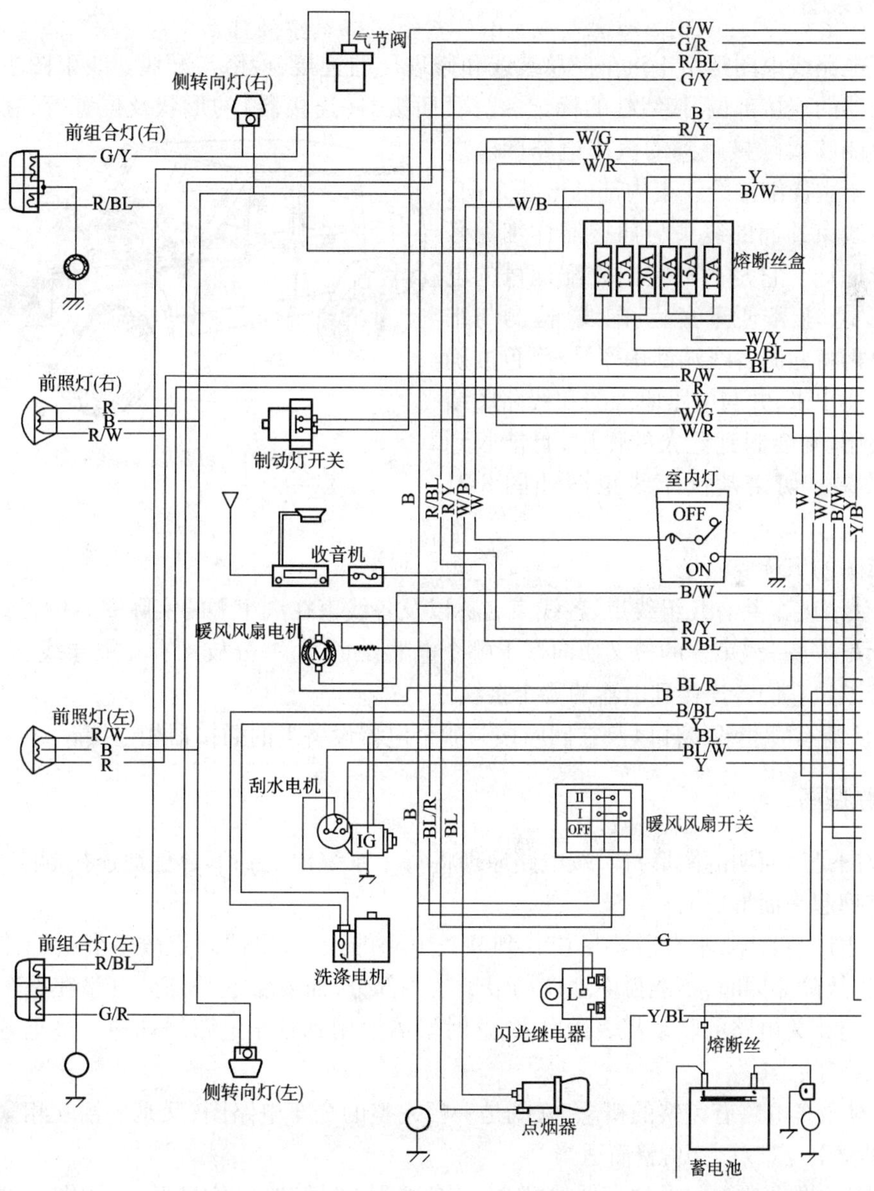

图 8-20　汽车线路图

布线图的缺点:图上电线纵横交错,印制版面小则不易分辨,版面过大印装受限制;读图、画图费时费力,不易抓住电路重点、难点;不易表达电路内部结构与工作原理。

识读线路图的要点是:

(1)对该车所使用的电器设备结构、原理有一定的了解,对其电器设备规范比较清楚;

(2)通过识读认清该车所有电器设备的名称、数量以及它们在汽车上的实际安装位置;

(3)通过识读认清该车每一种电器设备的接线柱的数量、名称,了解每一接线柱的实际意义。

三、线束图

整车电路线束图常用于汽车厂总装线和修理厂的连接、检修与配线。线束图主要表明汽车各电器的连接部位、接线柱的标记、线头、插接器(连接器)的形状及位置等,它是人们在汽车上能够实际接触到的汽车电路图。这种图一般不去详细描绘线束内部的电线走向,只将露在线束外面的线头与插接器详细编号或用字母标记。它是一种突出装配记号的电路表现形式,非常便于安装、配线、检测与维修。如果再将此图各线端都用序号、颜色准确无误地标注出来,并与电路原理图和线路图结合起来使用,则会起到更大的作用,且能收到更好的效果。切诺基汽车线束图如图 8-21 所示。

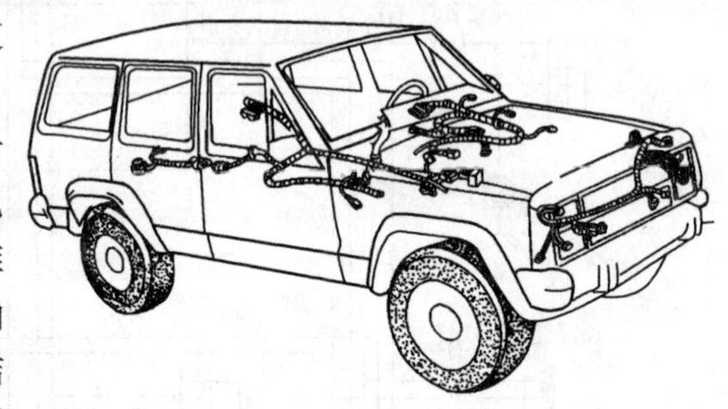

图 8-21　切诺基汽车线束图

线束图的识读要点是:

(1)认清整车共有几组线束、各线束名称以及各线束在汽车上的实际安装位置;

(2)认清每一线束上的枝叉通向车上哪个电器设备、每一分枝叉有几根导线、它们的颜色与标号以及它们各连接到电器的哪个接线柱上;

(3)认清有哪些插接件以及它们应该与哪个电器设备上的插接器相连接。

四、原理图

原理图是用简明的图形符号按电路原理将每个系统由上到下合理地连接起来,再将每个系统排列起来而形成的。

为了生产与教学,常常需要尽快找到某条电路的始末,以便确定故障分析的路线。例如,在分析故障原因时,不能孤立地仅局限于某一部分,而要将这一部分电路在整车电路中的位置及与相关电路的联系都表达出来,这时候需要用到整车电路原理图。整车电路原理图的优点在于:

(1)对全车电路有完整的概念,它既是一幅完整的全车电路图,又是一幅互相联系的局部电路图。重点难点突出、繁简适当。

(2)在此图上建立起电位高低的概念:其负极“ - ”搭铁,电位最低,可用图中的最下面一条线表示;正极“ + ”电位最高,用最上面的那条线表示。电流的方向基本都是由上而下,路径是:电源正极“＋”→开关→用电设备→搭铁→电源负极“－”。

(3)尽可能地减少电线的曲折与交叉,布局合理,图面简洁、清晰,图形符号考虑到元器件的外形与内部结构,便于读者联想、分析,易读、易画。

(4)各局部电路(或称子系统)相互并联且关系清楚,发电机与蓄电池间、各个子系统之间的连接点尽量保持原位,熔断器、开关及仪表等的接法基本上与原图吻合。

为了弄清汽车电器的内部结构以及各个部件之间相互连接的关系,弄懂某个局部电路的工作原理,常从整车电路图中抽出某个需要研究的局部电路,参照其他详细的资料,必要时根据实地测绘、检查和试验记录,将重点部位进行放大、绘制并加以说明。这种电路图的用电器少、幅面小,看起来简单明了,易读易绘;其缺点是只能了解电路的局部。充电系统电路原理图如图 8-22 所示。

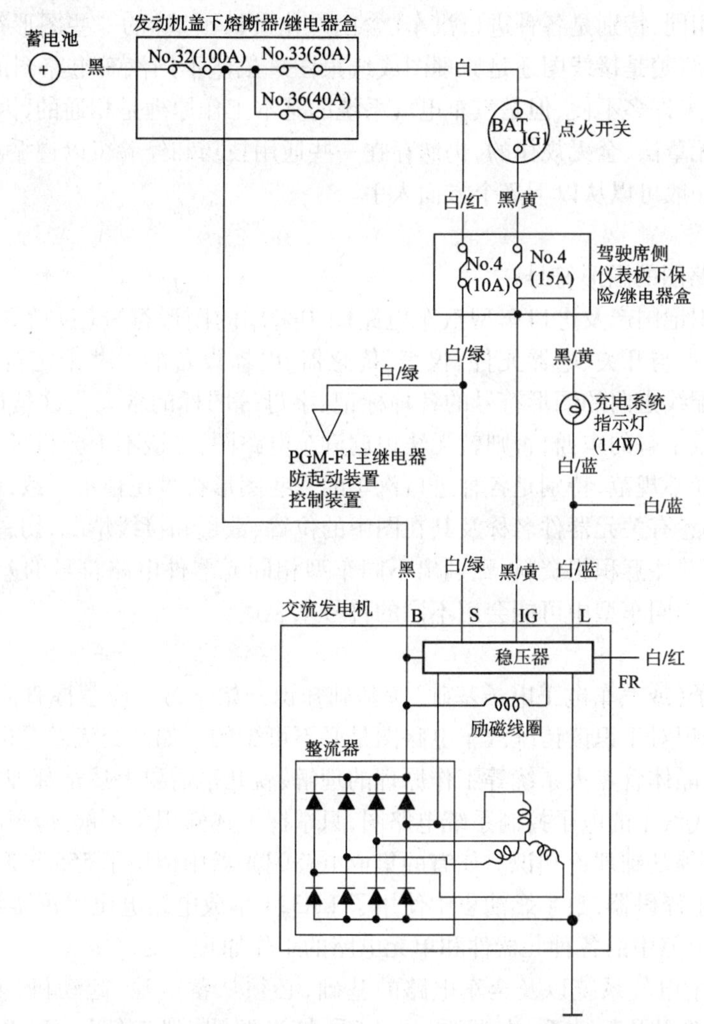

图 8-22　电路原理图

识读原理图的要点是:

(1)识读各电器设备的各接线柱分别和哪些电路设备的哪个接线柱相连;

(2)识读电路设备所处的分线路走向；

(3)识读分线路上的开关、熔断装置、继电器结构和作用。

第五节　汽车电路图识别的一般方法

一、汽车电路图的识别

前面所介绍的汽车电路图的表示方法仅仅是对目前各种汽车电路图从表达方式上的简单归纳,不同教材中的归纳方式不同。由于各国各厂商有关汽车电路图绘制的技术标准、文字标注方面的差异,各国各大汽车厂家在电路图的绘制、连接关系的表达、表示符号和文字标注等方面不尽相同,特别是各种进口汽车(含国产化进口车型)的一些图形符号还很不一致,有时候难以说清楚是接线图还是原理图或线束图。虽然不同汽车电路图的绘制风格各不相同,给识读带来许多不便,但是汽车电气系统的基本工作原理是相通的,因而,识读汽车电路图也不是毫无章法、全无规律的,仍然存在一些通用技巧和经验可以遵循。掌握汽车电路图的识读方法一般可以从以下3个方面入手。

1. 充分准备

1)多识记电路图的图形符号

尽可能多地识记国产及进口车型汽车电路图中采用的图形符号(包括导线、端子和导线的连接装置、触点与开关、电器元件、仪表、传感器、电器设备的一些限定符号)的意义以及表示各种布线配线走向的图形符号的各种标记、字母等图标的含义。这是识读和分析汽车电路图首先应该了解的东西,否则就无法识读汽车电路图,更谈不上分析了。由于各种汽车电路图的绘制尚不规范,特别是各种进口汽车的一些图形符号还很不一致,应仔细对照图注和图形符号,熟悉有关元器件名称及其在图中的位置、数量和接线情况,切忌先入为主,照搬以往的老经验,并注意积累资料,甄别出不同车型相同元器件电路符号的差别。例如,电阻、开关等元件在不同车型中可能会用不同的符号来表达。

2)扎实基础

应从电工电子(或汽车电工电子基础)等基础知识开始学习。应掌握直流、交流电路等方面知识,这些知识对于识读传统汽车电路图是必不可少的。如对交流发电机及其调节器、起动机控制电路、晶体管点火系统等工作原理的理解,就几乎需要上述全部理论知识。而对于识读和分析现代汽车的电子控制系统电路图,只掌握上述知识仍不够,应再具备数字逻辑电路、运算放大器等基础理论知识。如有的集成电路闪光器中使用了555定时器,发光二极管显示板中用到了译码器,数字燃油表中使用了LM324集成电路电压比较器等。

3)掌握汽车电路中的各种元器件和单元电路的工作原理

这是识读各个电气系统以及全车电路的基础,必须从蓄电池、起动机、发电机及其调节器、继电器、开关以及起动系、电源系、点火系、灯光照明、仪表信号、刮水洗涤系统、空调、收音机、CD等附属设备、电子控制系统等各个具体元件或独立系统入手,各个击破,逐一掌握。

4)熟记电路标记符号

为了便于绘制和识读汽车电路图，许多电器装置或其接线柱上面都赋予了不同标记。例如，交流发电机上接至电源火线端的接线柱用“B”或“+”表示、中性点接线柱用“N表示；“49”，“L”，“E”等是转向信号装置的基本标记；“72”、“H”是电喇叭和声音报警装置的基本标记；“30”表示常火线；“15”表示点火开关在正常工作时接通的火线；“31”表示搭铁线等。必须指出的是，我国在1989年结合国情参照德国标准制定了《汽车电器接线柱标记》，该标准于1999年被国家汽车行业标准QC/T 423—1999所替代，依此标准，对大众车系电路图的识读和分析会有极大帮助。

5）熟练掌握汽车专业英语

据此，可快速判定一些进口车型电路图中的接线端子上的缩略语的含义，便于全面快捷地理解电器工作原理。

2. 掌握方法

1）先易后难，逐步深入

应先从比较熟悉的车型入手。例如，可先从EQ1090，CA1092，CA1110PK2L2等一些传统汽车的电路图入手，开始读图分析，然后再识读桑塔纳、捷达等车型的电路图，最后再识读别克、帕萨特、雅阁等车型的电路图，这样由简到繁，整理归纳，逐步提高，以至触类旁通。刚开始识读现代汽车电路图时，会碰到对一些ECU、继电器的引脚名称和功能感到迷茫困惑的情况，此时，可暂时绕过这些与电子控制系统有关的内容，继续识读全车电路的其他电器部分，只有等到对这些ECU、继电器的资料收集完全后，才能理清各个引脚的电流流向，深入领会电子控制部分和传统电器部分之间的功能联系。

2）化整为零，化繁为简

对于仅有线路图的汽车电路图，因图上线条密集交错，易使识读分析出错，有条件的话，可尝试参考有关资料和实物把原车线路图按系统改画成不同的单元电路原理图。对于整车电路图的识读分析，亦可仿照上述方法化整为零，化全车整体图为系统部分图以方便识读。对于各个系统单元电路图同样可以采取各个击破的办法进行识读。例如电子控制系统电路，就可以分成发动机电子控制系统、自动变速器电子控制系统、制动防抱死电子控制系统等电路；发动机电子控制系统又可以分为燃油喷射控制、点火控制、排放控制等不同电路逐一进行阅读分析；同时，还应注意各系统单元电路之间的相互关系和相互影响，以便合零为整。

3）突破一点，触类旁通

在识读汽车电路图时，一定要弄懂某种型号的汽车电路结构及其原理，通过这个具体的例子，举一反三，互相比较，以掌握汽车电路图的一些共性和规律；再以这些共性为指导，了解其他型号的汽车电路，这样又可以发现更多的共性，触类旁通；同时还可以发现各种车型之间的差异。例如掌握了解放牌汽车电路的特点，就可以大致了解东风、跃进等一批国产汽车电路的特点；掌握了日产、三菱、丰田等汽车电路，也就可以基本了解日本汽车电路的特点；掌握了桑塔纳轿车的电路，就可以进一步了解奥迪、捷达、波罗、宝来等德国大众公司汽车电路的特点。如此反复，不断积累，便可获得识读各种汽车电路图的能力。

4）按车系识读汽车电路图

目前，国内汽车保有量逐年增加，品牌日趋多样，想要识读全所有车型种类的汽车电路图很不现实,也大可不必。如前所述,只要突破一、两种车型,便可触类旁通,为了使有限的知识和精力能覆盖更为广阔的车型品种,就要按照日、美、欧(德、法)、韩等车系合理划分,从中挑选出一、两种车型作为重点掌握的对象。一般而言,建议作如下划分:对于大众车系,可选桑塔纳、捷达、奥迪之一;以丰田系列作为日系车的代表(雅阁、花冠等);以通用系列作为美系车的代表(赛欧、别克等);以雪铁龙系列作为法国车系的代表(富康、爱丽舍等);奔驰车系与大众车系同属德国,但自成一系,差别较大,需独立掌握。

3. 需要注意的 7 个问题

1)在阅读局部电路图时,首先必须认真阅读图注

弄清该部分电路所包含的电器设备种类、数量、名称,进而归纳出其所属系统,有利于结合系统共性深入理解电路工作原理。

2)熟悉电器元件及配线

主要是指线路中的配线插接器、接线盒、继电器、搭铁点等在电路中的表示符号、位置、连接方式、内部电路,这些可由定位图来帮助弄清,将原理图与定位图配合阅读,对分析识读汽车电路图会有很大的帮助。需要提及的是,配线颜色的字母表达因母语不同而有所区别,识图时需加留意。

3)注意开关、继电器的状态和表示方法

开关是控制电路通断的关键,电路中主要的开关往往汇集许多导线,如点火开关、车灯总开关,读图时应注意与开关有关的 5 个问题:

(1)在开关的许多接线柱中,注意哪些是接直通电源的?哪些是接用电设备的?接线柱旁是否有接线符号?这些符号是否常见?

(2)开关共有几个挡位?在每个挡位中,哪些接线柱通电?哪些断电?

(3)蓄电池或发电机的电流是通过什么路径到达这个开关的?中间是否经过别的开关和熔断器?这个开关是手动的还是电控的?

(4)各个开关分别控制哪个用电设备?被控用电设备的作用是什么?

(5)在被控的用电设备中,哪些电器处于常通?哪些电器处于短暂接通?哪些应先接通,哪些应后接通?哪些应单独工作?哪些应同时工作?哪些允许同时接通?

汽车的点火开关如图 8-23a)所示,该开关为手动开关,用阿拉伯数字 1、2、3、4 表示接线柱,用 0、Ⅰ、Ⅱ、Ⅲ表示开关的挡位。从图中可看出:开关拨至Ⅰ挡,接线柱 1、2、3 连接;开关拨至Ⅱ挡,接线柱 1、2、4 连接;开关拨至Ⅲ挡,接线柱 1、3 连接。

手动车灯总开关如图 8-23b)所示,该开关有 3 个工作位置 0、1、2,以及 3 个接线柱 A、

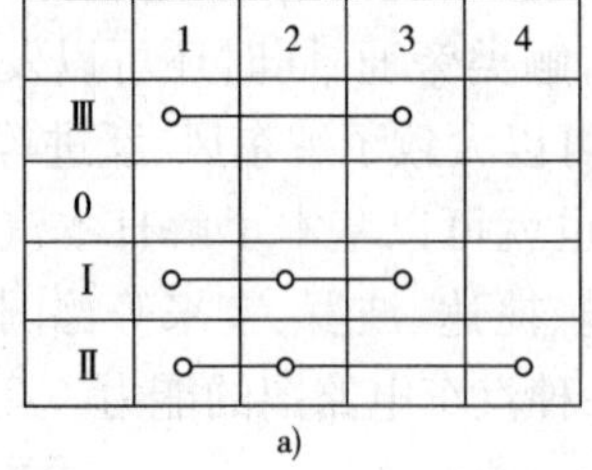

a)

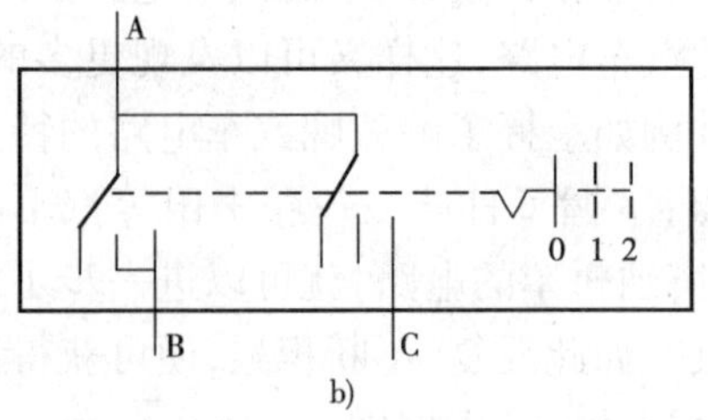

b)

图 8-23　汽车的点火开关和手动车灯总开关

a)汽车的点火开关;b)手动车灯总开关

B、C。从图中可看出:A 接线柱接电源,B、C 接线柱接用电设备。开关在“0”位用电设备都不工作,开关在“1”位接在“B”上的用电设备工作,开关在“2”位接在“B”、“C”上的用电设备同时工作。

4)正确运用回路原则

要避免以下错误:从电源正极出发,经过若干用电设备后又回到了电源的正极;将蓄电池、发电机 2 个电源混为一谈,从其中一个电源的正极出发经用电设备后回到另一电源的负极。

5)牢记汽车电路特点:单线制;负极搭铁;用电设备并联;直流低电压;双电源。

6)注重资料的收集和经验的积累。

由于新的电器设备不断地出现和应用在汽车上,汽车电路图的变化很大,因此,对于看不懂的电路要善于请教有关人员,善于查找收集相关资料,注意深入研究典型汽车电路,特别要注意实际工作经验的积累。

7)关于汽车电子控制系统的读图方法

要以电控系统的 ECU 为中心;对 ECU 的各个接脚要有大致的印象,弄清楚区域划分,各区接脚排列的规律;找出给 ECU 供电的电源线,弄清楚各电源线的供电状态(是常火线还是受开关控制的);找出该系统的搭铁线,注意分清这些搭铁线搭铁位置;找出系统的信号输入传感器,判定各传感器是否需要电源,并找出相应的电源线以及相应的搭铁位置;找出系统的执行器,并弄清电源供给和搭铁情况以及微机控制执行器的方式(是控制搭铁端还是控制电源端)。

二、读图实例

从根本上讲,要看懂汽车电路图,首先要具备一定的电工和电子学基础知识,熟悉汽车电器与电子设备的结构原理,认识我国规定的以及进口车型采用的汽车电路图所用图形符号(包括导线、端子和导线的连接、触点与开关、电器元件、仪表、传感器、电器设备和一些限定符号)的意义和汽车电器线路一般的结构特点。在这基础上,先从比较熟悉的车型入手,由简到繁、整理归纳、逐步深入,以至触类旁通。

由于目前各型汽车的电路图尚不规范,特别是各种进口汽车的一些图形符号还很不一致,很多检修人员对电控汽车的结构原理也并不熟悉,所以要看懂各种车型的电路图有一定难度。大众公司车系在我国占有率很高,下面以大众车系为例,解释电路图的读图方法。

1. 电路图中各符号的含义

典型大众车系的电路图如图 8-24 所示。图中各个符号解释见表 8-9。

2. 电路图的整体标识

本车电路图大体上可以分解为以下 5 部分:

1)外线部分

外线部分在电路图上以粗实线标示,集中在图的中间部分。每条线上都有导线的颜色、导线的截面积的标注。线端都有接线柱号或插口号表示其连接关系。颜色标记以字母表示。对应关系为:ws 表示白色;sw 表示黑色;rd 表示红色;gn 表示绿色;bl 表示蓝色;gr 表示灰色；li 表示紫色；ge 表示黄色。如果导线是双色的，则以 2 种颜色的字母共同标记。例如 ro/sw、sw/ge 等。导线的截面积是以数字标示在导线上方，单位是 mm^2。例如 0.5、1.0、1.5、2.5、4.0 等。

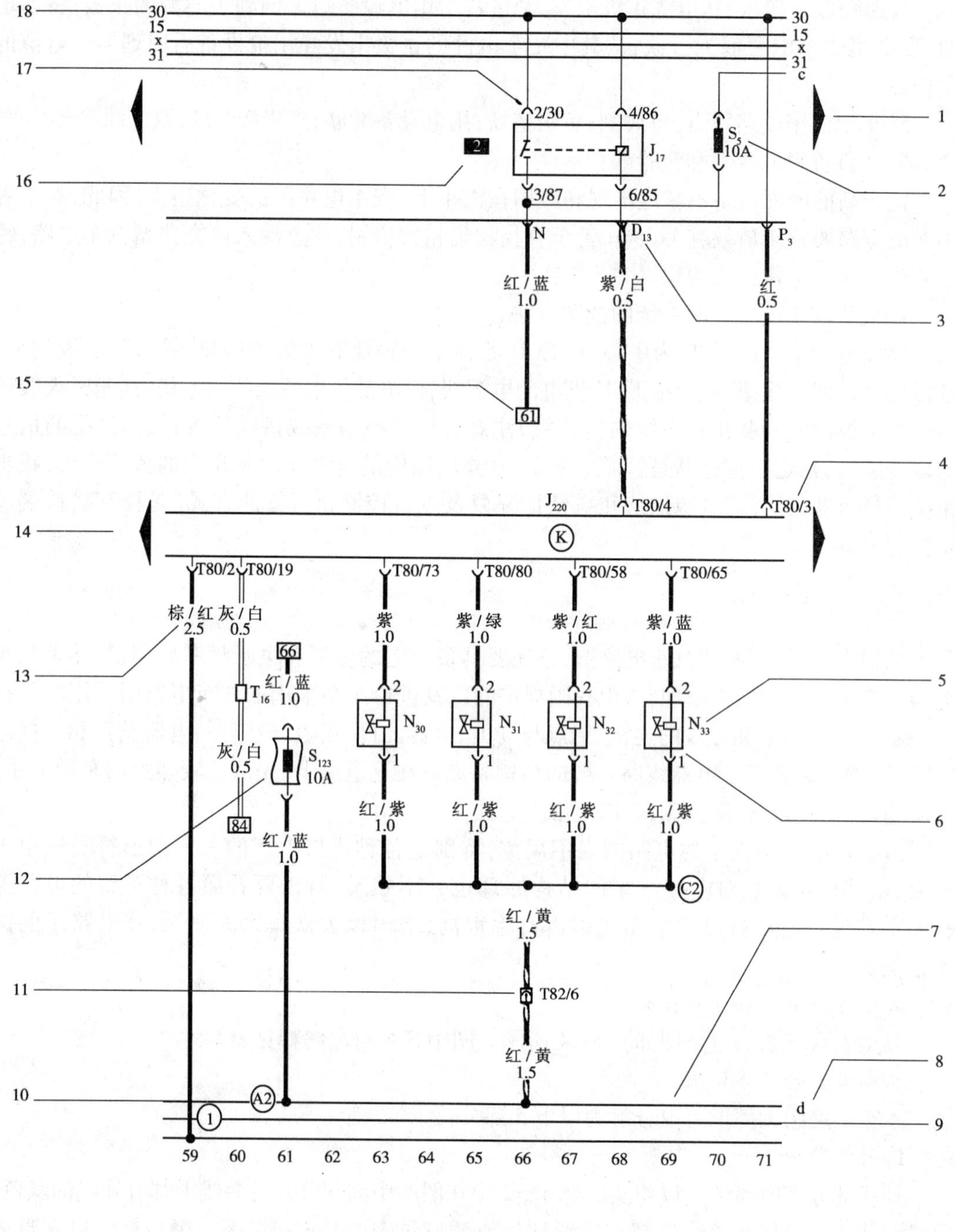

图 8-24　汽车电路图识别（大众桑塔纳 2000GSi）

图 8-24 电路图中各个图例的解释　　表 8-9

图　例	含　义
1-三角箭头	表示下接下一页电路图。
2-熔断丝代号	图中 S5 表示该熔断丝位于熔断丝座第 5 号位,10A。
3-继电器板上接头连接代号	表示多针或单针插头连接和导线的位置,例如 D13 表示多针插头连接,D 位置触点 13。
4-接线端子代号	表示电器元件上接线端子数/多针插头连接触点号码。
5-元件代号	在电路图下方可以查到元件的名称。
6-元件的符号	参看第四节相关内容
7-内部接线(细实线)	该接线并不是作为导线设置的,而是表示元件或导线束内部的电路。
8-指示内部接线的去向	字母表示内部接线在下一页电路图中与标有相同字母的内部接线相连。
9-搭铁点的代号	在电路图下方可查到该代号搭铁点在汽车上的位置。
10-线束内连接线的代号	在电路图下方可查到该不可拆式连接位于哪个导线束内。
11-插头连接	例如 $T_{8a/6}$ 表示 8 针 a 插头触点 6。
12-附加熔断丝符号	例如 S_{123} 表示在中央电器附加继电器板上第 23 号位熔断丝,10 安培。
13-导线的颜色和截面积	例如棕/红 2.5 表示线束为棕红相间颜色,线束直径为 2.5mm^2。
14-三角箭头	指示元件接续上一页电路图。
15-指示导线的去向	框内的数字指示导线连接到哪个接点编号。
16-继电器位置编号	表示继电器板上的继电器位置编号。
17-继电器板上继电器或控制器接线代号	该代号表示继电器多针插头的各个触点。例如:2/30 中 2 表示继电器板上 2 号位插口的触点 2;30 表示继电器/控制器上的触点 30。
18-中央电器继电器和熔断丝座	标有"30"字样的导线直接与蓄电池正极相连接,中间不经过任何开关,不论汽车处于停车或发动机处于熄火状态均有电,其电压为电源电压(12V 或 14V)。"30"字样导线所连接的用电设备均为发动机熄火时所需要用电的电器,如停车灯、报警灯、制动灯、顶灯、冷却风扇电动机等。标有"15"字样的导线为小容量用电设备的电源正极线,受点火开关控制。只有在点火开关接通后,用电设备才能通电使用。标有"X"字样的导线为大容量用电设备的电源正极线,受点火开关控制。只有在点火开关接通后、卸荷继电器触点闭合、车辆起步运行中才能使用的大容量电器所用电源线。标有"31"字样的为中央线路板内搭铁点。

2)内部连接部分

内部连接部分在图上以细线标示。这部分连接是存在的,但线路是不存在的。标示线路只是为了说明这种连接关系。同时,使电路图更加容易被理解。

3)电器元件部分

电路图本身就是表达元件之间的连接关系的,因此,电器元件在电路图中是主体。电器元件在图中用框图附以相应的标号表示。每一个元件都有一个代号,如 A 表示蓄电池;N 表示电磁阀等。电器元件的接线点都用标号标出,标号在元件上可以找到。

4)继电器、熔断器及其连接件部分

这一部分表示在图的上部,反映的内容有:继电器的位置号、继电器名称,中央配电盒上插接件符号、中央配电盒上连接件符号、熔断器座标号及熔断器容量等。

5)电路接续号

在图的最下方，这一标号只是制图和识图的标记号，数字的大小没有实际的物理意义。它有2个作用，一是可顺序表达整个车的全部电路内容，便于每一部分既相对独立又相互联系；另一个作用是便于反映在一部分电路图中难以表达的接续部分。

3. 电路图的特点分析

1）接点标记具有固定的含义

在大众汽车电路图中经常遇到接点标记的数字及字母，它们具有固定的含义。如数字30代表的是来自蓄电池正极的供电线；数字31代表搭铁线；数字15代表来自点火开关的点火供电线；数字50代表点火开关在起动挡时的起动供电线；X代表受控的大容量用电设备供电线（来自卸荷继电器的供电线）等。无论这些标记出现在电路的什么地方，相同的标记都代表相同的接点。

2）所有电路都是纵向排列，不互相交叉

大众公司汽车电路图采用了断线代号法来处理线路复杂交错的问题。例如，假设某一条线路上半段在电路续号为61的位置上，下半段在电路接续号为84的位置上。这时，在电路上半段的终止处画一个标有84的小方格，在下半段电路的开始处也有一小方格，内标有61，通过61和84就可以将上、下半段电路连在一起了。

3）整个电路以中央配电盒为中心

大众公司汽车电路图在表示线路走向的同时，还表达了线路的结构情况。中央配电盒的正向插有各种继电器和熔断器。在电路图上的继电器标有2/30、3/87、4/86、6/85等数字，其中分子数2、3、4、6是指中央配电盒插孔代号，分母30、85、86、87是指继电器的插脚代号。2/30就表示出了继电器插脚与插孔的配合关系。

4. 中央接线盒内的成型铜片用电路图上方的4条横线来表示

电路图上方的4条横线，用来表示压装在中央接线盒塑料盘身内的成型铜片。其中3条是引入接线盒内的不同用途的火线，一条是搭铁线。线端标号为“30”的是直接与蓄电池正极相接的火线；标号为“15”的是从点火开关15接柱引出的受点火开关控制的小容量用电器的供电线；标号为“X”的是受减荷继电器控制的大容量用电器的供电线，只有当减荷继电器触点闭合时，才能将30#线的电流引入X#线；标号为“31”的为搭铁线，它与中央接线盒支架搭铁点相连接。

5. 该电路图标明电器的搭铁方式和部位

电路图底部横线表示搭铁线，导线搭铁端标注有带圈的数字代号，各代号的搭铁部位见图8-24的图注。从中可以看出，在车上，不是所有电器都直接与金属车体相连接而搭铁的，有的通过接地插座，有的则通过其他电器或电子设备再搭铁连接。

6. 线路中的连接插头统一表示

线路中的连接插头统一用字母T作代号，紧接的数字表示该插头的孔数以及连接导线对应的孔的序号。例如T4/2表示该插头为4孔，连接导线对应的插孔序号为2；T80/71表示该插头（T80为电控单元上的连接插头）为80孔，连接导线对应的插孔序号为71。线路中的连接导线都标有铜芯截面积的直径（mm），有的电路图上还用汉字或英文字母标明导线颜色。弄清了桑塔纳汽车电路图的上述特点，再按照一般电路图的读图要领读懂这一电路图就不难了。

第六节　电路故障及诊断

一、电路故障分类

电路中出现的各种问题意味着必须做出决定进行修理。故障分类如下：

1. 断路

断路是指电流通道的机械性断开。在串联电路中，如电流中断，则电路停止工作。在并联电路中，如果一条支路断开，则这条支路停止运行，其他支路照常工作。使用电阻计进行导通性检测时，可发现电路断路。

在一个断开的电路中，由于没有一个完整的电流进入电源的回路，电流就无法在电路中流动。断路有两种可能：一种是持续性断路，另一种是间断性断路。

间断性断路往往是绝缘层内的导线已断，但导线内的断开处在停车时仍保持接触。汽车在行驶中由于振动，就会产生间断性断路。要查找此类断路，你可用手摆动所怀疑的导线，看是否产生间断性断路。

以下是断路的一些例子：

(1)导线断开或接头松脱；

(2)熔断器烧断或电路断路器跳开；

(3)部件如开关、灯泡等内部断路；

(4)电阻极高，往往表现出与断路一样的症状。

导线断开造成的断路往往是由于意外损坏或振动造成。损坏造成的断路一般较容易被观察到；振动造成的断路往往导线绝缘层还完整，所以不易查找。一般只能用测试仪器查到，这种断路很有可能是间断性的。接头松动也可能由振动或组装不当造成。

熔断器烧断和电路断路器跳开都表现为断路。这类断路是由电路超负荷造成。此时，为了保护电路和部件，熔断装置会主动切断电路。通过观察熔断器是否烧断可确定其好坏。这类断路往往是电路中短路或超负荷的症状。

一些部件的正常耗损会造成部件(如灯泡)的内部断路(烧断)。正常耗损也同样发生在其他长期使用后的部件上，如开关和电动机。但如果这类部件在较短时间内就耗损，就应该寻找造成这些部件提前损坏的原因。

电阻过高如同断路一样，因为过高的电阻使电流无法通过电路。电阻过高往往是由于接线端和搭铁线接头的腐蚀造成的。

对断路的诊断，首先要寻找明显的起因，如断开或绞缠的导线、磨损的绝缘体和腐蚀的接头等。

在简单的串联电路中，断路会阻止电流的流通，造成这一电路中所有负载不工作，如电动机不转、灯不亮等。在断路点之前，电路与搭铁线之间还存在电压，断路点另一侧，电压就不存在了。

在简单并联电路中、断路将阻止电流的流通，所有与电源相连的各点电压与电源电压相同。

在复合电路中，断路对电流和电压的影响不同。复合电路中，电流可能会选择其他支路。不同的电路会出现不同的异常现象，不能直接识别故障。查对电路图会有助于解释这些异常现象。

2. 搭铁短路

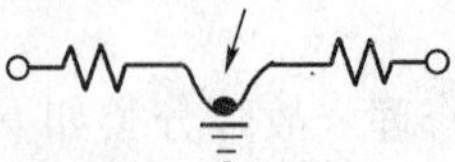

搭铁线短路是指由于绝缘损坏而造成的电路搭铁。导线搭铁引起熔断丝或可熔断连接烧断。如无熔断丝，可使电路燃烧，甚至着火。如果短路发生在负载之后，电路控制装置可能失去作用。这时测试灯就显得很重要了。将测试灯放在熔断丝位置，按顺序并合理地断开电路元件，若测试灯熄灭，即可找到电路的故障。

3. 对电短路

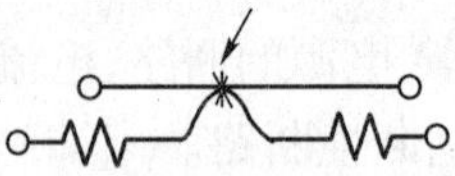

电源短路是指由于绝缘损坏而造成导线与另一电路导线相触及。这样会使电路运行异常，出现一些奇怪的现象而且不易查找。为查出这类问题，必须观察征兆，辨认有关电路，拆除熔断器有助于查找有关的电路支路，然后在关键部位检查电压及电阻，这样就会查出故障所在了。

4. 电阻过大故障

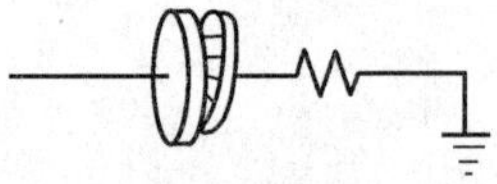

电阻过大是最难查找的故障。这时使用检测仪表就显得非常重要。插头松动、污脏或腐蚀都可引起电阻过大，电流减小，致使灯光暗淡、闪烁或元件失效。

作为一种故障，电阻过大是指任何电路中的电阻超出其原设计的指标。电阻过大经常是由接线端、接头和搭铁线的腐蚀、松动，以及接触面积不足造成。电阻过大也可发生在部件内部。

电阻过大使电路产生负载，而电路中附加的负荷，会使电路中其他负载的供电减少。电阻过大时，会出现灯光变暗、电动机转速减慢等现象。在更严重的情况下，高电阻就如同断路一样。如果搭铁线接线端腐蚀，这一搭铁线（电阻本应为零）将由于其过高的电阻使这一电路上的所有负载不能工作。

接头、接线端和搭铁线的电阻过高往往是由于水、溶雪盐，以及渗入接头处的机油、黄油和脏物所致。负载也可因内部损坏、磨损、超负荷或振动而造成电阻过高。这类部件内部的电阻过高，如同部件内部损坏一样，难以用肉眼查找。接头、接线端和搭铁处的腐蚀和油污，有的可以看见，有的却无法看见，此时就必须借助测试仪器进行检查。

5. 间歇性故障

间发性连接和接触不良电路的间歇性电器故障，是由有故障的电器接头和导线引起，也可能由元件或继电器黏附引起。在决定是否报废一个元件或导线组件以前，先检查以下各项。

(1)插接器是否装好固紧。

(2)端子伸展或推出。

(3)在导线组件上的端子是否完全插入插接器/元件中并锁定位置。

(4)端子上是否有污物或锈蚀。锈蚀和有污物可能引起电路间歇性故障。

(5)插接器/元件外皮的损坏使元件暴露于污物和潮气中。

(6)导线绝缘层磨穿引起对地短路。

(7)一些或所有股导内部绝缘破损。

(8)导线内部绝缘是否破损。

二、故障可能发生部位

电路中故障可能发生在以下4个地方:

(1)负载;

(2)负载和电源之间;

(3)负载和搭铁线之间;

(4)电源。

1. 负载故障

不工作的负载是最容易查出的一种故障。其原因可能是负载故障、负载与搭铁线之间有问题或只有少量或没有电流供给负载。

2. 负载与电源之间的故障

一般来说,如果系统中只有一个部件不工作,就应从这一部件着手诊断。如果电路中有几个负载不工作,应从负载共同的供电点开始检查。

3. 负载与搭铁线之间的故障

不良的搭铁是造成电气系统故障的主要原因。因此,要常常检查搭铁的情况。如果搭铁没有问题,问题就有可能在电源和负载之间。

4. 电源故障

电源故障如同负载故障一样,比较容易诊断。因为它将导致所有接受这一电源供电的负载无法工作。如果系统中所有负载都不工作,你应该怀疑是否是蓄电池没电、蓄电池电缆损坏、负极电缆搭铁不良或起动机接线端接触不良等。

蓄电池是最终电源,你也可将点火开关、熔断器、其他开关和电路分支点看成是第二电源。

在头脑中简化电路的好处是,使你不用接触汽车或无需测试仪器就可以迅速地诊断故障,节省了时间和精力。

有时无法查出故障,或只能借助逻辑和电路图来查出故障。在这种情况下,各种测试仪器的价值就不大了。要有效地使用测试仪器,常常要将一个复杂电路实际分解成几个简单电路。

为了检测,可用2种方法将电路分解成较简单的电路:一是在接头和开关处分解;二是切断线路,测试后再重新连接上。

1)从接头和开关处分解

通过分离接头可达到简化电路的目的,同时接头内的线端也为测试提供了途径。也可

通过断掉开关来形成较简单的电路。

2)切断和连接

在电路中的某些地方只能用切断的方法来使其简化。这种方法只有在无法使用上述方法或无法找到其他断开线路的方法时才能使用。将切断后的导线的绝缘体剥去一些,以便进行测试。测试结束后,将两导线金属部分扎入平接头,并将其接好。无论采用什么方法,目的都是简化电路,从而更有效地使用测试仪器。

三、汽车电器与电子系统故障诊断的一般程序和方法

(1)第一步,验证车主(用户)所反映的情况,并注意通电后各种现象。在动手拆检之前,尽量缩小故障产生的范围。

(2)第二步,分析电路原理图,弄清电路的工作原理,对问题所在作出推断。

(3)第三步,重点检查问题集中的线路或部件,验证第二步作出的推断。

(4)第四步,进一步诊断与检修。常见的检修方法如下:

①直观诊断法。汽车电路发生故障时,有时会出现冒烟、火花、异响、焦臭、发热等异常现象。这些现象可直接观察到,从而可以判断出故障所在部位。

②断路法。汽车电路设备发生搭铁(短路)故障时,可用断路法判断,即将怀疑有搭铁故障的电路段断开后,观察电器设备中搭铁故障是否还存在,以此来判断电路搭铁的部位和原因。

③短路法。汽车电路中出现断路故障,还可以用短路法判断,即用起子或导线将被怀疑有断路故障的电路短接,观察仪表指针变化或电器设备工作状况,从而判断出该电路中是否存在断路故障。

④试灯法。试灯法就是用一只汽车用灯泡作为试灯,检查电路中有无断路故障。

⑤仪表法。观察汽车仪表板上的电流表、水温表、燃油表、机油压力表等的指示情况,判断电路中有无故障。例如,发动机冷态,接通点火开关时,水温表指示满刻度位置不动,说明水温表传感器有故障或该线路有搭铁。

⑥低压搭铁试火法。即拆下用电设备的某一线头对汽车的金属部分(搭铁)碰试而产生火花来判断。这种方法比较简单,是广大汽车电工经常使用的方法,搭铁试火法可分为直接搭铁和间接搭铁2种。

所谓直接搭铁,是未经过负载而直接搭铁产生强烈的火花。例如,我们要判断点火线圈至蓄电池一段电路是否有故障,可拆下点火线圈上连接点火开关的线头,在汽车车身或车架上刮碰,如果有强烈的火花,说明该电路正常;如果无火花产生,说明该段电路出现了断路。

间接搭铁是通过汽车电器的某一负载而搭铁产生微弱的火花来判断线路或负载是否有故障。例如,将传统点火系断电器连接线搭铁(回路经过点火线圈初级绕组),如果有火花,说明这段线路正常;如果无火花,则说明电路有断路。

特别值得注意的是,试火法不能在电子线路汽车上应用。

⑦高压试火法。对高压电路进行搭铁试火,观察电火花状况,判断点火系的工作情况。具体方法是:取下点火线圈或火花塞的高压导线,将其对准火花塞或缸盖等,距离约5mm,然后接通起动开关,转动发动机,看其跳火情况。如果火花强烈,呈天蓝色,且跳火声较大,

则表明点火系工作基本正常；反之，则说明点火系工作不正常。

⑧仪表检测法。利用万用表等仪表，对电器元件进行检测，以确定其技术状况。对现代汽车上越来越多的电子设备来说，仪表检测法有省时、省力和诊断准确的优点，但要求操作者必须具备熟练应用万用表的技能，以及对汽车电器元件的原理、标准数据能准确地把握。

⑨替换法。将被怀疑部件用已知完好的部件替换，验证怀疑是否正确。

⑩模拟法。用于对各种传感器信号、指示机构工况的判断，此法必须熟悉汽车的电路参数。

四、汽车电路故障诊断与检修注意事项

1. 要认识汽车电路的独特性

汽车电路具有独特性，这种独特性是指它有别于其他线路。

(1)在汽车供电电路中，由蓄电池正极引出的正电压是由线路来输送的，而蓄电池负极是直接与汽车金属结构件相连的。但为保证电路的可靠性，对一些重要的用电器，则正负极全部由导线连接。在安装电子设备的过程中，为了在一束导线中判断并找到所需要的那一根导线，难免要带电作业，稍有不慎会因裸线碰触金属车体(蓄电池负极)而造成短路。对此应有足够的了解和重视。

(2)轿车电路中由蓄电池和发电机协同供电，具有低电压大电流的特点(小轿车12V，大轿车24V)。在发动机工作时需要数百安培的电流。因此在操作和使用过程中，很小的失误(如因绝缘不良造成的大电流短路)都会造成严重的后果。

(3)电路和电子设备的工作环境极为恶劣。为汽车配套的电子设备及附属电路均在不良的环境中工作，包括：振动、水淋、灰尘、温差大等。对于上述因素要有正确全面的认识，并将这些因素造成的影响降低到最小。

2. 操作注意问题

(1)拆卸蓄电池时，总是最先拆下负极(－)电缆；装上蓄电池时，总是最后连接负极(－)电缆。拆下或装上蓄电池电缆时，应确保点火开关或其他开关都已断开，否则会导致半导体元器件的损坏。

(2)不允许使用欧姆表及万用表的R×100以下低阻欧姆挡检测小功率晶体三极管，以免电流过载损坏它们。更换三极管时，应首选接入基极，拆卸时，则应最后拆卸基极。对于金属氧化物半导体管(MOS)，则应注意静电击穿，焊接时，应从电源上拔下烙铁插头。

(3)拆卸和安装元件时，应切断电源。如无特殊说明，元件引脚距焊点应在10mm以上，以免烙铁烫坏元件，且宜使用相同恒温或功率小于75W的电烙铁。

(4)更换烧坏的熔断器时，应使用相同规格的熔断器。使用比规定容量大的熔断器会导致电器损坏或产生火灾。

(5)靠近振动部件(如发动机)的线束部分应用卡子固定，将松弛部分拉紧，以免由于振动造成线束与其他部件接触。

(6)不要粗暴地对待电器，也不能随意乱扔。无论好坏器件，都应轻拿轻放。

(7)与尖锐边缘磨碰的线束部分应用胶带缠起来，以免损坏。安装固定零件时，应确保线不要被夹住或被破坏。安装时，应确保接插头接插牢固。

(8)进行维护时,若温度超过80℃(如进行焊接时),应先拆下对温度敏感的零件(如继电器和ECU)。

此外,现代汽车的许多电子电路,出于性能要求和技术保护等多种原因,往往采用不可拆卸的封装方式,如厚膜封装调节器、固封电子电路等,当电路故障可能涉及到它们内部时,则往往难以判断。在这种情况下,一般先从其外围逐一检查排除,最后确定它们是否损坏。有些进口汽车上的电子电路,虽然可以拆卸,但往往缺少同型号分立元件代替,这就涉及到用国产元件或其他进口元件替代的可行性问题,切忌盲目代用。

3. 注意安全操作

安全操作包括两个方面:一是要增强安全意识保护操作者的人身安全;二是在操作中确保车辆的安全,避免因操作不当所引起的损失。

(1)近年生产的中高档轿车尤其是进口轿车,大多装配了安全气囊。在停放和行驶过程中如受到碰撞,并且碰撞的强度达到设计指标,则触发引爆器瞬间弹出气囊,以保护驾驶人和乘员的安全。安全气囊系统包括:一组碰撞传感器,用于检测碰撞信号;中央处理器,用于比较传感器信号,发出引爆指令和整个系统的自检与控制;一组引爆器和气囊,由引爆器引爆产生大量气体使气囊弹出并膨胀。

目前有单气囊、双气囊和四气囊等不同配置的汽车。装有安全气囊的汽车在仪表板上有标识和指示灯显示。从上述描述中可以得知,在操作中意外误触发有两种途径,一是碰撞引起的,曾有一例因使用高压洗车机冲洗发动机室,引起安全气囊触发的例子。另一种情况是在找线过程中给传感器电路加入了误触发信号,例如用试点笔判断线性时,由试点笔输出的信号造成误触发。

因误操作引起的气囊触发会造成人身伤害。气囊触发时正在俯视气囊出口的人员会有生命危险,因为这种姿势和驾驶人扎紧安全带的坐姿是不同的。另一方面因为安全气囊系统是一次性的,一旦触发整个系统及仪表板总成需全部更换,经济损失很大。

(2)在操作过程中需要多次起动汽车,因此务必确认空挡起动,这种误操作较为多见,应加以重视。

(3)有些时候需要在车下工作,例如:小旅行汽车安装防盗器喇叭需要安装在车底盘上,操作时应先用千斤顶顶起车体,然后改由支撑架支撑,这样可以避免因千斤顶失灵造成事故。

(4)使用电动工具应注意安全,在车体上打孔应选用配有限位杆的电钻,避免造成事故。

总之,现代汽车电路(特别是电子电路)的检修,除要求检修人员具有一定的实际经验外,还要求具有一定的电工、电子学基础和分析电路原理及使用仪表工具的能力。

第七节 电器测试设备

1. 电压表

电压表是用来测量电动势的,也可用来测量蓄电池电压和发电机输出电压,检测电路中的电压或者确定电路断开的位置等。

电压表必须并联在电路上(图 8-25)。因与现存电路是并联的,所以电压表能传感或显示出各种电阻装置的电压降。电压降是指电流通过电阻所引起电压的损失。电阻或电流的增加都会升高电压降,电路中的总电压降等于蓄电池的电压。测量电压降,只要把电压表接在待测电压降的两点之间即可(图 8-26)。

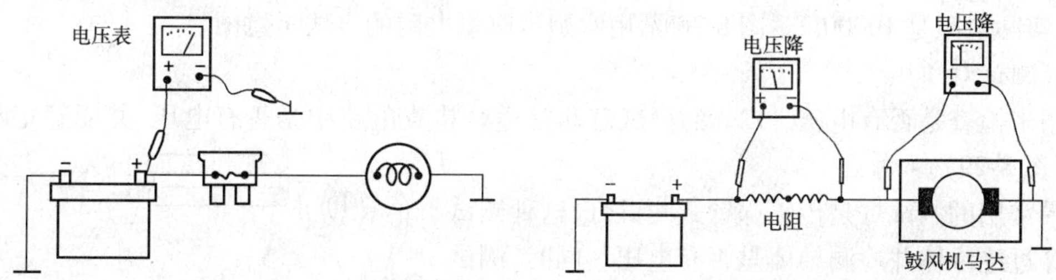

图 8-25 并联在电路中的电压表　　图 8-26 用于测量电压降的电压表

另一种测量电压降的方法是在电路的不同的两点之间测量,用高电压的那点上的值减去低电压的那点上的值,便可得知该电路的电压降。无论什么时候测量电压降,电路中都必须有电流通过。

2. 电流表

电流表用来测量电路中存在的电流,确定电路中是否有电流存在或者是否因电流过大而短路(图 8-27)。

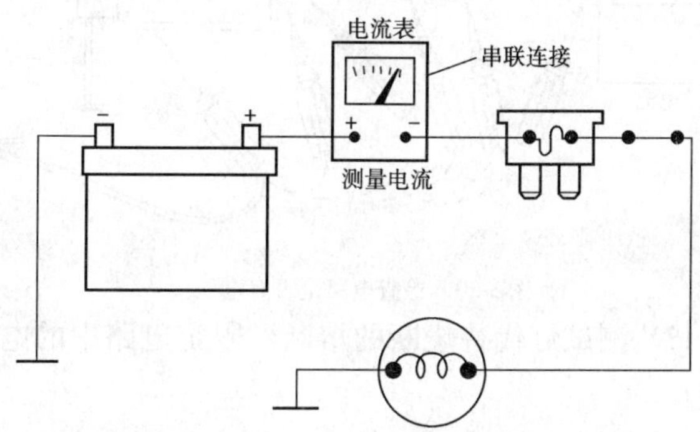

图 8-27 串联连接的电流表

电流表串联在电路上,为测量电路中的电流,电路中必须有电流通过。有些电流表使用的是感应传感器,测量时,要求断开电路,把感应传感器置于电路的周围。这样,感应传感器测出磁场强度并指出电流强度。

3. 欧姆表

欧姆表测量电阻的单位是欧姆(Ω)。欧姆表自带电源,不能接在有电流存在的电路上,否则,会损坏仪表。测量时,要把装置设备与电路分离开(图 8-28),电路中不能有电流存在。为了更精确地测出电阻读数,应使欧姆表的指针在刻度盘的中间范围内移动。

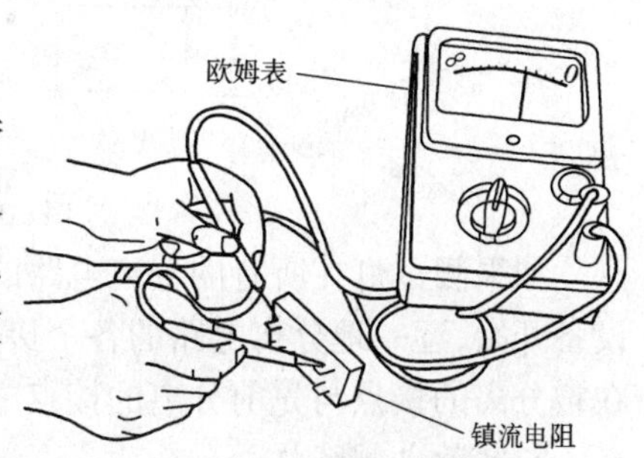

图 8-28 用欧姆表测量电阻

使用欧姆表时,总要按使用的仪表刻度加以校正。校正时,把欧姆表导线上的两个探针握在一起,扭动旋钮,使指针指向“0”读数。

分离探针时,欧姆表指针移动到刻度盘最远的那一边,这说明电阻无穷大。测量电阻时,把欧姆表的两个探针接在导线或装载设备的接线柱上,如果刻度盘无穷大,说明电路是断开的,如果读数是零,说明无外电流通过的实际电阻。例如:仪表读数 10,乘以 R × 1000 刻度,实际电阻是 10000Ω。图 8-28 是用欧姆表测量电阻的方法示意图。

4. 测试灯

用来检查是否有电压。12V 的测试灯非常适合检查电路中是否有电压,并能确定断路位置(图 8-29)。

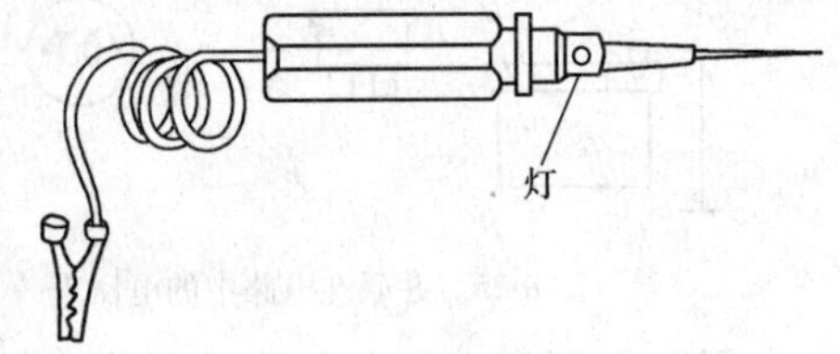

图 8-29　测试灯

最常用的测试灯是传感探针式测试灯,这种测试灯可穿过绝缘体并检测导体是否有电压。同时,测试灯的一根导线搭铁,另一根导线或探针接触电路的某一部分(图 8-30),如果灯亮了,说明电路的这一部分有电压。灯光的亮度显示出电路的电压。如果灯光暗,说明电压低;如果灯不亮,说明电路中断,沿着电路朝蓄电池方向移动测试灯,直到灯亮为止,然后确定出断路部分就在探针的最后接触点与灯亮的那一点之间。

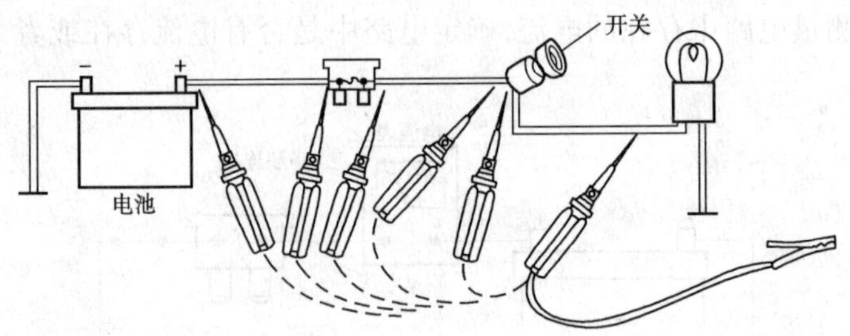

图 8-30　检查电路是否有电压

在搭铁短路时,用 12V 测试灯代替烧断的熔断丝限定电路中的电流通过,用来确定短路搭铁的位置(图 8-31)。

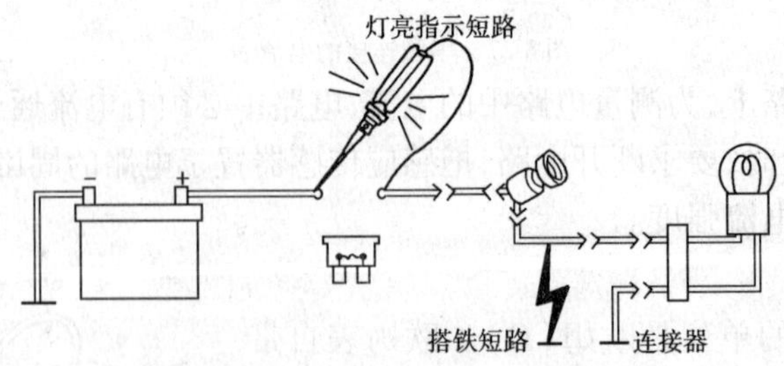

图 8-31　用来确定短路搭铁的位置

如果测试灯在所有的分离电路的装载设备处都亮,那么说明是搭铁短路。然后从装载设备开始,逐一地分离电路的各个接点,直到测试灯熄灭为止,这时就可确定出短路位置就在被分离的接点与先前分离的接点之间。

5. 自带电测试灯

自带电源的测试灯可用来检测电路或装载设备的电路中线路是否连接(图 8-32)。检测时,把测试灯接在待检的位置,并让其完成如同欧姆表一样功能的基本检测(图8-33),在测试搭铁短路时,有较佳效果。分离电路自带电源测试灯使用一节1.5V的低电压电池。

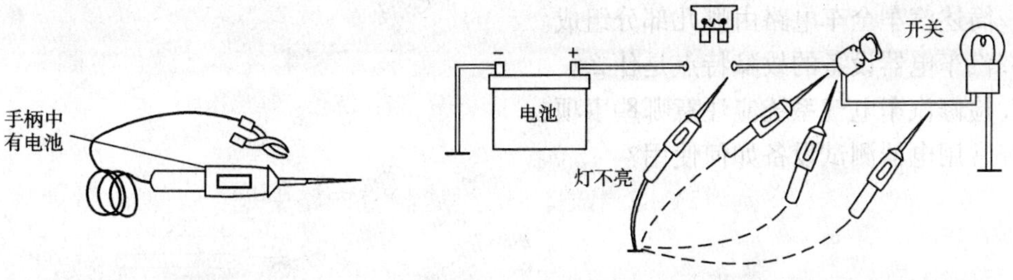

图8-32　自带电测试灯　　　　图8-33　检查电路是否搭铁或短路

测试时,把测试灯串联在电路上,待测电路必须加以分离,这样电路中不存在电压。分离电路可防止烧坏测试灯,而待测电路上的蓄电池电压容易损坏灯泡。由于自带电源测试灯的电压低,所以电路和装载设备的大电阻就不会使灯泡亮。用自带电源测试灯检查电路是否搭铁或短路是非常理想的。

注意事项:不要用其去检测具有毫安电流的电路和部件(如计算机电路),因为自带电源测试灯的电流会烧坏电路和部件。

6. 跨接导线

跨接导线是排除电路故障的最简单的电器工具。它是一根两端带有鳄鱼夹的导线(图8-34)。用跨接导线从旁边接通电路的某一部分(图8-35);也可用它来接通开关或直接给装载设备提供电源;也可用来为电路或装载设备提供良好的搭铁;也可用来对装载设备做台架试验,以确定其是否工作正常。用时要小心谨慎,抓住跨接线正极,防止搭铁,引起短路。

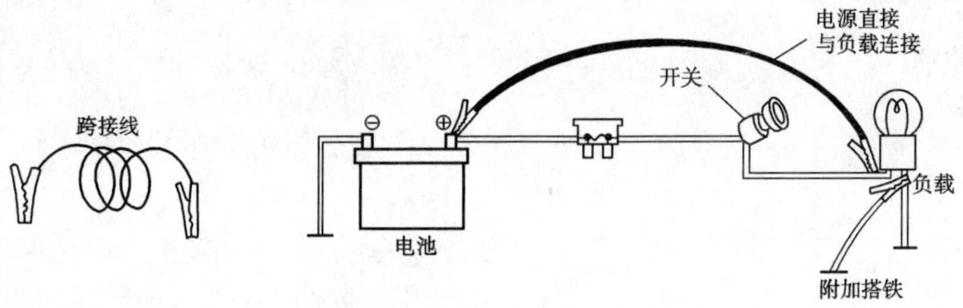

图8-34　跨接导线　　　　图8-35　用跨接导线从旁边接通电路的某一部分

注意事项:不要用跨接导线旁通装载设备。因为旁通装载设备会引起电路中的电流过大,从而使导线过热或熔断器烧坏,损坏电路保护器或熔断丝。

复习思考题

1. 简述汽车线路遵循的一般原则。
2. 汽车线束安装时应注意哪些问题?

3. 汽车电路大体由哪几部分组成？
4. 汽车电路读图的基本方法是什么？
5. 简述汽车全车电路由哪几部分组成。
6. 汽车电器设备的故障特点是什么。
7. 检修汽车电气系统应注意哪些事项？
8. 常用电器测试设备如何使用？

第九章　汽车主要电气系统电路分析

学习目标

- 掌握汽车主要电气系统电路分析方法。
- 掌握汽车主要电气系统电路检测要点。
- 总结规律,学会看图。

第一节　充电系统

本章以丰田佳美(3VZ-FE 发动机)为例,进行说明。

一、充电系统工作原理(图 9-1)

充电系统由交流发电机、电压调节器、充电警示灯、点火开关、熔断丝和蓄电池组成。充电系统的工作过程如下:

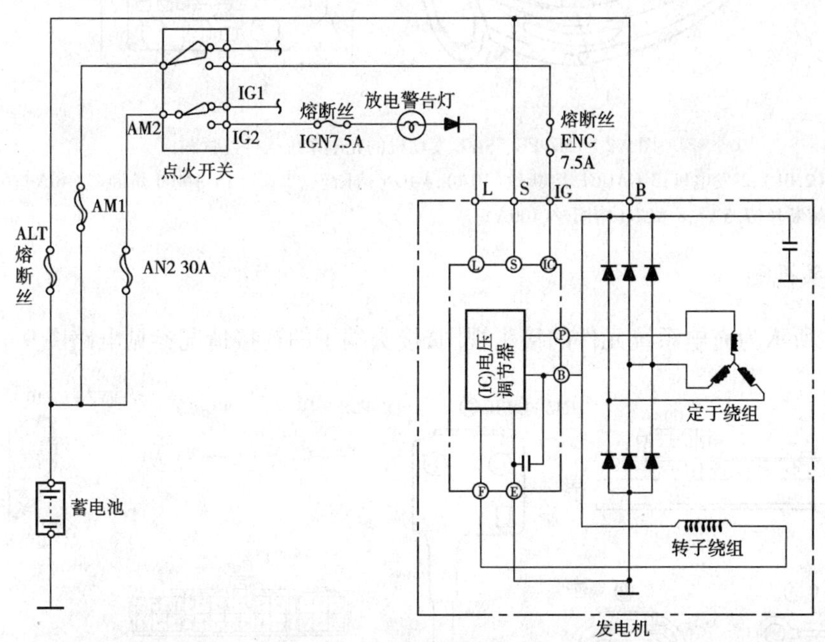

图 9-1　充电系统工作原理

当点火开关转到 ON 位时(IG2),从蓄电池出来的电流由发电机的 L 端子经电压调节器(IC 片)流至端子 E,接通充电警示灯电路,使充电警示灯点亮。

当发动机起动时(点火开关在 ST 位置),从蓄电池出来的电流由发电机的 S 端子经电压调节器流到端子 F,接通发电机转子绕组,产生发电机所需的磁场。

当发动机起动后,点火开关转到 ON 位,此时发电机的励磁电流已经由发电机本身发出的电流来提供。随着发动机转速的升高,发电机的输出电压也随之增大。当输出电压大于蓄电池电压时,端子 B 处便产生反向的充电电流。同时,端子 L 处的电压提高,蓄电池与端子 L 之间的电位差消失,充电警示灯熄灭。当发动机高速运转时,发电机的输出电压由电压调节器进行调节,使发电机的输出电压保持恒定,不会因转速升高而改变。

二、元件位置

充电系统的各元件位置与起动系统基本相同,只是起动机和发电机的位置不同。起动机和曲轴飞轮啮合,故在发动机后部。而发电机由曲轴前端皮带轮带动,位于发动机前端。5S 和 1MZ 发动机的充电系统元件位置图如图 9-2 所示。

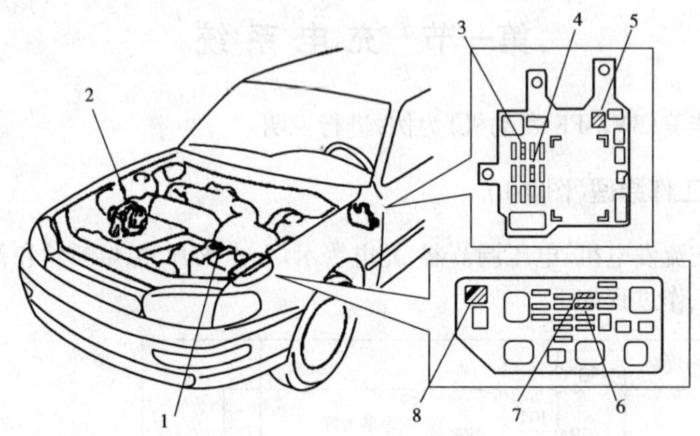

图 9-2　1MZ-FE、5S-FE 发动机的充电系统元件位置图

1-主熔断丝 FL(2.0L);2-发电机;3-GAUGE 熔断丝(10A);4-IGN 熔断丝(7.5A);5-AMIM 熔断丝(40A);6-AM2 熔断丝(30A);7-ALT 熔断丝(7.5A);8-ALTH 熔断丝(100A)

三、接头视图

图 9-3 所示为充电系统元件的接头视图,接头端子的连接情况参见电路图 9-4。

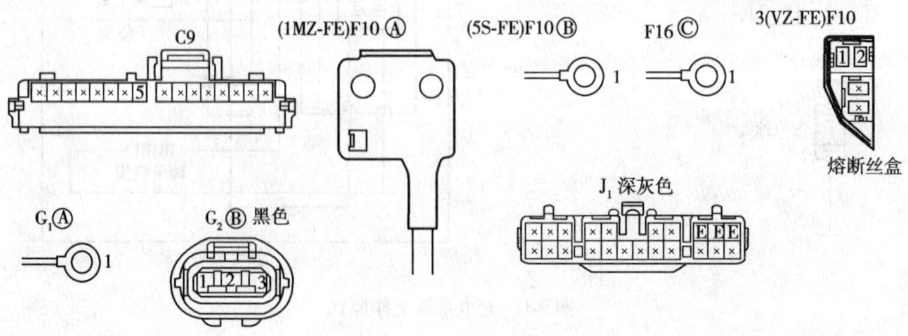

图 9-3　充电系统元件的接头视图

四、电路图

充电系统各元件的电路连接及工作原理，如图 9-4 所示。

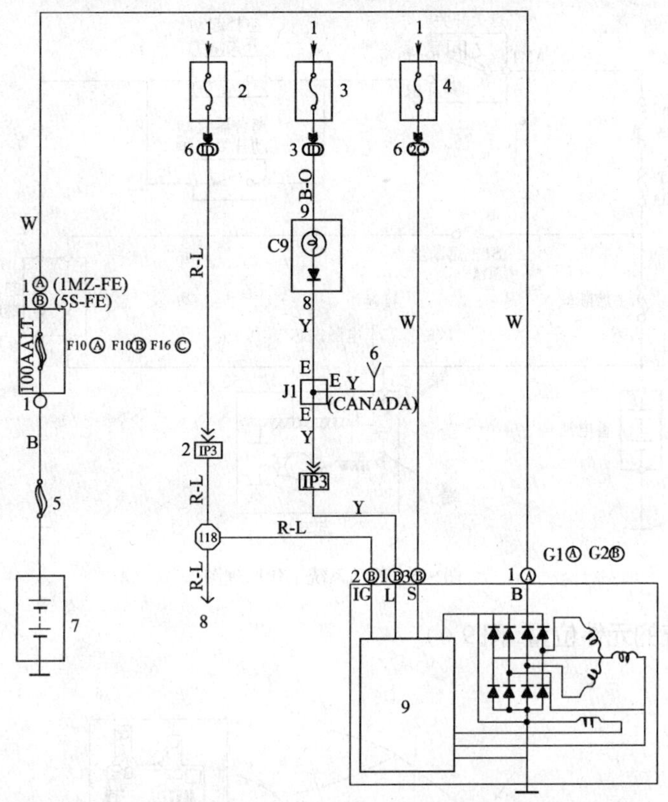

图 9-4　充电系统各元件的电路连接及工作原理

1-接自电源；2-仪表熔断丝（10A）；3-点火开关熔断丝；4-发电机熔断丝（7.5A）；5-主熔断丝（2.0L）；6-接至日间行车信号灯；继电器（主继电器）；7-蓄电池；8-接至倒车开关（手动变速器）、接至驻车/空挡位置开关（空挡起动开关）、（自动变速器）、接至车速传感器（速度传感器）；9-电压调节器；F10Ⓐ，F10Ⓑ，F16Ⓒ-熔断丝盒；J1-接线盒；G1Ⓐ，G2Ⓑ-交流发电机；C9-充电警示灯（仪表组）

第二节　起 动 系 统

一、系统工作原理（图 9-5）

起动系统包括蓄电池、起动机、起动离合器和齿轮、电磁起动操纵装置、起动机继电器、点火开关和配线。

当点火开关转到 START 位置时，电流从端子 50 流到电磁起动线圈的绕组，产生电磁力（向左）推动电磁铁芯，接通起动机的端子 30 和电机绕组，使蓄电池电流直接流向起动机，从而使起动机运转并带动发动机曲轴转动。

当发动机正常运转后，起动离合器自动切断起动机和发动机曲轴的连接，以免大大高于

起动机转速的发动机反拖动起动机引起事故。同时点火开关转到 ON 位置,电磁起动装置的电磁力立刻消失,电磁铁在复位弹簧和电磁反力的作用下迅速回到原来的位置,并切断起动机的电流使之停止运转。

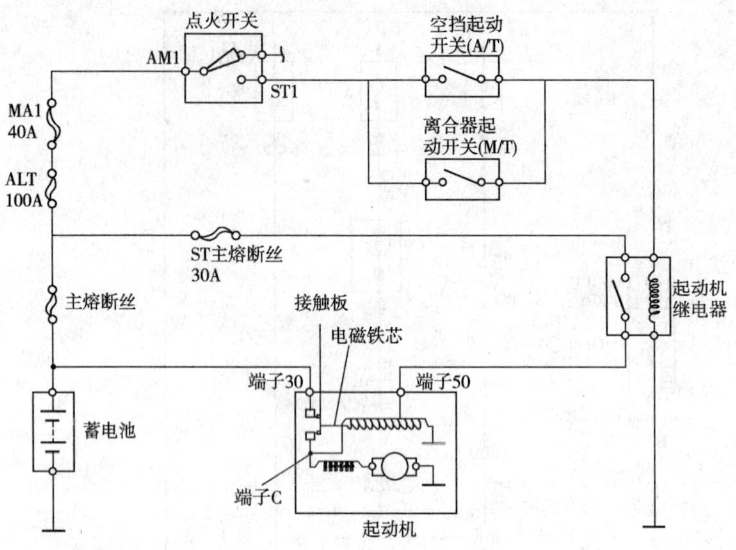

图 9-5　起动系统工作原理图

二、起动系统的元件位置(图 9-6)

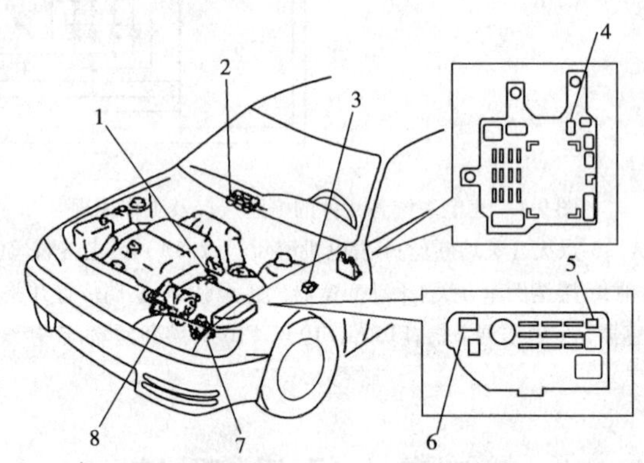

图 9-6　起动系统的元件位置(3VZ-FE)

1-主熔断丝(2.0L);2-起动机继电器;3-离合器起动开关(M/T);4-AM1 主熔断丝(40A);5-ST 主 M-熔断丝(30A);6-ALTH-熔断丝(100A);7-空挡起动开关(A/T);8-起动机

第三节　点 火 系 统

一、工作原理

发动机点火系统由点火线圈、点火器总成、分电器(分电器式点火系统)和位于 ECM 内的电子点火提前电路等组成。其作用是按照发动机各缸的点火顺序,在一定的时刻供给火花塞以足够高的点火电压,使火花塞两极间产生电火花,从而点燃汽缸中已压缩的可燃气体。

丰田佳美发动机电脑(TCCS ECM)控制着点火系统的工作如图9-7所示。TCCS ECM内储存有大量发动机各种工况下的最佳点火数据,它根据各传感器送来的发动机运转工况(包括发动机转速、进气量、冷却水温度)和汽车行驶状况(怠速、换挡、加/减速等)计算点火正时,ECM向点火器发出1个点火信号,点火器通过控制点火线圈初级电路的通断,使次级线圈产生高压电、依次按点火顺序被分配到各汽缸火花塞,使之在电极产生火花。

经耦合线圈感应导致点火器产生相应的点火信号IGF直接传送给电脑,以监督点火系统的正常工作(图9-7)。丰田佳美点火系统各主要元件位置如图9-8所示。

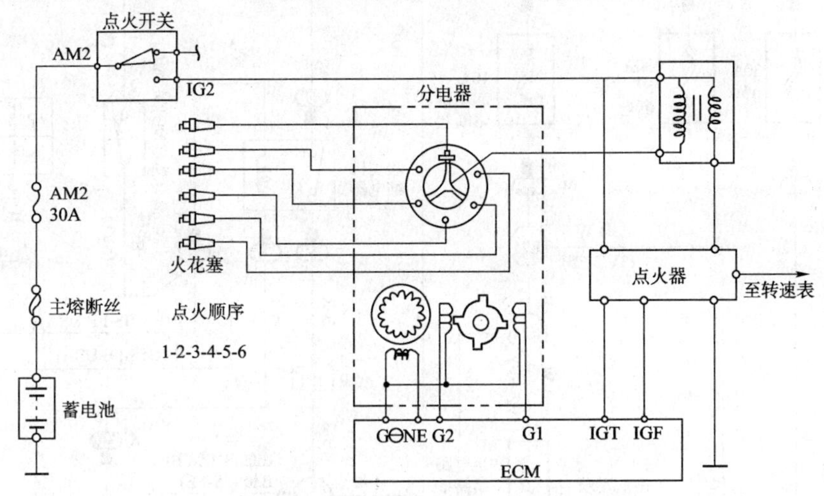

图9-7 丰田佳美3VZ-FE发动机点火系统原理图

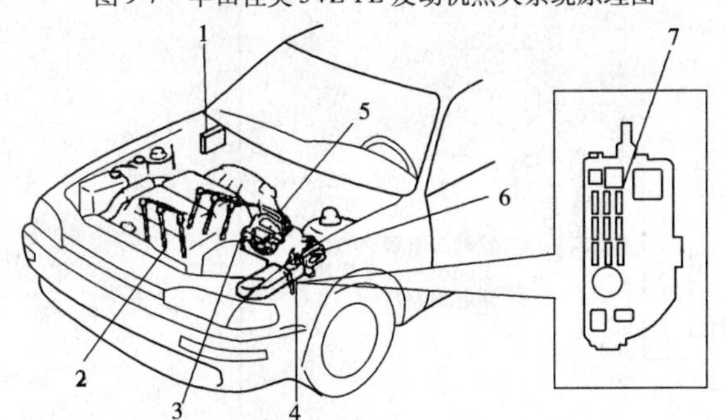

图9-8 丰田佳美3VZ-FE车发动机的点火系统主要元件位置

1-ECM(发动机电脑);2-火花塞;3-主熔断丝(2.0L);4-点火线圈;5-分电器;6-点火器;7-AM2熔断丝(30A)

二、电路图

(一)点火和起动系统电路图如图9-9、图9-10所示。

(二)电路检修提示

I 12:点火开关:

4-7:点火开关在ST位置时导通。

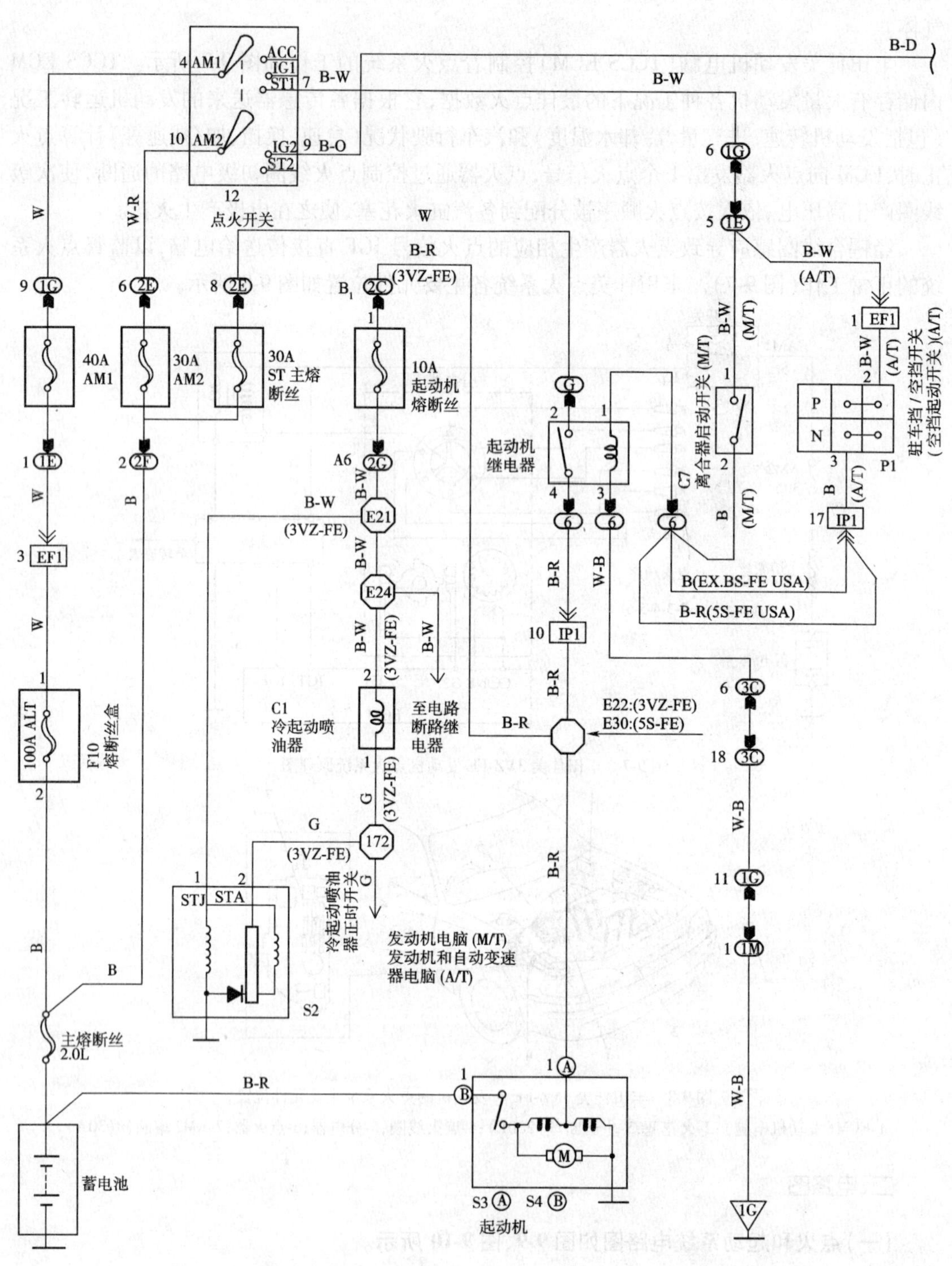

图 9-9　丰田佳美 3VZ-FE 型发动机点火和起动系统电路图

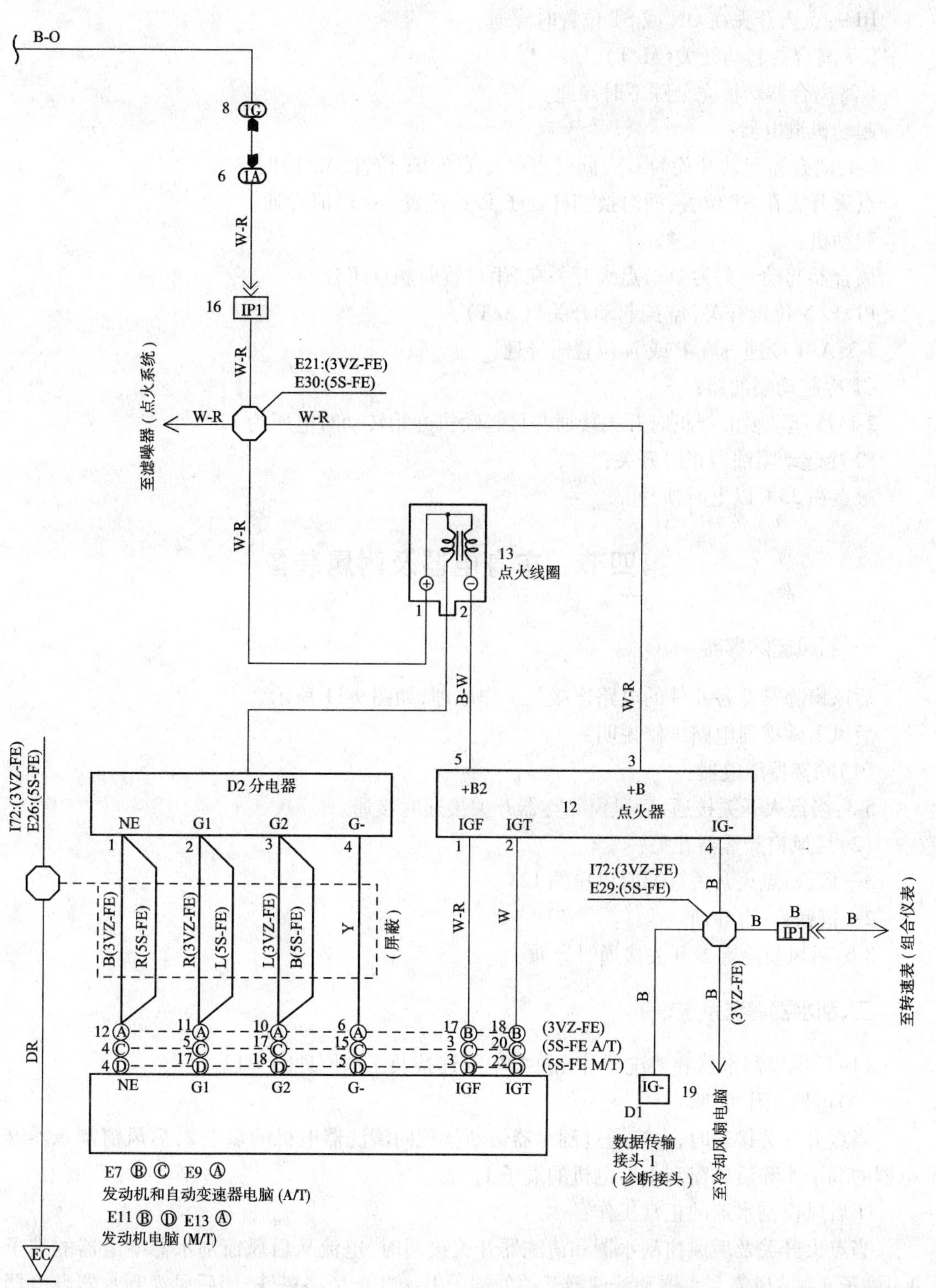

图 9-10　丰田佳美 3VZ-FE 型发动机点火和起动系统电路图(续图)

10-9:点火开关在 ON 或 ST 位置时导通。

C 7 离合器起动开关(M/T):

1-2:离合器踏板完全踩下时导通。

起动机继电器:

2-4:离合器起动开关为 ON,同时点火开关在 ST 位置(M/T)时导通。

点火开关在 ST 位置,同时换挡杆处于 P/N 位置(A/T)时导通。

起动机:

离合器起动开关为 ON,点火开关在 ST 位置时触点闭合。

P1. P/N 位置开关(空挡起动开关)(A/T):

2-3:A/T 变速杆在 P 或 N 位置时导通。

C1 冷起动喷油器:

2-1:冷起动喷油器正时开关接通并且起动机开始转动时电压约 12V。

S2 冷起动喷油器正时开关:

触点在 35℃以上时断开。

第四节　车身电器及附属装备

一、后风窗除雾器

后风窗除雾器各元件的电路连接及工作原理,如图 9-11 所示。

后风窗除雾器电路维修说明:

(1)除雾器继电器:

5-3:当点火开关接通,后风窗除雾器开关接通时接通。

(2)后风窗除雾器开关:

3—搭铁:点火开关接通时电压约 12V。

2—搭铁:一直导通。

3-6:后风窗除雾器开关接通时导通。

二、刮水器清洗系统

(1)后风窗刮水器和清洗器各元件的电路连接及工作原理图 9-12 所示。

(2)电路工作原理。

当点火开关接通时,电流通过刮水器熔断丝流向清洗器电机的端子 2,后风窗刮水器继电器的端子 4 和后风窗刮水器电机的端子 1。

①后风窗刮水器的正常工作:

当点火开关及后风窗刮水器和清洗器开关接通时,电流从后风窗刮水器继电器的端子 4→端子 6→后风窗刮水器和清洗器开关的端子 1→端子 16→搭铁,使后风窗刮水器继电器线圈通电,然后电流从后风窗刮水器继电器的端子 4→端子 1→后风窗刮水器电机的端子 2→后风窗刮水器电机→搭铁,使电机转动,带动后风窗刮水器工作。

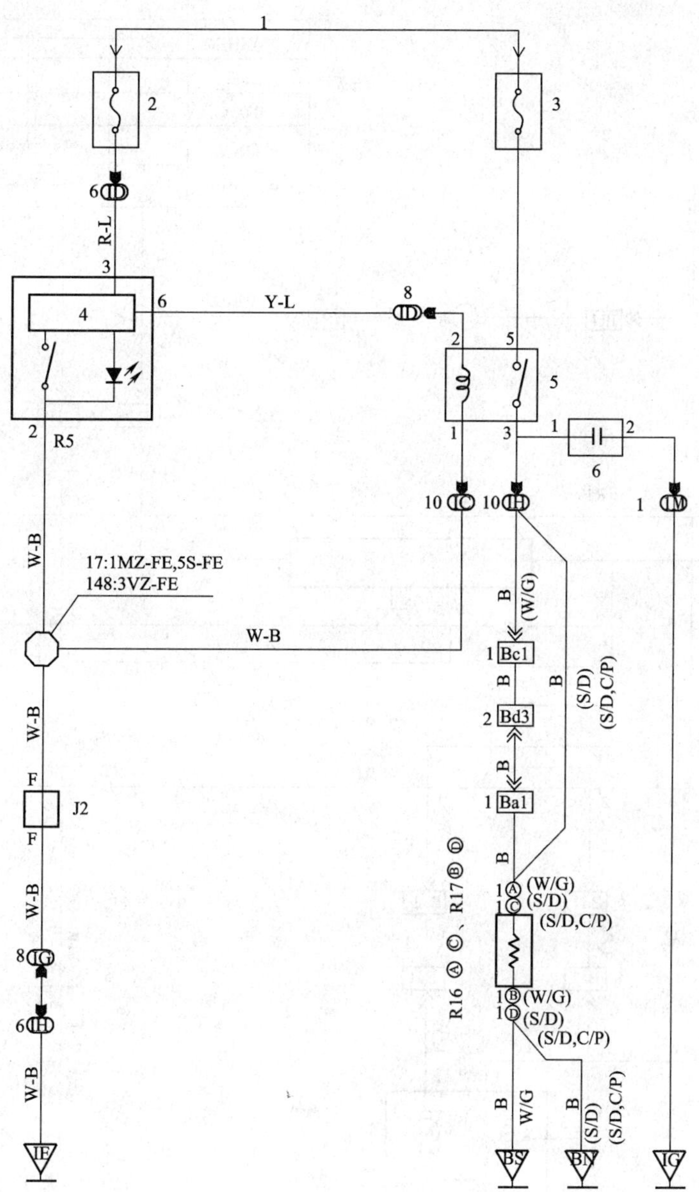

图 9-11　后风窗除雾器电路图

1-接自电源;2-仪表熔断丝(10A);3-除雾器熔断丝(40A);4-定时器;5-除雾器继电器;6-噪声过滤器;J2-插接接头;R5-后风窗除雾器开关;R16、R17-后风窗除雾器;(S/D)-3VZ-FE;(S/D、C/P)-1MZ-FE、5S-FE

②后风窗刮水器的间歇性工作:

当点火开关接通,电流从后风窗刮水器继电器的端子 4→端子 3→后风窗刮水器和清洗器开关的端子 10→端子 16→搭铁,使后风窗刮水器继电器工作,然后电流从后风窗刮水器继电器的端子 4→端子 1→后风窗刮水器电机的端子 2→后风窗刮水器电机→搭铁,使电机转动,带动刮水器工作,此时,后风窗刮水器电动机内的触点闭合,电流从后风窗刮水器电动机的端子 1→端子 3→后风窗刮水器继电器的端子 2→端子 1→后风窗刮水器电动机的端子 2→搭铁。

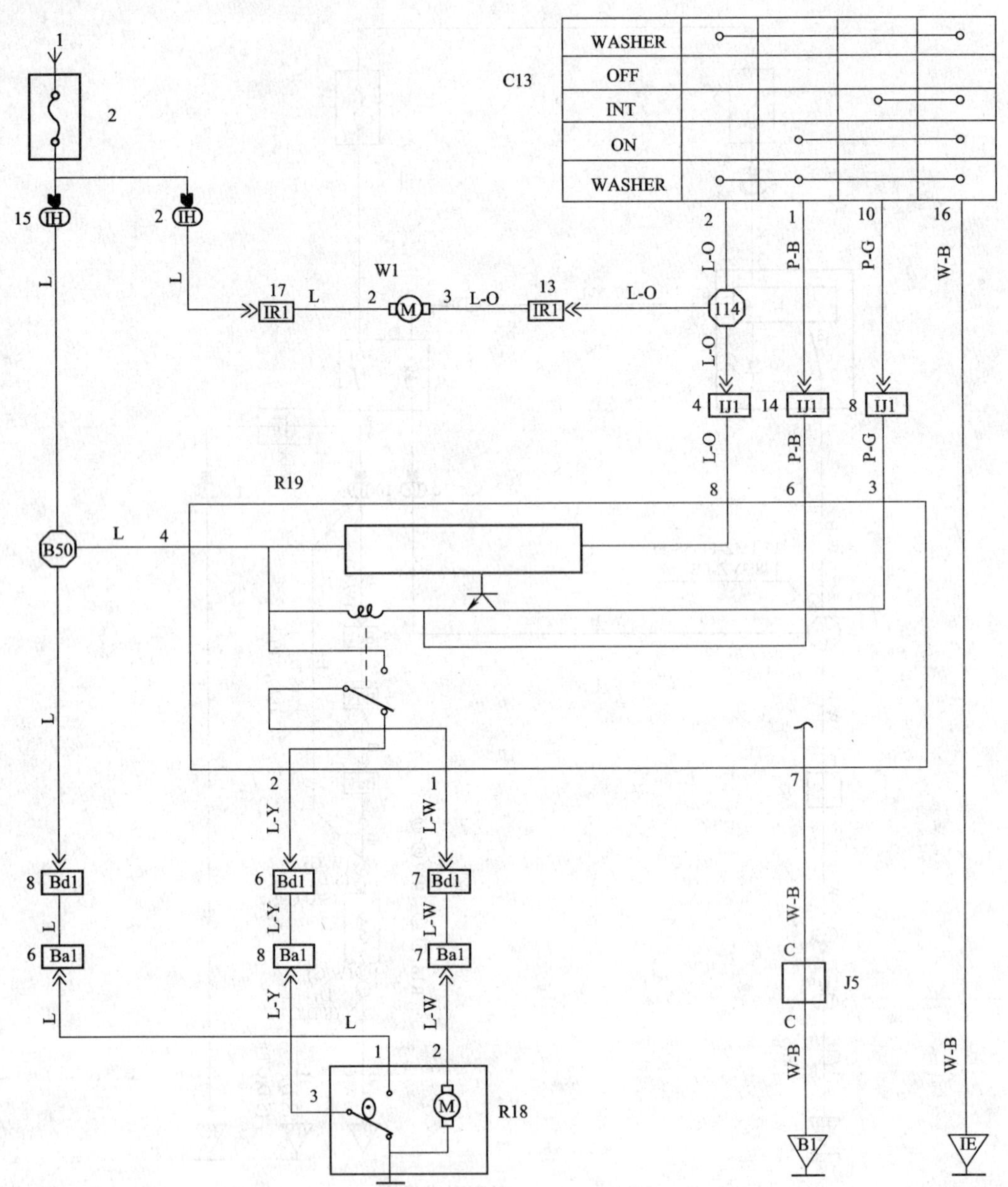

图 9-12　后风窗刮水器和清洗器电路图

1-接至电源；2-刮水器熔断丝(20A)；C13-后风窗刮水器和清洗器开关(组合开关)；W1-清洗器电动机；R18-后风窗刮水器电动机；R19-后风窗刮水器继电器；J5-插接接头

这时，间歇-停止电路工作，电路中的电容器充电，刮水器继续工作直至到达停止位置，刮水器停止工作后，电流不能从后风窗刮水器继电器的端子 2 流向间歇-停止电路，但电容器向间歇电路放电，因而电路继续工作直至电容器放电结束，因此，放电时间等于间歇工作的时间。

当电容器放电结束后，电流从后风窗刮水器继电器的端子 4→端子 3→后风窗刮水器和清洗器开关的端子 10→端子 16→搭铁。然后，电流从后风窗刮水器继电器的端子 4→端子

1→后风窗刮水器电机的端子2→后风窗刮水器电动机→搭铁，使后风窗刮水器电动机转动，重复此过程，后风窗刮水器可进行间歇性工作。

(3)清洗器的工作：

当接通点火开关并将后风窗刮水器和清洗器开关旋至WASER位置(清洗器开关接通)，电流从清洗器电动机的端子2→端子3→后风窗刮水器和清洗器开关的端子2→端子16→搭铁，带动清洗器电动机转动，使后风窗清洗器喷射清洗液，当断开后风窗刮水器开关，并朝OFF方向转动后风窗刮水器和清洗器开关时，清洗器仍喷射清洗液。

3)电路维修说明

(1)R19后风窗刮水器继电器：

4—搭铁：点火开关接通时电压约12V。

7—搭铁：一直导通。

(2)1-4：当点火开关接通且刮水器开关处于INT位置时，每隔9～15s出现间歇性电压变化。

W1清洗器电动机：

2—搭铁：点火开关接通时电压约12V。

3—搭铁：清洗器开关接通时导通。

第五节　灯光信号

一、制动灯

制动灯各元件的电路连接及工作原理如图9-13所示。

1.电路工作原理

电流一直通过制动灯熔断丝流向制动灯开关的端子2(3VZ-FE发动机)。

当点火开关接通时，电流从仪表熔断丝流向车灯故障传感器的端子8，同时通过倒车警示灯流向车灯故障传感器的端子4。

2.制动灯断路警示

当点火开关接通、制动踏板踏下(制动灯开关接通)时，如果制动灯电路断路，从车灯故障传感器端子7流向端子13的电流发生变化，因而车灯故障传感器检测到断路，车灯故障传感器的警示电路接通。

由此，电流从车灯故障传感器的端子4→端子11→搭铁，倒车警示灯点亮，踏下制动踏板，流向车灯故障传感器端子8的电流使警示电路保持接通，倒车警示灯保持点亮，直至点火开关断开。

3.电路维修说明

(1)S10制动灯开关：

2—1：踏下制动踏板时接通。

(2)L2车灯故障传感器：

1、2、7—搭铁：制动灯开关接通时电压约12V。

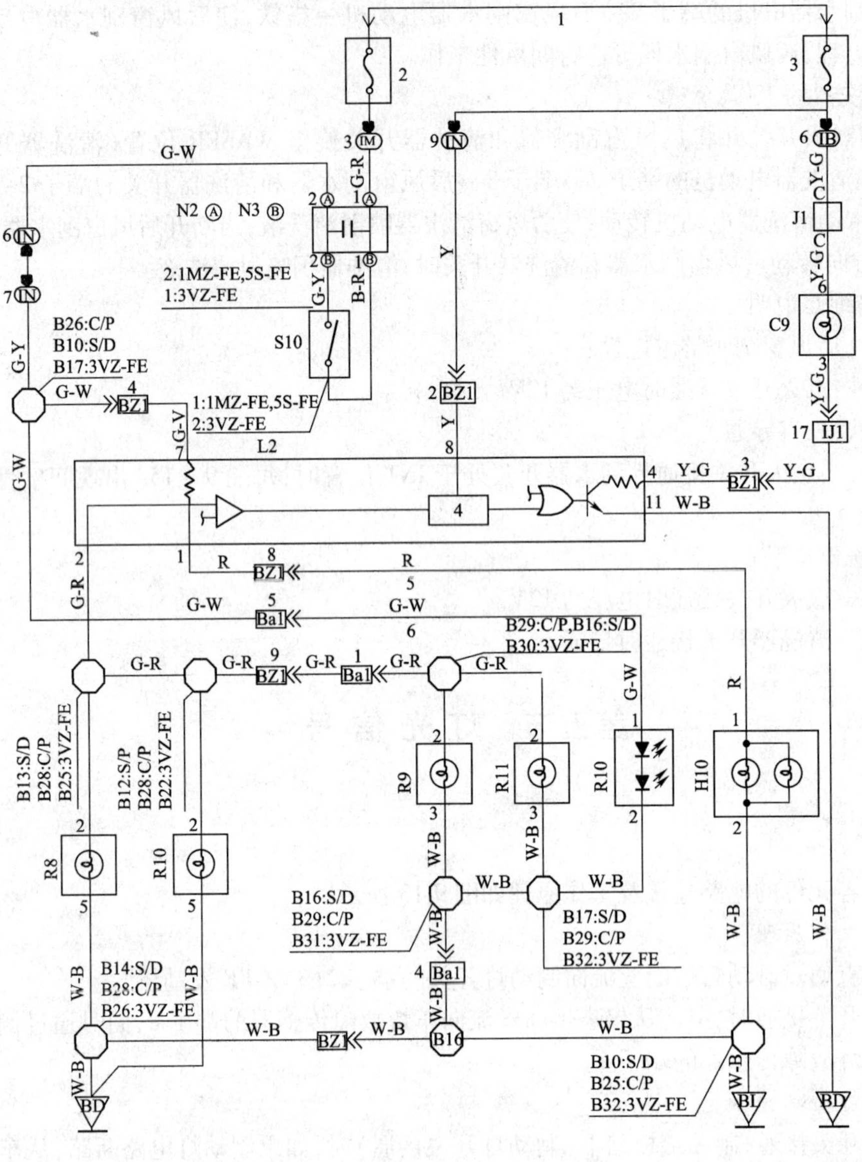

图 9-13　制动灯电路图

1-接至电源；2-制动灯熔断丝（25A）；3-仪表熔断丝（10A）；4-延时保持；5-不带后阻流板；6-带后阻流板；R8-左制动灯（左后组合灯）；R9-左制动灯（后组合灯）；R10-右制动灯（右后组合灯）；R11-右制动灯（后组合灯）；H10-高位制动灯；N2、N3-制动灯噪声过滤器；S10-制动灯开关；J1-插接接头；C9-倒车警示灯（仪表组）；L2-车灯故障传感器

4、8—搭铁：点火开关接通时电压约 12V。

11—搭铁：一直导通。

二、转向信号和危险警示灯

1. 3VZ-FE 型发动机转向信号和危险警示灯各元件的电路连接及工作原理（图 9-14）

2. 电路维修说明

转向信号闪光器：

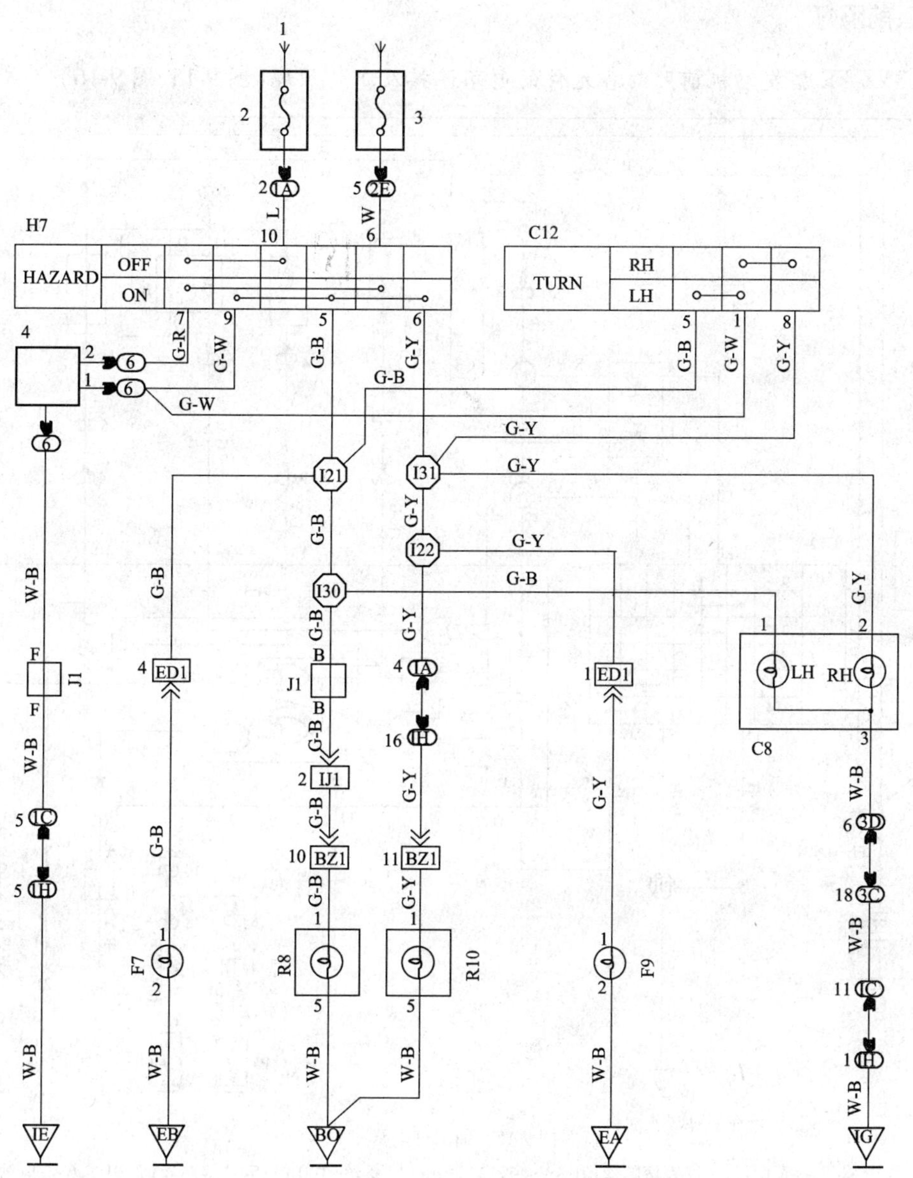

图 9-14　转向信号和危险警示灯电路图

1-接至电源;2-转向信号灯熔断丝(7.5A);3-危险警示灯-喇叭熔断丝(15A);4-转向信号闪光器;H7-危险警示灯开关;C8-转向信号指示灯(仪表组);C12-转向信号指示灯开关(组合开关);J1-插接接头;R8-左后转向信号指示灯(左后组合灯);R10-右后转向信号指示灯(右后组合灯);F7-左前转向信号指示灯 ;F9-右前转向信号指示灯

6、2—搭铁:点火开关接通或危险警示灯开关接通时电压约 12V。

6、1—搭铁:点火开关接通且转向信号灯开关置于左转或右转、或危险警示灯开关接通时,电压从约 12V 变为 0V。

1、3—搭铁:一直导通。

三、前照灯

1. 3VZ-FE 型发动机前照灯各元件的电路连接及工作原理（图 9-15、图 9-16）

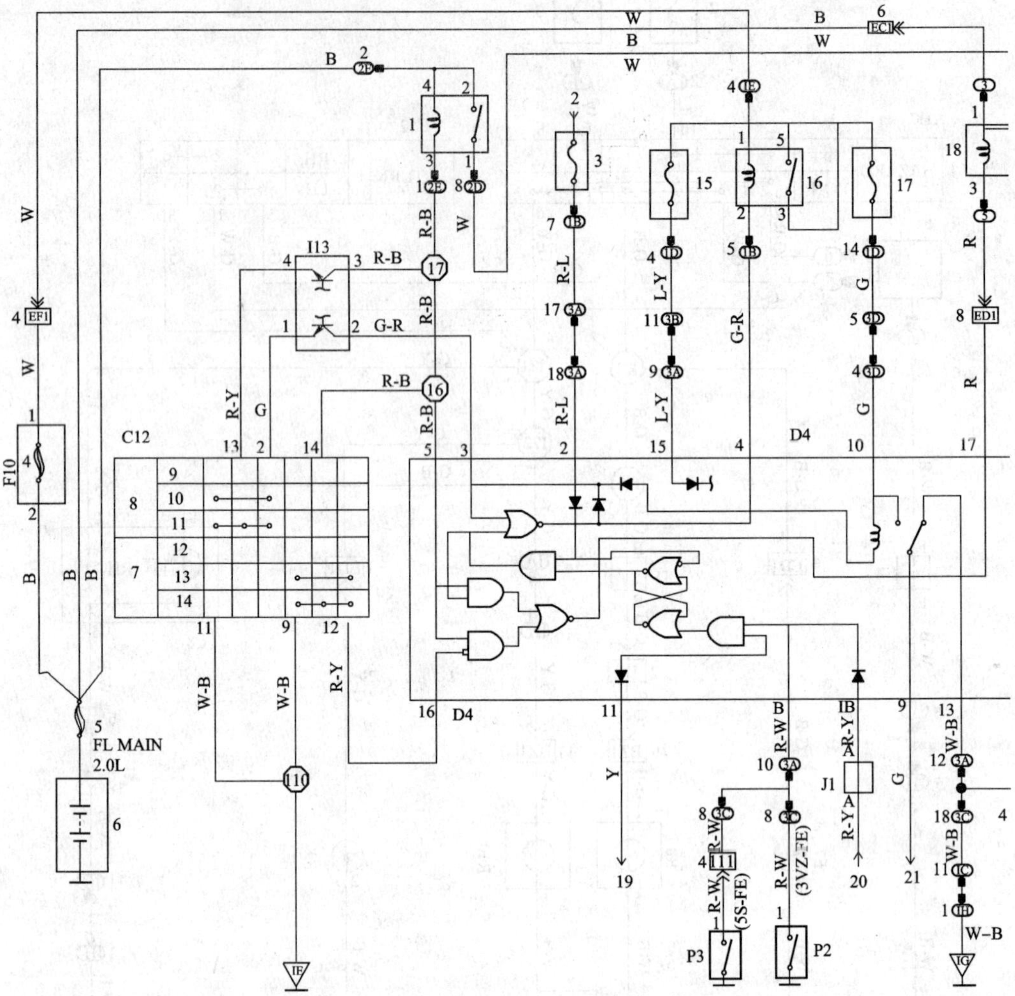

图 9-15　前照灯电路图

1-前照灯继电器；2-接至电源；3-仪表熔断丝（10A）；4-交流发电机熔断丝（100A）；5-主熔断丝（2.0L）；6-蓄电池；7-变光开关；8-车灯控制开关；9-断开；10-尾灯；11-前照明灯；12-近光；13-远光；14-闪光；15-电脑盒熔断丝（15A）；16-尾灯继电器；17-尾灯熔断丝（15A）；18-NO.2 日间行车信号灯继电器；19-接至发电机（交流发电机）“L”；20-接至仪表组；21-接至照明系统；22-左前照灯远光熔断丝（15A）；23-右前照灯远光熔断丝（15A）

2. 电路工作原理（3VZ-FE 发动机）

蓄电池电流始终从主熔断丝→前照灯继电器（线圈侧）→日间行车信号灯继电器（主继电器）的端子 5 和变光开关的端子 14。

前照灯继电器（线圈侧）→组合继电器的端子 3→端子 4→车灯控制开关的端子 13。

主熔断丝→NO.2 日间行车信号灯继电器（线圈侧）→日间行车信号灯继电器（主继电器）的端子 17。

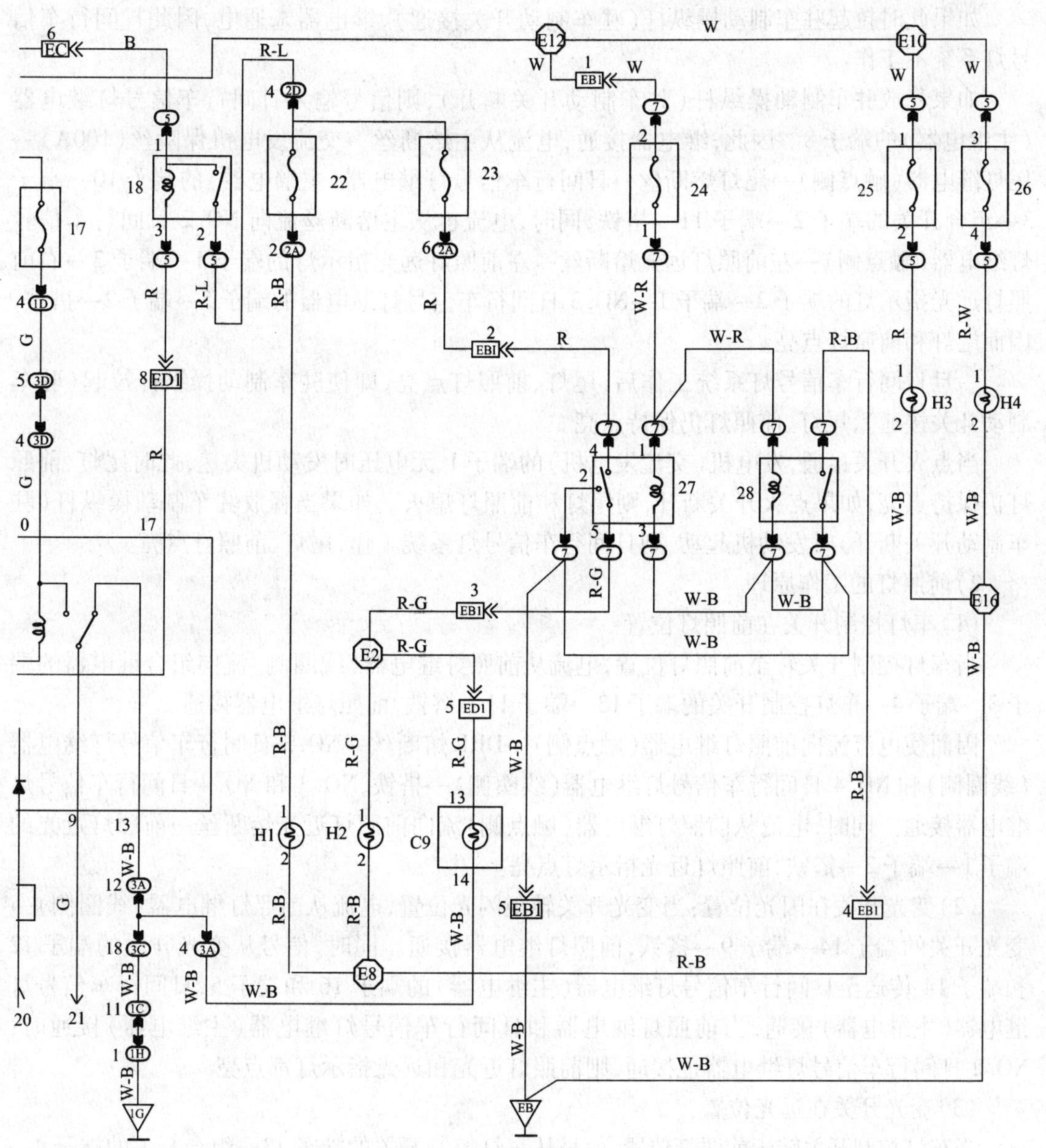

图 9-16　前照灯电路图

24-日间行车信号灯熔断丝(7.5A);25-左前照灯近光熔断丝(15A);26-右前照灯近光熔断丝(15A);27-NO.3 日间行车信号灯继电器;28-NO.4 日间行车信号灯继电器;I13-组合继电器;C9-远光指示灯(仪表组);C12-组合开关;F10-熔断丝盒;H1-左前照灯远光指示灯;H2-右前照灯远光指示灯;H3-左前照灯近光指示灯;H4-右前照灯近光指示灯;D4-日间行车信号灯继电器(主继电器);J1-插接接头;P2-驻车制动开关

主熔断丝→交流发电机熔断丝(100A)→尾灯继电器(线圈侧)→日间行车信号灯继电器(主继电器)的端子4。

1)日间行车信号灯的工作原理

发动机起动时,发电机(交流发电机)的端子L处产生的电压加在日间行车信号灯继电器(主继电器)的端子11上。

如果此时拉起驻车制动操纵杆(驻车制动开关接通),继电器未通电,因此日间行车信号灯系统不工作。

如果释放驻车制动操纵杆(驻车制动开关断开),则信号输入日间行车信号灯继电器(主继电器)的端子8。因此,继电器接通,电流从主熔断丝→交流发电机保险丝(100A)→尾灯继电器(触点侧)→尾灯熔断丝→日间行车信号灯继电器(主继电器)的端子10→端子3→组合开关的端子2→端子11→搭铁,同时,电流也从主熔断丝流向NO.2日间行车信号灯继电器(触点侧)→左前照灯远光熔断丝→左前照灯远光指示灯的端子1→端子2→右前照灯远光指示灯的端子2→端子1→NO.3日间行车信号灯继电器的端子5→端子2→搭铁,因而尾灯和前照灯点亮。

一旦日间行车信号灯系统工作后,尾灯、前照灯点亮,即使驻车制动操纵杆拉起(驻车制动开关接通),尾灯、前照灯仍保持点亮。

当点火开关接通,发电机(交流发电机)的端子L无电压时发动机失速,此时尾灯、前照灯仍保持点亮,如果点火开关断开,则尾灯和前照灯熄灭。如果当释放驻车制动操纵杆(驻车制动开关断开)时发动机起动,则日间行车信号灯系统工作,尾灯、前照灯点亮。

2)前照灯的工作原理

(1)车灯控制开关在前照灯位置:

当车灯控制开关转至前照灯位置,电流从前照灯继电器(线圈侧)流向组合继电器的端子3→端子4→车灯控制开关的端子13→端子11→搭铁,前照灯继电器接通。

因而使电流流向前照灯继电器(触点侧)→DRL熔断丝→NO.3日间行车信号灯继电器(线圈侧)和NO.4日间行车信号灯继电器(线圈侧)→搭铁,NO.3和NO.4日间行车信号灯继电器接通。同时,电流从前照灯继电器(触点侧)流向前照灯近光熔断丝→前照灯近光的端子1→端子2→搭铁,前照灯近光指示灯点亮。

(2)变光开关在闪光位置:当变光开关转至闪光位置,电流从前照灯继电器(线圈侧)→变光开关的端子14→端子9→搭铁,前照灯继电器接通。同时,信号从变光开关的端子12和端子14传送至日间行车信号灯继电器(主继电器)的端子16和端子5,日间行车信号灯继电器(主继电器)接通,当前照灯继电器和日间行车信号灯继电器(主继电器)接通时,NO.2日间行车信号灯继电器也接通,则前照灯近光和远光指示灯都点亮。

(3)变光开关在远光位置:

当车灯控制开关转于前照灯位置,信号从车灯控制开关的端子13→组合开关的端子4→端子3→日间行车信号灯继电器(主继电器)的端子5:开关转至远光位置时,信号从变光开关的端子12传送至日间行车信号灯继电器(主继电器)的端子16。这些信号促使NO.2日间行车信号灯继电器接通,则电流从NO.2日间行车信号灯继电器(触点侧)→左前照灯远光熔断丝→左前照灯远光的端子1→端子2→NO.4日间行车信号继电器(触点侧)→搭铁,同时,电流也从右前照灯远光熔断丝→NO.3日间行车信号灯继电器(触点侧)→右前照灯远光的端子1→端子2→NO.4日间行车信号灯继电器(触点侧),则前照灯远光指示灯点亮。

3)电路维修说明

D4日间行车信号灯继电器(主继电器):

2—搭铁:点火开关接通时电压约12V。

15—搭铁:电压保持约 12V。

8—搭铁:驻车制动操纵杆拉起(驻车制动开关接通)时导通。

13—搭铁:一直导通。

2—1:车灯控制开关在前照灯位置或变光开关在闪光位置时接通。

3. 车灯自动熄灭电路

3VZ-FE 型发动机车灯自动熄灭电路中各元件的连接及工作原理见图 9-17。

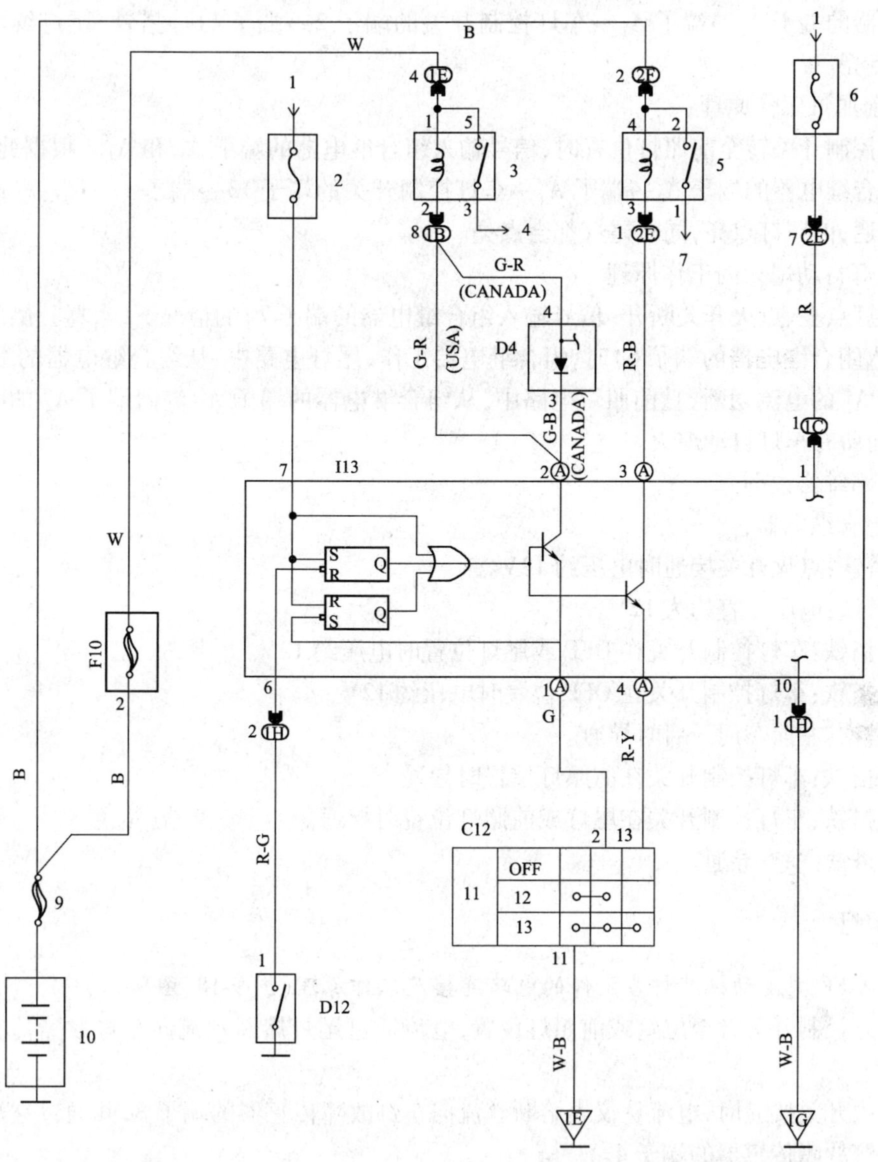

图 9-17　车灯自动熄灭电路图

1-接至电源;2-仪表熔断丝(10A);3-尾灯继电器;4-接至尾灯熔断丝;5-前照灯继电器;6-车顶灯熔断丝(20A);7-接至前照灯熔断丝;8-交流发电机熔断丝(100A);9-主熔断丝(2.0L);10-蓄电池;11-车灯控制开关;12-尾灯;13-前照明灯;D4-日间行车信号灯继电器(主继电器);D12-左前门灯开关;I13-组合继电器;F10-熔断丝盒;C12-组合开关

点火开关接通时，电流通过仪表熔断丝流至组合继电器的端子 7，电压一直通过尾灯继电器(线圈侧)加在组合继电器的端子 A_2 上，以及通过前照灯继电器(线圈侧)加在组合继电器的端子 A_3 上。

1)正常照明的工作原理

(1)尾灯工作原理：

车灯控制开关转至尾灯位置时，信号输入组合继电器的端子 A_1。根据此信号，电流从组合继电器的端子 A_2→端子 A_1→车灯控制开关的端子 2→端子 11→搭铁、尾灯继电器接通，尾灯点亮。

(2)前照灯工作原理：

车灯控制开关转至前照灯位置时，信号输入组合继电器的端子 A_1 和 A_4。根据此信号，电流从组合继电器的端子 A_3→端子 A_4→车灯控制开关的端子 13→端子 11→搭铁，前照灯继电器接通，前照灯点亮，同时尾灯都会点亮。

2)车灯自动熄灭的工作原理

在车灯点亮、点火开关断开(信号输入组合继电器的端子 7)的情况下，当驾驶侧门开启(信号输入组合继电器的端子 6)时，组合继电器工作，尾灯电路中，从组合继电器的端子 A_2 流向端子 A_1 的电流切断，且前照灯电路中，从组合继电器的端子 A_3 流向端子 A_4 的电流也切断，因而所有车灯自动熄灭。

3)电路维修说明

I13 组合继电器：

7—搭铁：点火开关接通时电压约 12V。

1—搭铁：电压一直约为 12V。

A_3—搭铁：车灯控制开关在 OFF 或尾灯位置时电压约 12V。

A_2—搭铁：车灯控制开关在 OFF 位置时电压约 12V。

6—搭铁：左前车门开启时导通。

A_4—搭铁：车灯控制开关在前照灯位置时导通。

A_1—搭铁：车灯控制开关在尾灯或前照灯位置时导通。

10—搭铁：一直导通。

四、尾灯

1. 3VZ-FE 型发动机尾灯各元件的电路连接及工作原理(图 9-18、图 9-19)

当车灯控制开关转至尾灯或前照灯位置，电流通过尾灯熔断丝流向车灯故障传感器的端子 3。

当点火开关接通时，电流从仪表熔断丝流向车灯故障传感器的端子 8，并通过尾灯警示灯流向车灯故障传感器的端子 4。

2. 尾灯断路警示

当点火开关接通，车灯控制开关转至尾灯或前照灯位置，如果尾灯电路断路，车灯故障传感器通过车灯故障传感器的端子 3 至端子 9 间的电流变化可检测到该故障，且车灯故障传感器的警示电路接通。

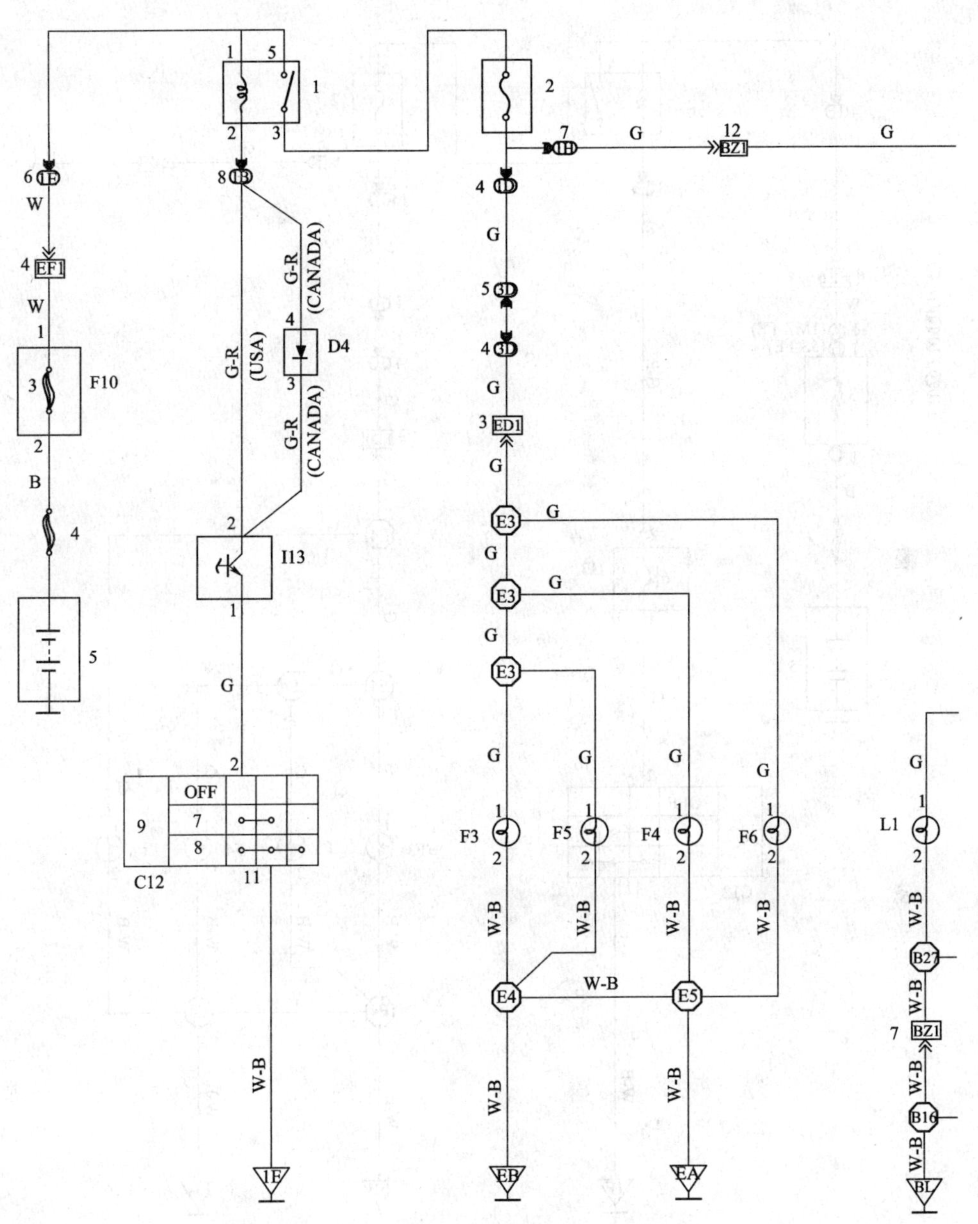

图 9-18　尾灯电路图

1-尾灯继电器；2-尾灯熔断丝（15A）；3-交流发电机熔断丝（100A）；4-主熔断丝（2.0L）；5-蓄电池；6-车灯控制开关；7-尾灯；8-前照明灯；9-接至电源；10-仪表熔断丝（10A）；11-延时电路；12-右后示宽灯；13-右尾灯；14-左后示宽灯；15-左尾灯；R8-左后组合灯；R9-左尾灯（左后组合灯）

因而，电流从车灯故障传感器的端子 4→端子 11→搭铁，尾灯警示灯点亮，并一直点亮至车灯控制开关断开。

3. 电路维修说明

（1）尾灯继电器：

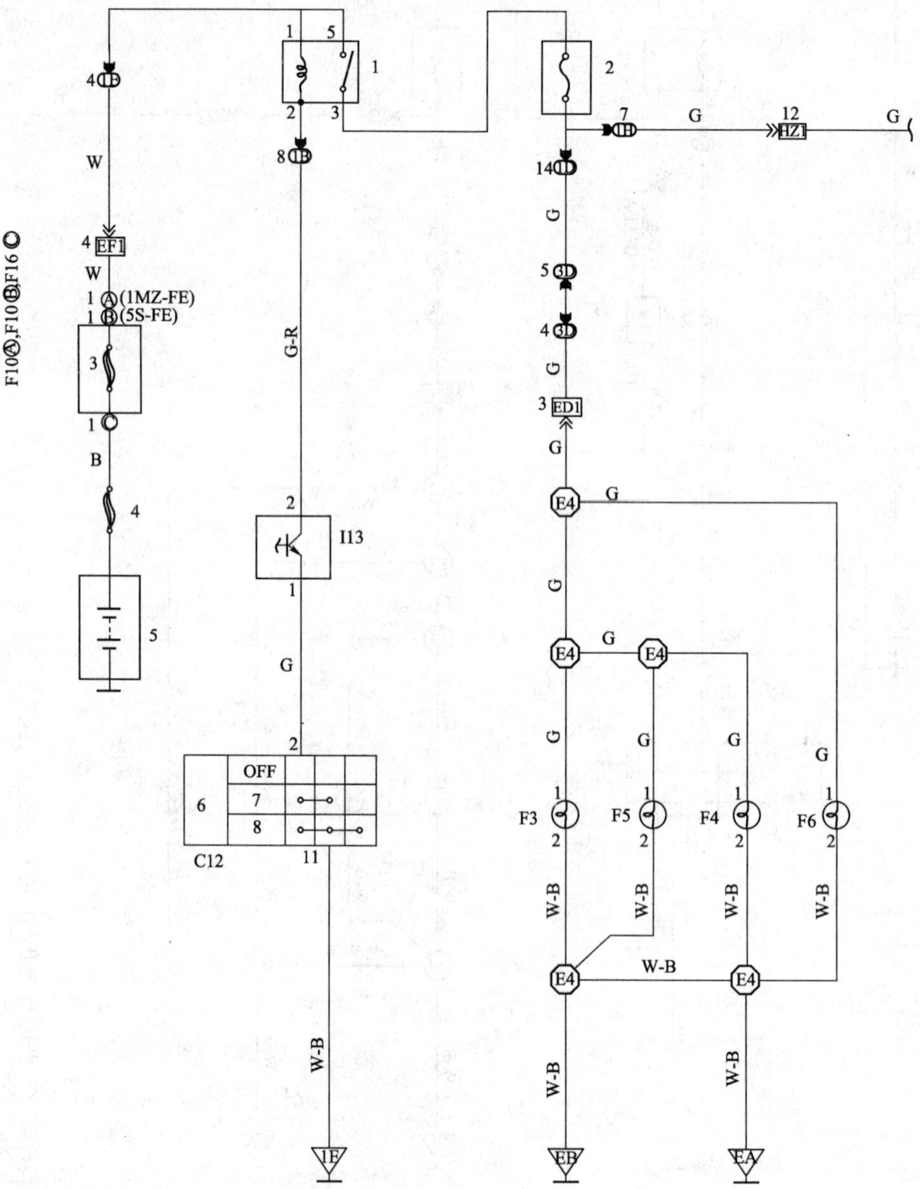

图 9-19　尾灯电路图

3—5：车灯控制开关转至尾灯或前照灯位置时接通。

（2）L_2 车灯故障传感器：

4、8—搭铁：点火开关接通时电压约为 12V。

3—搭铁：车灯控制开关在尾灯或前照灯位置时电压约 12V。

11—搭铁：一直导通。

五、喇叭

1. 3VZ-FE 型发动机喇叭电路中各元件的连接及工作原理(图 9-20)

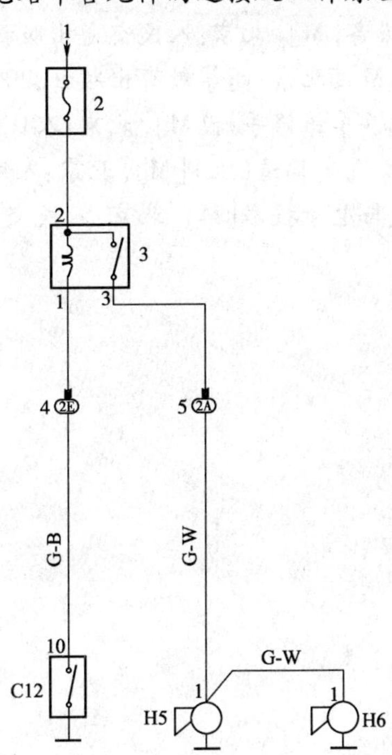

图 9-20　喇叭电路图

1-接至电源;2-危险警示灯-喇叭熔断丝(15A);3-喇叭继电器;C12-喇叭开关(组合开关);H5-左侧喇叭;H6-右侧喇叭

2. 电路维修说明

喇叭继电器:

2-3:喇叭开关接通时导通。

主要参考文献

[1] 边焕鹤.汽车电器与电子设备[M].北京:人民交通出版社,1997.
[2] 李春明.汽车电器与电路[M].北京:高等教育出版社,2003.
[3] 高志胜,徐胜云.天津威驰轿车维修手册[M].北京:人民交通出版社,2003.
[4] 清华大学教育技术研究所.汽车构造(上)[M].北京:人民交通出版社,2006.
[5] 刘振闻,陈幼平.汽车电气与电子技术[M].北京:人民交通出版社,1998.